# 여러분의 합격을 응원하는
# 해커스경찰의 특별 혜택!

**FREE** 경찰헌법 **특강**

KB149631

해커스경찰(police.Hacke좌 → 경찰 무료강의] 클릭하여 이용

---

해커스경찰 온라인 단과강의 **20% 할인쿠폰**

## 8329D39F4699DZ3D

해커스경찰(police.Hackers.com) 접속 후 로그인 ▶ 상단의 [내강의실] 클릭 ▶
[쿠폰/포인트] 클릭 ▶ 쿠폰번호 입력 후 이용

* 등록 후 7일간 사용 가능(ID당 1회에 한해 등록 가능)

---

합격예측 **모의고사 응시권 + 해설강의 수강권**

## 8A8929CF346EB5YH

해커스경찰(police.Hackers.com) 접속 후 로그인 ▶ 상단의 [내강의실] 클릭 ▶
[쿠폰/포인트] 클릭 ▶ 쿠폰번호 입력 후 이용

* ID당 1회에 한해 등록 가능

# 단기 합격을 위한
# 해커스 커리큘럼

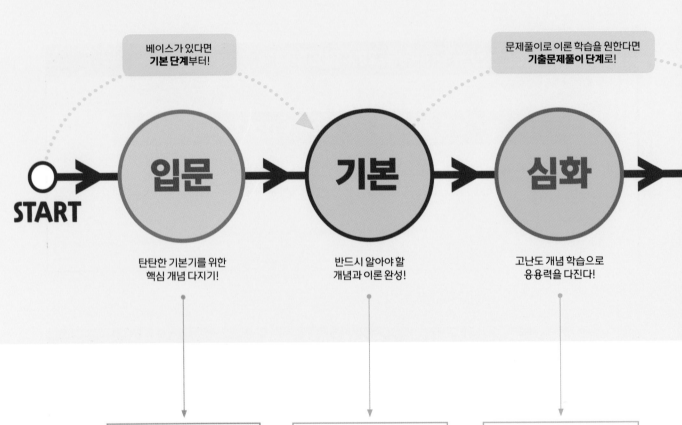

베이스가 있다면 **기본 단계부터!**

문제풀이로 이론 학습을 원한다면 **기출문제풀이 단계로!**

**START**

**입문** → **기본** → **심화**

탄탄한 기본기를 위한
핵심 개념 다지기!

반드시 알아야 할
개념과 이론 완성!

고난도 개념 학습으로
응용력을 다진다!

강의 **쌩기초 입문반**

이해하기 쉬운 개념 설명과 풍부한
연습문제 풀이로 부담 없이 기초를
다질 수 있는 강의

강의 **기본이론반**

반드시 알아야 할 기본 개념과 문제풀이
전략을 학습하여 핵심 개념 정리를
완성하는 강의

강의 **심화이론반**

심화이론과 중·상 난이도의 문제를
함께 학습하여 고득점을 위한 발판을
마련하는 강의

단계별 교재 확인 및
수강신청은 여기서!

police.Hackers.com

* 커리큘럼은 과목별·선생님별로 상이할 수 있으며, 자세한 내용은 해커스경찰 사이트에서 확인하세요.

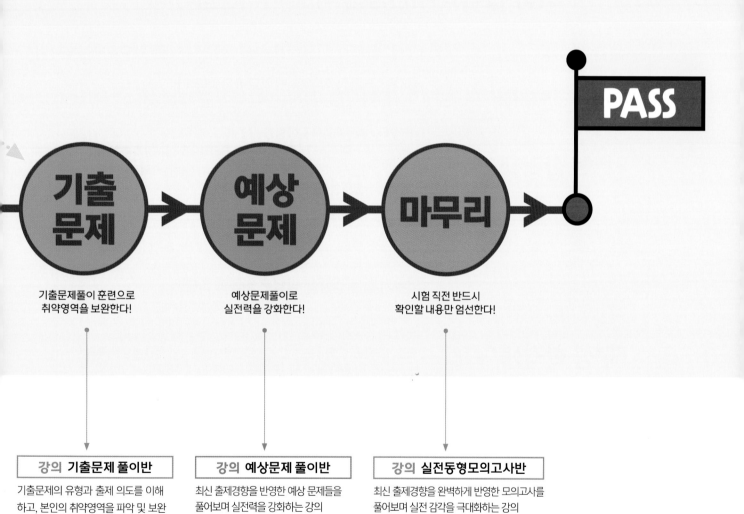

기출
문제

예상
문제

마무리

PASS

기출문제풀이 훈련으로
취약영역을 보완한다!

예상문제풀이로
실전력을 강화한다!

시험 직전 반드시
확인할 내용만 엄선한다!

**강의 기출문제 풀이반**

기출문제의 유형과 출제 의도를 이해
하고, 본인의 취약영역을 파악 및 보완
하는 강의

**강의 예상문제 풀이반**

최신 출제경향을 반영한 예상 문제들을
풀어보며 실전력을 강화하는 강의

**강의 실전동형모의고사반**

최신 출제경향을 완벽하게 반영한 모의고사를
풀어보며 실전 감각을 극대화하는 강의

**강의 봉투모의고사반**

시험 직전에 실제 시험과 동일한 형태의
모의고사를 풀어보며 실전력을 완성하는 강의

# 해커스경찰 **합격생**이 말하는
# 경찰 단기 합격 비법!

**해커스경찰**과 함께라면
**다음 합격의 주인공은 바로 여러분입니다.**

---

완전 노베이스로 시작,
8개월 만에 인천청 합격!

## 강*혁 합격생

### 형사법 부족한 부분은 모의고사로 채우기!

---

**기본부터 기출문제집과 같이 병행**해서 좋았던 것 같습니다. 그리고 1차 시험 보기 전까지 심화 강의를 끝냈는데 **개인적으로 심화강의 추천**드립니다. 안정적인 실력이 아니라 생각해서 기출 후 **전범위 모의고사에서 부족한 부분들을 많이 채워** 나간 것 같습니다.

---

법 계열 전공,
1년 이내 대구청 합격!

## 배*성 합격생

### 외우기 힘든 경찰학, 방법은 회독과 복습!

---

경찰학의 경우 양이 워낙 방대하고 휘발성이 강한 과목이라고 생각합니다. (중략) 지속적으로 **회독**을 하였으며, **모의고사를 통해서 틀린 부분을 복습**하고 그 범위를 **다시 한 번 책**으로 돌아가서 봤습니다.

---

이과 계열 전공,
6개월 만에 인천청 합격!

## 서*범 합격생

### 법 과목 공부법은 기본과 기출 회독!

---

법 과목만큼은 **인강을 반복해서 듣고 기출을 반복**해서 읽고 풀었습니다. 익숙해질 필요가 있다고 생각해서 **회독에 더 집중**했었습니다. 익숙해진 이후로는 **오답도 챙기면서 공부**했습니다.

해커스경찰

# 황남기
# 경찰헌법

**Season 3** 전범위 모의고사    Vol.1 | 1차 대비

**해커스경찰**

# 황남기

## 약력

현 | 해커스경찰 헌법 강의
　　해커스공무원 헌법/행정법 강의

전 | 동국대 법대 겸임교수
　　외교부 사무관
　　윌비스 헌법/행정법 대표교수
　　제27회 외무 고등고시 수석합격
　　2012년 공무원 승진시험 출제위원
　　연세대, 성균관대, 한양대, 이화여대, 중앙대, 전남대,
　　전북대 사법시험 특강

## 저서

해커스경찰 황남기 경찰헌법 기본서
해커스경찰 황남기 경찰헌법 핵심요약집
해커스경찰 황남기 경찰헌법 Season 1 쟁점별 기출모의고사
해커스경찰 황남기 경찰헌법 Season 2 진도별 모의고사
해커스경찰 황남기 경찰헌법 Season 2 진도별 모의고사 플러스
해커스경찰 황남기 경찰헌법 Season 3 전범위 모의고사 Vol.1 1차 대비
해커스경찰 황남기 경찰헌법 Season 3 전범위 모의고사 Vol.2 2차 대비
해커스경찰 황남기 경찰헌법 최신 판례집 2023 상반기
해커스경찰 황남기 경찰헌법 최신 판례집 2022 하반기
해커스공무원 황남기 헌법 기본서 1권
해커스공무원 황남기 헌법 기본서 2권
해커스공무원 황남기 헌법 진도별 모의고사 기본권편
해커스공무원 황남기 헌법 진도별 모의고사 통치구조론편
해커스공무원 황남기 헌법족보
해커스공무원 황남기 헌법 최신 판례집
해커스공무원 황남기 행정법총론 기본서
해커스공무원 황남기 행정법각론 기본서
해커스공무원 황남기 행정법 모의고사 Season 1
해커스공무원 황남기 행정법 모의고사 Season 2
해커스공무원 황남기 행정법총론 최신 판례집
황남기 경찰헌법 기출총정리, 멘토링
황남기 행정법총론 기출문제집, 멘토링
황남기 행정법각론 기출문제집, 멘토링

# 서문

본 교재에는 기출 및 최신 판례 등이 지문에 반영되어 있습니다. 꼭 최신 판례를 공부하고 문제를 풀어보아야 합니다. 또한 시간을 15분 정도 잡고 긴장된 상태에서 문제를 풀어야 자기 점수를 알 수 있습니다. 냉철하게 자기 수준을 알아야 앞으로의 공부 방향을 정할 수 있습니다. 너무 쉬운 모의고사는 실력보다 과장된 점수로 포장돼 착오를 일으켜 공부 방향을 잘못된 길로 데려갈 수 있습니다.

## 본 교재의 특징

1. 문제 난이도는 전반적으로 중상입니다. 실전에서 받을 점수와 유사하게 나올 수 있는 수준입니다.

2. 최신 판례를 반영했습니다.

## 모의고사 활용법

1. 한 회 20문제당 15분으로 잡고 모의고사 훈련을 해야 합니다.

2. 시험 2개월 전에는 문제 풀이를 가급적 매일 하는 것이 좋습니다.

3. 중요하나 난이도가 있는 문제는 기본서를 확인하는 것을 권장합니다.

더불어 경찰공무원 시험 전문 해커스경찰(police.Hackers.com)에서 학원강의나 인터넷동영상강의를 함께 이용하여 꾸준히 수강한다면 학습효과를 극대화할 수 있습니다.

본 교재로 시험 현장에서 받을 수 있는 점수를 확인하고 보완할 것을 보완해서 좋은 결과를 얻기를 기원합니다.

2024년 2월
**황남기**

# 목차

## 정답 및 해설

2024 해커스경찰 황남기 경찰헌법 Season 3 전범위 모의고사 Vol.1 1차 대비

# 전범위 모의고사

# 1회 전범위 모의고사

소요시간: _____ / 15분　　　맞힌 답의 개수: _____ / 20

문 1. 헌법의 의의에 관한 설명으로 가장 적절하지 <u>않은</u> 것은? (다툼이 있는 경우 판례에 의함)

① 헌법은 개방성을 특징으로 하지만, 개방된 사항의 결정을 위한 핵심절차에 대하여는 규정해 두어야 한다.

② 헌법재판소는 관습헌법이 그것을 지탱하고 있는 국민적 합의성을 상실함에 의하여 법적 효력을 상실할 수 있다고 판시하였다.

③ 근대입헌주의 헌법은 법률에 대한 헌법의 우위를 확보하기 위하여 민주적 정당제도와 위헌법률심판제도를 수용하고 있다.

④ 헌법의 최고규범성은 헌법의 내용이 국민적 합의이고 헌법의 제정주체가 주권자인 국민이라는 것을 근거로 하며, 위헌법령심사제에 의해서 제도적으로 확보된다.

문 2. 우리 헌정사에 관한 설명으로 가장 적절한 것은?

① 1948년 제헌헌법은 대통령, 부통령, 국무총리를 모두 두었으며 대통령 궐위시 부통령이 지위를 승계한다고 규정하였다.

② 1952년 제1차 개정헌법은 국회의 양원제를 규정하여 민의원과 참의원이 운영되었으며 국무위원에 대한 개별적 불신임제를 채택하였다.

③ 1960년 제3차 개정헌법은 기본권의 본질적 내용 침해 금지조항을 신설하였으며 선거권 연령을 법률로 위임하지 않고 헌법에서 직접 규정하였다.

④ 1972년 제7차 개정헌법은 대통령이 제안한 헌법개정안이 통일주체국민회의의 의결로 확정하도록 규정하였고 대통령에게 국회의원 정수 3분의 2의 추천권을 부여하였다.

문 3. 법치주의에 관한 설명으로 가장 적절한 것은? (다툼이 있는 경우 판례에 의함)

① 가족 중 성년자가 예비군훈련 소집통지서를 예비군대원 본인에게 전달하여야 하는 의무를 위반한 행위를 한 경우 6개월 이하의 징역 또는 500만 원 이하의 벌금에 처하도록 한 예비군법 제15조 제10항은 책임과 형벌 간의 비례원칙에 위반된다고 보기 어렵다.

② 국공립어린이집, 사회복지법인어린이집, 법인·단체 등어린이집 등과 달리 민간어린이집에는 보육교직원 인건비를 지원하지 않는 '2020년도 보육사업안내'는 법률유보원칙이 적용된다.

③ 법률이 행정부에 속하지 않는 기관의 자치규범에 특정 규율 내용을 정하도록 위임하더라도 그 사항이 국민의 권리·의무에 관련되는 것일 경우에는 적어도 국민의 권리와 의무의 형성에 관한 사항을 비롯하여 국가의 통치조직과 작용에 관한 기본적이고 본질적인 사항은 반드시 국회가 정하여야 한다는 법률유보 내지 의회유보의 원칙이 지켜져야 한다.

④ 헌법상 법치주의의 한 내용인 법률유보의 원칙은 국민의 기본권 실현에 관련된 영역뿐만 아니라 기본권 규범과 관련 없는 경우에까지 준수되도록 요청되는 것이다.

문 4. 소비자 보호에 관한 설명으로 가장 적절하지 <u>않은</u> 것은? (다툼이 있는 경우 판례에 의함)

① 국가는 건전한 소비행위를 계도하고 생산품의 품질 향상을 촉구하기 위한 소비자보호운동을 법률이 정하는 바에 의하여 보장한다.

② 헌법 제124조는 현대 자유시장경제질서하에서 생산물품 또는 용역의 가격이나 품질의 결정, 그 유통구조 등의 결정과정이 지나치게 사업자 중심으로 왜곡되어 소비자들이 사회적 약자의 지위에 처하게 되는 결과 구조적 피해를 입을 수 있음을 인식하고, 미약한 소비자들의 역량을 사회적으로 결집시키기 위하여 소비자보호운동을 최대한 보장·촉진하도록 국가에게 요구함으로써, 소비자의 권익을 옹호하고 나아가 시장의 지배와 경제력의 남용을 방지하며 경제주체 간의 조화를 통해 균형 있는 국민경제의 성장을 도모할 수 있도록 소비자의 권익에 관한 헌법적 보호를 창설한 것이다.

③ 현행헌법은 소비자의 권리를 소비자보호운동의 보장과 더불어 기본권으로 명시하고 있다.

④ 헌법이 보장하는 소비자보호운동은 소비자의 제반 권익을 증진할 목적으로 이루어지는 구체적 활동을 의미하는 것으로, 단체를 통한 활동뿐만 아니라 하나 또는 그 이상의 소비자가 동일한 목표로 함께 의사를 합치하여 벌이는 운동도 포함한다.

문 5. 기본권에 관한 설명으로 가장 적절한 것은? (다툼이 있는 경우 판례에 의함)

① 평화적 생존권은 헌법 제10조와 제37조 제1항에 의하여 인정된 기본권으로서 침략전쟁에 강제되지 않고 평화적 생존을 할 수 있도록 국가에 요청할 수 있는 권리이다.

② 헌법 제118조 제2항은 지방자치단체의 장의 선임방법에 관한 사항을 법률로 정하도록 규정하고 있으므로, 지방의회의원선거권과 달리 지방자치단체의 장 선거권은 헌법상 보장되는 기본권으로 볼 수 없다.

③ 외국인은 입국의 자유의 주체가 될 수 없으며, 외국인이 복수국적을 누릴 자유는 헌법상 보호되는 기본권으로 볼 수 없다.

④ 영토권을 헌법소원의 대상인 기본권의 하나로 간주하는 것은 불가능하다.

문 6. 일반적 법률유보에 관한 설명으로 가장 적절하지 <u>않은</u> 것은? (다툼이 있는 경우 판례에 의함)

① 헌법 제37조 제2항의 법률유보의 원칙은 '법률에 의한' 규율만을 의미하는 것이 아니라 '법률에 근거한' 규율을 요청하는 것이므로 기본권 제한의 형식은 반드시 법률의 형식일 필요는 없고 위임의 구체성과 명확성을 구비하기만 하면 위임입법에 의해서도 기본권 제한은 가능하다.

② 헌법 제37조 제2항에 기본권의 제한은 법률로써 가능하도록 규정되어 있는바, 이는 기본권의 제한이 원칙적으로 국회에서 제정한 형식적 의미의 법률에 의해서만 가능하다는 것과, 직접 법률에 의하지 아니하는 예외적인 경우라 하더라도 엄격히 법률에 근거하여야 한다는 것을 의미한다.

③ 기본권의 제한은 원칙적으로 국회에서 제정한 형식적 의미의 법률에 의해서만 가능하다.

④ 기본권 제한에 관한 법률유보의 원칙은 '법률에 근거한 규율'뿐만 아니라 '법률에 의한 규율'을 요청하는 것이므로, 기본권의 제한에는 법률의 근거가 필요할 뿐만 아니라 기본권 제한의 형식도 법률의 형식일 것을 요한다.

문 7. 인간의 존엄과 가치, 행복추구권에 관한 설명으로 가장 적절한 것은? (다툼이 있는 경우 판례에 의함)

① '치료감호 등에 관한 법률'상 피치료감호자에 대한 치료감호가 가종료되었을 때 3년의 기간으로 피치료감호자를 치료감호시설 밖에서 지도·감독하는 것을 내용으로 하는 보호관찰이 시작되도록 한 규정은, 거듭처벌(이중처벌)이라 할 수는 없지만, 덜 제한적인 임의적 보호관찰이 있음에도 무조건 3년의 보호관찰이 시작되도록 했기 때문에 침해의 최소성에 위반되어 일반적 행동의 자유를 침해한다.

② 아동·청소년대상 성범죄자에게 1년마다 정기적으로 새로 촬영한 사진을 제출하도록 하고 정당한 사유 없이 사진제출의무를 위반한 경우 형사처벌을 하도록 한 것은 일반적 행동자유권을 침해한다.

③ 당구장 출입문에 18세 미만자에 대한 출입금지 표시를 하게 하는 규정은 당구장을 이용하는 고객 중 출입이 제지되는 18세 미만 소년의 입장에서는 일반적 행동자유권의 침해가 될 수 있다.

④ 학교폭력과 관련하여 가해학생에 대한 조치 중 전학과 퇴학을 제외한 나머지 조치에 대해 재심을 제한하는 '학교폭력예방 및 대책에 관한 법률'은 부모의 자녀교육권을 침해한다.

문 8. 평등권에 관한 설명으로 가장 적절하지 <u>않은</u> 것은? (다툼이 있는 경우 판례에 의함)

① 근로자가 사망할 당시 그 근로자와 생계를 같이 하고 있던 유족 중 '대한민국 국민인 유족' 및 '국내거주 외국인 유족'은 퇴직공제금을 지급받을 유족의 범위에 포함하면서 청구인과 같은 '외국거주 외국인 유족'을 그 범위에서 제외하는 구 '건설근로자의 고용개선 등에 관한 법률' 제14조 제2항은 평등원칙에 위반된다.

② 국군포로로서 억류기간 동안의 보수를 지급받을 권리를 국내로 귀환하여 등록절차를 거친 자에게만 인정하는 '국군포로의 송환 및 대우 등에 관한 법률'은 평등원칙에 위배되지 않는다.

③ 전기통신을 이용한 접근금지를 규정하고 있는 것과 달리 우편을 이용한 접근금지에 대하여 규정하지 아니한 가정폭력 가해자에 대해 피해자 또는 가정구성원에 대한 전기통신사업법 제2조 제1호의 전기통신을 이용한 접근금지만 규정하여 우편을 이용한 접근금지를 피해자보호명령에 포함시키지 아니한 구 '가정폭력범죄의 처벌 등에 관한 특례법' 제55조의2 제1항은 합리적 이유 없는 차별로서 평등원칙에 위배된다.

④ 병역의무 수행 및 둘 이상의 자녀 출산에 따른 국민연금 가입기간 추가 산입제를 시행하면서 그 적용대상을 개정법 시행일 이후 병역의무를 최초로 수행하거나 자녀를 얻은 가입자로 한정한 국민연금법 부칙 제19조는 2008.1.1. 전에 병역의무를 최초로 수행하고 두 자녀를 얻은 가입자인 청구인의 평등권을 침해한다고 할 수 없다.

문 9. 신체의 자유에 관한 설명으로 가장 적절한 것은? (다툼이 있는 경우 판례에 의함)

① 피고인이 정식재판을 청구한 사건에 대하여 약식명령의 형보다 '중한 형'을 선고하지 못하도록 하던 구 형사소송법 제457조의2가 '중한 종류의 형'을 선고하지 못하도록 규정하는 형사소송법 제457조의2로 개정되면서, 형종상향금지조항의 시행 전에 정식재판을 청구한 사건에 대해서는 종전의 불이익변경금지조항에 따르도록 규정한 형사소송법 부칙 제2조는 형벌불소급원칙에 위배된다.

② '성폭력범죄의 처벌 등에 관한 특례법' 제3조 제1항 중 '형법 제319조 제1항(주거침입)의 죄를 범한 사람이 같은 법 제299조(준강제추행)의 죄를 범한 경우에는 무기징역 또는 5년 이상의 징역에 처한다'는 부분은 책임과 형벌 간의 비례원칙에 위반된다고 할 수 없다.

③ 주거침입강제추행죄와 주거침입준강제추행죄에 대하여 무기징역 또는 7년 이상의 징역에 처하도록 한 '성폭력범죄의 처벌 등에 관한 특례법' 제3조 제1항이 책임과 형벌 간의 비례원칙에 위배된다고 할 수 없다.

④ 야간주거침입절도죄의 미수범이 준강제추행죄를 범한 경우 무기징역 또는 7년 이상의 징역에 처하도록 한 '성폭력범죄의 처벌 등에 관한 특례법' 제3조 제1항은 지나치게 높은 형벌을 규정하기 때문에, 법관은 범행별로 책임에 상응하는 형벌을 선고할 수 없어 책임과 형벌 사이의 비례원칙에 위배된다.

문 10. 영장주의에 관한 설명으로 가장 적절하지 않은 것은? (다툼이 있는 경우 판례에 의함)

① 헌법 제12조 제3항과는 달리 헌법 제16조 후문은 "주거에 대한 압수나 수색을 할 때에는 검사의 신청에 의하여 법관이 발부한 영장을 제시하여야 한다."라고 규정하고 있을 뿐 영장주의에 대한 예외를 명문화하고 있지 않으므로 헌법 제16조의 영장주의에 대해서도 그 예외는 인정되지 않는다.

② 형사재판에 계속 중인 사람에 대하여 법무부장관이 6개월 이내의 기간을 정하여 출국을 금지할 수 있다고 규정한 출입국관리법 조항에는 영장주의가 적용되지 않는다.

③ 형사소송법 제199조 제2항 등에 따른 수사기관의 사실조회행위에 대하여 공사단체가 이에 응하거나 협조하여야 할 의무를 부담하는 것은 아니므로, 이러한 사실조회행위는 강제력이 개입되지 아니한 임의수사에 해당하고 이에 응하여 이루어진 정보제공행위에는 영장주의가 적용되지 않는다.

④ 행정상 즉시강제는 그 본질상 급박성을 요건으로 하고 있어 법관의 영장을 기다려서는 그 목적을 달성할 수 없다고 할 것이므로 원칙적으로 영장주의가 적용되지 않는다고 보아야 한다.

문 11. 개인정보자기결정권에 관한 설명으로 가장 적절한 것은? (다툼이 있는 경우 판례에 의함)

① 신고한 거주예정지 등이 변동될 경우 변동신고하도록 하고 이를 위반할 경우 처벌하도록 정한 보안관찰법 제27조는, 무기한의 신고의무를 부담시키더라도 신고의무기간에 일률적인 상한을 두어서는 입법목적 달성이 어려운바, 과잉금지원칙을 위반하여 청구인의 사생활의 비밀과 자유 및 개인정보자기결정권을 침해하지 아니한다.

② 야당 소속 후보자 지지 혹은 정부 비판은 정치적 견해로서 개인의 인격주체성을 특징짓는 개인정보에 해당하고, 그것이 지지 선언 등의 형식으로 공개적으로 이루어진 것이라도 여전히 개인정보자기결정권에서 보호된다.

③ 경찰서에 대상자 신규발생이 그리 많지 않고 시행령에 동태보고도 규정되어 있어 이미 확보한 자료를 토대로 대상자의 실거주 여부 확인이 어렵지 않아 보다 완화된 방법으로도 입법목적을 충분히 달성할 수 있으므로 보안관찰처분대상자가 교도소 등에서 출소한 후 7일 이내에 출소사실을 신고하도록 정한 구 보안관찰법 제6조 제1항은 과잉금지원칙을 위반하여 청구인의 사생활의 비밀과 자유 및 개인정보자기결정권을 침해한다.

④ 소년에 대한 수사경력자료의 삭제와 보존기간에 대하여 규정하면서 법원에서 불처분결정된 소년부송치사건에 대하여 규정하지 않은 구 '형의 실효 등에 관한 법률' 조항은, 불처분결정된 소년부송치사건의 수사경력자료가 조회 및 회보되는 경우에도 이를 통해 추구하는 실체적 진실 발견과 형사사법의 정의 구현이라는 공익이 당사자가 입을 수 있는 실질적 또는 심리적 불이익과 그로 인한 재사회화 및 사회복귀의 어려움보다 크므로 과잉금지원칙을 위반하여 소년부송치 후 불처분결정을 받은 자의 개인정보자기결정권을 침해한다고 할 수 없다.

문 12. 양심의 자유에 관한 설명으로 옳고 그름의 표시(○, ×)가 바르게 된 것은? (다툼이 있는 경우 판례에 의함)

> ㉠ 양심실현의 자유는 법률에 의하여 제한할 수 있는 상대적 자유이지만, 부작위에 의한 양심실현의 자유는 제한할 수 없다.
> ㉡ 수범자가 수혜를 스스로 포기하거나 권고를 거부함으로써 법질서와 충돌하지 아니한 채 자신의 양심을 유지, 보존하는 경우에도 양심변경에 대한 강요로서 양심의 자유 침해가 된다.
> ㉢ 의사가 환자의 신병(身病)에 관한 사실을 자신의 의사에 반하여 외부에 알리도록 강제하는 법률조항은 의사의 양심의 자유를 제한한다.
> ㉣ 우리나라는 헌법 제정 당시 신앙과 양심을 하나의 조문에서 보장하였으나, 제3차 개정헌법부터 신앙과 양심을 분리하여 규정하기 시작했다.
> ㉤ 이적표현물의 제작이나 반포행위를 금지하는 것은 표현물에 담긴 사상, 내용을 자유롭게 표명하고 타인에게 전파하고자 하는 표현의 자유를 제한할 뿐, 내적 영역에서의 양심형성과는 관련이 없으므로 양심의 자유를 제한하지 않는다.

① ㉠ (○) ㉡ (○) ㉢ (×) ㉣ (×) ㉤ (○)
② ㉠ (○) ㉡ (×) ㉢ (×) ㉣ (×) ㉤ (×)
③ ㉠ (×) ㉡ (○) ㉢ (×) ㉣ (○) ㉤ (○)
④ ㉠ (×) ㉡ (×) ㉢ (○) ㉣ (×) ㉤ (×)

문 13. 인터넷언론사는 선거운동기간 중 당해 홈페이지 게시판 등에 정당·후보자에 대한 지지·반대 등의 정보를 게시하는 경우 실명을 확인받는 기술적 조치를 하도록 정한 공직선거법 조항에 대해 헌법소원이 청구되었다. 이에 관한 설명으로 가장 적절하지 <u>않은</u> 것은? (다툼이 있는 경우 판례에 의함)

① 표현의 자유를 규제하는 법률은 규제되는 표현의 개념을 세밀하고 명확하게 규정할 것이 헌법적으로 요구된다.

② 인터넷언론사는 선거운동기간 중 당해 홈페이지 게시판 등에 정당·후보자에 대한 지지·반대 등의 정보를 게시하는 경우 실명을 확인받는 기술적 조치를 하도록 정한 공직선거법 조항 중 '인터넷언론사' 및 '지지·반대' 부분은 명확성원칙에 위배된다.

③ 실명확인조항은 인터넷언론사에게 인터넷홈페이지 게시판 등을 운영함에 있어서 선거운동기간 중 이용자의 실명확인조치의무, 실명인증표시조치의무 및 실명인증표시가 없는 게시물에 대한 삭제의무를 부과하여 인터넷언론사의 직업의 자유도 제한하나, 이 사건과 가장 밀접한 관계에 있으며 또 침해의 정도가 큰 주된 기본권은 실명확인조항에 의하여 제한되는 언론의 자유라고 할 것이므로 직업의 자유 제한의 정당성 여부에 관하여는 따로 판단하지 않는다.

④ 인터넷언론사는 선거운동기간 중 당해 홈페이지 게시판 등에 정당·후보자에 대한 지지·반대 등의 정보를 게시하는 경우 실명을 확인받는 기술적 조치를 하도록 정한 공직선거법 조항은 과잉금지원칙에 반하여 인터넷언론사 홈페이지 게시판 등 이용자의 익명표현의 자유와 개인정보자기결정권, 인터넷언론사의 언론의 자유를 침해한다.

문 14. 재산권에 관한 설명으로 가장 적절하지 <u>않은</u> 것은? (다툼이 있는 경우 판례에 의함)

① 세종시 공무원이 주택특별공급을 신청할 수 있는 지위는 재산권에서 보호되지 않으므로 행정중심복합도시 예정지역 이전기관 종사자 주택특별공급제도를 폐지하는 '주택공급에 관한 규칙 일부개정령'은 재산권을 침해할 가능성이 없다.

② 택시운송사업자의 영리 획득의 기회나 사업 영위를 위한 사실적·법적 여건은 헌법상 보장되는 재산권에 속하므로 일반 택시운송사업에서 운전업무에 종사하는 근로자의 최저임금에 산입되는 임금의 범위를 생산고에 따른 임금을 제외한 대통령령으로 정하는 임금으로 하도록 한 최저임금법은 택시운송사업자의 재산권을 제한한다.

③ 고용보험법상 육아휴직 급여수급권은 경제적 가치가 있는 권리로서 헌법 제23조에 의하여 보장되는 재산권에서 보호된다.

④ 육아휴직 급여를 육아휴직이 끝난 날 이후 12개월 이내에 신청하도록 한 고용보험법 제70조 제2항은 육아휴직 급여수급권자의 인간다운 생활을 할 권리나 재산권을 침해한다고 할 수 없다.

문 15. 의사와 직업의 자유에 관한 설명으로 가장 적절하지 <u>않은</u> 것은? (다툼이 있는 경우 판례에 의함)

① 금고 이상의 형을 선고받은 자에 대해 의사 면허를 필요적으로 취소하도록 한 의료법은 직업의 자유를 침해한다고 할 수 없다.

② 의료인, 의료법인 등 일정한 자만 의료기관을 개설할 수 있도록 한 규정은 의료기관 개설을 통하여 생활의 기본적 수요를 충족하고 계속적인 소득활동을 하고자 하는 의료인 아닌 자 또는 영리법인의 직업선택의 자유를 실질적·전면적으로 제한하고 의료소비자의 의료기관 선택권을 침해한다.

③ 물리치료사가 의사, 치과의사의 지도하에 업무를 할 수 있도록 정한 구 '의료기사 등에 관한 법률'은 한의사의 평등권과 직업의 자유를 침해한다고 볼 수 없다.

④ 입원환자에 대하여 의약분업의 예외를 인정하면서도 의사로 하여금 조제를 직접 담당하도록 하는 구 약사법은 직업수행의 자유를 침해한다고 할 수 없다.

문 16. 선거제도에 관한 설명으로 가장 적절한 것은? (다툼이 있는 경우 판례에 의함)

① 헌법은 "국회는 국민의 보통·평등·직접·비밀·자유선거에 의하여 선출된 국회의원으로 구성한다."라고 규정하고 있다.

② 국회의원의 수는 국회법에 규정되어 있고 헌법은 국회의원 수의 상한을 정하고 있다.

③ 헌법은 입법자인 피청구인에게 국회의원선거의 선거구를 입법하도록 명시적으로 위임하고 있다.

④ 입법자가 국회의원선거에 관한 사항을 법률로 규정함에 있어서 폭넓은 입법형성의 자유를 가지므로 선거구에 관한 입법을 할 것인지 여부에 대해서는 입법자에게 어떤 형성의 자유가 존재한다고 할 수 있다.

문 17. 청원권에 관한 설명으로 가장 적절한 것은? (다툼이 있는 경우 판례에 의함)

① 단순한 청원인 경우에 이에 대한 거부의 회신은 헌법소원의 대상이 되는 공권력의 행사가 아니다.

② 청원권 행사를 위한 청원사항이나 청원방식, 청원절차 등에 관해서는 입법자가 그 내용을 자유롭게 형성할 재량권을 가지고 있으나, 공무원이 취급하는 사건 또는 사무에 관한 사항의 청탁에 관해 금품을 수수하는 등의 행위를 청원권의 내용으로서 보장할지 여부에 대해서는 입법자의 재량권이 인정되지 않는다.

③ 근로자가 공공기관에 사용자를 비방하는 내용의 청원을 하였다 하더라도 그러한 내용의 청원은 청원법 제5조의 청원 불수리사유에 해당하므로 이를 징계사유로 삼는 것은 청원을 하였다는 이유로 불이익을 강요하는 것에 해당하여 허용되지 아니한다.

④ 정부에 제출되는 정부의 정책에 관계되는 청원의 심사는 청원법에 따라 국무회의의 심의를 거칠 수 있다.

문 18. 재판청구권, 적법절차원리에 관한 설명으로 옳지 않은 것은 모두 몇 개인가? (다툼이 있는 경우 판례에 의함)

> ㉠ 사법보좌관에게 민사소송법에 따른 독촉절차에서의 법원의 사무를 처리할 수 있도록 규정한 법원조직법 제54조 제2항 제1호는 법관에 의한 재판받을 권리를 침해한다.
> ㉡ 법관이 구두변론을 하지 않고 재정신청에 대한 결정을 할 수 있도록 한 형사소송법은 청구인의 재판절차진술권과 재판청구권을 침해한다고 볼 수 없다.
> ㉢ 검사는 치료감호대상자가 치료감호를 받을 필요가 있는 경우 관할 법원에 치료감호를 청구할 수 있도록 한 '치료감호 등에 관한 법률'은 재판청구권을 침해하거나 적법절차원칙에 반하지 않는다.
> ㉣ 사실오인 또는 양형부당을 이유로 원심판결에 대한 상고를 할 수 있는 경우를 '사형, 무기 또는 10년 이상의 징역이나 금고가 선고된 사건'의 경우로만 제한한 형사소송법은 재판청구권을 침해한다.

① 1개      ② 2개

③ 3개      ④ 4개

문 19. 범죄피해자구조청구권에 관한 설명으로 가장 적절하지 <u>않은</u> 것은? (다툼이 있는 경우 판례에 의함)

① 형법상의 심신상실자와 긴급피난규정에 의하여 처벌되지 아니한 행위로 인한 생명·신체상의 중대한 피해를 입은 자는 구조청구권을 행사할 수 있으나, 정당방위에 의하여 처벌되지 아니하는 행위로 인한 피해를 입은 자는 구조청구권을 행사할 수 없다.

② 과실에 의한 행위로 사망한 경우는 '범죄피해자 보호법'상 구조의 대상이 되는 범죄피해에 해당한다.

③ 구조금의 지급을 받을 권리는 그 구조결정이 해당 신청인에게 송달된 날부터 2년간 행사되지 아니하면 시효로 인하여 소멸된다.

④ 구조금의 지급신청은 해당 구조대상 범죄피해의 발생을 안 날부터 3년이 지나가거나 해당 구조대상 범죄피해가 발생한 날부터 10년이 지나면 할 수 없다.

문 20. 교육을 받을 권리에 관한 설명으로 가장 적절하지 <u>않은</u> 것은? (다툼이 있는 경우 판례에 의함)

① 교육을 받을 권리란 모든 국민에게 저마다의 능력에 따른 교육이 가능하도록 그에 필요한 설비와 제도를 마련해야 할 국가의 과제와 아울러, 사회적·경제적 약자도 능력에 따른 실질적 평등교육을 받을 수 있도록 적극적인 정책을 실현해야 할 국가의 의무를 뜻한다.

② 헌법 제31조 제1항에 의하여 보장되는 교육을 받을 권리는 개인적 성향·능력 및 정신적·신체적 발달 상황 등을 고려하지 아니한 채 동일한 교육을 받을 수 있는 권리를 의미하는 것은 아니다.

③ 헌법 제31조 제1항에 의하여 보장되는 교육을 받을 권리에 국민이 국가에 대하여 직접 특정한 교육제도나 교육과정을 요구할 수 있는 권리나, 특정한 교육제도나 교육과정의 배제를 요구할 권리가 포함되는 것은 아니다.

④ 지능이나 수학능력 등 일정한 능력이 있음에도 법률에 따라 아동의 입학연령을 제한하여 초등학교 입학을 허용하지 않는 것은 능력에 따라 균등한 교육을 받을 권리를 침해한다.

문 1. 헌법개정에 관한 설명으로 가장 적절하지 <u>않은</u> 것은? (다툼이 있는 경우 판례에 의함)

① 대통령의 임기연장 또는 중임변경을 위한 헌법개정은 그 헌법개정 제안 당시의 대통령에 대하여는 효력이 없다.

② 헌법개정은 국회 재적의원 과반수 또는 대통령의 발의로 제안되고, 제안된 헌법개정안은 대통령이 20일 이상의 기간 이를 공고하여야 한다.

③ 국회는 공고기간이 만료된 날로부터 60일 이내에 의결하여야 하며, 국회의 의결은 재적의원 3분의 2 이상의 찬성을 얻어야 한다.

④ 헌법개정안은 국회가 의결한 후 30일 이내에 국민투표에 붙여 국회의원선거권자 과반수의 투표와 투표자 과반수의 찬성을 얻어야 한다.

문 2. 신뢰보호원칙에 관한 설명으로 가장 적절한 것은? (다툼이 있는 경우 판례에 의함)

① 서울대학교가 2021.4.29. 발표한 '서울대학교 2023학년도 대학 신입학생 입학전형 시행계획' 중 수능위주전형 정시모집 '나'군의 전형방법의 2단계 평가에서 교과평가를 20점 반영하도록 한 '서울대학교 2023학년도 대학 신입학생 입학전형 시행계획'은 매 입학연도의 전 학년도가 개시되는 날의 10개월 전에 공표된 것이라면 신뢰보호원칙에 위반되지 않으므로, 청구인들의 균등하게 교육을 받을 권리를 침해하지 않는다.

② 국가에 의하여 일정 방향으로 유인된 신뢰가 아니라 단지 법률이 부여한 기회를 활용한 신뢰의 이익도 법적으로 보호해야 한다.

③ 현재 공무원으로 재직 중인 자가 퇴직하는 경우 장차 받게 될 퇴직연금의 지급시기를 변경하는 것은 아직 완성되지 아니한 사실 또는 법률관계를 규율대상으로 하는 진정소급입법에 해당되는 것이어서 원칙적으로 허용된다.

④ 신뢰보호의 원칙은 법률이나 그 하위법규의 개폐에 적용되나 국가관리의 입시제도와 같은 제도운영지침의 개폐에는 적용되지 않는다.

문 3. 기본권의 제3자적 효력에 관한 설명으로 가장 적절한 것은? (다툼이 있는 경우 판례에 의함)

① 대법원은 기본권 규정이 사법상의 일반 원칙을 규정한 민법 제2조, 제103조, 제750조, 제751조 등의 내용을 형성하고 그 해석기준이 되는 경우에는 직접적으로 사법관계에 효력을 미친다고 판시하였다.

② 기본권 규정은 민사상 법률관계에 직접적으로 적용할 수는 없는 것이나, 사법상의 일반 원칙을 규정한 민법 제2조, 제103조, 제750조 등의 내용을 형성하고 그 해석기준이 되므로 간접적으로 사법관계에 효력을 미치게 된다.

③ 기본권의 대사인적 효력은 사법질서의 독자성과 사적 자치의 원칙 때문에 오로지 법원의 판결을 통한 간접효력으로만 인정된다.

④ 대법원은 사적 단체가 남성 회원에게는 별다른 심사 없이 총회의결권 등을 가지는 총회원 자격을 부여하면서도 여성 회원의 경우에는 지속적인 요구에도 불구하고 원천적으로 총회원 자격심사에서 배제하여 온 것에 대해 평등권의 효력이 간접적으로 사법관계에 미친다고 하면서 기본권 침해를 인정하였다.

문 4. 혼인과 가족생활에 관한 설명으로 가장 적절한 것은? (다툼이 있는 경우 판례에 의함)

① 가족제도에 관한 전통문화란 가족제도에 관한 헌법이념인 개인의 존엄과 양성평등에 반하는 것이어서는 안 된다는 한계가 도출되나 어떤 가족제도가 개인의 존엄과 양성평등에 반하더라도 헌법 제9조를 근거로 그 헌법적 정당성을 주장할 수는 있다.

② 장래 가족의 구성원이 될 태아의 성별 정보에 대한 접근을 국가로부터 방해받지 않을 부모의 권리는 일반적 인격권에 의하여 보호된다.

③ 8촌 이내의 혈족 사이에서는 혼인할 수 없도록 하는 민법 조항 및 이를 위반한 혼인을 무효로 하는 민법 조항은 가족질서를 보호하고 유지한다는 공익이 매우 중요하므로 법익균형성에 위반되지 아니하므로 혼인의 자유를 침해하지 않는다.

④ 입양신고시 신고사건 본인이 시·읍·면에 출석하지 아니하는 경우에는 신고사건 본인의 신분증명서를 제시하도록 한 '가족관계의 등록 등에 관한 법률'은 출석하지 아니한 신고사건 본인에게 입양신고가 이루어진 사실을 통지하지 아니하여, 신고사건 본인이 입양신고를 다툴 기회마저 상실할 수 있어 입법형성권의 한계를 넘어서 입양당사자의 가족생활의 자유를 침해한다.

문 5. 적법절차의 원칙에 관한 설명으로 가장 적절하지 <u>않은</u> 것은? (다툼이 있는 경우 판례에 의함)

① 피고인의 소재를 확인할 수 없는 때 피고인의 진술 없이 재판할 수 있도록 제1심 공판의 특례를 규정한 '소송촉진 등에 관한 특례법' 제23조는 중형이 선고될 수도 있는 가능성을 배제하고 있지 아니했다고 할지라도 적법절차원칙에 위반된다고는 할 수 없다.

② 범죄의 피의자로 입건된 사람이 경찰공무원이나 검사의 신문을 받으면서 자신의 신원을 밝히지 않고 지문채취에 불응하는 경우 그로 하여금 벌금, 과료, 구류의 형사처벌을 받도록 하고 있는 구 '경범죄 처벌법' 조항은 적법절차원칙에 위배된다고 할 수 없다.

③ 검사가 법원의 증인으로 채택된 수감자를 그 증언에 이르기까지 거의 매일 검사실로 하루 종일 소환하여 피고인 측 변호인이 접근하는 것을 차단하고 검찰에서의 진술을 번복하는 증언을 하지 않도록 회유, 협박하는 것은 적법절차에 위배된다.

④ 적법절차원칙은 형사소송절차에 국한되지 않고 모든 국가작용 전반에 적용되는 것이므로 국민에게 부담을 주는 행정작용인 과징금 부과절차에도 적용된다.

문 6. 거주·이전의 자유에 관한 설명으로 가장 적절한 것은? (다툼이 있는 경우 판례에 의함)

① 영내에 기거하는 군인은 그가 속한 세대의 거주지에서 등록하여야 한다고 규정하고 있는 주민등록법은 영내 기거 현역병의 거주·이전의 자유를 제한한다.

② 법인이 과밀억제권역 내에 본점의 사업용 부동산으로 건축물을 신축하여 이를 취득하는 경우, 취득세를 중과세하는 구 지방세법 조항은 법인의 영업의 자유를 제한하는 것으로 법인의 거주·이전의 자유를 제한하는 것은 아니다.

③ 거주·이전의 자유는 거주지나 체류지라고 볼 만한 정도로 생활과 밀접한 연관을 갖는 장소를 선택하고 변경하는 행위를 보호하는 기본권으로서, 생활의 근거지에 이르지 못하는 일시적인 이동을 위한 장소의 선택과 변경까지 그 보호영역에 포함되는 것은 아니다.

④ 서울광장에 출입하고 통행하는 행위가 그 장소를 중심으로 생활을 형성해 나가는 행위에 속한다고 볼 수도 없으나 청구인들의 거주·이전의 자유가 제한되었다고 할 수 있다.

문 7. 국회 100미터 이내 옥외집회 전면 금지에 관한 설명으로 가장 적절하지 <u>않은</u> 것은? (다툼이 있는 경우 판례에 의함)

① 집회를 통해 반대하고자 하는 대상물이 위치하거나 집회의 계기를 제공한 사건이 발생한 장소 등에서 행해져야 이를 통해 다수의 의견표명이 효과적으로 이루어질 수 있으므로, 집회의 장소를 선택할 자유는 집회의 자유의 한 실질을 형성한다고 할 수 있다.

② 국회의사당 경계지점으로부터 100미터 이내의 장소에서의 옥외집회를 전면적으로 금지하는 것은 국회의 기능을 보호하는 데 기여할 수 있으나 수단의 적합성은 인정되지 않는다.

③ 옥외집회에 의한 국회의 헌법적 기능이 침해될 가능성이 부인되거나 또는 현저히 낮은 경우에는 그 금지에 대한 예외를 인정하여야 한다.

④ 국회의사당 인근에서의 옥외집회를 금지하는 '집회 및 시위에 관한 법률'은 위헌적인 부분과 합헌적인 부분이 공존하고 있으므로 헌법불합치결정되었다.

문 8. 정치자금에 관한 설명으로 옳은 것을 모두 고른 것은? (다툼이 있는 경우 판례에 의함)

㉠ 현행 정치자금법에 따르면 외국인, 법인 또는 단체는 정치자금을 기부할 수 없으므로, 기업과 노동조합 모두 정치자금 기부가 금지된다.

㉡ 누구든지 단체와 관련된 자금으로 정치자금을 기부할 수 없도록 하는 것은 과잉금지원칙에 반하여 단체의 정치적 활동의 자유나 결사의 자유를 과도하게 제한하므로 헌법에 위반된다.

㉢ 정당에 대한 재정적 후원을 금지하고 위반시 형사처벌하는 구 정치자금법 조항은 정당이 스스로 재정을 충당하고자 하는 정당활동의 자유와 국민의 정치적 표현의 자유를 침해한다.

㉣ 정치자금법상 지방자치단체의 장선거의 예비후보자는 후원회를 지정하여 둘 수 있으나, 지방의회의원선거의 후보자는 후원회를 지정하여 둘 수 없다.

① ㉠, ㉡
② ㉠, ㉢
③ ㉡, ㉣
④ ㉢, ㉣

문 9. 재판청구권에 관한 설명으로 가장 적절하지 <u>않은</u> 것은? (다툼이 있는 경우 판례에 의함)

① 피수용자와 구제청구자는 변호인을 선임할 수 있고, 구제청구자 등이 빈곤이나 그 밖의 사유로 변호인을 선임할 수 없는 경우 구제청구자 등의 명시적 의사에 반하지 아니하고 구제청구가 명백하게 이유 없는 것이 아닌 이상 법원은 직권으로 변호인을 선정하여야 하며, 이에는 형사소송절차의 국선변호인에 관한 규정이 준용된다.

② 국가의 소송구조의 거부 자체가 국민의 재판청구권의 본질을 침해하는 것은 아니나, 소송구조가 소송비용을 지출할 자력이 없는 국민의 권리구제를 위해 필요한 경우에는 소송구조의 거부가 재판청구권의 본질적 침해가 될 수 있다.

③ 헌법 제27조 제1항의 '헌법과 법률이 정한 법관에 의하여 법률에 의한 재판을 받을 권리'는 사건의 경중을 가리지 않고 모든 사건에 대하여 대법원을 구하는 법관에 의한 균등한 재판을 받을 권리를 의미한다.

④ 재심재판을 받을 권리는 헌법규정으로부터 당연히 도출되는 권리가 아니다.

문 10. 인간다운 생활을 할 권리에 관한 설명으로 가장 적절한 것은? (다툼이 있는 경우 판례에 의함)

① 사회보장수급권은 법률상의 권리로서 헌법의 기본권으로 인정될 수는 없고, 입법자의 재량에 의해서 사회·경제적 여건 등을 종합하여 합리적인 수준에서 결정된다.

② 사립학교법상 명예퇴직수당은 교원이 정년까지 근무할 경우에 받게 될 장래 임금의 보전이나 퇴직 이후의 생활안정을 보장하는 사회보장적 급여이다.

③ 지뢰피해자 및 그 유족에 대한 위로금 산정시 사망 또는 상이를 입을 당시의 월평균임금을 기준으로 하고, 그 기준으로 산정한 위로금이 2천만 원에 이르지 아니할 경우 2천만 원을 초과하지 아니하는 범위에서 조정·지급할 수 있도록 한 '지뢰피해자 지원에 관한 특별법'은 인간다운 생활을 할 권리를 침해한다고 볼 수 없다.

④ 가입자들에 대한 안정적인 보험급여 제공을 보장하기 위해서는 보험료 체납에 따른 보험재정의 악화를 방지할 필요가 있으므로 직장가입자가 소득월액보험료를 일정 기간 이상 체납한 경우 그 체납한 보험료를 완납할 때까지 국민건강보험공단이 그 가입자 및 피부양자에 대하여 보험급여를 실시하지 아니할 수 있도록 한 구 국민건강보험법은 청구인의 인간다운 생활을 할 권리나 재산권을 침해한다.

문 11. 국적에 관한 설명으로 가장 적절한 것은? (다툼이 있는 경우 판례에 의함)

① 국적회복은 선천적 국적 취득이나, 귀화는 외국인이 후천적으로 법무부장관의 허가라는 주권적 행정절차를 통하여 대한민국 국적을 취득하는 제도라는 점에서 차이가 있다.

② 국적회복허가는 대한민국 국적을 취득한 사실이 없는 순수한 외국인이 법무부장관의 허가를 받아 대한민국 국적을 취득할 수 있도록 하는 절차인데 비해(국적법 제4조 내지 제7조), 귀화는 한 때 대한민국 국민이었던 자를 대상으로 한다는 점에서 차이가 있다.

③ 국적회복허가는 일정한 요건을 갖춘 사람에게만 허가할 수 있는 반면, 귀화는 일정한 사유에 해당하는 사람에 대해서만 허가하지 아니한다는 점에서 차이가 있다.

④ 복수국적자로서 외국 국적을 선택하려는 자는 외국에 주소가 있는 경우에만 주소지 관할 재외공관의 장을 거쳐 법무부장관에게 대한민국 국적을 이탈한다는 뜻을 신고할 수 있다.

문 12. 통일조항에 관한 설명으로 가장 적절한 것은? (다툼이 있는 경우 판례에 의함)

① 대한민국은 통일을 지향하며, 자유민주적 기본질서에 입각한 평화적 통일정책을 수립하고 이를 추진한다는 헌법 제4조는 1987년 헌법에서 처음으로 규정되었다.

② 통일의 방법으로 이른바 흡수통일은 평화통일의 원칙에 반하므로 헌법적으로 허용되지 않는다.

③ 헌법 제3조의 영토조항은 제헌헌법 당시부터 규정되어 왔고 제4조의 통일조항은 현행헌법에서 비로소 규정되었으므로 제4조로 인하여 제3조가 사문화된다는 데 학설이 일치한다.

④ 현 단계에 있어서의 북한은 대남적화노선을 고수하면서 대한민국 자유민주주의체제의 전복을 획책하고 있는 반국가단체라는 성격만을 가지므로, 한반도의 이북지역을 불법적으로 점유하고 있는 불법단체에 불과하다.

문 13. 기본권 보호의무에 관한 설명으로 가장 적절한 것은? (다툼이 있는 경우 판례에 의함)

① 민법 조항들이 권리능력의 존재 여부를 출생시를 기준으로 확정하고 태아에 대해서는 살아서 출생할 것을 조건으로 손해배상청구권을 인정한다면 태아에 대한 국가의 생명권 보호의무를 위반한 것이다.

② 동물보호법, '장사 등에 관한 법률', '동물장묘업의 시설설치 및 검사기준' 등 관계 규정에서 동물장묘시설의 설치제한지역을 상세하게 규정하고, 매연, 소음, 분진, 악취 등 오염원 배출을 규제하기 위한 상세한 시설 및 검사기준을 두고 있는 등의 사정을 고려할 때, 동물장묘업 등록에 관하여 '장사 등에 관한 법률' 제17조 외에 다른 지역적 제한사유를 규정하지 않았다는 사정만으로 청구인들의 환경권을 보호하기 위한 입법자의 의무를 과소하게 이행하였다고 평가할 수는 없다.

③ 국가가 국민의 생명·신체의 안전에 대한 보호의무를 다하지 않았는지 여부를 헌법재판소가 심사할 때에는, 국가가 이를 보호하기 위한 최대한의 보호조치를 취하였는가 하는 이른바 '과잉금지원칙'의 위반 여부를 기준으로 삼아야 한다.

④ 대통령은 행정부의 수반으로서 국가가 국민의 생명과 신체의 안전보호의무를 충실하게 이행할 수 있도록 권한을 행사하고 직책을 수행하여야 하는 의무를 부담하므로, 국민의 생명이 위협받는 재난상황이 발생한 경우 직접 구조활동에 참여하여야 하는 등 구체적이고 특정한 행위의무까지 발생한다고 볼 수 있다.

문 14. 평등권 심사기준에 관한 설명으로 가장 적절하지 <u>않은</u> 것은? (다툼이 있는 경우 판례에 의함)

① 공중보건의사에 편입되어 군사교육에 소집된 사람을 군인보수법의 적용대상에서 제외하여 군사교육 소집기간 동안의 보수를 지급하지 않도록 한 군인보수법이 평등원칙에 위반되는지 여부에 대한 심사기준은 그 내용이 현저히 불합리하지 않은지 여부이다.

② 혼인한 등록의무자 모두 배우자가 아닌 본인의 직계존·비속의 재산을 등록하도록 2009.2.3. 법률 제9402호로 공직자윤리법 제4조 제1항 제3호가 개정되었음에도 불구하고, 개정 전 공직자윤리법 조항에 따라 이미 배우자의 직계존·비속의 재산을 등록한 혼인한 여성 등록의무자는 종전과 동일하게 계속해서 배우자의 직계존·비속의 재산을 등록하도록 규정한 공직자윤리법 부칙 제2조가 평등원칙에 위배되는지 여부를 판단함에 있어서는 엄격한 심사척도를 적용하여 비례원칙에 따른 심사를 하여야 한다.

③ 국가유공자의 가족에 대한 가산점제도에 대한 평등권 침해 여부에 관하여 보다 완화된 기준을 적용할 필요는 없고 엄격한 비례심사를 한다.

④ 중등교사 임용시험에서 복수전공 및 부전공 교원자격증소지자에게 가산점을 부여하고 있는 교육공무원법 조항에 의해 복수·부전공 가산점을 받지 못하는 자가 불이익을 입는다고 하더라도 이를 공직에 진입하는 것 자체에 대한 제약이라 할 수 없어, 그러한 가산점제도에 대하여는 자의금지원칙에 따른 심사척도를 적용하여야 한다.

문 15. 변호인의 조력을 받을 권리에 관한 설명으로 가장 적절한 것은? (다툼이 있는 경우 판례에 의함)

① 검사가 보관하고 있는 수사기록에 대한 피고인 또는 변호인의 열람·등사청구권은 헌법상 기본권 조항에서 바로 도출되는 국민의 기본적 권리라 할 수 없고, 법원의 소송지휘권에 기하여 공판준비 내지 증거조사 이후 단계에서 비로소 허용되는 형사소송절차상의 권리라 할 것이다.

② '변호인이 되려는 자'인 청구인의 피의자접견신청을 허용하기 위한 조치를 취하지 않음으로써 실질적으로 접견을 불허한 검사의 행위로 인하여 침해당하였다고 주장하는 '변호인이 되려는 자'의 접견교통권은 헌법상 보장된 기본권이라고 할 수 없으므로 검사의 접견불허행위에 대한 청구인의 심판청구는 기본권 침해가능성이 없다.

③ 미결수용자와 변호인과의 자유로운 접견을 제한할 수 없으나 변호인과의 접견 자체에 대해 아무런 제한도 가할 수 없다는 것은 아니므로, 미결수용자의 변호인접견권 역시 국가안전보장·질서유지 또는 공공복리를 위하여 필요한 경우에는 법률로써 제한할 수 있다.

④ 변호인의 변호권은 법률상 권리에 불과하므로 검찰 수사관인 피청구인이 피의자신문에 참여한 변호인인 청구인에게 피의자 후방에 앉으라고 요구한 행위는 변호인의 변호권을 침해한 것이 아니라 변호인의 직업수행의 자유를 침해한 것이다.

문 16. 학문의 자유에 관한 설명으로 가장 적절하지 <u>않은</u> 것은? (다툼이 있는 경우 판례에 의함)

① 학문의 자유는 진리탐구의 자유에 그치지 않고 탐구한 결과에 대한 발표의 자유 내지 가르치는 자유(편의상 대학의 교수의 자유와 구분하여 수업의 자유로 한다) 등을 포함한다.

② 진리탐구의 자유는 신앙의 자유·양심의 자유처럼 절대적인 자유라고 할 수 있으나 결과발표 내지 수업의 자유는 경우에 따라 헌법 제21조 제4항은 물론 제37조 제2항에 따른 제약이 있을 수 있는 것이다.

③ 고등학교 평준화정책에 따른 학교 강제배정제도는 학교법인의 기본권을 본질적으로 침해하는 위헌적이라 할 수 없다.

④ 학문에 관한 집회에는 옥외집회 및 시위의 신고제에 관한 규정이 적용된다.

2024 해커스경찰 황남기 경찰헌법 Season 3 전범위 모의고사 Vol.1 1차 대비

문 17. 직업의 자유에 관한 설명으로 가장 적절하지 <u>않은</u> 것은? (다툼이 있는 경우 판례에 의함)

① 치과전문의 자격 인정요건으로 외국의 의료기관에서 치과의사전문의과정을 이수한 사람을 포함하지 아니한 '치과의사전문의의 수련 및 자격 인정 등에 관한 규정' 조항은 과잉금지원칙에 위배되어 직업수행의 자유를 침해한다.

② 보건복지부장관이 치과전문의 자격시험제도를 실시할 수 있도록 시행규칙을 마련하지 아니한 행정입법 부작위는 전공의수련과정을 마친 청구인들의 직업의 자유를 침해한 것이다.

③ 의료법이 의사 및 한의사의 복수의 면허를 가진 의료인인 경우에도 '하나의' 의료기관만을 개설하고 다른 의료기관의 개설을 금지하도록 규정한 것은 직업의 자유를 침해했다고 보기 어렵다.

④ 의료인의 의료기관 중복개설을 금지하는 의료법은 의료인의 직업수행의 자유를 침해한다고 할 수 없다.

문 18. 공무담임권 침해가능성이 있는지에 관한 설명으로 가장 적절한 것은? (다툼이 있는 경우 판례에 의함)

① 단과대학장의 선출에 참여할 권리는 대학의 자율에 포함된다고 볼 수 없고, 단과대학장이라는 특정의 보직을 받아 근무하는 것은 공무담임권의 보호영역에 포함되므로 대학의 장이 단과대학장을 지명하도록 하고 있는 교육공무원임용령 조항은 공무담임권 침해가능성이 있다.

② 공무담임권이란 국가, 공공단체의 구성원으로서 그 직무를 담당할 수 있는 권리이므로 지역구국회의원 선거에서 구·시·군 선거방송토론위원회가 개최하는 대담·토론회의 초청자격을 제한함으로써, 비초청대상후보자의 경우 국가기관의 공직에 취임할 수 있는 권리가 직접 제한된다.

③ 국회의원 재직기간이 1년 미만인 자를 연로회원지원금 지급대상에서 제외하고 있는 '대한민국헌정회 육성법' 조항은 공무담임권을 제한한다고 할 수 없다.

④ 공무원임용령 부칙 제2조 제1항 등에 의해 경찰청 내에 일반직공무원의 정원이 증가하여 승진 경쟁이 치열해졌다면 일반직공무원으로 근무하고 있는 청구인들의 헌법상 공무담임권 침해 문제가 생길 여지는 있다.

문 19. 형사보상청구권에 관한 설명으로 가장 적절한 것은? (다툼이 있는 경우 판례에 의함)

① 형사보상은 형사피고인 등의 신체의 자유를 제한한 것에 대하여 사후적으로 그 손해를 보상하는 것인바, 구금으로 인하여 침해되는 가치는 객관적으로 평가하기 어려운 것이므로, 그에 대한 보상을 어떻게 할 것인지는 국가의 경제적, 사회적, 정책적 사정들을 참작하여 입법재량으로 결정할 수 있는 사항이고, 이러한 점에서 헌법 제28조에서 규정하는 '정당한 보상'은 헌법 제23조 제3항에서 재산권의 침해에 대하여 규정하는 '정당한 보상'과 동일한 의미를 가진다.

② 헌법이 명하는 정당한 보상이란 구금 중에 받은 적극적인 재산상의 손실과 구금으로 인한 정신적·물질적 피해에 대한 보상을 요구할 수 있다는 것이며, 구금되지 않았더라면 얻을 수 있었던 소극적인 이익이나 기대이익의 상실 등은 청구할 수 없다.

③ 보상금 상한을 정하고 있는 '형사보상 및 명예회복에 관한 법률'과 보상금 시행령조항은 헌법 제28조의 정당보상원칙에 위반하여 청구인들의 형사보상청구권을 침해한다고 할 수 없다.

④ 소송법상 이유 등으로 무죄재판을 받을 수는 없으나 그러한 사유가 없었더라면 무죄재판을 받을 만한 현저한 사유가 있는 경우 그 절차에서 구금되었던 자에 대해서는 보상을 해야 하는 것은 아니다.

문 20. 근로의 권리에 관한 설명으로 가장 적절한 것은? (다툼이 있는 경우 판례에 의함)

① 헌법 제32조에 장애인의 근로에 대한 보호조항은 없으나, 장애인에 대한 고용증진의무와 관련된 법조항은 헌법에 부합된다.

② 일용근로자로서 3개월을 계속 근무하지 아니한 자를 해고예고제도의 적용제외사유로 규정하고 있는 근로기준법 제35조 제1호는 청구인의 근로의 권리를 침해한다.

③ 헌법 제32조의 근로의 권리, 사회국가원리 등에 근거하여 실업방지 및 부당한 해고로부터 근로자를 보호하여야 할 국가의 의무를 도출할 수 있으므로 국가에 대한 직접적인 직장존속보장청구권은 근로자에게 인정되는 헌법상 기본권이다.

④ 헌법상 근로의 권리는 '일할 자리에 관한 권리'만이 아니라 '일할 환경에 관한 권리'도 의미하는데, '일할 자리에 관한 권리'는 외국인인 청구인들에게도 기본권 주체성이 인정된다.

**MEMO**

문 1. 헌법에 관한 설명으로 가장 적절하지 <u>않은</u> 것은? (다툼이 있는 경우 판례에 의함)

① 불문헌법국가에서도 헌법의 국가창설적 기능이 인정되고 불문헌법도 헌법변천이 가능하다.

② 성문헌법국가에서는 관습헌법은 인정된다.

③ 헌법재판에서 헌법을 해석·적용하는 작업의 범위에는 문제되는 헌법규정의 내용을 고전적 해석을 통해 밝혀내고 헌법현실에 적용하는 포섭의 방법 이외에도, 개방적인 헌법규범의 내용을 헌법의 구체화와 보충을 통하여 불문법적 요소에 의하여 보완하는 방법도 포함될 수 있으므로, 우리나라의 수도가 서울이라는 것을 불문의 관습헌법으로 인정하고 이러한 관습헌법에 성문헌법을 개폐하는 효력을 인정하는 것은 가능하다.

④ 관습헌법은 헌법개정의 대상이라고 할 수 있다.

문 2. 법률유보원칙에 관한 설명으로 가장 적절한 것은? (다툼이 있는 경우 판례에 의함)

① 전기판매사업자로 하여금 전기요금에 관한 약관을 작성하여 산업통상자원부장관의 인가를 받도록 한 전기사업법 제16조 제1항은 전기의 보편적 공급의 기본요소인 전기요금의 산정에 관하여 전기공급약관의 인가기준의 핵심적인 사항에 대해 정하지 않고 약관으로 정하도록 하고 있으므로 법률유보원칙에 위반된다.

② 노인장기요양 급여비용의 구체적인 산정방법 등에 관하여 필요한 사항을 보건복지부령에 정하도록 위임한 노인장기요양보험법 제39조 제3항은 법률유보원칙에 위배된다고 할 수 없다.

③ '금융위원회가 2017.12.28. 시중 은행들을 상대로 가상계좌 거래를 위한 가상계좌의 신규 제공을 중단하도록 한 조치' 및 '금융위원회가 2018.1.23. 가상통화 거래 실명제를 2018.1.30.부터 시행하도록 한 조치'는 구체적인 법적 근거 없이 이루어진 것으로 법률유보원칙에 위반하여 청구인들의 기본권을 침해한다.

④ 국공립어린이집, 사회복지법인어린이집, 법인·단체 등어린이집 등과 달리 민간어린이집에는 보육교직원 인건비를 지원하지 않는 '2020년도 보육사업안내'는 법률유보원칙이 적용된다.

문 3. 기본권 주체에 관한 설명으로 옳은 것을 모두 고른 것은? (다툼이 있는 경우 판례에 의함)

> ㉠ 출입국관리법령에 따라 취업활동을 할 수 있는 체류자격을 받지 아니한 외국인근로자도 '노동조합 및 노동관계조정법'상의 근로자성이 인정되면, 노동조합을 설립하거나 노동조합에 가입할 수 있다.
> ㉡ 사회적 기본권은 외국인에게는 보장되지 않는 것이 원칙이다. 이에 따라 대법원은 외국인노동자에게 '산업재해보상보험법'상의 요양급여청구권을 부정하였다.
> ㉢ 외국인은 해당 국가의 상호보증이 있는 경우에만 형사보상청구권의 주체가 될 수 있다.
> ㉣ 외국인의 국가배상청구권은 상호보증이 있는 때에 한하여 인정된다.

① ㉠, ㉢
② ㉠, ㉣
③ ㉡, ㉢
④ ㉢, ㉣

문 4. 행복추구권에 관한 설명으로 가장 적절하지 않은 것은? (다툼이 있는 경우 판례에 의함)

① '카메라나 그 밖에 이와 유사한 기능을 갖춘 기계장치를 이용하여 성적 욕망 또는 수치심을 유발할 수 있는 다른 사람의 신체를 그 의사에 반하여 촬영한 죄의 미수범을 처벌하는 '성폭력범죄의 처벌 등에 관한 특례법'이 직접 제한하는 기본권은 일반적 행동의 자유이다.

② 누구든지 응급의료종사자의 응급환자에 대한 진료를 폭행, 협박, 위계, 위력, 그 밖의 방법으로 방해하여서는 아니 된다고 규정한 '응급의료에 관한 법률'은 자기결정권 내지 일반적 행동의 자유의 제한 문제가 발생하지 않는다.

③ 부정취득한 운전면허를 취소하는 것은 과잉금지원칙에 반하여 일반적 행동의 자유 또는 직업의 자유를 침해한다.

④ '거짓이나 그 밖의 부정한 수단으로 받은 운전면허를 제외한 운전면허'를 필요적으로 취소하도록 한 도로교통법은 과잉금지원칙에 반하여 일반적 행동의 자유 또는 직업의 자유를 침해한다.

문 5. 신체의 자유에 관한 설명으로 가장 적절한 것은? (다툼이 있는 경우 판례에 의함)

① 현대국가의 사회적 기능증대와 사회현상의 복잡화에 따라 국민의 권리·의무에 관한 사항이라 하여 모두 입법부에서 제정한 법률만으로 정할 수는 없어 불가피하게 예외적으로 하위법령에 위임하는 것이 허용되는바, 정관에 범죄구성요건을 위임하는 것은 죄형법정주의에 위반되지 않는다.

② 강제퇴거명령을 받은 사람을 즉시 대한민국 밖으로 송환할 수 없으면 송환할 수 있을 때까지 보호시설에 수용하는 것은 퇴거명령을 받은 사람의 신체의 자유를 침해하지 않는다.

③ 죄형법정주의란 무엇이 범죄이며 그에 대한 형벌이 어떠한 것인가를 반드시 국민의 대표로 구성된 입법부가 제정한 법률로써 정하여야 한다는 원칙을 말하므로, 형사처벌요건을 입법부가 행정부에서 제정한 명령이나 규칙에 위임하는 것은 허용되지 않는다.

④ 헌법 제12조 제3항의 영장주의는 법관이 발부한 영장에 의하지 아니하고는 수사에 필요한 강제처분을 하지 못한다는 원칙으로, 교도소장이 마약류 관련 수형자에게 소변을 받아 제출하도록 한 것은 교도소의 안전과 질서유지를 위한 것으로 수사에 필요한 처분이 아닐 뿐만 아니라 검사대상자들의 협력이 필수적이어서 강제처분이라고 할 수도 없어 영장주의의 원칙이 적용되지 않는다.

문 6. 양심의 자유에 관한 설명으로 가장 적절한 것은? (다툼이 있는 경우 판례에 의함)

① 양심의 자유가 보장하고자 하는 '양심'은 민주적 다수의 사고나 가치관과 일치하는 것이 아니라, 개인적 현상으로서 지극히 주관적인 것이고, 그 대상이나 내용 또는 동기에 의하여 판단될 수 없으며, 양심상의 결정이 이성적·합리적인지, 타당한지 또는 법질서나 사회규범, 도덕률과 일치하는지 여부는 양심의 존재를 판단하는 기준이 될 수 없다.

② 우리 헌법 제19조는 모든 국민은 양심의 자유를 가진다고 하여 명문으로 양심의 자유를 보장하고 있다. 여기서 헌법이 보호하고자 하는 양심은 어떤 일의 옳고 그름을 판단함에 있어서 그렇게 행동하지 않고는 자신의 인격적 존재가치가 파멸되고 말 것이라는 강력하고 진지한 마음의 소리로서 막연하고 추상적인 개념으로서의 양심이다.

③ 단순한 사실관계의 확인과 같이 가치적·윤리적 판단이 개입될 여지가 없는 경우 양심의 자유에서 보호되지 않으나, 법률해석에 관하여 여러 견해가 갈리는 경우처럼 다소의 가치관련성을 가진다면 개인의 인격형성과는 관계가 없는 사사로운 사유나 의견 등은 그 보호대상이 된다.

④ 인터넷언론사의 공개된 게시판, 대화방에서 스스로의 의사에 의하여 정당·후보자에 대한 지지·반대의 글을 게시하는 행위는 양심의 자유나 사생활비밀의 자유에 의하여 보호되는 영역이라고 할 것이다.

문 7. 헌법 제23조 제3항에 관한 설명으로 가장 적절하지 <u>않은</u> 것은? (다툼이 있는 경우 판례에 의함)

① 헌법재판소의 판례에 따르면, 세입자에 대한 이주대책이나 공익사업의 시행으로 농업을 계속할 수 없게 된 농민에 대한 생활대책수립의무는 헌법 제23조 제3항에 규정된 정당한 보상에 포함된다고 할 수 없다.

② 정비사업의 시행으로 인하여 용도가 폐지되는 국가 또는 지방자치단체 소유의 정비기반시설을 사업시행자가 새로이 설치한 정비기반시설의 설치비용에 상당하는 범위 안에서 사업시행자에게 무상으로 양도되도록 한 '도시 및 주거환경정비법'은 헌법 제23조 제3항의 수용에 해당하지 않아, 정당한 보상의 원칙이 적용될 여지가 없다.

③ 면허 없이 공유수면을 매립한 데 따른 원상회복의무가 면제된 경우 당해 매립공사에 투입되거나 설치된 시설 기타의 물건을 국유화할 수 있도록 규정한 구 공유수면매립법으로 인하여 무면허 매립자들의 재산권의 수용에 해당한다고 할 수 없다.

④ 공공의 이익에 도움이 되는 사업이라도 '공익사업'으로 실정법에 열거되어 있지 않은 사업이라도 공공의 이익에 도움이 되는 사업이라면 공용수용이 허용될 수 있다.

문 8. 선거권에 관한 설명으로 가장 적절한 것은? (다툼이 있는 경우 판례에 의함)

① 수형자에 대한 선거권 제한은 목적은 정당하고, 방법도 적정하나, 침해최소성원칙에 위반된다 하여 헌법재판소는 위헌결정을 하였다.

② 금치산선고를 받은 자와 한정치산선고를 받은 자는 선거권이 없다.

③ 헌법 제24조는 "모든 국민은 법률이 정하는 바에 의하여 선거권을 가진다."라고 규정함으로써 법률유보의 형식을 취하고 있는데, 이는 국민의 선거권이 '법률이 정하는 바에 따라서만' 인정될 수 있다는 포괄적인 입법권의 유보하에 있음을 의미하는 것이다.

④ 영내 기거하는 현역병은 주민등록법 조항 등에 의해 그가 속한 세대의 거주지 선거에서 선거권을 행사하도록 되어 있어, 해당 군인은 자신의 병영이 소재한 지역의 선거에서는 선거권을 행사할 수 없어도 이를 선거권 자체가 제한된 것으로 볼 수는 없다.

문 9. 일반적 법률유보에 관한 설명으로 가장 적절한 것은?

① 헌법 제60조 제1항에 따라 국회의 동의를 얻어 법률적 효력을 가지는 조약은 기본권을 제한할 수 있으나, 그 경우에도 헌법 제37조 제2항의 비례의 원칙을 준수해야 한다.

② 기본권을 제한하는 작용을 하는 법률에서 하위규범으로 입법위임을 할 때에는 대통령령이나 총리령 또는 부령 등 법규명령의 형식으로만 가능하며, 금융감독위원회의 고시와 같은 행정규칙의 형식으로는 위임할 수 없다.

③ 법률유보원칙은 법률에 의한 규율을 의미하므로 위임입법에 의한 기본권 제한은 헌법상 인정되지 않는다.

④ 법률유보의 원칙은 기본권의 제한에 있어서 법률의 근거뿐만 아니라, 그 형식도 반드시 법률의 형식일 것을 요구한다.

문 10. 보상금 등의 지급결정은 신청인이 동의한 때에는 민주화운동과 관련하여 입은 피해에 대하여 민사소송법의 규정에 의한 재판상 화해가 성립된 것으로 보는 '민주화운동 관련자 명예회복 및 보상 등에 관한 법률'(이하 '민주화보상법'이라 한다)에 대해 헌법소원심판이 청구되었다. 이에 관한 설명으로 가장 적절한 것은? (다툼이 있는 경우 판례에 의함)

① 재판청구권 침해 여부는 과잉금지원칙 위반 여부를, 국가배상청구권 침해 여부는 입법형성권을 일탈했는지 여부를 살펴보아야 한다.

② 민주화보상법상 보상금 등에는 적극적·소극적 손해에 대한 배상과 정신적 손해에 대한 배상이 포함되어 있다.

③ 보상금 등의 지급결정은 신청인이 동의한 때에는 민주화운동과 관련하여 입은 피해에 대하여 민사소송법의 규정에 의한 재판상 화해가 성립된 것으로 보는 민주화보상법은 재판청구권을 침해하지 않는다.

④ 보상금 등의 지급결정은 신청인이 동의한 때에는 민주화운동과 관련하여 입은 피해에 대하여 민사소송법의 규정에 의한 재판상 화해가 성립된 것으로 보는 민주화보상법은 정신적 손해에 대한 재판청구권을 침해한다.

문 11. 대통령 관련 헌정사에 관한 설명으로 가장 적절하지 않은 것은?

① 건국헌법은 대통령, 부통령, 국무총리를 모두 두고 있었다.

② 1952년 제1차 개정헌법은 대통령과 부통령을 직선제로 선출하였고 국회를 양원제로 구성하도록 규정하였다.

③ 1969년 제6차 개정헌법은 대통령에 대한 탄핵소추요건을 1962년 제5차 개정헌법과 다르게 규정하였다.

④ 1954년 제2차 개정헌법에서는 같은 헌법 공포 당시의 대통령에 한하여 중임제한을 철폐하고, 대통령의 궐위시에는 국무총리가 그 지위를 계승하도록 하였으며, 주권의 제약과 영토변경을 위한 개헌은 국민투표에 부치도록 하였다.

문 12. 문화국가원리에 관한 설명으로 가장 적절하지 않은 것은? (다툼이 있는 경우 판례에 의함)

① 개인의 정치적 견해를 기준으로 청구인들을 문화예술계 정부지원사업에서 배제되도록 차별취급한 것은 헌법상 문화국가원리에 반하는 자의적인 것으로 정당화될 수 없다.

② 피청구인 대통령의 지시로 피청구인 대통령 비서실장, 정무수석비서관, 교육문화수석비서관, 문화체육관광부장관이 야당 소속 후보를 지지하였거나 정부에 비판적 활동을 한 문화예술인이나 단체를 정부의 문화예술 지원사업에서 배제할 목적으로, 한국문화예술위원회, 영화진흥위원회, 한국출판문화산업진흥원 소속 직원들로 하여금 특정 개인이나 단체를 문화예술인 지원사업에서 배제하도록 한 일련의 지시행위는 헌법상 문화국가원리와 법률유보원칙에 반하는 자의적인 것으로 정당화될 수 없다.

③ 국가 및 지방자치단체에게 '초·중등교육과정에 지역어 보전 및 지역의 실정에 적합한 기준과 내용의 교과를 편성할 구체적인 의무'는 헌법 제10조(행복추구권), 제31조(교육을 받을 권리), 제9조(전통문화의 계승·발전과 민족문화의 창달에 노력할 국가의무)로부터 도출된다.

④ 영화상영관 경영자에게 관람객과 가까이 있다는 이유로 부과금 징수 및 납부의무를 부담시킨 것은 관람객의 재산권과 영화관 경영자의 직업수행의 자유를 침해하였다고 볼 수 없다.

문 13. 선거기사심의위원회가 불공정한 선거기사를 보도하였다고 인정한 언론사에 대하여 언론중재위원회를 통하여 사과문을 게재할 것을 명하도록 하는 공직선거법 제8조의3 제3항 중 '사과문 게재' 부분과 해당 언론사가 사과문 게재 명령을 지체 없이 이행하지 않을 경우 형사처벌하는 구 공직선거법에 대한 헌법재판소 판례에 관한 설명으로 가장 적절한 것은?

① 해당 언론사의 발행인 등이 사과문 게재 명령을 지체 없이 이행하지 않을 경우 형사처벌을 함으로써 그 실효성을 담보하는 규정으로서, 그 입법목적의 정당성과 수단의 적절성은 인정된다.

② 선거기사심의위원회가 불공정한 선거기사를 보도하였다고 인정한 언론사에 대하여 언론중재위원회를 통하여 사과문을 게재할 것을 명령할 근거인 공직선거법 조항은 언론사인 법인으로 하여금 그 의사에 반하는 사과문을 게재하도록 강제하는 규정이므로, 언론사의 소극적 표현의 자유나 일반적 행동의 자유를 제한할 뿐이다.

③ 선거기사심의위원회가 불공정한 선거기사를 보도하였다고 인정한 언론사에 대하여 언론중재위원회를 통하여 사과문을 게재할 것을 명령하고 사과문 게재 명령을 이행하지 않은 언론사 발행인이나 대표자에 대하여 징역이나 벌금 등 형벌을 부과하도록 하고 있으므로 언론사 대표자나 발행인 등의 일반적 행동의 자유를 침해하여 헌법에 위반된다.

④ 선거기사심의위원회가 불공정한 선거기사를 보도하였다고 인정한 언론사에 대하여 언론중재위원회를 통하여 사과문을 게재할 것을 명하도록 하는 공직선거법 조항 중 '사과문 게재' 부분은 공직선거의 중요성과 불공정한 선거기사를 바로 시정하지 않으면 원상회복이 사실상 불가능할 수 있는 점 등을 감안할 때, 사과문의 내용이 언론사의 권리를 지나치게 침해하는 것이 아닌 한, 불공정한 선거기사를 게재한 언론사에 대하여 사과문 게재를 명하는 것 자체는 언론사의 기본권에 대한 과도한 제한이라고 볼 수 없다.

문 14. 평등권에 관한 설명으로 옳지 <u>않은</u> 것을 모두 고른 것은? (다툼이 있는 경우 판례에 의함)

---

㉠ 현행 군인사법에 따르면 병(兵)과 하사관은 군인이라는 공통점을 제외하고는 그 복무의 내용과 보직, 진급, 전역체계, 보수와 연금 등의 지급에서 상당한 차이가 있으며, 그 징계의 종류도 달리 규율하고 있으므로 병과 하사관은 영창처분의 차별취급을 논할 만한 비교집단이 된다고 보기 어려우므로, 평등원칙 위배 여부는 판단할 필요가 없다.

㉡ 자치구·시·군의회의원 선거구간 인구편차 비교집단 설정에 있어서는 특별시, 광역시, 도내의 모든 선거구를 비교하여 허용 한계를 설정해야 한다.

㉢ 주민투표권은 헌법상 기본권이 아닌 법률상의 권리에 해당하므로 재외국민에 대해 주민투표권을 인정하지 아니하여도 헌법상의 평등권은 문제가 발생하지 않는다.

㉣ 경찰공무원과 일반직공무원을 보수 책정에 있어서 의미 있는 비교집단으로 볼 수 없다.

㉤ 사학연금법상의 유족급여수급권자와 산업재해보상보험법상의 유족급여수급권자가 본질적으로 동일한 비교집단이라고 보기 어려우므로 산업재해보상보험법과 달리 형제자매를 유족으로 규정하지 아니한 사학연금법은 헌법상 평등의 원칙에 위배된다고 할 수 없다.

---

① ㉡, ㉢   ② ㉠, ㉢, ㉣
③ ㉠, ㉣, ㉤   ④ ㉡, ㉢, ㉤

문 15. 영장주의에 관한 설명으로 가장 적절하지 <u>않은</u> 것은? (다툼이 있는 경우 판례에 의함)

① 형벌에 의한 불이익을 부과함으로써 심리적·간접적으로 지문채취를 강요하고 있는 '경범죄 처벌법'에 의한 지문채취의 강요는 영장주의에 의하여야 할 강제처분이라 할 수 없다.

② 수사상 필요에 의하여 수사기관이 직접강제에 의하여 지문을 채취하려 하는 경우에는 반드시 법관이 발부한 영장에 의하여야 한다.

③ 헌법 제12조 제3항이 영장의 발부에 관하여 '검사의 신청'에 의할 것을 규정한 취지는 모든 영장의 발부에 검사의 신청이 필요하다는 데에 있는 것이 아니라 수사단계에서 영장의 발부를 신청할 수 있는 자를 검사로 한정함으로써 검사 아닌 다른 수사기관의 영장신청에서 오는 인권유린의 폐해를 방지하고자 함에 있다.

④ 형사절차가 아니라 하더라도 실질적으로 수사기관에 의한 인신구속과 동일한 효과를 발생시키는 인신구금은 영장주의의 본질상 그 적용대상이 되어야 하며 병(兵)에 대한 징계처분으로 일정 기간 부대나 함정 내의 영창, 그 밖의 구금장소에 감금하는 영창처분이 가능하도록 규정한 구 군인사법에 의한 영창처분은 그 내용과 집행의 실질, 효과에 비추어 볼 때, 그 본질이 사실상 형사절차에서 이루어지는 인신구금과 같이 기본권에 중대한 침해를 가져오는 것으로 헌법 제12조 제1항·제3항의 영장주의원칙이 적용된다.

문 16. 개인정보자기결정권에 관한 설명으로 옳지 <u>않은</u> 것을 모두 고른 것은? (다툼이 있는 경우 판례에 의함)

㉠ 아동·청소년에 대한 강제추행죄로 유죄판결이 확정된 자를 신상정보 등록대상자로 규정하는 '성폭력범죄의 처벌 등에 관한 특례법' 제42조는 유죄판결을 받은 모든 자를 일률적으로 등록대상자로 정하여 재범의 위험성이 인정되지 않는 자를 등록대상자로 하고 있어 청구인의 개인정보자기결정권을 침해한다.

㉡ 신상정보 등록대상자에게 출입국시 신고의무를 부과하는 '성폭력범죄의 처벌 등에 관한 특례법' 제43조의2 제1항·제2항은 개인정보자기결정권을 침해한다고 할 수 없다.

㉢ 변호사시험 성적은 정보주체의 요구에 따라 수정되거나 삭제되는 등 정보주체의 통제권이 인정되는 성질을 가진 개인정보가 아니므로 변호사시험 성적을 합격자에게 공개하지 않도록 규정한 변호사시험법은 개인정보자기결정권을 제한하고 있다고 보기 어렵다.

㉣ 법무부장관은 변호사시험 합격자가 결정되면 즉시 명단을 공고하여야 한다고 규정한 변호사시험법으로 응시자들의 개인정보자기결정권에 대한 제한이 발생한다.

㉤ 정보주체의 배우자나 직계혈족이 정보주체의 위임 없이도 정보주체의 가족관계 상세증명서의 교부청구를 할 수 있도록 하는 '가족관계의 등록 등에 관한 법률' 제14조 제1항은 정보주체의 현재의 혼인의 배우자 및 직계혈족의 이익보호에만 지나치게 치우친 방법이므로, 달성하려는 입법목적과 그로 인해 제한되는 개인정보자기결정권 사이에 적절한 균형을 달성하지 못하였다. 따라서 과잉금지원칙에 위반되어 청구인의 개인정보자기결정권을 침해한다.

① ㉠, ㉤
② ㉢, ㉣
③ ㉡, ㉢, ㉣
④ ㉢, ㉣, ㉤

문 17. 검열금지원칙에 관한 설명으로 가장 적절한 것은? (다툼이 있는 경우 판례에 의함)

① 검열금지의 원칙은 의사표현의 발표 여부가 오로지 행정권의 허가에 달려있는 사전심사만을 금지하는 것을 뜻하므로, 검열은 일반적으로 허가를 받기 위한 표현물의 제출의무, 행정권이 주체가 된 사전심사절차, 허가를 받지 아니한 의사표현의 금지 및 심사절차를 관철할 수 있는 강제수단 등의 요건을 갖춘 경우에만 이에 해당한다.

② 헌법 제21조 제1항과 제2항은 모든 국민은 언론·출판의 자유를 가지며, 언론·출판에 대한 허가나 검열은 인정되지 아니한다고 규정하고 있으므로, 검열을 수단으로 한 제한은 국가안전보장·질서유지 또는 공공복리를 위하여 필요한 경우에 한하여 법률로써 하는 경우에만 허용될 수 있다.

③ 의료는 국민 건강에 직결되므로 의료광고에 대해서는 합리적인 규제가 필요하고 의료광고는 상업광고로서 정치적·시민적 표현행위 등과 관련이 적으므로 의료광고에 대해서는 사전검열금지원칙이 적용되지 않는다.

④ 방송프로그램에 대한 법원의 방영금지가처분결정을 허용하는 것은 언론·출판에 대한 사전검열에 해당하여 헌법 위반이다.

문 18. 성범죄자에 대한 취업제한에 관한 설명으로 옳지 않은 것은 모두 몇 개인가? (다툼이 있는 경우 판례에 의함)

ㄱ. 아동·청소년대상 성범죄 또는 성인대상 성범죄로 형 또는 치료감호를 선고받아 확정된 자에 대해 아동·청소년 관련 교육기관 취업을 제한하는 것은 직업선택의 자유를 침해한다.

ㄴ. 성인대상 성범죄로 형을 선고받아 확정된 자로 하여금 그 형의 집행을 종료한 날부터 10년 동안 의료기관을 개설하거나 의료기관에 취업할 수 없도록 한 법률조항의 위헌 여부 심사에는 엄격한 비례원칙을 적용한다.

ㄷ. 성인대상 성범죄로 형을 선고받아 확정된 자로 하여금 그 형의 집행을 종료한 날부터 10년 동안 의료기관을 개설하거나 의료기관에 취업할 수 없도록 한 법률조항은 일반 범죄와 달리 성범죄의 경우에만 적용되므로 평등권을 침해한다.

ㄹ. 취업제한제도를 법 시행 후 형이 확정된 자부터 적용하도록 하는 '아동·청소년의 성보호에 관한 법률' 부칙은 행위시의 법률이 아니라 사후입법에 의한 취업제한이므로 헌법 제13조 제1항 전단의 형벌불소급원칙에 위반된다.

ㅁ. 법 시행 후 형이 확정된 자부터 취업제한조항을 적용하도록 하는 '아동·청소년의 성보호에 관한 법률' 부칙은 법 시행 전에 범죄행위를 한 자에 대해 소급 적용하도록 하였는바, 직업의 자유를 침해한다.

① 2개　　　　　② 3개
③ 4개　　　　　④ 5개

문 19. 재판청구권에 관한 설명으로 가장 적절하지 <u>않은</u> 것은? (다툼이 있는 경우 판례에 의함)

① 재판을 보장하는 헌법 제27조 제1항 소정의 재판청구권이 곧바로 모든 사건에서 상고심 또는 대법원의 재판을 받을 권리를 인정하는 것이라고 보기는 어려우므로 형사재판에서 피고인이 중죄를 범한 중죄인이라거나 외국에 도피 중이라는 이유만으로 상소의 제기 또는 상소권회복청구를 전면 봉쇄하는 것은 재판청구권 침해라고 할 수 없다.

② 항고권은 재판청구권에서 보호되므로 합리적 근거 없이 금융기관에게 차별적으로 우월한 지위를 부여하여 경락허가결정에 대한 항고를 하고자 하는 자에게 과다한 경제적 부담을 지게 한다면 재판청구권을 침해한다.

③ 상고심재판을 받을 수 있는 객관적인 기준을 정함에 있어 개별적 사건에서의 권리구제보다 법령해석의 통일을 더 우위에 두더라도 그 합리성이 있다고 할 것이다.

④ 어떠한 요증사실의 존부가 확정되지 않았을 때 그 사실이 존재하지 않는 것으로 취급되어 법률판단을 받게 되는 불이익인 증명책임의 분배 문제도 공정한 재판을 받을 권리의 보호범위에 해당한다.

문 20. 범죄피해자구조청구권에 관한 설명으로 가장 적절하지 <u>않은</u> 것은? (다툼이 있는 경우 판례에 의함)

① 범죄피해자구조청구권의 대상이 되는 범죄피해에 해외에서 발생한 범죄피해의 경우를 포함하고 있지 아니한 것은 현저하게 불합리한 자의적 차별이라고 볼 수 없어 평등의 원칙에 위배되지 아니한다.

② 범죄행위 당시 구조피해자와 가해자 사이에 사실상의 혼인관계가 있는 경우에도 구조피해자에게 구조금을 지급한다.

③ 피해자 또는 유족이 당해 범죄피해를 원인으로 하여 산업재해보상보험법에 의한 장해급여를 지급받을 수 있는 경우에는 그 지급받을 금액의 범위 안에서 범죄피해구조금을 지급하지 않는다.

④ 피해자와 가해자 사이에 사실상의 혼인관계 또는 동거친족일 경우 범죄피해구조금을 지급하지 아니하며, 나머지 친족일 경우 일부를 지급하지 아니하고, 피해자가 범죄행위를 유발한 경우 일부를 지급하지 아니한다.

소요시간: _____ / 15분          맞힌 답의 개수: _____ / 20

문 1. 거주·이전의 자유에 관한 설명으로 가장 적절하지 <u>않은</u> 것은? (다툼이 있는 경우 판례에 의함)

① 지방자치단체장 입후보선거에서 거주요건은 거주·이전의 자유가 국민에게 그가 선택할 직업 내지 그가 취임할 공직을 그가 선택하는 임의의 장소에서 자유롭게 행사할 수 있는 권리까지 보장하는 것은 아니다.

② 거주지를 기준으로 한 중·고등학교 배정은 거주·이전의 자유를 제한한다.

③ 영내 기거하는 군인의 선거권 행사를 주민등록이 되어 있는 선거구로 한 것은 거주·이전의 자유와 일반적 행동의 자유를 제한하지 않는다.

④ 이륜자동차 고속도로 운행금지는 거주·이전의 자유를 제한하는 것은 아니다.

문 2. 결사의 자유에 관한 설명으로 가장 적절하지 <u>않은</u> 것은? (다툼이 있는 경우 판례에 의함)

① 농협중앙회장 후보자의 선거운동은 결사의 자유에서 보호되나 선거권의 범위에 포함되지 아니한다.

② 중소기업중앙회는 공법인적 성격이 강해 결사의 자유, 단체 내부 구성의 자유의 보호대상이 된다고 할 수 없다.

③ 지역축산업협동조합 조합원이 조합원 자격이 없는 경우 당연히 탈퇴되고, 이사회가 이를 확인하여야 한다고 규정하고 있는 농업협동조합법은 과잉금지원칙을 위반하여 청구인의 결사의 자유 등을 침해한다고 할 수 없다.

④ 지역축협은 사법인적 성격을 지니고 있으므로, 지역축협인 청구인은 지역축협의 활동과 관련하여 결사의 자유의 보장대상이 된다.

문 3. 정당의 자유의 제한에 관한 헌법재판소의 심사기준에 관한 설명으로 가장 적절하지 <u>않은</u> 것은? (다툼이 있는 경우 판례에 의함)

① 경찰청장 퇴직 후 2년 이내 정당활동금지하는 경찰법의 위헌 여부는 입법자의 판단이 명백하게 잘못되었다는 소극적 심사에 그치지 않는다.

② 정당활동의 자유는 헌법 제37조 제2항의 일반적 법률유보의 대상이 되고 이를 제한하는 법률의 위헌 여부는 엄격한 심사를 한다.

③ 지구당을 폐지하거나 당원협의회 사무소 설치를 금지하여 정당조직을 경량화함으로써 대중정당적인 성격이 줄어드는 결과가 발생한다면 그 구체적인 선택의 당부를 엄격하게 판단하여 위헌 여부를 가려야 한다.

④ 위헌정당해산심판에 민사소송법을 준용하는 헌법재판소법이 재판을 받을 권리를 침해하는지 여부는 현저하게 입법형성권의 한계를 벗어났는지를 기준으로 판단해야 한다.

문 4. 재판청구권에 관한 설명으로 가장 적절한 것은? (다툼이 있는 경우 판례에 의함)

① 헌법에 '공정한 재판'에 관한 명문의 규정이 있을 뿐 아니라 재판청구권이 국민에게 효율적인 권리보호를 제공하기 위해서는, 법원에 의한 재판이 공정하여야만 할 것은 당연한 전제이므로 '공정한 재판을 받을 권리'는 헌법 제27조의 재판청구권에 의하여 함께 보장된다.

② 소년보호사건에 있어 제1심결정에 의한 소년원 수용기간을 항고심결정에 의한 보호기간에 산입하지 아니하는 소년법은 재판받을 권리를 제한한다.

③ 법관에 대한 징계처분 취소청구소송을 대법원의 단심재판에 의하도록 한 구 법관징계법 제27조는 법관에 의한 사실확정을 받을 기회를 박탈하므로 재판청구권을 침해한다.

④ 재심은 상소와는 달리 확정판결에 대한 불복방법이고 확정판결에 대한 법적 안정성의 요청은 미확정판결에 대한 그것보다 훨씬 크기 때문에, 재심청구권은 상고심재판을 받을 권리와는 마찬가지로 재판을 받을 권리에 포함된다고 할 수 없다.

문 5. 인간다운 생활을 할 권리에 관한 설명으로 가장 적절하지 않은 것은? (다툼이 있는 경우 판례에 의함)

① 국민건강보험법에 따른 건강보험수급권은 인간다운 생활을 할 권리의 보호범위에 포함된다고 할 수 없다.

② 상가 임차인의 계약갱신요구권은 헌법 제34조 제1항에 의한 보호대상이 아니다.

③ 선거운동과정에서의 대외적 해명행위는 인간다운 생활을 할 권리의 보호대상이 아니다.

④ 사무직렬 기능직공무원의 일반직공무원으로의 우선 임용절차를 규정한 조항이 인간다운 생활을 할 권리의 향유와 관련되어 있다고 보기 어렵다.

문 6. 대학의 자유에 관한 설명으로 가장 적절하지 않은 것은? (다툼이 있는 경우 판례에 의함)

① 대학의 장이 단과대학장을 보할 때 그 대상자의 추천이나 선출절차를 거치지 않고 직접 지명하도록 하고 있는 교육공무원임용령은 단과대학장의 선출에 참여할 권리는 대학의 자율에 포함되지 않으므로 대학의 자율성을 침해할 가능성이 없다.

② 국립대학교 교수나 교수회는 헌법상 기본권으로서 국립대학교의 장 후보자 선정에 참여할 권리가 인정될 수 있다.

③ 학문의 자유나 대학의 자율성 내지 대학의 자치를 근거로 사립대학 교수들은 총장선임에 실질적으로 관여할 수 있는 지위는 없다고 보는 것이 대법원의 판례이다.

④ 사립학교 교원이 선거범죄로 100만 원 이상의 벌금형을 선고받아 그 형이 확정되면 당연퇴직되도록 한 규정은 청구인의 교수의 자유를 침해한다.

문 7. 직업의 자유에 관한 설명으로 가장 적절한 것은? (다툼이 있는 경우 판례에 의함)

① 거짓이나 그 밖의 부정한 수단으로 운전면허를 받은 경우 국민의 생명·신체를 보호할 필요성이 매우 크므로 모든 범위의 운전면허를 필요적으로 취소하도록 규정한 도로교통법 조항은 직업의 자유를 침해하지 않는다.

② 음주운전을 금지하고 있는 규정을 2회 이상 위반한 사람이 다시 음주운전을 하여 운전면허정지사유에 해당하는 경우, 운전면허를 필요적으로 취소하도록 하는 것은 음주운전이 개인과 사회·국가에 미치는 엄청난 피해를 감안할 때 과잉금지원칙에 위반되어 직업의 자유를 침해한다고 볼 수 없다.

③ 음주운전을 하여 자동차로 사람을 사상한 후 피해자를 구호하지 않고 도주하면 자동차운전면허를 취소함은 물론, 5년간 면허시험도 응시하지 못하도록 하는 것은 자동차 등의 운전을 필수불가결한 요건으로 하고 있는 일정한 직업군의 사람들에 대하여 종래에 유지하던 직업을 계속 유지하는 것을 불가능하게 하거나, 장래에 그와 같은 직업을 선택하는 것을 불가능하게 하는 효과를 발생시키므로 과잉금지원칙을 위반하여 직업의 자유를 침해한다.

④ '자동차운전전문학원을 졸업하고 운전면허를 받은 사람 중 교통사고를 일으킨 비율이 대통령령이 정하는 비율을 초과하는 때'에는 학원의 등록을 취소하거나 1년 이내의 운영정지를 명할 수 있도록 하는 것은 운전전문학원이 조성하는 사회적 위험을 관리하기 위한 것이므로 운전전문학원 운영자의 직업의 자유를 침해한다고 볼 수 없다.

문 8. 대학교 총장선거에 관한 설명으로 가장 적절한 것은? (다툼이 있는 경우 판례에 의함)

① 대구교육대학교 총장임용후보자선거 후보자가 제1차 투표에서 최종 환산득표율의 100분의 15 이상을 득표한 경우에만 기탁금의 반액을 반환하도록 하고 반환하지 않는 기탁금은 대학 발전기금에 귀속되도록 규정한 '대구교육대학교 총장임용후보자 선정규정' 제24조 제2항은 과잉금지원칙에 위배되어 청구인의 재산권을 침해한다고 할 수 없다.

② 대구교육대학교 총장임용후보자선거에서 후보자가 되려는 사람은 1,000만 원의 기탁금을 납부하도록 규정한 '대구교육대학교 총장임용후보자 선정규정' 제23조 제1항 제2호 및 제24조 제1항은 과잉금지원칙에 위배되어 후보자가 되려는 청구인의 공무담임권을 침해한다.

③ 총장후보자에 지원하려는 사람에게 접수시 1,000만 원의 기탁금을 납부하도록 하고, 지원서 접수시 기탁금납입영수증을 제출하도록 한 '전북대학교 총장임용후보자 선정에 관한 규정'은 청구인의 공무담임권을 침해한다.

④ 경북대학교 총장임용후보자선거의 후보자로 등록하려면 3,000만 원의 기탁금을 납부하고 후보자등록신청시 기탁금납부영수증을 제출하도록 정한 '경북대학교 총장임용후보자 선정 규정'은 기탁금액의 측면에서도 기본권 제한이 과도하여 후보자로서의 성실성을 갖춘 사람도 출마를 포기하게 할 가능성이 있다. 따라서 이 사건 기탁금납부조항은 청구인의 공무담임권을 침해한다.

문 9. 형사소송법상 비용보상에 관한 설명으로 가장 적절한 것은? (다툼이 있는 경우 판례에 의함)

① 형사소송법 비용보상은 무죄판결이 확정된 피고인이 구금을 요건으로 하여 이 재판에 들어간 비용의 보상을 법원에 청구할 수 있도록 하는 내용의 비용보상청구제도이다.

② 형사소송법에 따른 비용보상청구제도는 형사사법절차에 내재하는 불가피한 위험성으로 인해 손해를 입은 사람에게 그 위험에 관한 부담을 덜어주기 위해 국가의 고의나 과실을 요건으로 한다.

③ 비용보상청구권은 헌법 제28조의 형사보상청구권이나 국가의 귀책사유를 전제로 하는 헌법 제29조의 국가배상청구권이 헌법적 차원에서 명시적으로 규정되어 보호되고 있는 것과 달리, 입법자가 입법의 목적, 국가의 경제적·사회적·정책적 사정들을 참작하여 제정하는 법률에 적용요건, 적용대상, 범위 등 구체적인 사항이 규정될 때 비로소 형성되는 권리이다.

④ 비용보상청구권의 제척기간을 무죄판결이 확정된 날부터 6개월로 규정한 구 형사소송법은 비용보상청구권자가 무죄판결 확정을 알았는지 여부나 귀책사유에 대한 고려도 없이 기산점을 일률적으로 '무죄판결이 확정된 날부터'로 규정하면서 그 청구기간도 극히 단기로 규정하고 있는바, 이는 형사보상청구권과 국가배상청구권의 청구기간과 비교하여 과도하게 비용보상청구권자의 비용보상청구권을 제한하는 것으로 평등원칙에도 위배된다.

문 10. 근로의 권리에 관한 설명으로 가장 적절하지 않은 것은? (다툼이 있는 경우 판례에 의함)

① 헌법 제15조 직업의 자유와 제32조 근로의 권리는 국가에게 단지 사용자의 처분에 따른 직장 상실에 대하여 최소한의 보호를 제공해 줄 의무뿐 아니라, 직장 상실로부터 근로자를 보호하여 줄 것을 청구할 수 있는 권리가 도출되므로 사용자로 하여금 2년을 초과하여 기간제근로자를 사용할 수 없도록 한 사건에서 근로의 권리에 대한 침해 문제가 발생한다.

② 해고예고제도는 근로자의 인간 존엄성을 보장하기 위한 합리적 근로조건에 해당하므로, 해고예고에 관한 권리는 근로자가 향유하는 근로의 권리의 내용에 포함된다.

③ 계속 근무기간 1년 미만인 근로자가 퇴직급여를 청구할 수 있는 권리는 헌법 제32조 제1항의 근로의 권리에 의하여 보장된다고 할 수 없다.

④ 근로의 권리에는 일자리를 청구하거나 생계비 지급을 청구할 권리가 포함되지 않는다.

문 11. 헌법개정에 관한 설명으로 가장 적절한 것은? (다툼이 있는 경우 판례에 의함)

① 1960년 제3차 개정헌법에서는 헌법 제1조, 제2조, 제7조의2의 규정을 개폐할 수 없다고 하였다.

② 헌법재판소 판례에 따르면 헌법개정의 한계에 관한 규정을 두지 아니하고 있는 현행의 우리 헌법상으로는 과연 어떤 규정이 헌법핵 내지는 헌법제정규범으로서의 상위규범이고 어떤 규정이 단순한 헌법개정규범으로서의 하위규범인지를 구별하는 것이 가능하다.

③ 국회는 헌법개정안이 제안된 날로부터 60일 이내에 의결하여야 하며, 국회의 의결은 재적의원 3분의 2 이상의 찬성을 얻어야 한다.

④ 현행헌법상 대통령의 임기연장 또는 중임변경을 위한 헌법개정은 인정되지 아니한다.

문 12. 사회국가원리에 관한 설명으로 가장 적절한 것은? (다툼이 있는 경우 판례에 의함)

① 헌법 제34조 제5항의 '신체장애자'에 대한 국가보호의무조항은 사회국가원리를 구체화한 것이므로, 이 조항으로부터 장애인을 위하여 저상버스를 도입해야 한다는 구체적 내용의 의무가 도출된다.

② 자유와 평등의 실질적 보장을 추구하는 사회국가원리에 비추어 볼 때 국가는 기회의 균등을 형식적으로 보장하는 데 그칠 것이 아니라 공정한 경쟁이 이루어질 수 있는 조건을 적극적으로 조성해야 할 책무를 진다고 할 것이다. 이러한 점에서 사회적 약자에 대한 우선적 처우의 위헌 여부가 문제되는 경우 엄격한 비례성의 원칙에 따른 심사가 이루어져야 할 필요성이 더욱 크다고 할 것이다.

③ 국가가 저소득층 지역가입자를 대상으로 소득수준에 따라 국민건강보험법상의 보험료를 차등지원하는 것은 사회국가원리에 의하여 정당화된다.

④ 사회국가원리에 근거하여 실업방지 및 부당한 해고로부터 근로자를 보호하여야 할 국가의 의무를 도출할 수는 있으므로 국가에 대한 직접적인 직장존속보장청구권을 근로자에게 인정할 헌법상 근거는 있다.

문 13. 기본권 경합에 관한 설명으로 가장 적절한 것은? (다툼이 있는 경우 판례에 의함)

① 평화주의사상을 가진 화가 甲이 국민들에게 반전의식을 계도할 목적의 전시회를 기획하고 이를 위하여 대학병원에 보관된 시신을 훔쳐서 전쟁의 참상을 상징하는 전시물을 제작·전시하였다면 기본권 충돌의 사례로 다루어야 하고, 또한 甲이 자신의 사상을 강연해 주도록 초청받은 집회에 참석하러 갔다가 경찰의 제지로 입장하지 못했다면 기본권 경합의 사례로 다루어야 할 것이다.

② 수용자가 작성한 집필문의 외부 반출을 불허하고 이를 영치할 수 있도록 한 것은 수용자의 통신의 자유와 표현의 자유를 제한한다.

③ 형제·자매에게 가족관계등록부 등의 기록사항에 관한 증명서 교부청구권을 부여하는 것은 본인의 개인정보자기결정권을 제한하는 것으로 개인정보자기결정권 침해 여부를 판단한 이상 인간의 존엄과 가치 및 행복추구권, 사생활의 비밀과 자유는 판단하지 않는다.

④ 종교단체가 양로시설을 설치하고자 하는 경우 신고하도록 의무를 부담시키는 것은 종교단체의 종교의 자유와 인간다운 생활을 할 권리를 제한한다.

문 14. 혼인과 가족생활에 관한 설명으로 적절하지 않은 것은? (다툼이 있는 경우 판례에 의함)

① 혼인과 가족생활을 규정하고 있는 헌법 제36조는 적극적으로는 혼인과 가정을 제3자 등으로부터 보호해야 할 뿐만 아니라 개인의 존엄과 양성의 평등을 바탕으로 성립되고 유지되는 혼인·가족제도를 실현해야 할 국가의 과제를 부과하고 있다.

② 개인이 혼인과 가족생활을 스스로 결정하고 형성할 수 있는 자유를 제한하는 경우에도 과잉금지원칙을 준수해야 한다.

③ 8촌 이내의 혈족 사이에서는 혼인할 수 없도록 하는 민법 제809조 제1항은 입법목적 달성에 필요한 범위를 넘는 과도한 제한으로서 과잉금지원칙에 위배하여 혼인의 자유를 침해한다.

④ 8촌 이내의 혈족 사이에서는 혼인할 수 없도록 하는 민법 제809조 제1항을 위반한 혼인을 무효로 하는 민법 제815조 제2호는 과잉금지원칙에 위배하여 혼인의 자유를 침해한다.

문 15. 적법절차에 관한 설명으로 가장 적절한 것은? (다툼이 있는 경우 판례에 의함)

① 개성공단 중단조치를 위해 이해관계자 등의 의견청취절차는 적법절차원칙에 따라 요구되는 것인데, 이를 거치지 아니한 중단조치는 적법절차원칙에 위반되어 청구인들의 영업의 자유나 재산권을 침해한 것으로 볼 수 있다.

② 대통령이 개성공단의 운영 중단결정과정에서 국무회의 심의를 거치지 않았더라도 그 결정에 헌법과 법률이 정한 절차를 위반한 하자가 있다거나, 적법절차원칙에 따라 필수적으로 요구되는 절차를 거치지 않은 흠결이 있다고 할 수 없다.

③ 보안처분에 적용되어야 할 적법절차원리의 적용범위 내지 한계는 각 보안처분의 구체적 자유박탈 내지 제한의 정도를 고려하여 차이가 있는바 보안관찰처분과 같이 피보안관찰자에게 신고의무를 부과하는 자유제한적인 조치에는 엄격한 적법절차의 원칙이 적용된다.

④ 적법절차의 원칙에 의하여 그 성질상 보안처분의 범주에 드는 모든 처분의 개시 내지 결정에 법관의 판단을 필요로 한다.


문 16. 국적에 관한 설명으로 가장 적절한 것은?

① 대한민국의 국적을 취득한 사실이 있었던 외국인은 법무부장관의 귀화허가를 받을 수 있다.

② 배우자가 대한민국의 국민인 외국인은 그 배우자와 혼인한 상태로 대한민국에 2년 이상 계속하여 주소가 있는 경우에는 귀화허가를 받을 수 있다.

③ 평창올림픽을 앞두고 아이스하키 분야에 매우 우수한 능력을 보유한 자로서 대한민국의 국익에 기여할 것으로 인정되는 자는 대한민국에 주소가 없어도 귀화허가를 받을 수 있다.

④ 병역을 기피할 목적으로 대한민국 국적을 상실하였거나 이탈하였던 자도 국적회복허가를 받을 수 있다.


문 17. 지방자치에 관한 설명으로 옳지 않은 것을 모두 고른 것은? (다툼이 있는 경우 판례에 의함)

㉠ 헌법 제117조 제1항은 "지방자치단체는 주민의 복리에 관한 사무를 처리하고 재산을 관리하며, 법령의 범위 안에서 자치에 관한 규정을 제정할 수 있다."라고 규정하고 있는데, 여기서의 '법령'에는 법규명령으로서 기능하는 행정규칙이 포함된다.

㉡ 헌법 제117조 제1항은 지방자치단체가 법령의 범위 안에서 자치에 관한 규정을 제정할 수 있다고 규정하고 있으므로, 고시·훈령·예규와 같은 행정규칙은 상위법령의 위임한계를 벗어나지 아니하고 상위법령과 결합하여 대외적인 구속력을 갖는 것이라 하더라도 위의 '법령'에 포함될 수 없다.

㉢ 지방자치의 제도적 보장의 본질적 내용은 자치단체의 보장, 자치기능의 보장 및 자치사무의 보장이다.

㉣ 지방자치단체의 헌법상의 권능에는 자치입법권과 자치행정권 외에도 자치사법권이 포함된다.

① ㉠, ㉢                    ② ㉡, ㉢
③ ㉡, ㉣                    ④ ㉢, ㉣


문 18. 일반적 행동자유권에 관한 설명으로 가장 적절한 것은? (다툼이 있는 경우 판례에 의함)

① 전동킥보드는 차도에서만 주행할 수 있는데, 최대 시속 25km 이내로만 움직임으로써 그보다 빨리 달리는 자동차 등 교통의 흐름을 방해하고, 뒷 차량이 늘 추월할 수 있는 불안정한 상태에 놓이므로 일반적 행동의 자유가 침해된다.

② 가정법원은 성년후견 개시 또는 한정후견 개시의 심판을 할 경우에는 피성년후견인이 될 사람이나 피한정후견인이 될 사람의 정신상태에 관하여 의사에게 감정을 시켜야 한다고 규정한 가사소송법 제45조의2(정신상태의 감정 등)은 피성년후견인이 될 사람의 자기결정권 및 일반적 행동자유권을 침해한다.

③ 각급선거관리위원회 위원·직원의 선거범죄조사에 있어서 피조사자에게 자료제출의무를 부과한 공직선거법은 일반적 행동자유권을 침해한다.

④ 누구든지 응급의료종사자의 응급환자에 대한 진료를 폭행, 협박, 위계, 위력, 그 밖의 방법으로 방해하여서는 아니 된다고 규정한 '응급의료에 관한 법률'은 자기결정권 내지 일반적 행동의 자유의 제한 문제가 발생하지 않는다.

문 19. 유족의 보상을 받을 권리에 관한 설명으로 가장 적절하지 <u>않은</u> 것은? (다툼이 있는 경우 판례에 의함)

① 보상금을 받을 권리가 다른 손자녀에게 이전되지 않도록 '독립유공자예우에 관한 법률'은 독립유공자 자녀와 손자녀를 합리적 이유 없이 차별한 것으로 평등권을 침해한다.

② 독립유공자의 손자녀 중 1명에게만 보상금을 지급하도록 하면서, 독립유공자의 선순위 자녀의 자녀에 해당하는 손자녀가 2명 이상인 경우에 나이가 많은 손자녀를 우선하도록 규정한 '독립유공자예우에 관한 법률'은 청구인의 평등권을 침해한다.

③ 대통령령으로 정하는 생활수준 등을 고려하여 보상금 지급 손자녀의 범위를 손자녀 1명에 한정하면서 나이가 많은 손자녀를 우선하는 '독립유공자예우에 관한 법률'이 '독립유공자예우에 관한 법률' 제12조에 따른 보상금을 받지 아니하는 손자녀에게 생활안정을 위한 지원금을 지급할 수 있도록 했다면 평등권을 침해한다고 할 수 없다.

④ 6·25전몰군경자녀에게 6·25전몰군경자녀수당을 지급하면서 그 수급권자를 6·25전몰군경자녀 중 1명에 한정하고, 나이가 많은 자를 우선하도록 정한 구 '국가유공자 등 예우 및 지원에 관한 법률'은 6·25전몰군경자녀의 평등권을 침해한다.

문 20. 변호인 조력을 받을 권리에 관한 설명으로 가장 적절하지 <u>않은</u> 것은? (다툼이 있는 경우 판례에 의함)

① 변호인의 변호권은 피의자나 피고인의 헌법상 기본권인 '변호인의 조력을 받을 권리'를 충실하게 보장하기 위하여 형사소송법 등 개별 법률을 통하여 구체적으로 형성된 법률상의 권리이다. 변호인은 피의자나 피고인의 기본권 보호를 위해 법률로 보장된 변호권을 행사하는 것이지, 변호권 자체를 변호인의 기본권으로 볼 수는 없다.

② 헌법 제12조 제4항 본문과 단서의 논리적 관계를 고려할 때 '국선변호인의 조력을 받을 권리'는 피의자가 아닌 피고인에게만 보장되는 기본권이므로 70세 이상인 불구속 피의자에 대하여 국선변호인을 선정하는 제도를 보장하기 위한 입법의무를 명시적으로나 해석상으로 인정할 근거가 없다.

③ 형사절차가 종료되어 교정시설에 수용 중인 수형자나 미결수용자가 형사사건의 변호인이 아닌 민사재판, 행정재판, 헌법재판 등에서 변호사와 접견할 경우에는 원칙적으로 헌법상 변호인의 조력을 받을 권리의 주체가 될 수 없으므로 수용자와 변화가 대화를 녹취행위에 의하여 청구인의 변호인의 조력을 받을 권리가 침해되었다고 할 수는 없다.

④ 체포 또는 구속된 자와 변호인 등 간의 접견이 실제로 이루어지는 경우에 있어서의 '자유로운 접견'은 어떠한 명분으로도 제한될 수 없는 성질의 것이나 변호인 등과의 접견 자체에 대하여 아무런 제한도 가할 수 없다는 것을 의미하는 것은 아니므로 미결수용자의 변호인접견권 역시 국가안전보장·질서유지 또는 공공복리를 위해 필요한 경우에는 법률로써 제한될 수 있음은 당연하다.

**MEMO**

소요시간: _____ / 15분          맞힌 답의 개수: _____ / 20

문 1. 헌법해석과 합헌적 법률해석에 관한 설명으로 가장 적절하지 <u>않은</u> 것은? (다툼이 있는 경우 판례에 의함)

① 헌법의 개별 요소들은 상호관련되고 의존되어 있기 때문에 모든 헌법규범은 상호모순되지 않게 해석하여야 한다.

② 합헌적 법률해석은 해석하고자 하는 법조문만이 아니라 그 해석의 기준이 되는 헌법조문의 해석도 필요한바, 법률의 헌법합치적 해석이 헌법의 법률합치적 해석으로 나아가서는 아니 된다.

③ 합헌적 법률해석은 어떤 법률이 여러 가지 해석가능성을 가지고 있을 때 가능하면 헌법에 합치하는 방법으로 해석하여야 한다는 원칙으로, 법질서의 통일성을 유지하고 권력분립 및 민주적 입법기능을 존중하며 법적 안정성을 유지하기 위하여 필요한 해석방법이다.

④ 헌법재판소의 합헌적 법률해석이 설사 입법목적에서 벗어났다 하더라도, 위헌법률을 무효선언하는 규범통제보다 입법부의 법률제정권을 더 침해한 것이라 볼 수 없다.

문 2. 소급입법에 관한 설명으로 가장 적절한 것은? (다툼이 있는 경우 판례에 의함)

① 전자장치 부착은 형벌에 못지않은, 강한 '형벌적 성격'을 가진 형사상 제재이므로, 이 사건 부칙조항은 '특정 범죄자에 대한 위치추적 전자장치 부착 등에 관한 법률'이 제정, 시행되기 이전에 성폭력범죄를 저지른 자에 대해서도 소급하여 전자장치 부착을 명할 수 있도록 함으로써 헌법 제13조 제1항 전단이 금지하고 있는 소급처벌을 규정하고 있다.

② 헌법 제13조 제1항의 형벌불소급원칙은 소급효를 가지는 입법을 원칙적으로 금지하면서 특단의 사정이 있는 경우에만 예외적으로 허용한다.

③ 선고하는 벌금형의 액수에 따라 유치기간의 하한을 설정한 노역장유치조항을 개정법 시행 후 최초로 공소가 제기되는 경우부터 적용하도록 한 형법 부칙은 기존 법질서에 대한 신뢰보호와 법적 안정성을 위해 소급입법을 금지하는 정신에 부합하지 않으므로 헌법상 소급입법금지원칙에 위반된다.

④ 2000.7.1.부터 시행되는 최고보상제도(산업재해보상보험법 제38조 제6항)를 2000.7.1. 전에 장해사유가 발생하여 장해보상연금을 수령하고 있던 수급권자에게도 2년 6월의 유예기간 후 2003.1.1.부터 적용하는 산업재해보상보험법 부칙은 소급입법금지원칙에 위배되는 것은 아니지만 신뢰보호원칙에 위배되어 재산권을 침해한다.

문 3. 입법부작위에 관한 설명으로 가장 적절한 것은? (다툼이 있는 경우 판례에 의함)

① 주민등록법이 주민등록번호가 유출된 경우 주민등록변경에 관해 아무런 규정을 두지 않았으므로 위헌이라는 주장은 진정입법부작위가 위헌이라는 것이다.
② 병역의 종류를 규정한 병역법 제5조 제1항이 양심적 병역거부자에 대한 대체복무제를 규정하고 있지 않음을 이유로 그 위헌확인을 구하는 헌법소원심판청구는 진정입법부작위를 다투는 청구이다.
③ 장애인이 편리하게 승차할 수 있는 저상버스를 도입할 입법의무는 헌법에서 도출된다.
④ '연명치료 중단에 관한 결정권'을 보장하는 방법으로서 '법원의 재판을 통한 규범의 제시'와 '입법' 중 어떤 방법을 선택할 것인지의 문제는 입법부가 결정할 입법정책적인 것이다.

문 4. 행복추구권에 관한 설명으로 가장 적절하지 <u>않은</u> 것은? (다툼이 있는 경우 판례에 의함)

① 육군 장교가 민간법원에서 약식명령을 받아 확정되면 자진신고할 의무를 규정한, 2020년도 육군지시 자진신고조항 및 2021년도 육군지시 자진신고조항은 과잉금지원칙에 반하여 일반적 행동의 자유를 침해하지 않는다.
② 종업원이 고정조치의무를 위반하여 화물을 적재하고 운전한 경우 그를 고용한 법인을 면책사유 없이 형사처벌하도록 규정한 구 도로교통법은 책임주의원칙에 위배된다.
③ 배상금 등을 지급받으려는 신청인으로 하여금 "4·16세월호참사에 관하여 어떠한 방법으로도 일체의 이의를 제기하지 않을 것임을 서약합니다."라는 내용이 기재된 배상금 등 동의 및 청구서를 제출하도록 규정한 '4·16세월호참사 피해규제 및 지원 등을 위한 특별법 시행령' 제15조 중 별지 제15호 서식 가운데 일체의 이의제기를 금지한 부분은 법률유보원칙을 위반하여 청구인들의 일반적 행동의 자유를 침해한다.
④ 피해자들이나 유족에게 경찰조직을 대표하는 경찰청장, 경찰청이 속해 있는 행정안전부장관, 검찰사무의 최고 감독자인 법무부장관 모두 청구인에게 직접 사과하거나 이에 관해 명시적인 대국민 사과를 한 사실이 없다면 피해자의 인간으로서의 존엄성을 침해한다.

문 5. 신체의 자유에 관한 설명으로 가장 적절한 것은? (다툼이 있는 경우 판례에 의함)

① 공금 횡령 비위로 징계부가금 부과를 의결받은 자에 대한 법원의 유죄판결 확정 전 징계부가금 집행은 무죄추정원칙에 위배된다.
② 출입국항에서 입국불허결정을 받아 송환대기실에 있는 사람과 변호사 사이의 접견교통권의 보장은 헌법상 보장되는 재판청구권의 한 내용으로 볼 수 있으므로, 이 사건 변호사접견신청 거부는 재판청구권의 한 내용으로서 청구인의 변호사의 도움을 받을 권리를 제한한다. 이 사건 변호사접견신청 거부는 아무런 법률상의 근거 없이 이루어졌고, 국가안전보장, 질서유지, 공공복리를 달성하기 위해 필요한 기본권 제한 조치로 볼 수도 없으므로, 청구인의 재판청구권을 침해한다.
③ '형의 집행 및 수용자의 처우에 관한 법률 시행령' 제58조는 피의자신문 중 변호인 등의 접견신청의 경우에는 적용되므로 수용자의 접견은 매일(공휴일 및 법무부장관이 정한 날은 제외한다) '국가공무원 복무규정' 제9조에 따른 근무시간 내에서 한다는 조항을 근거로 한 변호인 등의 접견신청을 불허는 법률유보원칙에 위배된다고 할 수 없다.
④ 헌법 제12조 제3항이 영장의 발부에 관하여 '검사의 신청'에 의할 것을 규정한 취지는 모든 영장의 발부에 검사의 신청이 필요하다는 데에 있는 것이 아니라 수사단계에서 영장의 발부를 신청할 수 있는 자를 검사로 한정하는 의미이다.

문 6. 헌정사에 관한 설명으로 가장 적절하지 <u>않은</u> 것은?

① 1948년 헌법은 4년 임기의 대통령을 국회에서 선출하도록 규정하였다.
② 1954년 제2차 개정헌법은 대통령과 부통령을 직선제로 선출하였고 국회를 양원제로 구성하도록 신설하였다.
③ 1960년 제3차 개정헌법은 헌법재판소를 설치하여 정당해산심판을 담당하도록 규정하였다.
④ 1972년 제7차 개정헌법은 통일주체국민회의에서 대통령과 국회의원 정수의 3분의 1에 해당하는 수의 국회의원을 선거하도록 규정하였다.

문 7. 전통문화에 관한 설명으로 가장 적절한 것은? (다툼이 있는 경우 판례에 의함)

① 문화국가원리는 국가의 문화국가실현에 관한 과제 또는 책임을 통하여 실현되고 국가의 문화정책과 밀접불가분의 관계를 맺고 있으므로, 오늘날 문화국가에서도 국가의 적극적인 문화간섭정책이 가장 바람직한 정책으로 평가받고 있다.

② 관습화된 문화요소로 인식되는 종교적 의식, 행사에 대한 국가의 지원은 전통문화의 계승·발전이라는 문화국가원리에 부합하나 정교분리원칙에 위배된다.

③ 문화국가원리는 1980년 제8차 개정헌법부터 헌법상의 기본원리로 인정되어온바, 이 원리의 구체적인 실현을 위해서는 국가가 어떤 문화현상도 특별히 선호하거나 우대하는 경향을 보이지 않는 불편부당의 원칙에 입각한 정책이 바람직하다.

④ 국가 및 지방자치단체에게 '초·중등교육과정에 지역어 보전 및 지역의 실정에 적합한 기준과 내용의 교과를 편성할 구체적인 의무'는 헌법 제10조(행복추구권), 제31조(교육을 받을 권리), 제9조(전통문화의 계승·발전과 민족문화의 창달에 노력할 국가의무)로부터 도출된다고 할 수 없다.

문 8. 연명치료 중단에 관한 설명으로 가장 적절한 것은? (다툼이 있는 경우 판례에 의함)

① 비록 연명치료 중단에 관한 결정 및 그 실행이 환자의 생명단축을 초래한다 하더라도 이를 생명에 대한 임의적 처분으로서 자살이라고 평가할 수 없고, 오히려 이는 생명권의 한 내용으로서 보장된다.

② 연명치료 중인 환자의 자녀들이 제기한 '연명치료의 중단에 관한 기준, 절차 및 방법 등에 관한 법률'의 입법부작위 위헌확인에 관한 헌법소원심판청구는 자기관련성이 인정된다.

③ 연명치료 중단에 관한 자기결정권은 헌법상 보장된 기본권이지만, 헌법해석상 '연명치료 중단 등에 관한 법률'을 제정할 국가의 입법의무가 명백하다고 볼 수 없으므로 환자 본인이 그러한 입법부작위 위헌확인에 관하여 헌법소원심판청구를 제기한 것은 부적법하다.

④ 의학적으로 환자가 의식의 회복가능성이 없고 생명과 관련된 중요한 생체기능의 상실을 회복할 수 없으며 환자의 신체상태에 비추어 짧은 시간 내에 사망에 이를 수 있음이 명백한 경우 환자가 자기결정권을 행사하는 것으로 인정되는 경우에는 특별한 사정이 없는 한 연명치료의 중단이 허용될 수 있고, 이러한 환자의 연명치료 거부 내지 중단에 관한 의사는 명시적인 것이어야 하지, 여러 사정을 종합하여 이를 추정하여서는 아니 된다.

문 9. 평등원칙에 관한 설명으로 옳지 <u>않은</u> 것을 모두 고른 것은? (다툼이 있는 경우 판례에 의함)

> ㉠ 회계책임자에 의하지 아니하고 선거비용을 수입, 지출한 행위를 처벌함에 있어 '당해 선거일 후 6월'의 단기 공소시효 특칙을 규정하지 아니하여 5년의 공소시효를 적용하는 것은 평등권을 침해한다.
> ㉡ 민사소송 및 행정소송의 제1심판결에 대한 항소제기기간보다 단기인 항소제기기간을 정하고 있는 형사소송법(선고일로부터 7일)은 평등권을 침해한다고 할 수 없다.
> ㉢ 정신성적 장애인에 대한 치료감호기간의 상한을 15년으로 정하고 있는 것은 약물·알코올 중독자에 대한 치료감호기간의 상한이 2년임에 비해 과도한 차별에 해당하므로 평등원칙에 위반된다.
> ㉣ 소년심판절차에서 법원의 판결에 대해 검사의 상소권을 인정하지 않는 소년법 제43조는 피해자의 평등권을 침해한다고 할 수 없다.
> ㉤ 친고죄에 있어서 고소 취소가 가능한 시기를 제1심판결 선고 전까지로 제한한 형사소송법 제232조 제1항은 항소심단계에서 고소 취소된 사람을 자의적으로 차별하는 것이어서 평등원칙에 위배된다.

① ㉠, ㉡
② ㉡, ㉣
③ ㉠, ㉢, ㉤
④ ㉡, ㉢, ㉣

문 10. 체포·구속적부심사에 관한 설명으로 가장 적절하지 <u>않은</u> 것은?

① 보석제도는 헌법에 규정되어 있지 않으나, 불법체포에 대한 사후적 권리구제절차로 인정되고 있다.
② 체포적부심사를 청구할 수 있는 자는 피의자뿐 아니라, 그 변호인, 법정대리인, 배우자, 직계친족, 형제자매나 가족, 동거인 또는 고용주이다.
③ 법원의 적부심사에 대한 인용결정에 대해서는 검사뿐 아니라 피의자도 항고할 수 없다.
④ 영장을 발부한 법관은 적부심사결정에 원칙적으로 참여할 수 있다.

문 11. 개인정보자기결정권에 관한 설명으로 옳고 그름의 표시(O, ×)가 바르게 된 것은? (다툼이 있는 경우 판례에 의함)

> ㉠ 통신매체이용음란죄로 유죄판결이 확정된 자는 신상정보 등록 대상자가 된다고 규정한 '성폭력범죄의 처벌 등에 관한 특례법' 제42조에 의하여 등록대상자의 사회복귀가 저해되거나 전과자라는 사회적 낙인이 찍히는 것은 아니라는 점에서 침해되는 사익은 크지 않은 반면, 이를 통하여 달성되는 성범죄자의 재범방지 및 사회방위의 공익은 매우 중요하므로 법익의 균형성도 인정된다.
> ㉡ 보안관찰해당범죄는 장기간의 계획 수립하에 이루어질 수 있는바, 신고의무기간에 일률적인 상한을 두어서는 입법목적 달성이 어려우므로 보안관찰처분대상자가 교도소 등에서 출소한 후 기존에 신고한 거주예정지 등 정보에 변동이 생길 때마다 신고하도록 한 법률조항은 과잉금지원칙을 위반하여 청구인의 사생활의 비밀과 자유 및 개인정보자기결정권을 침해하지 아니한다.
> ㉢ 대한적십자사의 회비모금목적으로 자료제공을 요청받은 국가와 지방자치단체는 특별한 사유가 없으면 그 자료를 제공하여야 한다는 자료제공조항과, 대한적십자사가 요청할 수 있는 자료로 세대주의 성명 및 주소를 규정한 '대한적십자사 조직법 시행령'이 회비모금의 목적으로 세대주의 성명까지 적십자사에 제공하도록 한 것은 개인정보자기결정권에 대한 과도한 제한으로서 과잉금지원칙에 반하여 청구인들의 개인정보자기결정권을 침해한다.
> ㉣ 대한적십자사의 회비모금목적으로 자료제공을 요청받은 국가와 지방자치단체는 특별한 사유가 없으면 그 자료를 제공하여야 한다고 규정한 '대한적십자사 조직법'은 '특별한 사유'가 무엇인지는 여전히 알 수 없고, '특별한 사유'를 위 '개인정보 보호법 문구'에 준하는 것으로 막연히 해석하기도 어렵다. 따라서 이 사건 자료제공조항은 명확성원칙에 반하여 청구인들의 개인정보자기결정권을 침해한다.
> ㉤ 비급여 진료에 관한 정보는 매우 민감한 의료정보로 보호의 필요성이 매우 크다. 그런데 보고대상인 비급여 항목이나 진료내역과 관련하여 아무런 제한을 두지 않은 채 사실상 모든 국민의 비급여 진료에 관한 정보 일체를 보건복지부에 보고하도록 하고 있으므로 의료기관의 장으로 하여금 보건복지부장관에게 비급여 진료비용에 관한 사항을 보고하도록 한 의료법 제45조의2 제1항은 과잉금지원칙에 반하여 의사의 직업수행의 자유와 환자의 개인정보자기결정권을 침해한다.

① ㉠ (O) ㉡ (O) ㉢ (X) ㉣ (O) ㉤ (O)
② ㉠ (O) ㉡ (X) ㉢ (X) ㉣ (X) ㉤ (X)
③ ㉠ (X) ㉡ (O) ㉢ (X) ㉣ (O) ㉤ (O)
④ ㉠ (X) ㉡ (X) ㉢ (X) ㉣ (X) ㉤ (X)

문 12. 검열금지의 원칙에 관한 설명으로 가장 적절하지 않은 것은? (다툼이 있는 경우 판례에 의함)

① 검열은 행정권이 주체가 되어야 하고 표현하기 이전에 표현물의 제출의무와 이에 대한 사전적 통제 그리고 표현의 내용을 심사·선별하여 표현을 금지하고 심사절차를 관철할 수 있는 강제수단이 있어야 하며, 이 모든 요건이 충족되어야 검열에 해당하여 헌법에 위반된다.

② 검열금지의 원칙은 모든 형태의 사전적인 규제를 금지하는 것은 아니고, 의사표현의 발표 여부가 오로지 행정권의 허가에 달려있는 사전심사만을 금지하는 것이다.

③ 언론·출판에 대한 검열금지는 의사표현이 외부에 공개되기 이전에 국가기관이 그 내용을 심사하여 특정한 의사표현의 공개를 허가하거나 금지시키는 이른바 사전검열의 금지를 말하며, 헌법상 보호되지 않는 의사표현에 대하여 그 공개 후에 국가기관이 간섭하는 것도 금지하고 있다.

④ 언론·출판의 자유에 대하여 허가나 검열을 수단으로 한 제한만은 헌법 제37조 제2항의 규정에도 불구하고 어떠한 경우라도 법률로써도 허용되지 아니한다.

문 13. 집행유예자와 수형자의 선거권 제한에 관한 설명으로 가장 적절한 것은? (다툼이 있는 경우 판례에 의함)

① 집행유예자와 수형자의 선거권 제한은 범죄자가 범죄의 대가로 선고받은 자유형의 본질에서 당연히 도출되는 것이다.

② '유기징역 또는 유기금고의 선고를 받고 그 집행유예 기간 중인 자'의 선거권을 전면적·획일적으로 제한하는 공직선거법 조항은 선거권 제한이 지나치게 광범위하므로 과잉금지원칙에 반하여 헌법에 위반된다. 다만, '유기징역 또는 유기금고의 선고를 받고 그 집행유예기간 중인 자'에게 선거권을 부여하는 구체적인 방안은 입법자의 형성재량에 속하므로 헌법불합치결정을 선고하는 것이 타당하다.

③ 선거권 박탈은 범죄자에 대해 가해지는 형사적 제재의 연장으로서 범죄에 대한 응보적 기능도 갖는다.

④ 수형자에 대한 선거권 제한은 목적은 정당하고, 방법도 적정하나, 모든 수형자에 대한 선거권 제한은 최소성원칙에 위반된다 하여 헌법재판소는 위헌결정을 하였다.

문 14. 행정심판 전치주의에 관한 설명으로 옳은 것은 모두 몇 개인가? (다툼이 있는 경우 판례에 의함)

㉠ 행정심판을 임의적 절차로 규정하면서 그 절차에 사법절차가 준용되지 않으면 재판청구권과 헌법 제107조 제3항에 위반된다.

㉡ 이의신청 및 심사청구를 거치지 아니하면 지방세 부과처분에 대하여 행정소송을 제기할 수 없도록 한 지방세법 제78조 제2항은 헌법 제107조 제3항에 위반된다.

㉢ 지방공무원이 면직처분에 불복할 경우 반드시 소청심사를 거쳐 행정소송을 제기하도록 한 지방공무원법은 재판청구권을 침해한다고 할 수 없다.

㉣ 교원에 대한 징계처분에 관하여 재심청구를 거치지 아니하고서는 행정소송을 제기할 수 없도록 한 법률규정은 교원징계처분의 전문성과 자주성을 고려한 것으로 재판청구권을 침해한다.

㉤ 주세법에 따른 의제주류판매업면허의 취소처분에 대한 행정소송에 관하여 필요적 행정심판전치주의를 규정한 국세기본법 제56조 제2항 중 '주세법 제8조 제4항 제1호에 따른 의제주류판매업면허의 취소처분'에 관한 부분은 청구인들의 재판청구권을 침해한다고 할 수 없다.

㉥ 도로교통법상 주취운전을 이유로 한 운전면허취소처분에 대하여 행정심판의 재결을 거치지 아니하면 행정소송을 제기할 수 없도록 한 것은 재판청구권을 침해한다고 할 수 없다.

① 1개  ② 2개
③ 3개  ④ 4개

문 15. 의무교육에 관한 설명으로 가장 적절하지 <u>않은</u> 것은? (다툼이 있는 경우 판례에 의함)

① 헌법 제31조 제2항·제3항으로부터 직접 의무교육 경비를 중앙정부로서의 국가가 부담하여야 한다는 결론은 도출되므로 의무교육 경비에 대한 지방자치단체에게 부담시킨다면 헌법에 위반된다.

② "의무교육은 무상으로 한다."라는 헌법 제31조 제3항은 초등교육에 관하여는 직접적인 효력규정으로서, 이로부터 개인은 국가에 대하여 초등학교의 입학금·수업료 등을 면제받을 수 있는 헌법상의 권리를 가진다.

③ 의무교육에 있어서 본질적이고 필수불가결한 비용 이외의 비용을 무상의 범위에 포함시킬 것인지는 입법자가 입법정책적으로 해결해야 할 문제이다.

④ 지방교육재정교부금법 제11조 제1항에서 의무교육 경비를 교부금과 지방자치단체의 일반 회계로부터의 전입금으로 충당토록 규정한 것 및 같은 조 제2항 제3호에서 서울특별시·부산광역시와 그 밖의 지방자치단체를 구분하여 서울특별시의 경우에는 당해 시·도세 총액의 100분의 10에 해당하는 금액을 일반 회계예산에 계상하여 교육비특별회계로 전출하도록 규정한 것은 지방자치단체의 자치재정권을 침해한다고 할 수 없다.

문 16. 양심의 자유에 관한 설명으로 가장 적절하지 <u>않은</u> 것은? (다툼이 있는 경우 판례에 의함)

① 양심의 자유가 보장하려는 양심은 반드시 민주적 다수의 사고나 가치관과 일치할 필요가 없고 지극히 주관적인 것이다.

② 헌법 제19조의 양심의 자유는 크게 양심형성의 내부 영역과 이를 실현하는 외부영역으로 나누어 볼 수 있으므로, 그 구체적인 보장 내용에 있어서도 내심의 자유인 '양심형성의 자유'와 양심적 결정을 외부로 표현하고 실현하는 '양심실현의 자유'로 구분된다.

③ 양심의 자유가 보장하고자 하는 '양심'은 민주적 다수의 사고나 가치관과 일치하여야 하며 양심상의 결정이 이성적·합리적인지, 타당한지 또는 법질서나 사회규범, 도덕률과 일치하는지 여부는 양심의 존재를 판단하는 기준이 될 수 있다.

④ 국가의 법질서나 사회의 도덕률과 갈등을 일으키는 양심은 현실적으로 이러한 법질서나 도덕률에서 벗어나려는 소수의 양심이다. 따라서 종교관·세계관 등에 관계없이 모든 내용의 양심상 결정이 양심의 자유에 의해 보장된다.

문 17. 정당에 관한 설명으로 가장 적절한 것은? (다툼이 있는 경우 판례에 의함)

① 일반직공무원의 후원회 가입을 금지하는 정치자금법 제8조 제1항은 정치활동의 자유 내지 정치적 의사표현의 자유를 침해한다.

② 지방의회의원은 국회의원에 비해 그 수가 훨씬 많아 정치자금법상 후원회에 관한 규제가 있다 하더라도 이에 소요되는 사회적 비용이 크게 증가하고 효과적인 통제도 어려울 수 있으므로 선거와 무관하게 후원회를 설치·운영할 수 있는 자를 국회의원으로 한정하고 지방의회의원을 제외한 것에는 합리적인 이유가 있으므로 평등권을 침해한다고 보기 어렵다.

③ 정부는 차관회의와 국무회의 심의를 반드시 거쳐 헌법재판소에 정당해산심판을 청구할 수 있다.

④ 대통령선거경선후보자가 당내경선과정에서 탈퇴함으로써 후원회를 둘 수 있는 자격을 상실한 때에는 후원회로부터 후원받은 후원금 전액을 국고에 귀속하도록 하는 것은 선거의 자유 등을 침해한다.

문 18. 재판청구권에 관한 설명으로 가장 적절한 것은? (다툼이 있는 경우 판례에 의함)

① 검사의 기소유예처분에 대하여 피의자가 불복하여 법원의 재판을 받을 수 있는 절차를 국가가 법률로 마련해야 할 헌법적 의무는 존재하지 않는다.

② 국민의 재판청구에 대하여 법원은 신속한 재판을 하여야 할 헌법 및 법률상 작위의무가 존재한다.

③ '민주화운동 관련자 명예회복 및 보상 심의위원회'의 보상금 등 지급결정에 동의한 때 재판상 화해의 성립을 간주함으로써 법관에 의하여 법률에 의한 재판을 받을 권리를 제한하는 법규정은 재판청구권을 침해한다.

④ 심급제도가 몇 개의 심급으로 형성되어야 하는지에 관하여 헌법이 전혀 규정하는 바가 없으나 재판청구권을 보장하기 위해서는 입법자의 광범위한 형성권이 인정될 수는 없고 심급제도는 모든 구제절차나 법적 분쟁에서 반드시 보장되어야 한다.

문 19. 범죄피해자 보호법에 관한 설명으로 가장 적절하지 <u>않은</u> 것은? (다툼이 있는 경우 판례에 의함)

① 구조금 지급에 관한 사항을 심의·결정하기 위하여 각 지방검찰청에 범죄피해구조심의회를 두고 법무부에 범죄피해구조본부심의회를 둔다.

② 구조금의 신청은 해당 구조대상 범죄피해의 발생을 안 날부터 3년이 지나거나 해당 구조대상 범죄피해가 발생한 날부터 10년이 지나면 할 수 없다.

③ 구조금을 받을 권리는 그 구조결정이 해당 신청인에게 송달된 날부터 1년간 행사하지 아니하면 시효로 인하여 소멸된다.

④ 구조금을 받을 권리는 양도하거나 담보로 제공하거나 압류할 수 없다.

문 20. 보건권에 관한 설명으로 가장 적절한 것은? (다툼이 있는 경우 판례에 의함)

① 국가의 국민보건에 관한 보호의무를 명시한 헌법 제36조 제3항에 의한 권리를 헌법소원을 통하여 주장할 수 있는 자는 의료 수혜자적 지위에 있는 국민뿐 아니라 의료시술자적 지위에 있는 안과의사도 포함하므로 안과의사가 자기 고유의 업무범위를 주장하여 다투는 경우에는 위 헌법규정을 원용할 수 있다.

② 치료감호청구권자를 검사로 한정한 구 치료감호법 제4조 제1항이 피고인의 치료감호청구권을 인정하지 않고 있다면 국민의 보건에 관한 권리를 침해하는 것이다.

③ 국민의 보건에 관한 권리는 국민이 자신의 건강을 유지하는 데 필요한 국가적 급부와 배려까지 요구할 수 있는 권리를 포함하지 않는다.

④ 검사는 치료감호대상자가 치료감호를 받을 필요가 있는 경우 관할 법원에 치료감호를 청구할 수 있도록 한 '치료감호 등에 관한 법률'은 국민의 보건에 관한 국가의 보호의무에 반하지 않는다.

**MEMO**

소요시간: _____ / 15분          맞힌 답의 개수: _____ / 20

---

문 1. 헌법개정절차에 관한 설명으로 가장 적절한 것은?

① 제안된 헌법개정안은 20일 이상 이를 공고하여야 하는데, 비상사태하에서도 이를 생략할 수 없다.

② 대통령의 발의로 제안된 헌법개정안은 국회의장이 20일 이상의 기간 이를 공고하여야 하며, 국회는 헌법개정안이 공고기간이 만료된 날로부터 60일 이내에 의결하여야 한다.

③ 헌법개정안이 공고된 날로부터 60일 이내에 국회는 의결하여야 하며 수정의결을 할 수 있다.

④ 1952년 제1차 개정헌법은 공고절차를 밟아 개정된 헌법이다.

문 2. 재외국민 보호에 관한 설명으로 가장 적절하지 <u>않은</u> 것은? (다툼이 있는 경우 판례에 의함)

① 재외국민의 경우 '부동산 실권리자명의 등기에 관한 법률'을 적용하면서 외국국적동포에 대해서는 '부동산 실권리자명의 등기에 관한 법률' 적용을 배제하는 것은 합리적 이유가 없는 차별이므로 평등권을 침해한다.

② 대한민국 수립 이후의 재외동포를 보호대상에서 포함시키면서 대한민국 수립 이전의 재외동포는 보호대상에서 제외한 '재외동포의 출입국과 법적 지위에 관한 법률' 제2조 제2호는 평등원칙에 위반된다.

③ 주민등록만을 요건으로 주민투표권의 행사 여부가 결정되도록 함으로써 '주민등록을 할 수 없는 국내거주 재외국민'을 '주민등록이 된 국민인 주민'에 비해 차별하고, 나아가 '주민투표권이 인정되는 외국인'과의 관계에서도 차별을 하는 것은 국내거주 재외국민의 평등권을 침해하는 것으로 위헌이다.

④ 단순한 단기체류가 아니라 국내에 거주하는 재외국민, 특히 외국의 영주권을 보유하고 있으나 상당한 기간 국내에서 계속 거주하고 있는 자들은 일반 국민과 실질적으로 동일하므로, 국내에 거주하는 대한민국 국민을 대상으로 하는 보육료·양육수당 지원에 있어 양자를 달리 취급할 아무런 이유가 없다.

문 3. 헌법 제119조에 관한 설명으로 가장 적절하지 <u>않은</u> 것은? (다툼이 있는 경우 판례에 의함)

> **헌법 제119조** ① 대한민국의 경제질서는 개인과 기업의 경제상의 자유와 창의를 존중함을 기본으로 한다.

① '자동차손해배상 보장법'이 위험책임의 원리에 기하여 무과실책임을 지운 것은 헌법 제119조의 시장경제질서에 근거한 것이다.

② 고의나 과실로 타인에게 손해를 가한 경우에만 그 손해에 대한 배상책임을 가해자가 부담한다는 과실책임원칙은 헌법 제119조 제1항의 자유시장경제질서에서 파생된 것이다.

③ 헌법 제119조는 그 자체가 기본권의 성질을 가지는 것은 아니므로 독자적인 위헌심사의 기준이 되지 아니한다.

④ 법률조항이 직업수행의 자유가 제한하더라도 헌법상 경제질서에도 위배된다는 주장에 대해서는 별도로 판단할 필요가 없다.

문 4. 지방자치제도에 관한 설명으로 가장 적절하지 <u>않은</u> 것은? (다툼이 있는 경우 판례에 의함)

① 지방자치단체의 장의 선임방법 기타 지방자치단체의 조직과 운영에 관한 사항은 법률로 정하나, 지방의회의 조직·권한·의원선거에 관한 사항은 조례로 정한다.

② 지방자치단체의 권한에 부정적인 영향을 주어서 법적으로 문제되는 경우에는 사실행위나 내부적인 행위도 권한쟁의심판의 대상이 되는 처분에 해당한다.

③ 지방자치단체는 헌법 또는 법률에 의하여 부여받은 그의 권한, 즉 지방자치단체의 사무에 관한 권한이 침해되거나 침해될 우려가 있는 때에 한하여 권한쟁의심판을 청구할 수 있으므로, 기관위임사무에 대하여는 권한쟁의심판을 청구할 수 없다.

④ 우리나라의 현행 지방자치의 기본적인 모습은 광역자치단체, 기초자치단체의 2단계 구조로 되어 있다. 다만, 광역자치단체 중 세종특별자치시와 제주특별자치도의 경우에는 기초자치단체를 두지 않고 있어, 지방자치단체가 1단계로 이루어져 있다.

문 5. 기본권 보호의무에 관한 설명으로 가장 적절한 것은? (다툼이 있는 경우 판례에 의함)

① 공직선거법에 선거운동의 기간, 확성장치의 사용장소, 사용대수, 사용방법 등에 대한 규정을 두고 있긴 하지만, 확성장치 소음규제기준을 정하지 않은 것은 국민의 정온한 환경에서 생활할 권리를 보호하기 위한 입법자의 의무를 과소하게 이행하였다고 평가할 수 있다.

② 국가의 기본권 보호의무는 기본권적 법익을 국가에 의한 위법한 침해 또는 침해의 위험으로부터 보호해야 하는 국가의 의무로서 주로 국가에 의한 개인의 생명이나 신체의 훼손에서 문제된다.

③ 국민의 기본권을 보호하는 것은 국민주권의 원리상 국가의 가장 기본적인 의무이므로 입법자는 기본권 보호의무를 최대한 실현하여야 하며, 헌법재판소는 입법자의 기본권 보호의무를 엄밀하게 심사하여야 한다.

④ 기본권 주체인 사인에 의한 위법한 침해 또는 침해의 위험으로부터 기본권적 법익을 보호하여야 하는 기본권 보호의무를 국가가 이행하였는지 여부에 대한 심사는 제3자의 기본권 보호차원에서 엄격한 과잉금지원칙에 입각하여야 한다.

문 6. 다음 설명 중 적절하지 <u>않은</u> 것은? (다툼이 있는 경우 판례에 의함)

① 이동통신사업자가 제공하는 전기통신역무를 타인의 통신용으로 제공하는 것을 원칙적으로 금지하고, 위반시 형사처벌하는 전기통신사업법 제30조는 이동통신서비스 이용자의 일반적 행동자유권을 침해한다.

② 재외국민 특별전형과 같은 특정한 입학전형의 설계에 있어 청구인이 원하는 일정한 내용의 지원자격을 규정할 것을 요구하는 것은 포괄적인 의미의 자유권인 행복추구권의 내용에 포함된다고 할 수 없다.

③ 청구인이 인터넷에 게시한 '지린다'라는 댓글이 상대방의 사회적 평가를 저하시킬 수 있는 모욕적인 표현에 해당한다고 단정하기 어려움에도 이를 인정한 검사의 기소유예처분은 청구인의 평등권과 행복추구권을 침해한다.

④ 일반적 행동자유권의 보호대상으로서 행동이란 국가가 간섭하지 않으면 자유롭게 할 수 있는 행위를 의미하므로 병역의무의 이행으로서의 현역병 복무는 국가가 간섭하지 않으면 자유롭게 할 수 있는 행위에 속하지 않으므로, 현역병으로 복무할 권리가 일반적 행동자유권에 포함된다고 할 수 없다.

문 7. 평등권에 관한 설명으로 옳은 것을 모두 고른 것은?
(다툼이 있는 경우 판례에 의함)

> ㉠ 사회복무요원에게 현역병의 봉급과 동일한 보수를 지급하면서 중식비, 교통비, 제복 등을 제외한 다른 의식주 비용을 추가로 지급하지 않는 병역법 시행령 제62조 제1항은 사회복무요원을 현역병에 비하여 합리적 이유 없이 자의적으로 차별한 것이라고 볼 수 없다.
> ㉡ 공중보건의사가 군사교육에 소집된 기간을 복무기간에 산입하지 않도록 규정한 병역법은 전문연구요원과 달리 공중보건의사의 군사교육소집기간을 복무기간에 산입하지 않은 데에는 합리적 이유가 없으므로, 청구인들의 평등권을 침해한다.
> ㉢ 수석교사는 교장·교감, 장학관·교육연구관과 달리 성과상여금 등을 지급받지 못하거나 일반 교사와 동일하게 지급받도록 한 '공무원수당 등에 관한 규정'은 수석교사인 청구인들의 평등권을 침해한다고 할 수 없다.
> ㉣ 변호사시험의 응시기간과 응시횟수를 법학전문대학원의 석사학위를 취득한 달의 말일 또는 취득예정기간 내 시행된 시험일부터 5년 내에 5회로 제한한 변호사시험법 제7조 제1항으로 의사·약사 시험 준비생과 변호사시험 준비생 간에 평등권 침해 문제는 발생하지 않는다.
> ㉤ 음주운항 전력이 있는 사람이 다시 음주운항을 한 경우 2년 이상 5년 이하의 징역이나 2천만 원 이상 3천만 원 이하의 벌금에 처하도록 규정한 해사안전법 제104조의2 제2항은 음주운항 관련 범죄를 예방하려는 형사정책적 고려에 따라 입법화된 규정이고, 반복되는 음주운항은 비난가능성이 매우 크므로, 그에 대한 가중처벌은 합리적인 이유가 있다.

① ㉢, ㉣
② ㉠, ㉡, ㉤
③ ㉠, ㉢, ㉣
④ ㉡, ㉢, ㉣

문 8. 다음 문장 중 헌법 조문과 일치하는 것은?

① 모든 국민은 신체의 자유를 가진다. 누구든지 법률이나 대통령령에 의하지 아니하고는 체포·구속·압수·수색 또는 심문을 받지 아니하며, 법률과 적법한 절차에 의하지 아니하고는 처벌·보안처분 또는 강제노역을 받지 아니한다.

② 누구든지 체포 또는 구속을 당한 때에는 48시간 이내에 변호인의 조력을 받을 권리를 가진다. 다만, 형사피고인이 스스로 변호인을 구할 수 없을 때에는 법률이 정하는 바에 의하여 국가가 변호인을 붙인다.

③ 누구든지 체포 또는 구속의 이유와 변호인의 조력을 받을 권리가 있음을 고지받지 아니하고는 체포 또는 구속을 당하지 아니한다.

④ 피고인의 자백이 고문·폭행·협박·구속의 부당한 장기화 또는 기망 기타의 방법에 의하여 자의로 진술된 것이 아니라고 인정될 때 또는 즉결심판에 있어서 피고인의 자백이 그에게 불리한 유일한 증거일 때에는 이를 유죄의 증거로 삼거나 이를 이유로 처벌할 수 없다.

문 9. 적법절차원칙에 관한 설명으로 가장 적절하지 <u>않은</u> 것은? (다툼이 있는 경우 판례에 의함)

① 헌법상 적법절차원칙은 단순히 입법권의 유보제한이라는 한정적인 의미에 그치는 것이 아니라 모든 국가작용을 지배하는 독자적인 헌법의 기본원리로서 해석되어야 할 원칙이라는 점에서 입법권의 유보적 한계를 선언하는 과잉입법금지의 원칙과는 구별된다고 할 것이다.

② 범죄의 피의자로 입건된 자가 경찰공무원이나 검사의 신문을 받는 과정에서 자신의 신원을 밝히지 않고 지문채취에 불응하는 경우 벌금, 과료, 구류의 형사처벌에 처하도록 하는 것은 적법절차원칙에 반한다고 할 수 없다.

③ 적법절차원칙은 형사소송절차에 국한되지 않고 모든 국가작용 전반에 적용되는 것이므로 국민에게 부담을 주는 행정작용인 과징금 부과절차에서도 준수되어야 한다.

④ 치료감호는 형사사법처분의 하나로서 신체의 자유박탈을 그 내용으로 하는 보안처분이므로 적법절차원칙이 엄격히 적용되어야 하고, 형사제재의 영역에서 법관에 의한 재판을 받을 권리의 보장은 적법절차원칙에서 도출되는 가장 핵심적인 절차적 요청이기 때문에 행정부 소속 기관인 사회보호위원회로 하여금 치료감호의 종료 여부에 관한 결정을 하도록 한 것은 법관에 의한 재판을 받을 권리를 침해할 뿐만 아니라 적법절차원칙에 위반된다.

문 10. 수용자와 접견이나 증인 신문에 관한 설명으로 가장 적절한 것은? (다툼이 있는 경우 판례에 의함)

① 변호사와 접견하는 경우에도 수용자의 접견은 원칙적으로 접촉차단시설이 설치된 장소에서 하도록 규정하고 있는 '형의 집행 및 수용자의 처우에 관한 법률 시행령' 제58조 제4항은 재판청구권을 침해한다.

② 소송대리인이 되려는 변호사도 원칙적으로 접촉차단시설이 없는 장소에서 접견하도록 하되, 교정시설의 규율 및 질서유지를 해칠 우려가 있는 경우에 한하여 예외적으로 접촉차단시설이 설치된 장소에서 접견하도록 제한함으로써 변호사접견이 악용될 가능성을 방지할 수 있다. 따라서 소송사건의 대리인이 되려고 하는 변호사는 아직 소송대리인으로 선임되기 전이라는 이유로 접촉차단시설이 설치된 장소에서 일반접견의 형태로 수용자를 접견하도록 한 '형의 집행 및 수용자의 처우에 관한 법률 시행령' 제58조 제4항 제2호는 과잉금지원칙에 반하여 변호사인 청구인의 직업수행의 자유를 침해한다.

③ 소송이 계속된 이후에는 법원의 재판일정에 맞추어 소송준비가 이루어져야 하므로 변호사접견의 필요성이 크지만, 그 이전에는 상대적으로 변호사접견의 필요성이 덜하다고 볼 수 있고, 통상 변호사와의 접견 이후 소송을 제기하기까지 그리 긴 기간이 소요되지 않으며, 소장이 제출되면 판결의 선고나 결정까지는 어느 정도 시간이 소요되므로 그 과정에서 수형자는 변호사의 조력을 충분히 받을 수 있으므로, 소송사건의 대리인인 변호사가 수형자를 접견하고자 하는 경우 소송계속사실을 소명할 수 있는 자료를 제출하도록 규정하고 있는 '형의 집행 및 수용자의 처우에 관한 법률 시행규칙' 제29조의2 제1항 제2호로 인해 소송사건의 대리인인 변호사가 입게 되는 불이익이 그리 크다고 볼 수는 없다.

④ '피고인 등'에 대하여 차폐시설을 설치하고 증인을 신문할 수 있도록 한 형사소송법은 피고인과 변호인 모두에 대하여 증인의 진술태도 등을 관찰할 수 있는 기회를 전혀 부여하지 않은 경우에도 그 증인의 진술을 유죄의 증거로 사용할 수 있도록 하고 있는바, 이는 공정한 재판을 받을 권리 및 변호인의 조력을 받을 권리를 침해한다.

문 11. 통신의 자유에 관한 설명으로 가장 적절한 것은? (다툼이 있는 경우 판례에 의함)

① 헌법 제18조에서 그 비밀을 보호하는 통신의 일반적인 속성은 당사자 간의 동의, 공개성, 당사자의 불특정성이다.

② 범죄수사를 위한 통신제한조치의 기간은 2월을 초과하지 못하고, 그 기간 중 통신제한조치의 목적이 달성되었을 경우에는 즉시 종료하여야 한다.

③ 송·수신이 완료된 전기통신에 대한 압수·수색사실을 수사대상이 된 가입자에게만 통지하도록 하고, 가입자와의 통신했던 상대방에 대하여는 통지하지 않도록 한 통신비밀보호법은 적법절차원칙에 위배되어 개인정보자기결정권을 침해한다.

④ 범죄수사를 위한 통신제한조치를 하려면 사법경찰관은 검사에 대하여 각 피의자별 또는 각 피내사자별로 통신제한조치에 대한 허가를 신청하고, 검사는 고등법원 수석부장판사에 대하여 그 허가를 청구할 수 있다.

문 12. 언론·출판의 자유에 관한 설명으로 옳지 <u>않은</u> 것을 모두 고른 것은? (다툼이 있는 경우 판례에 의함)

┌─────────────────────────────────────────────┐

㉠ 공연한 사실의 적시를 통한 명예훼손적 표현 역시 표현의 자유의 보호영역에 해당한다고 할 수 없다.

㉡ 출판사 등록취소사유로서 '저속'의 개념은 그 적용범위가 매우 광범위할 뿐만 아니라 법관의 보충적인 해석에 의한다 하더라도 그 의미 내용을 확정하기 어려울 정도로 매우 추상적이어서 명확성원칙에 위배된다.

㉢ 청소년이용음란물의 제작행위를 형사처벌하는 것은, 청소년 보호라는 명목으로 일반 음란물에 대한 성인의 접근까지 전면 차단시켜 성인의 알 권리의 수준을 청소년의 수준으로 맞출 것을 국가가 강요함으로써 성인의 알 권리를 침해하는 경우와는 달리, '청소년이용음란물'이라는 행위객체의 특성에 따른 규제라는 측면에서 그 입법목적의 정당성이 인정된다.

㉣ 온라인서비스제공자가 자신이 관리하는 정보통신망에서 아동·청소년이용음란물을 발견하기 위하여 대통령령으로 정하는 조치를 취하지 아니하거나 발견된 아동·청소년이용음란물을 즉시 삭제하고, 전송을 방지 또는 중단하는 기술적인 조치를 취하지 아니한 경우 처벌하는 '아동·청소년의 성보호에 관한 법률' 규정은 언론의 자유(표현의 자유)를 침해한다.

└─────────────────────────────────────────────┘

① ㉠, ㉢          ② ㉠, ㉣

③ ㉡, ㉢          ④ ㉡, ㉣

문 13. 결사의 자유에 관한 설명으로 가장 적절하지 <u>않은</u> 것은? (다툼이 있는 경우 판례에 의함)

① 결사의 자유에는 '단체활동의 자유'도 포함되는데, 단체활동의 자유는 단체 외부에 대한 활동을 의미할 뿐 아니라 단체의 조직, 의사형성의 절차 등의 단체의 내부적 생활을 스스로 결정하고 형성할 권리인 '단체 내부 활동의 자유'를 의미한다.

② 헌법 제21조 제1항이 보장하고 있는 결사의 자유에 의하여 보호되는 '결사'의 개념에는 법률이 특별한 공공목적에 의하여 구성원의 자격을 정하고 있는 특수단체의 조직활동까지 포함되는 것으로 볼 수 있다.

③ 농협 조합장의 임기와 조합장선거의 시기에 관한 사항은 결사의 자유의 보호범위에 속한다.

④ 노동조합에 가입하지 아니할 자유는 헌법 제33조의 단결권에서 보호되지 않으나 헌법 제10조의 일반적 행동의 자유와 헌법 제21조의 결사의 자유에서 보호되는 헌법상 기본권이다.

문 14. 직업의 자유에 관한 설명으로 가장 적절하지 <u>않은</u> 것은? (다툼이 있는 경우 판례에 의함)

① 사법시험의 합격자를 정원제로 선발하도록 한 사법시험법 제4조는 객관적 사유에 의한 직업선택의 자유 제한이다.

② 외국인근로자의 직장변경의 횟수를 제한하고 있는 법률조항은 근로의 권리를 제한하는 것은 아니나 직장선택의 자유를 제한하는 것이다.

③ 현 농협 조합장의 임기를 연장하고, 차기 농협 조합장선거의 시기를 늦추는 내용의 농업협동조합법 부칙조항은 직업선택의 자유를 제한한다.

④ 음주측정거부자에 대하여 필요적으로 운전면허를 취소하도록 규정한 도로교통법 제78조 제1항 단서 중 제8호 부분은 직업의 자유와 일반적 행동의 자유를 제한하는 것이다.

문 15. 위헌정당해산제도에 관한 설명으로 가장 적절한 것은? (다툼이 있는 경우 판례에 의함)

① 정당해산심판청구가 있는 때에 헌법재판소는 직권으로 종국결정의 선고시까지 피청구인 정당의 활동을 정지하는 결정을 할 수 없다.

② 정당해산심판의 심리는 구두변론에 의한다.

③ 정당해산심판절차에서는 재심을 허용하지 아니함으로써 얻을 수 있는 법적 안정성의 이익이 재심을 허용함으로써 얻을 수 있는 구체적 타당성의 이익보다 더 크므로 재심을 허용할 수 없다.

④ 헌법재판소는 정당해산결정을 한 경우 지체 없이 그 뜻을 직접 공고하여야 하며, 그 정당은 당헌이 정하는 바에 따라 잔여재산을 처분하여야 한다.

문 16. 직업공무원제도에 관한 설명으로 가장 적절한 것은? (다툼이 있는 경우 판례에 의함)

① 국가공무원법상 공무원의 범위와 국가배상법상 공무원의 범위는 동일하다.

② 지방자치단체의 장은 헌법 제7조 제2항에 따라 신분보장이 필요하고 정치적 중립성이 요구되는 공무원에 해당한다.

③ 직업공무원제도가 적용되는 공무원은 국가 또는 공공단체와 근로관계를 맺고 특별행정법관계 아래 공무를 담당하는 것을 직업으로 하는 협의의 공무원을 말하며, 정치적 공무원이나 임시적 공무원은 포함되지 않는다.

④ 국가배상법 제2조 제1항 단서 중의 경찰공무원은 경찰공무원법상의 공무원을 의미하므로 전투경찰순경은 이에 해당하지 않는다는 것이 헌법재판소의 입장이다.

문 17. 재판청구권에 관한 설명으로 가장 적절하지 <u>않은</u> 것은? (다툼이 있는 경우 판례에 의함)

① 수형자가 국선대리인인 변호사를 접견하는데 교도소장이 그 접견 내용을 녹음·기록하였다고 해도 재판을 받을 권리를 침해하는 것은 아니다.

② 재판청구권에 사건의 경중을 가리지 않고 모든 사건에 대하여 상고심재판을 받을 권리가 포함된다고 볼 수는 없다.

③ 재판청구권은 법적 분쟁의 해결을 가능하게 하는 적어도 한 번의 권리구제절차가 개설될 것을 요청할 뿐 아니라, 그를 넘어서 소송절차의 형성에 있어서 실효성 있는 권리보호를 제공하기 위하여 그에 필요한 절차적 요건을 갖출 것을 요청한다.

④ 헌법 제27조 제1항이 보장하는 재판청구권으로부터 공개된 법정의 법관의 면전에서 모든 증거자료가 조사·진술되고 이에 대하여 피고인이 공격·방어할 수 있는 기회를 보장받을 권리가, 즉 원칙적으로 당사자주의와 구두변론주의가 보장되어 당사자에게 공소사실에 대한 답변과 입증 및 반증의 기회가 부여되는 등 공격·방어권이 충분히 보장되는 재판을 받을 권리가 파생되어 나온다.

문 18. 국가배상청구권에 관한 설명으로 가장 적절하지 <u>않은</u> 것은? (다툼이 있는 경우 판례에 의함)

① 국가가 지방자치단체장에 위임한 기관위임사무를 지방자치단체 공무원이 고의 또는 과실로 위법하게 처리한 경우 국가뿐 아니라 지방자치단체도 배상책임을 진다.

② 지방자치단체장이 설치하여 관할 지방경찰청장에게 관리권한이 위임된 교통신호기 고장에 의한 교통사고가 발생한 경우 해당 지방자치단체뿐만 아니라 국가도 손해배상책임을 진다.

③ 청구인들이 일본국에 대하여 가지는 원폭피해자로서의 배상청구권이 '대한민국과 일본국 간의 재산 및 청구권에 관한 문제의 해결과 경제협력에 관한 협정' 제2조 제1항에 의하여 소멸되었는지 여부에 관한 한·일 양국 간 해석상 분쟁을 위 협정 제3조가 정한 절차에 따라 해결하지 아니하고 있는 외교부장관의 부작위는 재산권 침해라고 할 수 있다.

④ 피해자에게 손해를 직접 배상한 경과실이 있는 공무원이 국가에 대하여 국가의 손해배상책임의 범위 내에서 자신이 변제한 금액에 관하여 구상권을 행사하는 것은 권리 남용으로 허용되지 아니한다.

문 19. 인간다운 생활을 할 권리에 관한 설명으로 가장 적절하지 <u>않은</u> 것은? (다툼이 있는 경우 판례에 의함)

① 장애인을 위한 '저상버스'를 도입해야 할 국가의 구체적 의무는 장애인의 인간다운 생활을 할 권리로부터 직접 도출된다.

② 국가의 사회보장·사회복지 증진의무나 재해예방노력의무 등의 성질에 비추어 국가가 어떠한 내용의 산재보험을 어떠한 범위와 방법으로 시행할지 여부는 입법자의 재량영역에 속하는 문제이고, 산재피해근로자에게 인정되는 산재보험수급권도 그와 같은 입법재량권의 행사에 의하여 제정된 산업재해보상보험법에 의하여 비로소 구체화되는 '법률상의 권리'이다.

③ 법률에 의하여 구체적으로 형성된 의료보험수급권은 재산권의 보장을 받는 공법상의 권리로서 헌법상의 사회적 기본권의 성격과 재산권의 성격을 아울러 지니고 있다.

④ 퇴직연금수급권은 재산권의 성격뿐만 아니라 사회보장적 급여로서의 성격을 가지고 있으므로 입법자가 사회정책적 측면과 국가의 재정 및 기금의 상황 등 여러 가지 사정을 참작하여 퇴직연금수급권을 축소하는 것은 원칙적으로 가능하다.

문 20. 근로의 권리와 근로3권에 관한 설명으로 가장 적절한 것은? (다툼이 있는 경우 판례에 의함)

① 헌법재판소는 외국인에게 헌법상의 근로의 권리를 전면적으로 인정할 수 있으므로 '일할 환경에 관한 권리'는 기본권으로 보장된다고 판시하였다.

② 교육공무원에게 근로3권을 일체 허용하지 않고 전면적으로 부정하더라도 입법형성권의 범위를 벗어나 헌법에 위반된다고 할 수 없다.

③ 공무원인 근로자 중 법률이 정하는 자 이외의 공무원은 노동3권의 주체가 되므로 노동3권이 인정됨을 전제로 하여 헌법 제37조 제2항의 과잉금지원칙을 적용할 수 있다.

④ 우리 헌법은 공무원의 근로자 성격을 인정하면도 노동3권의 제한을 예정하고 있어 국회는 헌법 제33조 제2항에 따라 공무원인 근로자에게 단결권·단체교섭권·단체행동권을 인정할 것인가의 여부, 어떤 형태의 행위를 어느 범위에서 인정할 것인가 등에 대하여 광범위한 입법형성의 자유를 가진다.

**MEMO**

소요시간: _____ / 15분          맞힌 답의 개수: _____ / 20

문 1. 합헌적 법률해석에 관한 설명으로 가장 적절하지 <u>않은</u> 것은? (다툼이 있는 경우 판례에 의함)

① 어떤 법률의 개념이 다의적이고 그 어의의 테두리 안에서 여러 가지 해석이 가능할 때 헌법을 그 최고법규로 하는 통일적인 법질서의 형성을 위하여 헌법에 합치되는 해석, 즉 합헌적인 해석을 택하여야 하며, 이에 의하여 위헌적인 결과가 될 해석을 배제하면서 합헌적이고 긍정적인 면은 살려야 한다는 것이 헌법의 일반 법리이다.

② 법률의 합헌적 해석은 헌법의 최고규범성에서 나오는 법질서의 통일성에 바탕을 두고, 법률이 헌법에 조화하여 해석될 수 있는 경우에는 위헌으로 판단하여서는 아니 된다는 것을 뜻하는 것으로서 권력분립과 입법권을 존중하는 정신에 그 뿌리를 두고 있다.

③ 헌법에는 일정한 목적 내지 가치가 내재하고 있으므로 헌법해석의 최종단계는 목적론적 · 가치론적 해석방법이다.

④ 헌법해석을 위해서는 무엇보다도 헌법문언이 갖는 언어적 · 어학적 의미를 명확히 하는 문리적 해석이 우선되어야 하며, 문언의 의미 내용이 다의적인 경우에 다른 해석방법이 요청된다.

문 2. 조약에 관한 설명으로 옳지 <u>않은</u> 것을 모두 고른 것은? (다툼이 있는 경우 판례에 의함)

㉠ 조약의 명칭이 '협정'으로 되어 있다 하더라도 외국 군대의 지위에 관한 것이고, 국가에게 재정적 부담을 지우는 내용과 입법사항을 포함하고 있더라도 국회의 동의를 요하는 조약으로 볼 수 없다.

㉡ 한미동맹동반자관계를 위한 전략대화출범에 관한 공동성명은 조약이 아니므로 국회의 동의를 받을 필요가 없다.

㉢ '대한민국 외교부장관과 일본국 외무대신이 2015. 12.28. 공동발표한 일본군 위안부 피해자 문제 관련 합의'는 일본군 위안부 피해자들의 법적 지위에 영향을 미친다고 볼 수 없으므로 조약이 아니라 비구속적 합의이다.

㉣ 조약과 비구속적 합의를 구분함에 있어서는 합의의 명칭, 합의가 서면으로 이루어졌는지 여부, 국내법상 요구되는 절차를 거쳤는지 여부와 같은 형식적 측면만 고려하면 된다.

① ㉠, ㉡                    ② ㉠, ㉣

③ ㉡, ㉢                    ④ ㉡, ㉣

문 3. 과잉금지원칙에 관한 설명으로 가장 적절한 것은? (다툼이 있는 경우 판례에 의함)

① 침해의 최소성 관점에서 기본권 행사방법에 관한 규제를 통해서 공익을 실현할 수 있는가를 시도하고 이러한 방법으로 공익의 달성이 어렵다고 판단되는 경우 비로소 그 다음 단계인 기본권 행사 여부에 관한 규제를 선택해야 한다.

② 입법목적을 달성하기 위하여 가능한 여러 수단들 가운데 구체적으로 어느 것을 선택할 것인가의 문제는 기본적으로 입법재량에 속하지만, 반드시 가장 합리적이며 효율적인 수단을 선택해야 한다.

③ 최소침해의 원칙에 따르면 목적 달성을 위하여 취해진 기본권 제한조치보다 완화된 수단이 있을 경우에는 언제나 이 원칙에 반하여 위헌적 제한법률이 되게 된다.

④ 법익균형성원칙에 의하면 기본권 제한을 통해서 얻으려는 공익보다 사익이 더 커야 한다.

문 4. 수형자의 민원인에 대해서만 인터넷화상접견과 스마트접견을 신청할 권리를 인정하면서 미결수용자의 가족에게는 이를 인정하지 않은 '수용관리 및 계호업무 등에 관한 지침'에 대해 헌법소원심판이 청구되었다. 이에 관한 설명으로 옳지 않은 것을 모두 고른 것은? (다툼이 있는 경우 판례에 의함)

ㄱ 미결수용자가 가족과 접견하는 것과 미결수용자의 가족이 미결수용자와 접견하는 것 역시 헌법 제10조가 보장하고 있는 인간으로서의 존엄과 가치 및 행복추구권 가운데 포함되는 헌법상의 기본권이다.

ㄴ 미결수용자의 가족이 인터넷화상접견이나 스마트접견과 같이 영상통화를 이용하여 접견할 권리는 접견교통권의 핵심적 내용에 해당되어 헌법에 의해 직접 보장된다.

ㄷ 미결수용자의 배우자에 대해서는 인터넷화상접견과 스마트접견을 허용하지 않는 구 '수용관리 및 계호업무 등에 관한 지침'은 행복추구권 또는 일반적 행동자유권의 제한은 인정하기 어렵다.

ㄹ 수용관리 및 계호업무 등에 관한 지침이 미결수용자의 배우자와 수형자의 배우자와의 사이에 차별하고 있으나 이는 단순히 사실상의 이익의 차별이므로 인터넷화상접견대상자 지침조항 및 스마트접견대상자 지침조항에 의해 청구인의 평등권이 제한된다고 할 수 없다.

① ㄱ, ㄷ
② ㄱ, ㄹ
③ ㄴ, ㄷ
④ ㄴ, ㄹ

문 5. 죄형법정주의에 관한 설명으로 가장 적절한 것은? (다툼이 있는 경우 판례에 의함)

① 형법 제129조 제1항(수뢰죄) 중 '공무원'에 구 '제주특별자치도 설치 및 국제자유도시 조성을 위한 특별법' 제299조 제2항의 제주특별자치도통합영향평가심의위원회 심의위원 중 위촉위원이 포함되는 것으로 해석하는 것은 죄형법정주의원칙에 위배된다고 할 수 없다.

② 헌법 제12조 제1항 후단은 "법률과 적법한 절차에 의하지 아니하고는 처벌 … 을 받지 아니한다."라고 규정하여 죄형법정주의를 천명하고 있는데, 여기서 '법률'이란 입법부에서 제정한 형식적 의미의 법률을 의미한다.

③ 헌법에 따라 적법하게 체결되어 공포된 조약은 국내법과 동일한 효력을 갖지만, 죄형법정주의원칙상 조약으로 새로운 범죄를 구성하거나 범죄자에 대한 처벌을 가중할 수 없다.

④ 사회복무요원의 정치적 행위를 금지하는 병역법 조항 중 '정치적 목적을 지닌 행위'는 '특정 정당, 정치인을 지지·반대하거나 공직선거에 있어서 특정후보자를 당선·낙선하게 하는 등 그 정파성·당파성에 비추어 정치적 중립성을 훼손할 가능성이 높은 행위'로 한정하여 해석되므로 명확성원칙에 위배되지 않는다.

문 6. 민감정보에 관한 설명으로 가장 적절하지 <u>않은</u> 것은? (다툼이 있는 경우 판례에 의함)

① 요양기관명을 포함한 총 38회의 요양급여내역은 건강에 관한 정보로서 '개인정보 보호법' 제23조 제1항이 규정한 민감정보이다.

② 근로소득자들의 연말정산 간소화라는 공익을 달성하기 위하여 그에 필요한 의료비내역을 국세청장에게 제출하도록 하는 것으로서, 환자의 민감한 정보이다.

③ 디엔에이신원확인정보는 개인식별을 위한 최소한의 정보인 단순한 숫자에 불과하여 이로부터 개인의 유전정보를 확인할 수 없는 것이어서 개인의 존엄과 인격권에 심대한 영향을 미칠 수 있는 민감한 정보라고 보기 어렵다.

④ 전과기록은 형의 선고 및 재판의 확정이 있었다는 것에 관한 개인정보로서 내밀한 사적 영역에 근접하는 민감한 개인정보에 해당한다고 할 수 있으므로 그 제한의 허용성은 엄격히 검증되어야 한다.

문 7. 집회의 자유에 대한 허가제에 관한 설명으로 옳지 <u>않은</u> 것을 모두 고른 것은? (다툼이 있는 경우 판례에 의함)

㉠ 집회에 대한 허가를 금지한 헌법 제21조 제2항은 기본권 제한에 관한 일반적 법률유보조항인 헌법 제37조 제2항에 우선하는 1차적 심사기준이 되어야 한다.

㉡ 집회에 대한 허가제는 집회에 대한 검열제와 마찬가지이므로 절대적으로 금지된다.

㉢ 입법자가 법률로써 일반적으로 집회를 제한하는 것은 원칙적으로 헌법 제21조 제2항에서 금지하는 '사전허가'에 해당하지 않는다.

㉣ 집회의 자유에 대한 신고제는 집회의 자유에 대한 일반적 금지가 원칙이고 예외적으로 행정권의 허가가 있을 때에만 이를 허용한다는 점에서 헌법이 금지하는 허가제와는 집회의 자유에 대한 이해와 접근방법의 출발점을 달리하고 있다.

㉤ 헌법 제21조 제2항은 집회의 자유에 있어서는 '집회의 일반적 금지, 입법권이 주체가 되는 예외적 허가'의 방식에 의한 제한을 허용하지 아니하겠다는 헌법적 결단을 분명히 밝힌 것이다.

① ㉠, ㉡        ② ㉢, ㉣
③ ㉣, ㉤        ④ ㉡, ㉣, ㉤

문 8. 정당법에 관한 설명으로 가장 적절한 것은?

① 창당준비위원회 및 정당의 명칭(약칭을 포함한다)은 이미 신고된 창당준비위원회 및 등록된 정당이 사용 중인 명칭과 동일하지 아니하면 사용할 수 있다.

② 헌법재판소의 결정에 의하여 해산된 정당의 명칭과 동일하거나 유사한 명칭은 정당의 명칭으로 다시 사용하지 못한다.

③ 정당법 제44조(등록의 취소)에 의하여 등록취소된 정당의 명칭과 같은 명칭은 정당의 명칭으로 사용할 수 없다.

④ 정당이 헌법재판소의 결정으로 해산된 때에는 해산된 정당의 강령(또는 기본정책)과 동일하거나 유사한 것으로 정당을 창당하지 못한다.

문 9. 재판청구권에 관한 설명으로 가장 적절하지 <u>않은</u> 것은? (다툼이 있는 경우 판례에 의함)

① 어떠한 요증사실의 존부가 확정되지 않았을 때 그 사실이 존재하지 않는 것으로 취급되어 법률판단을 받게 되는 불이익인 증명책임의 분배 문제도 공정한 재판을 받을 권리의 보호범위에 해당한다.

② 헌법에 '공정한 재판'에 관한 명문의 규정은 없지만 재판청구권이 국민에게 효율적인 권리보호를 제공하기 위해서는, 법원에 의한 재판이 공정하여야만 할 것은 당연한 전제이므로 '공정한 재판을 받을 권리'는 헌법 제27조의 재판청구권에 의하여 함께 보장된다.

③ 신속한 재판을 위한 직접적이고 구체적인 청구권이 헌법규정으로부터 직접 발생하므로, 보안관찰처분들의 취소청구에 대해서 법원이 그 처분들의 효력이 만료되기 전까지 신속하게 판결을 선고해야 할 헌법이나 법률상의 작위의무가 존재한다.

④ 신속한 재판을 받을 권리는 국민의 기본권으로서 신속한 재판의 요청은 단순히 헌법 제27조 제1항이 정한 재판청구권의 제한의 원리에 그치는 것이 아니라 재판청구권과 관련되어 있으면서 독자적인 헌법적 가치를 갖는 것으로 파악되어야 한다.

문 10. 인간다운 생활을 할 권리에 관한 설명으로 가장 적절하지 <u>않은</u> 것은? (다툼이 있는 경우 판례에 의함)

① 공시가격을 기준으로 주택분의 경우에는 6억 내지 9억 원, 종합합산 토지분의 경우에는 3억 내지 6억 원을 초과하여 보유한 자를 납세의무자로 하고 있는 종합부동산세법은 납세의무자의 생존권이나 인간다운 생활을 할 권리를 제한한다.

② 인간다운 생활을 할 권리는 입법부와 행정부에 대하여는 국민소득, 국가의 재정능력과 정책 등을 고려하여 가능한 범위 안에서 최대한으로 모든 국민이 물질적인 최저생활을 넘어서 인간의 존엄성에 맞는 건강하고 문화적인 생활을 누릴 수 있도록 하여야 한다는 행위의 지침, 즉 행위규범으로서 작용하지만, 헌법재판에 있어서는 다른 국가기관, 즉 입법부나 행정부가 국민으로 하여금 인간다운 생활을 영위하도록 하기 위하여 객관적으로 필요한 최소한의 조치를 취할 의무를 다하였는지의 여부를 기준으로 국가기관의 행위의 합헌성을 심사하여야 한다는 통제규범으로 작용하는 것이다.

③ 선거운동과정에서 자신의 인격과 명예를 보호하기 위한 해명행위는 '인간다운 생활을 할 권리'를 규정한 헌법 제34조 제1항에 의한 보호대상이 아니다.

④ 공무원연금법상의 연금수급권과 같은 사회보장수급권은 헌법 제34조의 규정으로부터 도출되는 사회적 기본권의 하나이며 공무원연금법상의 연금수급권은 사회보장수급권과 재산권이라는 양 권리의 성격이 불가분적으로 혼재되어 있다.

문 11. 국적법에 관한 설명으로 가장 적절한 것은?

① 국적에 관한 특별귀화 허가에 관한 사항 등을 심의하기 위하여 대통령 소속으로 국적심의위원회를 둔다.

② 국적심의위원회는 위원장 1명을 포함하여 15명 이내의 위원으로 구성하고, 국적심의위원회 위원장은 법무부장관으로 한다.

③ 복수국적자로서 6세 미만의 아동일 때 외국으로 이주한 이후 계속하여 외국에 주된 생활의 근거를 두고 있는 사람이 병역법 제8조에 따라 병역준비역에 편입된 때부터 3개월 이내에 대한민국 국적을 이탈한다는 뜻을 신고하지 못한 경우 법무부장관에게 대한민국 국적의 이탈 허가를 신청할 수 있다.

④ 국적법은 출생이나 그 밖에 국적법에 따라 대한민국 국적과 외국 국적을 함께 가지게 된 자, 즉 복수국적자는 대한민국의 법령적용에 있어서 외국 국민으로 처우한다.

문 12. 외국인의 기본권 주체성에 관한 설명으로 가장 적절하지 않은 것은? (다툼이 있는 경우 판례에 의함)

① '인간의 권리'로서 외국인에게도 주체성이 인정되는 일정한 기본권에 관하여 불법체류 여부에 따라 그 인정 여부는 달라지지 않는다.

② 불법체류 중인 외국인은 주거의 자유, 변호인의 조력을 받을 권리, 재판청구권의 주체가 될 수 있다.

③ 신체의 자유는 성질상 인간의 권리에 해당하므로 불법체류 외국인에게는 인정된다.

④ 외국인에 대해서는 국제법이나 조약 등에 의하여 충분히 그 지위를 보장할 수 있는 점에 비추어 보면 모든 기본권에 대하여 외국인의 기본권 주체성을 부정함이 타당하다. 다만, 외국인이라도 우리나라에 입국하여 상당 기간 거주해 오면서 대한민국 국민과 같은 생활을 계속해 온 자라면 사실상 국민으로 취급해 예외적으로 기본권 주체성을 인정할 여지는 있다고 본다.

문 13. 자기결정권에 관한 설명으로 가장 적절하지 않은 것은? (다툼이 있는 경우 판례에 의함)

① 형법상 자기낙태죄 조항은 태아의 생명을 보호하기 위하여 태아의 발달단계나 독자적 생존능력과 무관하게 임부의 낙태를 원칙적으로 금지하고 이를 형사처벌하고 있으므로, 헌법 제10조에서 도출되는 임부의 자기결정권, 즉 낙태의 자유를 제한하고 있다.

② 혼인을 빙자하여 부녀를 간음한 남자를 처벌하는 형법 조항은 사생활의 비밀과 자유를 제한하는 것이라고 할 수 있지만, 혼인을 빙자하여 부녀를 간음한 남자의 성적 자기결정권을 제한하는 것은 아니다.

③ 헌법 제10조는 개인의 인격권과 행복추구권을 보장하고 있고, 인격권과 행복추구권은 개인의 자기운명결정권을 전제로 한다. 이 자기운명결정권에는 성행위 여부 및 그 상대방을 결정할 수 있는 성적 자기결정권이 포함되어 있다.

④ 주세법 제38조의7 등이 규정한 구입명령제도는 소주판매업자에게 자도소주의 구입의무를 부과함으로써, 소주제조업자의 기업의 자유 및 경쟁의 자유를 제한하고, 소비자가 자신의 의사에 따라 자유롭게 상품을 선택하는 것을 제약함으로써 소비자의 행복추구권에서 파생되는 자기결정권도 제한하고 있다.

문 14. 차별금지사유에 관한 설명으로 가장 적절한 것은? (다툼이 있는 경우 판례에 의함)

① 헌법 제11조 제1항은 성별·종교 또는 사회적 신분에 의한 차별을 금지를 예시하고 있는데, 예시한 사유가 있는 경우에 절대적으로 차별을 금지할 것을 요구함으로써 입법자에게 인정되는 입법형성권을 제한하는 것이다.

② '성별'을 기준으로 병역의무를 달리 부과하도록 한 구 병역법 조항은 헌법 제11조 제1항 후문이 예시하는 사유에 기한 차별임은 분명하지만, 이러한 예시사유가 있는 경우 절대적 차별금지를 요구함으로써 입법자에게 인정되는 입법형성권을 제한하는 것은 아니며, 성별에 의한 차별취급이 언제나 엄격한 심사를 요구하는 것도 아니다.

③ 전과자는 사회적 신분에 해당하지 않으므로 전과자에 대한 가중처벌은 헌법 제11조의 사회적 신분에 의한 차별금지원칙에 위배되지 않는다.

④ 의료기기 관련 리베이트를 다른 영역에 비해 엄격하게 처벌하는 의료법은 수범자가 의료인이라는 사회적 신분에 의한 차별이다.

문 15. 신뢰보호에 관한 설명으로 가장 적절하지 <u>않은</u> 것은? (다툼이 있는 경우 판례에 의함)

① 2011.4.28. 개정된 의료법에서 전문과목을 표시한 치과의원이 그 전문과목에 해당하는 환자만을 진료하도록 규정하고, 이를 2014.1.1.부터 시행되도록 한 것은 신뢰보호원칙을 위반하여 치과전문의의 직업수행의 자유를 침해한다.

② 유치원의 학교에 속하는 회계의 예산과목 구분을 정한 '사학기관 재무·회계 규칙'이 신뢰보호의 원칙에 위반된다고 할 수 없다.

③ '독점규제 및 공정거래에 관한 법률' 위반행위에 대한 시정조치 및 과징금 부과처분의 시한을 '공정거래위원회가 조사를 개시한 때는 조사개시일부터 5년, 조사를 개시하지 않은 때에는 법 위반행위 종료일부터 7년'으로 정한 '독점규제 및 공정거래에 관한 법률'을 최초로 조사하는 사건부터 적용하는 부칙은 신뢰보호원칙에 위반되지 않는다.

④ 판사임용자격에 일정 기간 법조경력을 요구하는 법원조직법을 법개정 당시 사법시험에 합격하였으나 아직 사법연수원에 입소하지 않은 자에게 적용하는 것은 신뢰보호원칙에 위배된다고 할 수 없다.

문 16. 종교의 자유에 관한 설명으로 가장 적절하지 <u>않은</u> 것은? (다툼이 있는 경우 판례에 의함)

① 종교 의식 내지 종교적 행위와 밀접한 관련이 있는 시설의 설치와 운영은 종교의 자유를 보장하기 위한 전제에 해당되므로 종교적 행위의 자유에 포함된다. 따라서 종교단체가 종교적 행사를 위하여 종교집회장 내에 납골시설을 설치하여 운영하는 것은 종교행사의 자유와 관련된 것이고, 그러한 납골시설의 설치를 금지하는 것은 종교행사의 자유를 제한하는 것이다.

② 종교적 행위의 자유와 종교적 집회·결사의 자유는 신앙의 자유와 마찬가지로 절대적 자유이다.

③ 헌금하지 않는 신도는 영생할 수 없다는 설교로 고액의 금원을 헌금으로 교부받는 행위는 사기죄에 해당한다.

④ 노인주거복지시설 신고제는 종교의 자유를 침해한다고 할 수 없다.

문 17. 직업의 자유에 관한 설명으로 가장 적절한 것은? (다툼이 있는 경우 판례에 의함)

① 안경사 면허를 가진 자연인에게만 안경업소의 개설 등을 할 수 있도록 하여 안경사들로만 구성된 법인 형태의 안경업소 개설까지 허용하지 않는 구 '의료기사 등에 관한 법률'은 직업의 자유에 대한 필요 이상의 제한으로 그 침해의 정도도 상당하므로, 과잉금지원칙에 반하여 직업수행의 자유를 침해한다.

② 외국인근로자의 사업장 변경사유를 제한하는 외국인고용법 제25조 제1항은 근로의 권리를 제한하지 않으나 직업선택의 자유 중 직장선택의 자유를 제한한다.

③ '특정 시점부터 해당 직업을 선택하고 직업수행을 개시할 자유'는 직업선택의 자유와 직업수행의 자유의 내용으로 보호된다.

④ 사건 또는 법률사무의 수임료에 관하여 공정한 수임질서를 저해할 우려가 있는 무료 또는 부당한 염가를 표방하는 광고와 변호사 등은 무료 또는 부당한 염가의 법률상담방식에 의한 광고를 금지하는 '변호사 광고에 관한 규정'은 과잉금지원칙에 위반된다.

문 18. 1년 이상의 징역의 형의 선고를 받고 그 집행이 종료되지 아니한 사람의 선거권을 제한하는 공직선거법에 관한 설명으로 가장 적절한 것은? (다툼이 있는 경우 판례에 의함)

① 수형자에 대한 선거권 제한은 허용되지 않는다.

② 입법자가 가석방처분을 받았다는 후발적 사유를 고려하지 아니하고 1년 이상 징역의 형을 선고받은 사람의 선거권을 일률적으로 제한하였다면 불필요한 제한이라고 보기는 어렵다.

③ 수형자라고 하여 선거권 제한의 목적으로서 사회적·형사적 제재라는 입법목적은 정당하지 않다.

④ 과실범과 고의범 등 범죄의 종류를 불문하고, 범죄로 인하여 침해된 법익이 국가적 법익인지, 사회적 법익인지, 개인적 법익인지 그 내용 또한 불문하고 1년 이상의 징역의 형을 선고받았는지 여부만을 기준으로 한 선거권 제한은 지나친 선거권 제한으로 볼 수 있다.

문 19. 형사보상 및 명예회복에 관한 법률에 관한 설명으로 옳고 그름의 표시(○, ×)가 바르게 된 것은? (다툼이 있는 경우 판례에 의함)

> ㉠ 피고인보상을 청구하려는 자는 공소제기한 검사가 소속된 지방검찰청(지방검찰청 지청의 검사가 불기소처분을 한 경우에는 그 지청이 소속하는 지방검찰청을 말한다)의 보상심의회에 보상을 청구하여야 한다.
> ㉡ 피의자보상의 청구는 불기소처분 또는 불송치결정의 고지 또는 통지를 받은 날부터 5년 이내에 하여야 한다.
> ㉢ 청구기각결정에 대하여는 2주일 이내 즉시항고를 할 수 있으나, 보상결정에 대하여는 즉시항고할 수 없다.
> ㉣ 보상결정이 송달된 후 2년 이내에 보상금 지급청구를 하지 아니할 때에는 권리를 상실한다.
> ㉤ 보상청구권은 양도하거나 압류할 수 없다. 보상금 지급청구권도 또한 같다.

① ㉠ (○) ㉡ (○) ㉢ (×) ㉣ (○) ㉤ (○)
② ㉠ (○) ㉡ (×) ㉢ (○) ㉣ (×) ㉤ (×)
③ ㉠ (×) ㉡ (○) ㉢ (○) ㉣ (×) ㉤ (×)
④ ㉠ (×) ㉡ (×) ㉢ (×) ㉣ (○) ㉤ (○)

문 20. 국민의 기본적 의무에 관한 설명으로 옳은 것을 모두 고른 것은? (다툼이 있는 경우 판례에 의함)

> ㉠ 소집으로 입영한 예비역에게 군형법이 적용되도록 한 군형법 제1조 제3항 제3호는 헌법 제39조 제1항에 근거한 것으로서 예비역들에게 부과된 병역의무의 이행을 실효성 있게 확보하기 위하여 필요한 것이라 할 것이므로 헌법에 위반된다고 할 수 없다.
> ㉡ 병(兵)도 군인이자 공무원이므로 정치적 중립의무가 있으므로 의무복무하는 병의 정치적 중립은 반드시 필요하다.
> ㉢ 제대군인이 공무원채용시험 등에 응시한 때에 5% 이내의 범위 내에서 가점을 주도록 한 구 '국가유공자 예우 등에 관한 법률' 제70조 등은 헌법 제39조 제2항에 근거를 둔 것으로 볼 수 있다.
> ㉣ 의무 위반에 대한 책임의 추궁에 있어서는 의무 위반의 정도와 부과되는 제재 사이에 적정한 비례관계가 유지되어야 하므로, 조세의 형식으로 부과되는 금전적 제재인 가산세 역시 의무 위반의 정도에 비례하는 결과를 이끌어내는 그러한 비율에 의하여 산출되어야 하고, 그렇지 못한 경우에는 비례의 원칙에 어긋나서 재산권에 대한 침해가 된다.

① ㉠, ㉡, ㉢            ② ㉠, ㉡, ㉣
③ ㉠, ㉢, ㉣            ④ ㉡, ㉢, ㉣

MEMO

# 8회 전범위 모의고사

소요시간: _____ / 15분          맞힌 답의 개수: _____ / 20

---

문 1. 관습헌법에 관한 설명으로 가장 적절한 것은? (다툼이 있는 경우 판례에 의함)

① 국민의 합의는 관습헌법의 성립요건이자 효력유지요건이다. 그러나 관습헌법의 성립에는 국민투표절차가 요구된다.

② 서울이 수도라는 것은 중요한 정책이므로 수도이전 문제는 헌법 제72조의 국민투표의 대상이 되므로 서울이 수도라는 관습헌법을 변경하면서 국민투표에 부의하지 않고 '신행정수도의 건설을 위한 특별조치법'으로 하는 것은 헌법 제72조의 국민투표권을 침해한다.

③ 관습헌법의 개정은 헌법개정에 의해서만 가능하므로 관습헌법의 효력 상실은 헌법개정으로만 가능하다.

④ 관습헌법이 성립하기 위해서는 관습이 성립하는 사항이 헌법적으로 중요한 사항이어야 하는데 어떤 사항이 헌법의 기본적 사항이냐는 일반적·추상적 기준이 아니라 구체적 판단에 의해 확정되어야 한다.

문 2. 헌법 경제조항에 관한 설명으로 가장 적절하지 않은 것은? (다툼이 있는 경우 판례에 의함)

① 우리 헌법상 경제질서는 '개인과 기업의 경제상의 자유와 창의의 존중'이라는 기본원칙과 '경제의 민주화 등 헌법이 직접 규정하는 특정 목적을 위한 국가의 규제와 조정의 허용'이라는 실천원리로 구성되고, 어느 한쪽이 우월한 가치를 지닌다고 할 수는 없다.

② 일간신문에 대한 불매운동의 수단으로 해당 신문에 광고를 게재하는 광고주들을 대상으로 '전화걸기'는 형법상 '위력에 의한 업무방해죄'의 구성요건에 해당하여 허용되지 않는다.

③ 특정한 사회, 경제적 또는 정치적 대의나 가치를 주장·옹호하거나 이를 진작시키기 위한 수단으로 선택한 소비자불매운동은 헌법상 보호를 받을 수 있다.

④ 법률조항이 직업수행의 자유를 제한하더라도 헌법상 경제질서에도 위배된다는 주장에 대해서는 별도로 판단할 필요가 있다.

문 3. 기본권 충돌에 관한 설명으로 가장 적절하지 않은 것은? (다툼이 있는 경우 판례에 의함)

① 반론권은 언론기관이 사실을 보도하면서 타인의 인격권 및 사생활의 비밀과 자유에 대한 중대한 침해가 될 직접적 위험을 초래하게 되는 경우 이러한 법익을 보호하기 위한 제도이므로, 피해자의 반론권의 행사로 말미암아 비록 언론기관의 보도의 자유가 간접적으로 제한되는 측면이 있다고 하더라도 피해자의 반론권과 언론기관의 언론의 자유는 충돌관계에 있는 것은 아니다.

② 반론권과 보도기관의 언론의 자유가 충돌하는 경우에는 헌법의 통일성을 유지하기 위하여 기본권 모두가 최대한으로 그 기능과 효력을 발휘할 수 있도록 하는 조화로운 방법이 모색되어야 한다.

③ 종교단체가 설립한 사립학교에서 특정 종교의 교리를 전파하는 종교행사와 종교과목 수업을 실시하면서 참가 거부가 사실상 불가능한 분위기를 조성하고 대체과목을 개설하지 않는 등 다른 신앙을 가진 학생의 기본권을 고려하지 않는 것은 학생의 종교에 관한 인격적 법익을 침해하는 위법행위이다.

④ 친양자 입양을 성립시키기 위해 친생부모의 동의를 요하도록 하는 경우 가족생활에 관한 친생부모의 기본권과 친양자가 될 자의 기본권이 충돌하게 된다.

문 4. 평등권에 관한 설명으로 가장 적절하지 <u>않은</u> 것은? (다툼이 있는 경우 판례에 의함)

① 미결수용자의 배우자의 인터넷화상접견이나 스마트 접견을 수형자의 배우자의 후순위로 허용해 주는 등의 방법을 통해 수형자와 미결수용자의 접견교통권을 조화롭게 보장할 수 있는 수단을 마련할 수 있다. 미결수용자의 배우자와 수형자의 배우자 사이의 차별에는 합리적인 이유를 인정하기 어려우므로, 수형자의 배우자에 대해 인터넷화상접견과 스마트접견을 할 수 있도록 하고 미결수용자의 배우자에 대해서는 이를 허용하지 않는 구 '수용관리 및 계호업무 등에 관한 지침'은 청구인의 평등권을 침해한다.

② 재산권의 청구가 공법상 법률관계를 전제로 한다는 점만으로 국가를 상대로 하는 당사자소송에서 국가를 우대할 합리적인 이유가 있다고 할 수 없으므로 국가를 상대로 하는 당사자소송의 경우에는 가집행선고를 할 수 없다고 규정한 행정소송법 제43조는 평등원칙에 반한다.

③ 국공립어린이집, 사회복지법인어린이집, 법인·단체 등어린이집 등과 달리 민간어린이집에는 보육교직원 인건비를 지원하지 않는 '2020년도 보육사업안내'는 합리적 근거 없이 민간어린이집을 운영하는 청구인을 차별하여 청구인의 평등권을 침해하였다고 볼 수 없다.

④ 1945.8.15. 이후에 사망한 독립유공자의 유족으로 최초로 등록할 당시 자녀까지 모두 사망하거나 생존 자녀가 보상금을 지급받지 못하고 사망한 경우에 한하여 독립유공자의 손자녀 1명에게 보상금을 지급하도록 하는 '독립유공자예우에 관한 법률' 제12조 제2항 제2호가 독립유공자의 사망시기를 기준으로 보상금 지급을 달리하여 청구인의 평등권을 침해한다고 할 수 없다.

문 5. 적법절차원칙과 영장주의에 관한 설명으로 가장 적절한 것은? (다툼이 있는 경우 판례에 의함)

① 제3자는 범인에 대한 형사재판에 관하여 고지받거나 그 재판절차에 참가할 기회를 가지지 못함은 물론, 제3자의 재산에 추징이 집행되는 단계에 이르러서도 사전에 이를 고지받거나 청문절차에서 의견을 진술할 수 있는 기회조차 부여받지 못하므로 특정 공무원범죄의 범인에 대한 추징판결을 범인 외의 자가 그 정황을 알면서 취득한 불법재산 및 그로부터 유래한 재산에 대하여 그 범인 외의 자를 상대로 집행할 수 있도록 규정한 '공무원범죄에 관한 몰수 특례법'은 적법절차원칙에 위배된다.

② 자료제출요구는 청구인에 대하여 법적 의무를 부과하는 것이어서 영장주의의 적용대상이므로 영장 없이 자료제출의무를 부과하는 공직선거법은 영장주의에 위반된다.

③ 헌법 제12조 제3항의 영장신청권자로서 검사는 '검찰청법상 검사'와 동일한 것은 아니고 '검찰권을 행사하는 국가기관'으로서 일반적 의미의 검사를 의미한다.

④ 헌법상 영장신청권이 수사과정에서 남용될 수 있는 강제수사를 '법률전문가이자 인권옹호기관'인 검사가 합리적으로 '통제'하기 위한 연혁과 취지에서 도입된 것임을 고려할 때, 검사에 대한 영장신청권 부여조항으로부터 검사에 대한 수사권 부여까지 헌법상 도출된다.

문 6. 표현의 자유에 관한 설명으로 가장 적절한 것은? (다툼이 있는 경우 판례에 의함)

① 표현이 '차별적 언사나 행동, 혐오적 표현'이라는 이유만으로 표현의 자유의 보호영역에서 애당초 배제된다고 볼 수 없고, 차별적 언사나 행동, 혐오적 표현도 헌법 제21조가 규정하는 표현의 자유의 보호영역에 해당한다.

② 선거에 관한 여론이 구체적으로 형성되고 투표권 행사가 이루어지는 민감한 시기인, 선거일 전 90일부터 선거일까지는, 인터넷언론에 후보자 명의의 칼럼 등의 게재를 일률적으로 금지할 필요성이 있으므로 선거일 전 90일부터 선거일까지 후보자 칼럼 등 게재금지를 금지한 시기제한조항은 공직선거 후보자의 표현의 자유를 침해한다고 볼 수 없다.

③ 헌법 제21조 제4항 전문은 "언론·출판은 타인의 명예나 권리 또는 공중도덕이나 사회윤리를 침해하여서는 아니 된다."라고 규정한다. 이는 언론·출판의 자유에 따르는 책임과 의무를 강조하는 동시에 언론·출판의 자유에 대한 제한의 요건을 명시한 규정이 아니라 헌법상 표현의 자유의 보호영역에 대한 한계를 설정한 것이라고 볼 수는 있으므로 공연한 사실의 적시를 통한 명예훼손적 표현 역시 표현의 자유의 보호영역에 해당한다고 할 수 없다.

④ 방송편성에 관하여 간섭을 금지하고 그 위반행위자를 처벌하는 방송법 제105조 제1호 중 제4조 제2항의 '간섭'에 관한 부분은 과잉금지원칙에 위반되어 표현의 자유를 침해한다.

문 7. 직업의 자유에 관한 설명으로 옳지 <u>않은</u> 것은 모두 몇 개인가? (다툼이 있는 경우 판례에 의함)

> ㉠ 변호사의 자격이 있는 자에게 더 이상 세무사 자격을 부여하지 않는 구 세무사법은 선택한 직업을 자기가 원하는 방식으로 자유롭게 수행할 수 있는 '직업수행의 자유'를 제한한다.
> ㉡ 단계이론에 의하면 직업선택의 자유에 대한 제한이 불가피한 경우 먼저 제1단계로 직업행사의 자유를 제한하고, 그에 의하여 그 목적을 달성할 수 없는 경우 제2단계로 객관적 사유에 의하여 직업결정의 자유를 제한하고, 그에 의해서도 그 목적을 달성할 수 없는 경우 제3단계로 주관적 사유에 의하여 직업결정의 자유를 제한하여야 한다고 한다.
> ㉢ 공인회계사시험의 응시자격을 일정 과목에 대하여 일정 학점을 이수한 사람으로 제한하고 있는 공인회계사법 제5조 제3항은 주관적 요건에 의한 직업선택의 자유의 제한에 해당한다.
> ㉣ 변호사시험 성적을 공개하지 않도록 한 변호사시험법 조항은 주관적 요건에 의한 직업선택의 자유의 제한에 해당한다.

① 0개      ② 1개
③ 2개      ④ 3개

문 8. 청원권에 관한 설명으로 가장 적절한 것은? (다툼이 있는 경우 판례에 의함)

① 정부에 제출 또는 회부된 정부의 정책에 관계되는 청원의 심사는 국무회의의 심의를 거칠 수 있다.

② 청원사항의 처리결과에 대하여 재결서에 준하는 이유를 명시할 의무는 없음으로 청원인이 청원한 결과를 통지할 의무는 없다.

③ 국민이 여러 가지 이해관계 또는 국정에 관해서 자신의 의견이나 희망을 해당 기관에 직접 진술하는 경우 청원권으로 보호되고, 본인을 대리하거나 중개하는 제3자를 통해 진술하는 경우, 이는 청원권의 보호대상이 된다.

④ 국회에 청원하기 위한 국민동의조항과 그 위임을 받아 청원서를 제출하기 위한 구체적인 절차로서 국민의 찬성·동의를 받는 기간과 그 인원수 등을 규정한 국회청원심사규칙 제2조의2 제2항 중 '등록일부터 30일 이내에 100명 이상의 찬성을 받고' 부분 및 구 국회청원심사규칙 제2조의2 제3항은 청원권을 침해한다.

문 9. 국가배상청구권에 관한 설명으로 가장 적절한 것은? (다툼이 있는 경우 판례에 의함)

① 국가배상청구의 요건인 '공무원의 직무'에는 권력적 작용만이 아니라 비권력적 작용도 포함되고, 행정주체가 사경제주체로서 하는 활동도 포함한다.

② 국가배상 성립요건의 직무집행판단은 행위자의 주관적 의사를 고려하여 실질적으로 직무집행행위인지에 따라 판단해야 한다.

③ 국가배상 성립요건의 공무원 개념은 국가공무원과 지방공무원의 신분을 가진 자에 한하고 공무를 수탁받은 사인(私人)은 해당하지 않는다.

④ 헌법 제29조 제1항 단서는 공무원이 한 직무상 불법행위로 인하여 국가 등이 배상책임을 진다고 할지라도 그 때문에 공무원 자신의 민·형사상 책임이나 징계책임이 면제되지 아니한다는 원칙을 규정한 것이나, 그 조항 자체로 공무원 개인의 구체적인 손해배상책임의 범위까지 규정한 것으로 보기는 어렵다.

문 10. 근로3권에 관한 설명으로 가장 적절한 것은? (다툼이 있는 경우 판례에 의함)

① 노조전임자의 급여를 지원하는 행위를 금지하는 '노동조합 및 노동관계조정법' 제81조는 과잉금지원칙에 위배된다고 할 수 없다.

② 근로조건의 향상을 위한 쟁의행위 가운데 집단적 노무제공 거부행위인 단순파업을 업무방해죄로 처벌하는 것은 과잉금지원칙에 위배되어 근로자의 단체행동권을 침해한다.

③ 헌법 제33조 제1항에서 보장된 근로자의 단결권은 단결할 자유를 가리킬 뿐만 아니라, 단결하지 아니할 자유 이른바 소극적 단결권도 이에 포함한다.

④ 산업별·지역별 노동조합에 해당하는 교원노조에 재직 중인 교원 외에 해직 교원과 같이 일시적으로 실업상태에 있는 자나 구직 중인 교사 자격 소지자의 가입을 엄격히 제한할 필요가 없고, 교사라는 직종에서 다른 직종으로 변환이 쉽지 않으므로 해고된 교원을 제외하는 '교원의 노동조합 설립 및 운영 등에 관한 법률'은 해직된 교원의 단결권을 지나치게 제한하는 결과를 초래할 수 있다.

문 11. 국민주권에 관한 설명으로 가장 적절하지 않은 것은? (다툼이 있는 경우 판례에 의함)

① 헌법 제1조 제2항의 "모든 권력은 국민으로부터 나온다."에서의 권력은 가분적이고 위임할 수 있으나 '대한민국의 주권은 국민에게 있고'에서의 주권은 양도할 수 없고 주권의 가분성도 인정되지 않는다.

② 통일정신, 국민주권원리 등은 우리나라 헌법의 연혁적·이념적 기초로서 헌법이나 법률해석에서의 해석기준으로 작용한다고 할 수 있지만 그에 기하여 곧바로 국민의 개별적 기본권성을 도출해내기는 어렵다.

③ 지역농협 임원선거는 국민주권과 직접적으로 관계되는 것이 아니고 공적인 역할을 수행한다는 점에서 상대적으로 폭넓은 법률상 규제가 허용된다.

④ 저조한 투표율에도 불구하고 유효투표의 다수만 얻으면 당선인으로 될 수 있도록 한 규정은 선거의 대표성의 본질을 침해하고 국민주권주의에 위반한다.

문 12. 주민소환에 관한 설명으로 가장 적절한 것은? (다툼이 있는 경우 판례에 의함)

① 주민소환투표의 청구시 주민소환의 청구사유에 제한을 두지 않는 것은 주민소환제가 남용될 소지가 크므로 선거로 선출된 대표자의 공무담임권을 침해한다.

② 우리의 주민소환제는 기본적으로 사법적인 절차로서의 성격이 강한 것으로 평가될 수 있다 할 것이다.

③ 주민은 그 지방자치단체의 장 및 지역구지방의회의원, 비례대표지방의회의원을 소환할 권리를 가진다.

④ '주민소환에 관한 법률'에 따르면, 주민소환투표인명부 작성기준일 현재 19세 이상의 외국인으로서 출입국관리법 제10조의 규정에 따른 영주의 체류자격 취득일 후 3년이 경과한 자 중 같은 법 제34조의 규정에 따라 당해 지방자치단체 관할 구역의 외국인등록대장에 등재된 자에게는 주민소환투표권이 부여된다.

문 13. 인간의 존엄 가치와 행복추구권에 관한 설명으로 가장 적절한 것은? (다툼이 있는 경우 판례에 의함)

① 한국인 BC급 전범들의 대일청구권이 '대한민국과 일본국 간의 재산 및 청구권에 관한 문제의 해결과 경제협력에 관한 협정' 제2조 제1항에 의하여 소멸하였는지 여부에 관한 한·일 양국 간 해석상 분쟁을 이 사건 협정 제3조가 정한 절차에 따른 외교적 협상 등 분쟁해결절차를 진행할 의무가 인정된다.

② 지역아동센터 시설별 신고정원의 80% 이상을 돌봄 취약아동으로 구성하도록 정한 '2019년 지역아동센터 지원 사업안내'는 청구인 운영자들이 지역아동센터를 취약계층 아동이 주로 이용하는 돌봄시설로 운영할 수밖에 없게끔 강제하는 것으로서, 지역아동센터를 이용하려는 청구인 아동들은 진입 전에는 주저함과 망설임을, 진입 후에는 낙인감과 무력감을 경험하게 될 수 있어 과잉금지원칙에 위반하여 청구인 운영자들의 직업수행의 자유 및 청구인 아동들의 인격권을 침해한다.

③ 거짓이나 그 밖의 부정한 수단으로 받은 운전면허를 취소하는 것은 과잉금지원칙에 반하여 일반적 행동의 자유 또는 직업의 자유를 침해한다.

④ 못된 장난 등으로 다른 사람, 단체 또는 공무수행 중인 자의 업무를 방해한 사람을 20만 원 이하의 벌금, 구류 또는 과료로 처벌하는 '경범죄 처벌법' 제3조 제2항 제3호는 죄형법정주의의 명확성원칙을 위반하여 청구인의 일반적 행동자유권을 침해한다고 할 수 없다.

문 14. 신체의 자유에 관한 설명으로 옳고 그름의 표시(○, ×)가 바르게 된 것은? (다툼이 있는 경우 판례에 의함)

㉠ 2회 이상 음주운전한 자를 2년 이상 5년 이하의 징역이나 1천만 원 이상 2천만 원 이하의 벌금에 처하도록 한 도로교통법은 죄형법정주의의 명확성원칙에 위반된다고 할 수 없다.

㉡ 형벌불소급원칙이 적용되는 '처벌'의 범위는 형법이 정한 형벌의 종류에만 한정되는 것이 아니다.

㉢ '여러 사람의 눈에 뜨이는 곳에서 공공연하게 알몸을 지나치게 내놓거나 가려야 할 곳을 내놓아 다른 사람에게 부끄러운 느낌이나 불쾌감을 준 사람'을 처벌하는 '경범죄 처벌법' 제3조 제1항 제33호는 죄형법정주의의 명확성원칙에 위배된다.

㉣ 행정규칙은 법규명령과 같은 엄격한 제정 및 개정절차를 필요로 하지 아니하므로, 기본권을 제한하는 내용의 입법을 위임할 때에는 법규명령에 위임해야 하므로 고시에 위임하는 것은 허용되지 않는다.

㉤ 미결수용자의 지위를 가지는 수형자와 변호인과의 서신 개봉행위는 변호인의 조력을 받을 권리를 제한한다고 할 수 없으므로 통신의 비밀 침해 여부에 대하여는 판단한다.

① ㉠ (○) ㉡ (○) ㉢ (○) ㉣ (×) ㉤ (×)
② ㉠ (○) ㉡ (○) ㉢ (×) ㉣ (○) ㉤ (○)
③ ㉠ (○) ㉡ (×) ㉢ (×) ㉣ (×) ㉤ (×)
④ ㉠ (×) ㉡ (×) ㉢ (○) ㉣ (×) ㉤ (○)

문 15. 서신검열에 관한 설명으로 가장 적절하지 <u>않은</u> 것은? (다툼이 있는 경우 판례에 의함)

① 미결구금자가 수발하는 서신이 변호인 또는 변호인이 되려는 자와의 서신임이 확인되고 미결구금자의 범죄혐의 내용이나 신분에 비추어 소지금지품의 포함 또는 불법내용의 기재 등이 있다고 의심할 만한 합리적인 이유가 없음에도 그 서신을 검열하는 행위는 위헌이다.

② 구치소장이 변호인접견실에 CCTV를 설치하여 미결수용자와 변호인 간의 접견을 관찰한 행위는 미결수용자의 변호인의 조력을 받을 권리를 침해하지 않는다.

③ 교도소장이 금지물품 동봉 여부를 확인하기 위하여 미결수용자와 같은 지위에 있는 수형자의 변호인이 수형자에게 보낸 서신을 개봉한 후 교부한 행위는 수형자가 변호인의 조력을 받을 권리를 침해한다.

④ 교도소 측에서 상대방이 변호인이라는 사실을 확인할 수 있어야 미결수용자와 변호인 사이의 서신은 원칙적으로 그 비밀을 보장받을 수 있다.

문 16. 전기통신역무제공에 관한 계약을 체결하는 경우 전기통신사업자로 하여금 가입자에게 본인임을 확인할 수 있는 증서 등을 제시하도록 요구하고 부정가입방지시스템 등을 이용하여 본인인지 여부를 확인하도록 한 전기통신사업법에 대한 헌법소원청구에 관한 설명으로 가장 적절한 것은? (다툼이 있는 경우 판례에 의함)

① '통신수단의 자유로운 이용'에는 자신의 인적 사항을 누구에게도 밝히지 않는 상태로 통신수단을 이용할 자유, 즉 통신수단의 익명성은 보장되지 않는다. 따라서 심판대상조항은 익명으로 통신하고자 하는 청구인들의 통신의 자유를 제한한다고 할 수 없다.

② 전기통신역무제공에 관한 계약을 체결하는 경우 전기통신사업자로 하여금 가입자에게 본인임을 확인할 수 있는 증서 등을 제시하도록 요구하고 부정가입방지시스템 등을 이용하여 본인인지 여부를 확인하도록 한 전기통신사업법은 통신의 비밀을 제한한다.

③ 전기통신역무제공에 관한 계약을 체결하는 경우 전기통신사업자로 하여금 가입자에게 본인임을 확인할 수 있는 증서 등을 제시하도록 요구하고 부정가입방지시스템 등을 이용하여 본인인지 여부를 확인하도록 한 전기통신사업법은 청구인들의 개인정보자기결정권 및 통신의 자유를 침해하지 않는다.

④ 인터넷 게시판에 글을 작성하기 위해 실명확인절차를 거치는 제도(인터넷실명제)가 익명에 의한 표현 자체를 제한하는 효과가 중대하다고 하여 헌법재판소는 표현의 자유를 침해한다고 하였듯이 휴대전화 가입 본인확인제로 인하여 통신의 자유에 끼치는 위축효과는 인터넷실명제와 같은 정도로 심각하다.

문 17. 재산권의 보호범위에 관한 설명으로 가장 적절하지 <u>않은</u> 것은? (다툼이 있는 경우 판례에 의함)

① '사립학교교직원 연금법'상 퇴직급여 및 퇴직수당을 받을 권리는 사회적 기본권의 하나인 사회보장수급권에는 해당하지만, 헌법 제23조에 의하여 보장되는 재산권에는 해당하지 아니한다.

② 우리 헌법이 보장하고 있는 재산권은 경제적 가치가 있는 모든 공법상·사법상의 권리를 뜻한다. 이러한 재산권의 범위에는 동산·부동산에 대한 모든 종류의 물권은 물론, 재산가치 있는 모든 사법상의 채권과 특별법상의 권리 및 재산가치 있는 공법상의 권리 등이 포함한다.

③ 기업활동의 사실적 법적 여건은 기업에게는 중요한 의미를 갖는다고 하더라도 재산권 보장의 대상이 아니다.

④ 시혜적 입법의 시혜대상이 될 경우 얻을 수 있는 재산상 이익의 기대가 성취되지 않았다고 하여도 그러한 단순한 재산상 이익의 기대는 헌법이 보호하는 재산권의 영역에 포함되지 않는다.

문 18. 국민투표권에 관한 설명으로 가장 적절한 것은? (다툼이 있는 경우 판례에 의함)

① 대의기관의 선출주체가 곧 대의기관의 의사결정에 대한 승인주체가 되는 것은 당연한 논리적 귀결이므로, 국민투표권자의 범위는 대통령선거권자·국회의원선거권자와 일치되어야 한다.

② 대통령이 재신임 국민투표를 제안한 것은 그 자체로서 헌법을 실현하고 수호해야 할 대통령의 의무를 위반한 것이 아니다.

③ 헌법 제72조는 국민투표의 대상을 외교·국방·통일 기타 국가안위에 관한 중요정책이라고 규정하고 있는바, 이때 국민투표의 대상인 중요정책에는 대통령에 대한 신임이 포함된다.

④ 헌법 제72조에서는 헌법개정안에 대한 국민투표의 경우와 달리 국민투표 결과의 확정방법을 규정하고 있지 아니하고, 다만 국민투표법에서 국회의원선거권자 과반수의 투표와 투표자 과반수의 찬성으로 확정된다고 규정하고 있다.

문 19. 재판을 받을 권리에 대한 설명으로 옳은 것을 모두 고른 것은? (다툼이 있는 경우 판례에 의함)

> ㉠ 지방공무원이 면직처분에 대해 불복할 경우 소청심사청구기간을 처분사유 설명서 교부일부터 30일 이내로 정한 것은 일반 행정심판청구기간 또는 행정소송 제기기간인 처분이 있음을 안 날부터 90일보다 짧기는 하나, 지방공무원의 권리구제를 위한 재판청구권의 행사를 불가능하게 하거나 형해화한다고 볼 수는 없다.
> ㉡ 형사재판에서 법원이 형의 선고를 하는 때에는 피고인에게 소송비용의 전부 또는 일부를 부담하게 하여야 한다고 규정한 형사소송법 조항은 피고인의 방어권 남용을 방지하는 측면이 있고, 법원은 피고인의 방어권 행사의 적정성, 경제적 능력 등을 종합적으로 고려하여 피고인에 대한 소송비용 부담 여부 및 그 정도를 재량으로 정함으로써 사법제도의 적절한 운영을 도모할 수 있다는 점에서 피고인의 재판청구권을 침해하지 아니한다.
> ㉢ 재판청구권은 민사재판·형사재판·행정재판을 받을 권리를 의미하므로, 헌법상 보장되는 기본권인 '공정한 재판을 받을 권리'에는 '공정한 헌법재판을 받을 권리'는 포함되지 아니한다.
> ㉣ 국가의 안전보장 또는 안녕질서를 방해하거나 선량한 풍속을 해할 염려가 있을 때에는 당사자의 청구가 있어야만 법원의 결정에 의해서 심리를 공개하지 않을 수 있다.

① ㉠, ㉡
② ㉠, ㉣
③ ㉡, ㉢
④ ㉡, ㉣

문 20. 인간다운 생활을 할 권리에 관한 설명으로 가장 적절하지 <u>않은</u> 것은? (다툼이 있는 경우 판례에 의함)

① 인간다운 생활을 할 권리를 위반했느냐 여부를 헌법재판소가 심사함에 있어서는 인간다운 생활을 할 권리를 보장하기 위해 입법부나 행정부가 최소한의 조치를 취할 의무를 다하였는지 여부를 주로 심사한다.
② 인간다운 생활을 할 권리는 헌법재판소에게는 행위규범이나, 입법부나 행정부에게는 인간다운 생활을 할 권리를 누릴 수 있게 해야 한다는 통제규범이다.
③ 사회보험은 수급자의 노력에 의해서 형성되나 공공부조는 국가가 수급자의 자기기여에 관계없이 급부를 제공하므로 국가나 지방자치단체의 예산에서 전액 부담한다.
④ 군인연금법상의 유족급여수급권은 단순한 사실상의 이익이나 국가가 일방적으로 베푸는 시혜적인 급부를 요구할 수 있는 것이 아니라 헌법상 보장된 사회적 기본권이다.

소요시간: _____ / 15분          맞힌 답의 개수: _____ / 20

---

문 1. 개인정보 보호법에 관한 설명으로 옳고 그름의 표시 (○, ×)가 바르게 된 것은? (다툼이 있는 경우 판례에 의함)

> ㉠ 개인정보에는 살아 있는 개인에 관한 정보는 포함되나, 법인의 정보나 사자(死者)에 대한 정보는 포함하지 않는다.
>
> ㉡ '개인정보처리자'란 업무를 목적으로 개인정보파일을 운용하기 위하여 스스로 또는 다른 사람을 통하여 개인정보를 처리하는 공공기관, 법인, 단체를 포함하나 개인을 포함하지 않는다.
>
> ㉢ 개인정보 보호에 관한 사무를 독립적으로 수행하기 위하여 국무총리 소속으로 개인정보 보호위원회를 둔다.
>
> ㉣ 개인정보처리자는 법령에서 민감정보의 처리를 요구하거나 허용하는 경우에 한해 사상·신념, 노동조합·정당의 가입·탈퇴, 정치적 견해, 건강, 성생활 등에 관한 정보, 그 밖에 정보주체의 사생활을 현저히 침해할 우려가 있는 개인정보로서 대통령령으로 정하는 정보(민감정보)를 처리할 수 있다.
>
> ㉤ 정보주체는 개인정보처리자가 이 법을 위반한 행위로 손해를 입으면 개인정보처리자에게 손해배상을 청구할 수 있다. 이 경우 그 정보주체는 고의 또는 과실이 있음을 입증하여야 한다.

① ㉠ (○) ㉡ (○) ㉢ (×) ㉣ (○) ㉤ (○)
② ㉠ (○) ㉡ (×) ㉢ (○) ㉣ (×) ㉤ (×)
③ ㉠ (×) ㉡ (○) ㉢ (○) ㉣ (○) ㉤ (○)
④ ㉠ (×) ㉡ (×) ㉢ (×) ㉣ (×) ㉤ (×)

문 2. 집회의 자유와 관련하여 신고제에 관한 설명으로 가장 적절하지 <u>않은</u> 것은? (다툼이 있는 경우 판례에 의함)

① 옥외집회를 주최하려는 자는 그에 관한 신고서를 옥외집회를 시작하기 720시간 전부터 48시간 전에 관할 경찰서장에게 제출하도록 하고 있는 구 '집회 및 시위에 관한 법률' 제6조 제1항의 집회에 대한 사전 신고제도는 헌법 제21조 제2항의 사전허가금지에 위반된다.

② 옥외집회 또는 시위가 그 신고의 범위를 일탈한 경우에는 그 신고 내용과 동일성이 유지되고 있다면 관할 경찰관서장은 신고를 하지 아니한 옥외집회 또는 시위로 보아 이를 해산하거나 저지할 수 없다.

③ 옥외집회에 대한 사전신고는 경찰관청 등 행정관청으로 하여금 집회의 순조로운 개최와 공공의 안전보호를 위하여 필요한 준비를 할 수 있는 시간적 여유를 주기 위한 것으로서, 협력의무로서의 신고라고 할 것이다.

④ 헌법재판소의 결정에 따라 해산된 정당의 목적을 달성하기 위한 집회 또는 시위를 주최하는 옥외집회뿐 아니라 옥내집회도 금지된다.

문 3. 정당제도에 관한 설명으로 옳고 그름의 표시(○, ×)가 바르게 된 것은? (다툼이 있는 경우 판례에 의함)

> ㉠ 소속 국회의원의 제명에 관한 결의는 서면이나 대리인에 의하여 의결할 수 없다.
> ㉡ 국공립대학교 교수는 정당에 가입할 수 있고 선거운동과 국민투표운동을 할 수 있다.
> ㉢ 헌법재판소법에서는 정당해산심판에서 별도의 가처분규정을 두고 있지 않으나, 헌법재판소는 헌법재판소법 제40조 제1항에 따라 행정소송법과 민사소송법 등을 준용하여 정당해산심판에서도 가처분을 인정해 오고 있다.
> ㉣ 정당법상 정당등록요건(5 이상의 시·도당과 각 시·도당 1,000명 이상의 당원을 요구하는 구 정당법)을 다투는 정당이 헌법소원 제기 후 심판대상조항과 다른 이유로 등록취소된 경우에 헌법소원 청구인능력 및 심판청구의 이익은 인정되지 않는다.
> ㉤ 헌법재판소는 정당설립의 자유를 제한하는 법률의 합헌성을 심사할 때에 헌법 제37조 제2항에 따라 엄격한 비례심사를 하여야 한다.

① ㉠(○) ㉡(○) ㉢(×) ㉣(×) ㉤(○)
② ㉠(○) ㉡(×) ㉢(○) ㉣(○) ㉤(○)
③ ㉠(○) ㉡(×) ㉢(×) ㉣(○) ㉤(×)
④ ㉠(×) ㉡(×) ㉢(○) ㉣(○) ㉤(○)

문 4. 재판청구권에 관한 설명으로 가장 적절한 것은? (다툼이 있는 경우 판례에 의함)

① 검사의 기소유예처분에 대하여 피의자가 불복하여 법원의 재판을 받을 수 있는 절차를 국가가 법률로 마련해야 할 헌법적 의무는 존재하지 않는다.
② 국민의 재판청구에 대하여 법원은 신속한 재판을 하여야 할 헌법 및 법률상 작위의무가 존재한다.
③ '민주화운동 관련자 명예회복 및 보상 심의 위원회'의 보상금 등 지급결정에 동의한 때 재판상 화해의 성립을 간주함으로써 법관에 의하여 법률에 의한 재판을 받을 권리를 제한하는 법규정은 재판청구권을 침해한다.
④ 심급제도가 몇 개의 심급으로 형성되어야 하는지에 관하여 헌법이 전혀 규정하는 바가 없으나 재판청구권을 보장하기 위해서는 입법자의 광범위한 형성권이 인정될 수는 없고 심급제도는 모든 구제절차나 법적 분쟁에서 반드시 보장되어야 한다.

문 5. 인간다운 생활을 할 권리에 관한 설명으로 가장 적절한 것은? (다툼이 있는 경우 판례에 의함)

① 모든 국민은 인간다운 생활을 할 권리를 가지며 국가는 생활능력 없는 국민을 보호할 의무가 있다는 헌법의 규정은 모든 국가기관을 기속하므로, 입법부 또는 행정부의 경우와 헌법재판소의 경우에 있어서도 그 기속력의 의미가 다르게 이해되는 것은 아니다.
② 인간다운 생활을 할 권리는 헌법재판소에게는 최대한의 입법부나 행정부의 의무를 이행했는지 심사하는 통제규범이나, 입법부나 행정부에게는 최소한 인간다운 생활을 할 권리를 누릴 수 있게 해야 한다는 행위규범이다.
③ 인간다운 생활을 할 권리를 위반했느냐 여부를 헌법재판소가 심사함에 있어서는 인간다운 생활을 할 권리를 보장하기 위해 입법부나 행정부가 최대한의 조치를 취할 의무를 다하였는지 여부를 주로 한다.
④ 인간다운 생활을 할 권리를 침해했는지 여부는 '국민기초생활 보장법'상의 급여만을 가지고 판단해서는 안 되므로 그 외 법령의 급여나 부담의 감면을 총괄적 수준을 가지고 판단해야 한다.

문 6. 종교의 자유에 관한 설명으로 가장 적절하지 않은 것은? (다툼이 있는 경우 판례에 의함)

① 특정 종교의 의식, 행사, 유형물이 우리 사회공동체 구성원들 사이에서 관습화된 문화요소로 인식되고 받아들여질 정도에 이르렀다면, 그에 대한 국가의 지원은 정교분리의 원칙에 위배되지 않는다.
② 종교단체가 운영하는 학교형태의 교육기관에 대하여 행정청에 의한 학교설립인가를 받도록 요구하는 것은 정교분리의 원칙에 반한다.
③ 종교단체에 한정한 특혜는 무신자들의 평등권을 침해할 우려가 있다.
④ 종교법인 등이 고유목적 사업에 사용하는 토지의 양도소득에 대한 특별부가세 면제신청을 특별부가세의 면제요건으로 요구하고 있는 구 조세감면규제법은 평등권을 침해한다고 할 수 없다.

2024 해커스경찰 함수기 경찰헌법 Season 3 전범위 모의고사 Vol.1 1차 대비

문 7. 직업의 자유에 관한 설명으로 옳지 <u>않은</u> 것을 모두 고른 것은? (다툼이 있는 경우 판례에 의함)

> ㉠ 경비업자가 시설경비업무 또는 신변보호업무 중 집단민원현장에 일반 경비원을 배치하는 경우 경비원을 배치하기 48시간 전까지 배치허가를 신청하고 허가를 받도록 정한 경비업법 제18조 제2항은 과잉금지원칙을 위반하여 경비업자의 직업수행의 자유를 침해하지 않는다.
> ㉡ 의료인은 어떠한 명목으로도 둘 이상의 의료기관을 운영할 수 없다고 규정한 의료법은 과잉금지원칙에 반한다.
> ㉢ 세무사 자격 보유 변호사로 하여금 세무사로서 세무사의 업무를 할 수 없도록 규정한 세무사법 제20조 제1항 본문 중 변호사에 관한 부분은 세무사 자격 보유 변호사의 직업선택의 자유를 침해한다.
> ㉣ 법무법인에 대하여 변호사법 제38조 제2항(변호사 겸직허가)을 준용하지 않고 있어 변호사업무 외의 업무를 수행할 수 없도록 한 변호사법은 법무법인의 영업의 자유를 침해한다.
> ㉤ 공중보건의사에 편입되어 공중보건의사로 복무하는 것은 직업선택의 자유의 보호대상이 되는 '직업' 개념에 포함된다.

① ㉠, ㉡, ㉢
② ㉠, ㉢, ㉣
③ ㉡, ㉣, ㉤
④ ㉢, ㉣, ㉤

문 8. 선거쟁송에 관한 설명으로 가장 적절한 것은?

① 대통령선거의 효력에 관하여 이의가 있는 후보자는 당해 선거구선거관리위원회 위원장을 피고로 하여 대법원에 소를 제기할 수 있다.
② 선거의 효력을 다투는 선거소송은 일종의 민중소송으로서 대통령선거, 국회의원선거의 효력에 관하여 이의가 있는 선거인, 후보자 또는 모든 정당이 제기할 수 있다.
③ 국회의원선거에 있어서 선거의 효력에 관하여 이의가 있는 선거인 정당(후보자를 추천한 정당에 한한다) 또는 후보자는 선거일로부터 45일 이내에 헌법재판소에 소를 제기할 수 있다.
④ 국회의원 지역구선거에 있어서 선거의 효력에 관하여 이의가 있는 선거인·정당(후보자를 추천한 정당에 한한다) 또는 후보자는 선거일부터 30일 이내에 중앙선거관리위원회 위원장을 피고로 하여 대법원에 소를 제기할 수 있다.

문 9. 형사보상청구권에 관한 설명으로 가장 적절한 것은? (다툼이 있는 경우 판례에 의함)

① 헌법 제28조 형사보상청구권에서의 '정당한 보상' 역시 구금으로 인한 손해 전부를 완전하게 보상하는 것을 의미한다고 보아야 한다.
② 보상금 상한을 정하고 있는 구 형사보상법과 보상금 시행령조항은 정당한 목적도 없이 일정 상한을 초과하는 형사보상청구권을 부인함으로써 헌법 제28조에 위반하여 청구인들의 형사보상청구권을 침해하고 있다.
③ 헌법 제28조에서 규정하는 '정당한 보상'은 헌법 제23조 제3항에서 재산권의 침해에 대하여 규정하는 '정당한 보상'과는 차이가 있다 할 것이다.
④ 형사보상은 형사사법절차에 내재하는 불가피한 위험으로 인한 피해에 대한 보상으로서 국가배상과 그 취지가 동일하므로 형사보상절차로서 인과관계 있는 모든 손해를 보상해야 한다.

문 10. 부모의 자녀교육권에 관한 설명으로 가장 적절하지 <u>않은</u> 것은? (다툼이 있는 경우 판례에 의함)

① 부모는 자녀의 교육에 관하여 전반적인 계획을 세우고 자신의 인생관·사회관·교육관에 따라 자녀의 교육을 자유롭게 형성할 권리를 가지며, 부모의 교육권은 다른 교육주체와의 관계에서 원칙적인 우위를 가진다.
② 부모의 자녀에 대한 교육권은 비록 헌법에 명문으로 규정되어 있지는 않지만, 이는 모든 인간이 국적과 관계없이 누리는 양도할 수 없는 불가침의 인권이다.
③ 부모의 자녀교육권이란 부모의 자기결정권이라는 의미에서 보장되는 자유가 아니라, 자녀의 보호와 인격발현을 위하여 부여되는 것이므로, 자녀의 행복이란 관점에서 교육방향을 결정하라는 행위지침을 의미할 뿐 부모의 기본권이라고는 볼 수 없다.
④ 국·공립학교처럼 사립학교에도 학교운영위원회를 의무적으로 설치하도록 한 것은 현저히 자의적이거나 비합리적으로 사립학교의 공공성만을 강조하고 사립학교의 자율성을 제한한 것이라 보기 어렵다.

문 11. 합헌적 법률해석의 한계에 관한 설명으로 가장 적절한 것은? (다툼이 있는 경우 판례에 의함)

① 헌법재판소의 합헌적 법률해석이 입법목적에서 벗어났다면, 위헌법률을 무효선언 하는 규범통제보다 입법부의 법률제정권을 더 침해한 것이라 볼 수 없다.

② 국가 간에 체결된 조약에 있어서는, 조약상대방이 이해하고 있는 조약 내용을 조약의 다른 상대방이 합헌적 해석이라는 이름하에 달리 해석하는 것은 허용되지 않는데, 이런 점에서 조약의 합헌적 해석에는 한계가 있다.

③ 법률이 위헌으로 보일지라도 헌법의 합법률적 해석으로 헌법과 법률의 정합성을 확보할 필요가 있다.

④ 입법자의 명백한 의지와 입법의 목적을 헛되게 하는 내용으로 법률을 해석할 수 없으나, 오직 공공의 이익을 증진하는 경우에는 예외가 인정된다.

문 12. 신뢰보호에 관한 설명으로 가장 적절한 것은? (다툼이 있는 경우 판례에 의함)

① 입법자는 구법질서가 더 이상 그 법률관계에 적절하지 못하며 합목적적이지도 아니함에도 불구하고 그 수혜자군을 위하여 이를 계속 유지하여 줄 의무는 없다.

② 사회환경이나 경제여건의 변화에 따른 필요성에 의하여 법률이 신축적으로 변할 수 있고, 변경된 새로운 법질서와 기존의 법질서 사이에 이해관계의 상충이 불가피하더라도 국민이 가지는 모든 기대 내지 신뢰는 헌법상 권리로서 보호되어야 한다.

③ 입법자는 새로운 인식을 수용하고 변화한 현실에 적절하게 대처해야 하기 때문에, 국민은 현재의 법적 상태가 항상 지속되리라는 것을 원칙적으로 신뢰할 수 있다.

④ 법치주의원리로부터 파생되는 신뢰보호의 원칙은 입법부가 하는 법률의 개정에 있어서는 적용되지 않으므로 법률개정으로 야기되는 당사자의 손해 여부나 그 정도와는 무관하게 새로운 법률로 달성하고자 하는 공익적 목적이 있다면 입법자는 자유로이 새 법령을 제정하여 시행하거나 적용할 수 있다.

문 13. 법인의 기본권 주체성에 관한 설명으로 가장 적절하지 않은 것은? (다툼이 있는 경우 판례에 의함)

① 주택재개발정비사업조합인 청구인이 공법인의 지위에서 기본권의 수범자로 기능하는 경우 기본권의 주체가 될 수 있으므로 행정심판의 피청구인이 된 경우에 적용되는 심판대상조항의 위헌성을 다투는 사건에 있어, 재개발조합인 청구인은 기본권의 주체가 된다고 볼 수 있다.

② 공제회가 일부 공법인적 성격을 갖고 있다고 하더라도 공무를 수행하거나 고권적 행위를 하는 경우가 아닌 사경제주체로서 활동하는 경우나 조직법상 국가로부터 독립한 고유업무를 수행하는 경우, 그리고 다른 공권력주체와의 관계에서 지배복종관계가 성립되어 일반 사인처럼 그 지배하에 있는 경우 등에는 기본권 주체가 될 수 있다.

③ 공법상 재단법인인 방송문화진흥회가 최다출자자인 방송사업자는 방송법 등 관련 규정에 의하여 공법상의 의무를 부담하고 있지만, 상법에 의하여 설립된 주식회사로서 설립목적은 언론의 자유의 핵심영역인 방송사업이므로 이러한 업무수행과 관련하여 당연히 기본권 주체가 될 수 있다.

④ 헌법상 기본권의 주체가 될 수 있는 법인은 원칙적으로 사법인에 한하는 것이고, 공법인은 헌법의 수범자이지 기본권의 주체가 될 수 없다. 또한 예외적으로 공법인적 성질을 가지는 법인이 기본권의 주체가 되는 경우에도 그 공법인적 성격으로 인한 제한을 받지 않을 수 없다.

문 14. 행복추구권의 보호영역에 관한 설명으로 가장 적절한 것은? (다툼이 있는 경우 판례에 의함)

① 공물을 사용·이용하게 해달라고 국가에 대하여 청구할 수 있는 권리, 즉 공물이용권이 행복추구권에 포함되므로 일반 공중에게 개방된 장소인 서울광장을 개별적으로 통행하거나 서울광장에서 여가활동이나 문화활동을 하는 것은 일반적 행동자유권의 내용으로 보장된다.

② 법률행위의 영역에 있어서 계약을 체결할 것인가의 여부, 체결한다면 어떠한 내용의, 어떠한 상대방과의 관계에서, 어떠한 방식으로 계약을 체결하느냐 여부 등의 계약자유의 원칙은 일반적 행동자유권으로부터 파생된다.

③ 국민건강보험법에 의하여 요양급여를 요구할 권리는 포괄적 자유권인 행복추구권의 내용에 포함된다고 할 수 있다.

④ 행복추구권이란 국민이 행복을 추구하기 위한 활동을 국가권력의 간섭 없이 자유롭게 할 수 있다는 소극적 권리의 성격만을 가지는 것이 아니라 국민이 행복을 추구하기 위해 필요한 급부를 국가에게 요구할 수 있는 적극적 권리의 성격도 가진다.

문 15. 죄형법정주의의 명확성원칙에 관한 설명으로 가장 적절한 것은? (다툼이 있는 경우 판례에 의함)

① 도로교통법 조항 중 "자동차의 운전자는 고속도로 등에서 자동차의 고장 등 부득이한 사정이 있는 경우를 제외하고는 갓길로 통행하여서는 아니 된다." 부분 중 '부득이한 사정' 부분은 죄형법정주의의 명확성원칙에 위반된다.

② 어린이집이 시·도지사가 정한 수납한도액을 초과하여 보호자로부터 필요경비를 수납한 것에 대해 해당 시·도지사가 영유아보육법에 근거하여 발할 수 있도록 한 '시정 또는 변경'명령은 명확성원칙에 위배되지 않는다.

③ 기본권 제한입법에 있어서 규율대상이 지극히 다양하거나 수시로 변화하는 성질의 것이어서 입법기술상 일의적으로 규정할 수 없는 경우라도 명확성의 요건이 강화되어야 한다.

④ 구급차 등을 이용하여 응급환자 이송업을 영위하는 자에 대하여 허가받은 지역 밖에서의 이송업의 영업을 금지하고 처벌하는 '응급의료에 관한 법률' 조항은 금지되는 허가지역 외의 영업행위가 무엇인지 여부가 불명확하므로, 명확성원칙에 위배된다.

문 16. 국적법에 관한 설명으로 가장 적절한 것은? (다툼이 있는 경우 판례에 의함)

① 출생이나 그 밖에 이 법에 따라 대한민국 국적과 외국 국적을 함께 가지게 된 사람으로서 대통령령으로 정하는 사람은 대한민국의 법령 적용에서 대한민국 국민으로만 처우한다.

② 중앙행정기관의 장이 복수국적자를 외국인과 동일하게 처우하는 내용으로 법령을 제정 또는 개정하려는 경우에는 법무부장관에게 통보하여야 한다.

③ 대한민국 국적을 상실한 자는 국적을 상실한 때부터 대한민국의 국민만이 누릴 수 있는 권리는 국적상실로부터 3년 경과한 때부터 행사할 수 없다.

④ 복수국적자로서 외국 국적을 선택하려는 자는 국내에 주소가 있는 경우에만 주소지 관할 재외공관의 장을 거쳐 법무부장관에게 대한민국 국적을 이탈한다는 뜻을 신고할 수 있다.

문 17. 조약에 관한 설명으로 옳지 <u>않은</u> 것을 모두 고른 것은? (다툼이 있는 경우 판례에 의함)

> ㉠ 대통령이 국회의 동의 없이 조약을 체결·비준하였다 하더라도 국가기관의 부분 기관이 자신의 이름으로 소속 기관의 권한을 주장할 수 있는 '제3자 소송담당'을 명시적으로 허용하는 법률의 규정이 없는 현행법 체계하에서는 국회의 구성원인 국회의원이 국회의 조약에 대한 체결·비준 동의권의 침해를 주장하는 권한쟁의심판을 청구할 수는 없다.
> ㉡ 국회 상임위원회 위원장이 회의장 출입문을 폐쇄하여 소수당 소속 상임위원회 위원들의 출입을 봉쇄한 상태에서 상임위원회 전체 회의를 개의하여 안건을 상정한 행위 및 소위원회로 안건심사를 회부한 행위는 그 회의에 참석하지 못한 소수당 소속 상임위원회 위원들의 조약비준동의안에 대한 심의권을 침해한다.
> ㉢ 조약의 체결·비준의 주체인 대통령이 국회의 동의를 필요로 하는 조약에 대하여 국회의 동의절차를 거치지 아니한 채 체결·비준하는 경우 조약안에 대한 국회의원의 심의·표결권이 침해된다.
> ㉣ 대통령이 국회의 동의를 요하는 조약을 그 동의 없이 체결한 경우 국회의원은 대통령을 상대로 조약에 대한 심의·의결권 침해를 이유로 권한쟁의심판을 제기할 수 있다.

① ㉠, ㉡         ② ㉠, ㉣
③ ㉡, ㉢         ④ ㉢, ㉣

문 18. 과잉금지원칙에 관한 설명으로 가장 적절한 것은? (다툼이 있는 경우 판례에 의함)

① 국가작용에 있어서 선택하는 수단은 목적을 달성함에 있어서 필요하고 효과적이며 상대방에게 최소한의 피해를 줄 때에 한해서 정당성을 가지게 되고 상대방은 그 침해를 감수하게 되는 것인바, 국가작용에 있어서 취해지는 어떠한 조치나 선택된 수단은 그것이 달성하려는 사안의 목적에 적합하여야 함은 물론이고, 그 조치나 수단이 목적달성을 위하여 유일무이한 것이어야 한다.

② 침해의 최소성의 관점에서, 입법자는 그가 의도하는 공익을 달성하기 위하여 우선 기본권을 보다 적게 제한하는 단계인 기본권 행사의 '여부'에 관한 규제로써 공익을 실현할 수 있는가를 시도하고 이러한 방법으로는 공익 달성이 어렵다고 판단되는 경우에 비로소 그 다음 단계인 기본권 행사의 '방법'에 관한 규제를 선택해야 한다.

③ 입법자가 임의적 규정으로도 법의 목적을 실현할 수 있을 경우에 구체적 사안의 개별성과 특수성을 배제하는 필요적 규정을 두는 것은 '최소침해성의 원칙'에 위배된다.

④ 국가가 어떠한 목적을 효과적으로 달성하기 위하여 필요한 경우 원칙적으로 최소침해성의 원칙의 적용을 배제할 수 있으며, 입법에 의하여 보호하려는 이익과 침해되는 이익을 형량하는 법익균형성의 원칙에 따라야 한다.

문 19. 평등원칙 위반의 심사기준으로서 자의심사와 비례심사에 관한 설명으로 가장 적절한 것은? (다툼이 있는 경우 판례에 의함)

① 헌법에서 특별히 평등을 요구하고 있는 경우 엄격한 심사척도가 적용될 수 있다. 헌법이 스스로 차별의 근거로 삼아서는 아니 되는 기준을 제시하거나 차별을 특히 금지하고 있는 영역을 제시하고 있다면 그러한 기준을 근거로 한 차별이나 그러한 영역에서의 차별에 대하여 자의금지원칙에 따른 심사, 즉 합리적 이유의 유무를 심사한다.

② 평등권의 침해 여부에 대한 심사는 그 심사기준에 따라 자의금지원칙에 의한 심사와 비례의 원칙에 의한 심사로 크게 나누어 볼 수 있다. 자의심사의 경우에는 단순히 합리적인 이유의 존부가 아니라 차별을 정당화하는 이유와 차별 간의 상관관계에 대한 심사, 즉 비교대상 간의 사실상의 차이의 성질과 비중 또는 입법목적(차별목적)의 비중과 차별의 정도에 적정한 균형관계가 이루어져 있는가를 심사한다.

③ 비례의 원칙에 의한 평등심사는 문제의 차별적 취급으로 인하여 관련 기본권에 대한 중대한 제한이 초래되는 경우에 하는 심사방식으로서, 광범위한 입법형성권을 인정하는 심사방식이다. 양성차별이 문제되는 경우 우리 헌법재판소는 미국연방법원의 판례를 수용하여 차별의 목적이 중요한 공적 이익에 봉사하는 것이어야 하고, 차별입법이 그 목적 수행에 실질적 관련성이 있을 것을 요구하는 중간심사기준을 적용하고 있다.

④ 자율형 사립고등학교를 후기학교로 정하여 신입생을 일반 고등학교와 동시에 선발하도록 한 초·중등교육법 시행령의 위헌 여부는 엄격한 심사의 척도인 비례원칙이 적용된다.

문 20. 변호인의 조력을 받을 권리에 관한 설명으로 가장 적절하지 <u>않은</u> 것은? (다툼이 있는 경우 판례에 의함)

① 출입국항에서 입국불허결정을 받아 송환대기실에 있는 사람과 변호사 사이의 접견교통권의 보장은 헌법상 보장되는 재판청구권의 한 내용으로 볼 수 있으므로, 인천국제공항 송환대기실에 구속된 자의 변호사 접견신청 거부는 재판청구권의 한 내용으로서 청구인의 변호사의 도움을 받을 권리를 제한한다.

② 피의자 등이 가지는 '변호인이 되려는 자'의 조력을 받을 권리가 실질적으로 확보되기 위해서는 '변호인이 되려는 자'의 접견교통권 역시 헌법상 기본권으로서 보장되어야 한다.

③ 수형자인 청구인이 헌법소원사건의 국선대리인인 변호사를 접견함에 있어서 그 접견 내용을 녹음, 기록한 교도소장의 행위는 변호인의 조력을 받을 권리를 제한하는 것이 아니라 청구인의 재판을 받을 권리를 제한한다고 할 수 있다.

④ 법원의 수사서류 열람·등사 허용결정에도 불구하고 검사가 해당 수사서류의 등사를 거부한 경우 등사 거부행위의 기본권 침해 여부를 판단함에 있어서 검사가 수사서류 등사를 거부할 만한 정당한 이유가 있었는지를 별도로 심사할 필요가 없다.

소요시간: _____ / 15분         맞힌 답의 개수: _____ / 20

문 1. 저항권에 관한 설명으로 가장 적절하지 <u>않은</u> 것은?
(다툼이 있는 경우 판례에 의함)

① 혁명은 새로운 사회질서를 위해 기존질서를 부정하는 것이라면 저항권은 기존질서 회복을 위한 것이다.

② 형식적으로 보면 합법적으로 성립된 실정법이지만 실질적으로는 국민의 인권을 유린하고 민주적 기본질서를 문란케 하는 내용의, 실정법상의 의무 이행이나 이에 대한 복종을 거부하는 등을 내용으로 하는 저항권은 헌법에 명문화되어 있지 않았더라도 일종의 자연법상의 권리로서 이를 인정하는 것이 타당하다 할 것이고 이러한 저항권이 인정된다면 재판규범으로서의 기능을 배제할 근거가 없다고 할 것이다.

③ 헌법수호를 위한 비상적 수단으로 이해되는 저항권에 대하여, 저항할 권리만이 아니라 저항할 의무까지 인정하여 실정법에 명문으로 규정한 입법례도 있다.

④ 소수의 특수집단을 중심으로 헌정체제의 변화를 유발하는 쿠데타는 혁명이나 저항권과 같이 국민적 정당성을 확보한다고 볼 수 없다. 국민적 정당성은 선거나 국민의 여론에 의한 지지에 의해 부여되기 때문이다.

문 2. 경제질서에 관한 설명으로 적절하지 <u>않은</u> 것은? (다툼이 있는 경우 판례에 의함)

① '자동차손해배상 보장법'이 위험책임의 원리에 기하여 무과실책임을 지운 것은 시장경제질서를 수용한 헌법에 근거한 것이다.

② 의료인에 대한 의료광고를 전면적으로 금지하는 것은 시장경제질서에 위배된다.

③ 헌법상의 경제질서인 사회적 시장경제질서는 헌법의 지도원리로서 모든 국민·국가기관이 헌법을 존중하고 수호하도록 하는 지침이 되며, 기본권의 해석 및 기본권 제한입법의 합헌성 심사에 있어 해석기준의 하나로서 작용하나, 구체적 기본권을 도출하는 근거는 될 수 없다.

④ 도시개발구역에 있는 국가나 지방자치단체 소유의 재산으로서 도시개발사업에 필요한 재산에 대한 우선매각대상자를 도시개발사업의 시행자로 한정하고 국공유지의 점유자에게 우선매수자격을 부여하지 않는 구 도시개발법 관련 규정은 사적 자치의 원칙을 기초로 한 자본주의 시장경제질서를 규정한 헌법 제119조 제1항에 위반되지 않는다.

문 3. 국가인권위원회에 관한 설명으로 가장 적절한 것은?

① 위원회는 인권의 보호와 향상을 위하여 필요하다고 인정하는 경우 행정부 소속 기관에 대해서는 정책과 관행의 개선 또는 시정을 권고할 수 있으나, 행정부 소속 기관이 아닌 국회나 법원에 대해서는 의견의 표명만을 할 수 있다.

② 국가인권위원회는 인권의 보호와 향상에 중대한 영향을 미치는 재판이 계속 중인 경우 법원 또는 헌법재판소의 요청이 있는 때에 한하여 법원의 담당재판부 또는 헌법재판소에 법률상의 사항에 관하여 의견을 제출할 수 있다.

③ 헌법소원은 자기의 기본권을 침해당한 자만이 제기할 수 있는 데 반하여, 국가인권위원회에 인권 침해 또는 차별행위를 이유로 진정을 제기하는 것은 그 침해를 당한 사람 외에도 침해사실을 알고 있는 사람이나 단체도 가능하다.

④ 법인, 단체 또는 사인(私人)에 의하여 평등권 침해의 차별행위를 당한 경우 평등권 침해의 차별행위를 당한 개인이 위원회에 진정하기 위해서는, 국가기관에 의한 인권 침해와는 달리, 헌법소원과 같은 자기관련성이 요구된다.

문 4. 평등권에 관한 설명으로 가장 적절한 것은? (다툼이 있는 경우 판례에 의함)

① '공유재산 및 물품 관리법' 제81조 제1항은 의무교육 실시와 같은 공익목적 내지 공적 용도로 공유재산을 무단점유한 경우를 사익추구의 목적으로 무단점유한 경우와 동일하게 변상금을 부과하고 있어 평등원칙에 위반된다.

② 영화업자가 영화근로자와 계약을 체결할 때 근로시간을 구체적으로 밝히도록 하고 위반시 처벌하는 '영화 및 비디오물의 진흥에 관한 법률' 제3조는 영화제작계약을 일반적인 근로계약과 마찬가지로 취급하는 것으로서 영화업자의 평등권을 침해한다.

③ 공무원이 지위를 이용하여 범한 공직선거법 위반죄의 경우 일반인이 범한 공직선거법 위반죄와 달리 공소시효를 10년으로 정한 공직선거법 제268조는 평등원칙에 위배되지 않는다.

④ 국립묘지 안장대상자의 사망 당시의 배우자가 재혼한 경우에는 국립묘지에 안장된 안장대상자와 합장할 수 없도록 규정한 '국립묘지의 설치 및 운영에 관한 법률' 제5조 제3항 본문 제1호 단서 중 "안장대상자가 사망한 후에 다른 사람과 혼인한 배우자는 제외한다." 부분은 안장대상자의 사망 후 배우자가 재혼하였다는 이유만으로 그 기여를 전혀 고려하지 않고 일률적으로 국립묘지 합장대상에서 제외한 것은 재혼한 배우자를 불합리하게 차별한 것으로서 평등원칙에 위배된다.

문 5. 영장에 관한 설명으로 가장 적절하지 <u>않은</u> 것은? (다툼이 있는 경우 판례에 의함)

① 현행범인 체포에 대해 사후체포영장제도를 규정하지 않고, 사후구속영장의 청구기간을 '48시간 이내'로 규정한 것은 헌법상 영장주의에 위반된다고 볼 수는 없다.

② 현행범을 체포할 때에도 반드시 범죄사실의 요지, 체포의 이유와 변호인을 선임할 수 있음을 말하고 변명할 기회를 준 후가 아니면 체포할 수 없다는 것이 대법원의 입장이다.

③ 현행범인은 누구든지 영장 없이 체포할 수 있다고 규정한 형사소송법 조항은 영장주의에 위반된다고 할 수 없다.

④ 채취대상자가 동의하는 경우에 영장 없이 DNA감식시료를 채취할 수 있도록 규정한 법률은 영장주의와 적법절차의 원칙에 위배된다고 할 수 없다.

문 6. 법치주의에 관한 설명으로 가장 적절한 것은? (다툼이 있는 경우 판례에 의함)

① 가족 중 성년자가 예비군훈련 소집통지서를 예비군 대원 본인에게 전달하여야 하는 의무를 위반한 행위를 한 경우 6개월 이하의 징역 또는 500만 원 이하의 벌금에 처하도록 한 예비군법 제15조 제10항은 책임과 형벌 간의 비례원칙에 위반된다.

② 법률의 시행령으로 법률에 의한 위임이 없더라도 법률이 규정한 개인의 권리·의무에 관한 내용을 변경·보충하거나 법률에 규정되지 아니한 새로운 내용을 규정할 수는 있다.

③ 법률조항의 시행일과 시행일 당시 종전 규정에 따라 세무사의 자격이 있던 변호사는 개정 규정에도 불구하고 세무사 자격이 있는 것으로 변호사의 세무사 자격에 관한 경과조치를 정하고 있는 세무사법 부칙은 신뢰보호원칙에 반하여 청구인들의 직업선택의 자유를 침해한다.

④ 1945.8.9. 이후 성립된 거래를 전부 무효로 한 '재조선미국육군사령부군정청 법령' 제2호 제4조 본문과 1945.8.9. 이후 일본 국민이 소유하거나 관리하는 재산을 1945.9.25.자로 전부 미군정청이 취득하도록 정한 '재조선미국육군사령부군정청 법령' 제33호 제2조은 부진정소급입법에 해당하여 소급입법금지원칙에 위반되지 아니한다.

문 7. 기본권 제한에 관한 설명으로 가장 적절하지 <u>않은</u> 것은? (다툼이 있는 경우 판례에 의함)

① 간통죄는 기본권 제한의 방법으로도 적합성이 없다.
② 제대군인가산점제도는 목적은 정당하나, 방법은 정당성이 없다.
③ 변호사시험 성적을 합격자에게 공개하지 않도록 규정한 변호사시험법은 목적은 정당과 수단의 적정성은 인정된다.
④ 피청구인이 보도자료 배포 직후 기자들의 취재 요청에 응하여 청구인이 경찰서 조사실에서 양손에 수갑을 찬 채 조사받는 모습을 촬영할 수 있도록 허용한 행위는 그 기본권 제한의 목적의 정당성은 인정된다고 할 수 없다.

문 8. 인간의 존엄과 가치와 행복추구권에 관한 설명으로 가장 적절한 것은? (다툼이 있는 경우 판례에 의함)

① 2018학년도 수능시험의 문항수 기준 70%를 한국교육방송공사 수능교재 및 강의와 연계하여 출제한다는 내용이 포함된 '2018학년도 수능시행기본계획'은 자신의 교육에 관하여 스스로 결정할 권리, 즉 교육을 통한 자유로운 인격발현권과 헌법 제31조 제1항의 능력에 따라 균등하게 교육을 받을 권리를 직접 제한한다.

② '혼인 중 여자와 남편 아닌 남자 사이에서 출생한 자녀에 대한 생부의 출생신고'를 허용하도록 규정하지 아니한 '가족관계의 등록 등에 관한 법률' 제46조 제2항은 민법상 친생추정을 받는 생모와 그 남편의 혼인 외 출생자에 대한 출생신고가 담보될 수 없을 때 민법상 친생추정에 따른 법적 신분관계의 형성을 벗어나지 않는 범위에서 혼인 외 출생자를 보호하기 위해 생부의 출생신고를 허용함으로써 가족생활의 자유를 보장하는 것보다 더 중하다고 볼 수 없음으로 과잉금지원칙을 위배하여 생부인 청구인들의 가족생활의 자유를 침해한다.

③ 금융거래의 비밀보장을 통하여 경제정의와 국민경제의 건전한 발전을 실현시킴으로써 얻는 공익을 달성하고자 하는 것이고, 이러한 공익은 타인의 금융거래에 관한 정보제공을 자유롭게 요구할 수 있는 일반적 행동자유권으로 인한 사익보다 중대하다. 따라서 누구든지 금융회사 등에 종사하는 자에게 타인의 금융거래의 내용에 관한 정보 또는 자료를 요구하는 것을 금지하고, 이를 위반시 형사처벌하는 구 '금융실명거래 및 비밀보장에 관한 법률' 제4조 제1항은 과잉금지원칙에 반하여 일반적 행동자유권을 침해하지 아니한다.

④ 청소년의 인격권은 성인과 마찬가지로 인간의 존엄성 및 행복추구권을 보장하는 헌법 제10조에 의하여 보호되어야 하므로 청소년은 국가의 교육권한과 부모의 교육권의 범주 내에서 자신의 교육에 관하여 스스로 결정할 권리, 즉 자유롭게 교육을 받을 권리를 가진다.

문 9. 신체의 자유에 관한 설명으로 가장 적절한 것은? (다툼이 있는 경우 판례에 의함)

① 형벌불소급의 원칙은 '행위의 가벌성'에 관한 것이기 때문에 소추가능성뿐 아니라 가벌성에는 영향을 미치지 않는 공소시효에 관한 규정은 원칙적으로 그 효력범위에 포함된다.

② 헌법 제12조 제3항과는 달리 헌법 제16조 후문은 "주거에 대한 압수나 수색을 할 때에는 검사의 신청에 의하여 법관이 발부한 영장을 제시하여야 한다."라고 규정하고 있을 뿐 영장주의에 대한 예외를 명문화하고 있지 않으므로 헌법 제16조의 영장주의에 대해서도 그 예외는 인정되지 않는다.

③ 통신자료 취득에 대한 사후통지절차를 두지 않은 전기통신사업법은 적법절차원칙에 위배된다.

④ 강제퇴거대상자는 행정소송 등을 통해 사법부로부터 보호의 적법 여부를 판단받을 수 있고, 강제퇴거심사 전 조사, 이의신청이나 행정소송과정에서 자신의 의견을 진술하거나 자료를 제출할 수 있으므로 강제퇴거명령을 받은 사람을 보호할 수 있도록 하면서 보호기간의 상한을 마련하지 아니한 출입국관리법은 헌법상 적법절차원칙에 위반된다고 볼 수 없다.

문 10. 사생활의 비밀과 자유에 관한 설명으로 가장 적절한 것은? (다툼이 있는 경우 판례에 의함)

① 인터넷언론사의 공개된 게시판·대화방에서 정당·후보자에 대한 지지·반대의 글을 게시하는 행위는 사생활 비밀의 자유에 의하여 보호된다.

② 자신의 인격권이나 명예권을 보호하기 위하여 대외적으로 해명을 하는 행위는 표현의 자유과 사생활의 자유에 의하여 보호되는 행위이다.

③ 피보안관찰자에게 자신의 주거지 등 현황을 신고하게 하고, 정당한 이유 없이 신고를 하지 아니한 자를 처벌하는 것은 사생활의 비밀과 자유에 대한 침해라고 할 수 없다.

④ 채무불이행자명부나 그 부본은 누구든지 보거나 복사할 것을 신청할 수 있도록 규정한 민사집행법 제72조 제4항은 사생활의 비밀과 자유를 침해한다.

문 11. 통신비밀보호법의 통신제한조치에 관한 설명으로 가장 적절하지 않은 것은?

① 검사는 통신제한조치를 집행한 사건에 관하여 공소를 제기하거나, 공소의 제기 또는 입건을 하지 아니하는 처분(기소중지결정을 제외한다)을 한 때에는 그 처분을 한 날부터 30일 이내에 우편물 검열의 경우에는 그 대상자에게, 감청의 경우에는 그 대상이 된 전기통신의 가입자에게 통신제한조치를 집행한 사실과 집행기관 및 그 기간 등을 서면으로 통지하여야 한다.

② 국가기관이 감청설비를 제조·수입·소지·사용하려고 하면 과학기술정보통신부장관의 인가를 받아야 한다.

③ 검사 또는 사법경찰관은 수사 또는 형의 집행을 위하여 필요한 경우 전기통신사업자에게 통신사실 확인자료의 열람이나 제출을 요청하려면 관할 지방법원(보통군사법원을 포함한다) 또는 지원의 허가를 받아야 한다.

④ 검사 또는 사법경찰관은 수사 또는 형의 집행을 위하여 긴급한 사유로 통신사실 확인자료를 제공받았으나 지방법원 또는 지원의 허가를 받지 못한 경우에는 지체 없이 제공받은 통신사실 확인자료를 폐기하여야 한다.

문 12. 재산권에 관한 설명으로 가장 적절하지 않은 것은? (다툼이 있는 경우 판례에 의함)

① 헌법 제23조의 재산권은 민법상의 소유권뿐만 아니라, 재산적 가치 있는 사법상의 물권, 채권 등 모든 권리를 포함한다.

② 고엽제후유증환자 및 그 유족의 보상수급권은 '고엽제 후유증 환자 지원 등에 관한 법률'에 의하여야 비로소 인정되는 권리이므로 법정되어 있는 요건을 갖추기 전에는 헌법이 보장하는 재산권이라고 할 수 없다.

③ 국가보훈 내지 국가보상적 수급권 발생에 필요한 절차 등 수급권 발생요건이 법정되어 있는 경우에는 이 법정요건을 갖추기 전에는 헌법이 보장하는 재산권이라고 할 수 없다.

④ 특수임무와 관련하여 국가를 위하여 특별한 희생을 한 특수임무수행자의 경우, '특수임무수행자 보상심의위원회'의 심의·의결을 거쳐 특수임무수행자로 인정되기 전에는 당사자의 보상금수급권은 헌법이 보장하는 재산권이라고 할 수 있다.

문 13. 선거제도에 관한 설명으로 가장 적절한 것은? (다툼이 있는 경우 판례에 의함)

① 정당은 그 소속 당원이 아닌 무소속을 후보자로 추천 할 수 있다.

② 관할 선거구선거관리위원회가 당내경선의 투표 및 개표에 관한 사무를 수탁관리하는 경우에는 그 비용은 정당이 부담한다. 다만, 투표 및 개표참관인의 수당은 당해 국가가 부담한다.

③ 시·군·구의원후보는 정당표방을 할 수 있고, 무소속은 정당표방을 할 수 없는데, 정당의 당원경력을 표시하는 행위에 한해 정당표방할 수 있다.

④ 정당의 후보자 추천에 관한 단순한 지지·반대의 의견개진 및 의사표시는 선거운동에 해당하지 않는다.

문 14. '법관에 의한 재판을 받을 권리'에 관한 설명으로 가장 적절하지 <u>않은</u> 것은? (다툼이 있는 경우 판례에 의함)

① 행정기관인 청소년보호위원회 등으로 하여금 청소년 유해매체물을 결정하도록 하고, 그 결정된 매체물을 청소년에게 판매 등을 하는 경우 형사처벌하도록 하는 '청소년 보호법'은 범죄구성요건의 일부를 행정기관이 결정하도록 하고 있으므로 법관에 의한 재판을 받을 권리를 침해한다.

② 국민참여재판을 받을 권리는 직업법관에 의한 재판을 받을 권리를 주된 내용으로 하는 헌법 제27조 제1항에서 규정한 재판을 받을 권리의 보호범위에 속한다고 할 수 없다.

③ 헌법 제27조 제1항의 '모든 국민은 헌법과 법률이 정한 법관에 의하여 법률에 의한 재판을 받을 권리'로부터 모든 사건에 관하여 대법원의 재판을 받을 권리가 도출되지 않는다.

④ 친일반민족행위자를 결정하는 것은 반민규명위원회가 아니라 법관에 의한 재판으로 해야 하는 사항이 아니다.

문 15. 교육을 받을 권리에 관한 설명으로 가장 적절한 것은? (다툼이 있는 경우 판례에 의함)

① 사립학교의 경우에도 국·공립학교와 설립주체가 다를 뿐 교직원, 교과과정, 교과용도서의 사용 등에 있어서 동일하므로 이와 같은 교육의 개인적, 국가적 중요성과 그 영향력의 면에서 국·공립학교와 본질적인 차이가 있을 수 없다.

② 헌법 제31조의 '능력에 따라 균등한 교육을 받을 권리'는 학교교육 밖에서의 사적인 교육영역에까지 균등한 교육이 이루어지도록 개인이 별도로 교육을 시키거나 받는 행위를 국가가 금지하거나 제한할 수 있는 근거를 부여하는 수권규범이다.

③ 의무교육에 있어서 본질적이고 필수불가결한 비용을 무상의 범위에 포함시킬 것인지는 입법자가 입법정책적으로 해결해야 할 문제이다.

④ 고시 공고일을 기준으로 고등학교에서 퇴학된 날로부터 6월이 지나지 아니한 자를 고등학교 졸업학력 검정고시를 받을 수 있는 자의 범위에서 제외하는 것은, 고등학교 자퇴생은 자퇴 이후 6월 이내에는 검정고시에 응시할 수 없는 중대한 불이익을 받는 반면, 응시제한을 통해 달성할 수 있는 효과는 불분명하거나 오히려 부작용이 크다고 예상되므로, 청구인의 교육을 받을 권리를 침해하여 헌법에 위반된다.

문 16. 표현의 자유에 관한 설명으로 가장 적절한 것은? (다툼이 있는 경우 판례에 의함)

① 공무원이 선거에서 특정 정당 또는 특정인을 지지하기 위하여 타인에게 정당에 가입하도록 권유운동을 한 경우 형사처벌하는 국가공무원법 제65조는 일체의 정당가입권유를 금지하고 있으므로, 과잉금지원칙에 반하여 공무원의 정치적 표현의 자유를 침해한다.

② 방송편성에 관하여 간섭을 금지하고 그 위반행위자를 처벌하는 방송법 제105조 제1호 중 제4조 제2항의 '간섭'에 관한 부분은 과잉금지원칙에 위반되어 표현의 자유를 침해한다고 할 수 없다.

③ 중소기업중앙회는 공법인적 성격이 강해 결사의 자유, 단체 내부 구성의 자유의 보호대상이 된다고 할 수 없다.

④ 대한민국을 방문하는 외국의 국가원수를 경호하기 위하여 지정된 경호구역 안에서 서울종로경찰서장이 안전활동의 일환으로 청구인들의 삼보일배행진을 제지한 행위 등은 청구인들의 집회 또는 시위의 자유를 침해한다.

문 17. 변호사 광고에 관한 규정에 대해 헌법소원심판이 청구되었다. 이에 관한 설명으로 가장 적절하지 <u>않은</u> 것은? (다툼이 있는 경우 판례에 의함)

① 수사기관과 행정기관의 처분·법원 판결 등의 결과 예측을 표방하는 광고와 변호사 등이 아님에도 수사기관과 행정기관의 처분·법원 판결 등의 결과 예측을 표방하는 서비스를 취급·제공하는 행위를 금지하는 '변호사 광고에 관한 규정'은 과잉금지원칙에 위반된다고 할 수 없다.

② 변호사 또는 소비자로부터 금전·기타 경제적 대가(알선료, 중개료, 수수료, 회비, 가입비, 광고비 등 명칭과 정기·비정기 형식을 불문한다)를 받고 법률상담 또는 사건 등을 소개·알선·유인하기 위하여 변호사 등과 소비자를 연결하거나 변호사 등을 광고·홍보·소개하는 행위를 금지하는 '변호사 광고에 관한 규정' 중 '변호사 등과 소비자를 연결하거나' 부분은 과잉금지원칙에 위반된다고 할 수 없다.

③ 변호사 등이 아님에도 변호사 등의 직무와 관련한 서비스의 취급·제공 등을 표시하거나 소비자들이 변호사 등으로 오인하게 만들 수 있는 자에게 광고를 의뢰하거나 참여·협조하는 행위를 금지한 '변호사 광고에 관한 규정'은 과잉금지원칙에 위반된다고 할 수 없다.

④ 변호사 또는 소비자로부터 금전·기타 경제적 대가(알선료, 중개료, 수수료, 회비, 가입비, 광고비 등 명칭과 정기·비정기 형식을 불문한다)를 받고 법률상담 또는 사건 등을 소개·알선·유인하기 위하여 변호사등과 소비자를 연결하거나 변호사 등을 광고·홍보·소개하는 행위를 금지한 '변호사 광고에 관한 규정' 중 '변호사 등을 광고·홍보·소개하는 행위' 부분은 과잉금지원칙에 위반하여 청구인들의 표현의 자유와 직업의 자유를 침해한다고 할 수 없다.

문 18. 청원권에 관한 설명으로 가장 적절한 것은?

① 청원기관의 장은 공개청원의 공개결정일부터 60일간 청원사항에 관하여 국민의 의견을 들어야 한다.

② 공개청원을 접수한 청원기관의 장은 접수일부터 30일 이내에 청원심의회의 심의를 거쳐 공개 여부를 결정하고 결과를 청원인에게 알려야 한다.

③ 청원기관의 장은 청원을 접수한 때에는 특별한 사유가 없으면 90일 이내에 처리결과를 청원인에게 알려야 한다. 이 경우 공개청원의 처리결과는 온라인청원시스템에 공개하여야 한다.

④ 지방자치법에 따라 지방의회 위원회가 청원을 심사하여 본회의에 부칠 필요가 없다고 결정하면 그 처리결과를 지방의회 의장에게 보고하고, 지방의회 위원회는 청원한 자에게 이를 알려야 한다.

문 19. 국가배상법에 관한 설명으로 가장 적절한 것은? (다툼이 있는 경우 판례에 의함)

① 국가나 공공단체는 공무원 또는 공무를 위탁받은 사인이 직무를 집행하면서 고의 또는 과실로 법령을 위반하여 타인에게 손해를 입힌 경우 그 손해를 배상하여야 한다.

② 공무원의 고의 또는 과실로 도로·하천, 그 밖의 공공의 영조물의 설치나 관리에 하자가 있기 때문에 타인에게 손해를 발생하게 하였을 때에는 국가나 지방자치단체는 그 손해를 배상하여야 한다.

③ 국가배상법의 배상기준은 상한액이다.

④ 공무원의 불법행위로 피해자가 손해를 입은 동시에 이익을 얻은 경우에는 손해배상액에서 그 이익에 상당하는 금액을 빼야 한다.

문 20. 근로3권에 관한 설명으로 가장 적절하지 않은 것은? (다툼이 있는 경우 판례에 의함)

① '교육공무원인 대학 교원'에 대하여는, 교육공무원의 직무수행의 특성과 헌법 제33조 제1항 및 제2항의 정신을 종합해 볼 때 단결권을 허용하지 않는 것이 입법형성권의 범위를 벗어난 것이라고 보기 어렵다.

② 공무원인 노동조합원의 쟁의행위를 형사처벌하면서 사용자 측인 정부 교섭대표의 부당노동행위에 대해서는 그 구제수단으로서 민사상의 구제절차를 마련하는 데 그치고 형사처벌을 규정하지 않았다고 하더라도 이러한 규정이 공무원의 단체교섭권을 침해하는 것은 아니다.

③ 근무조건과 직접 관련되지 않는 정책결정이나 임용권의 행사와 같은 기관의 관리·운영에 관한 사항은 행정기관이 전권을 가지고 자신의 권한과 책임하에 집행해야 할 사항으로서, 이를 교섭대상에서 배제하여도 공무원노조의 단체교섭권에 대한 과도한 제한이라고 보기 어렵다.

④ 공무원도 근로의 대가로서 보수를 받아 생활하는 자라는 점에서는 근로자라고 할 수 있다.

해커스경찰
police.Hackers.com

2024 해커스경찰 황남기 경찰헌법 Season 3 전범위 모의고사 Vol.1 1차 대비

# 전범위 모의고사
## 정답 및 해설

## 정답

p.8

| 01 | ③ | 02 | ③ | 03 | ③ | 04 | ③ | 05 | ③ |
|----|---|----|---|----|---|----|---|----|---|
| 06 | ④ | 07 | ③ | 08 | ③ | 09 | ② | 10 | ① |
| 11 | ② | 12 | ④ | 13 | ② | 14 | ② | 15 | ② |
| 16 | ③ | 17 | ① | 18 | ② | 19 | ② | 20 | ④ |

### 01
정답 ③

① [O] 헌법은 개방성을 특징으로 하지만, 헌법의 기본원리·국가의 권력구조·문제들을 결정할 절차 등은 구속력 있게 확정되어 있어야 한다.

② [O] 수도 서울은 관습헌법이고, 수도 서울의 관습헌법 폐지는 그 법적 효력에 대한 국민적 합의가 상실되는 경우 자연히 사멸하게 된다. 이와 같은 사멸을 인정하기 위해서는 국민에 대한 종합적 의사의 확인으로써 국민투표 등의 방법이 고려될 여지가 있다. 그러나 서울이 수도라는 관습헌법은 아무런 사정의 변화가 없으므로 헌법개정절차에 의하여 폐지하여야 한다(헌재 2004.10.21. 2004헌마554).

❸ [×] 근대입헌주의는 법률의 우위를 도입했으나 법률이 정당한지 여부에 대한 관심이 없어 19세기와 20세기 초반에 악법에 의한 통치 문제가 발생하자 제2차 세계대전 후 위헌법률심판제도를 핵심으로 하는 실질적 법치주의가 자리를 잡게 되었다. 따라서 위헌법률심판제도는 현대사회국가적 헌법의 특징에 해당한다.

④ [O] 헌법의 특성 중 최고규범성에 대한 서술로서 옳은 지문이다. 헌법은 국민적 합의에 의해 제정되니 국민생활의 최고도덕규범이며 정치생활의 가치규범으로서 정치와 사회질서의 지침을 제공하고 있기 때문에 민주사회에서는 헌법의 규범을 준수하고 그 권위를 보존하는 것을 기본으로 한다(헌재 1989.9.8. 88헌가6).

### 02
정답 ③

① [×] 제2차 개정헌법에서 국무총리제가 폐지되었고 부통령이 지위를 승계하였다.

> 1954년 개정헌법 제55조 대통령이 궐위된 때에는 부통령이 대통령이 되고 잔임기간 중 재임한다.

② [×] 제헌헌법은 단원제였고, 제1차 개정헌법부터 제4차 개정헌법까지 양원제였다. 제1차 개정헌법은 국무원 연대적 불신임을 규정했고, 제2차 개정헌법은 개별적 불신임을 규정했다. 제헌헌법은 대통령을 국회에서 선출했고, 제1차 개정헌법에서는 대통령 직선제를 도입했다.

❸ [O] 건국헌법은 일반적 법률유보에 의한 기본권 제한을 규정하였고, 자유권에 개별적 법률유보를 규정하였으나, 제2공화국 헌법(1960년 헌법)에서는 자유권에 관한 개별적 법률유보조항을 삭제하였고 기본권의 본질적 내용의 침해금지조항을 신설하였다.

✎ 본질적 내용 침해금지: 제3차 – 제7차(삭제) – 제8차(재규정)

> 1960년 개정헌법 제25조 모든 국민은 20세에 달하면 법률의 정하는 바에 의하여 공무원을 선거할 권리가 있다.

④ [×]

> 1972년 개정헌법 제124조 ② 대통령이 제안한 헌법개정안은 국민투표로 확정되며, 국회의원이 제안한 헌법개정안은 국회의 의결을 거쳐 통일주체국민회의의 의결로 확정된다.
>
> 제40조 ① 통일주체국민회의는 국회의원 정수의 3분의 1에 해당하는 수의 국회의원을 선거한다.
> ② 제1항의 국회의원의 후보자는 대통령이 일괄 추천하며, 후보자 전체에 대한 찬반을 투표에 붙여 재적대의원 과반수의 출석과 출석대의원 과반수의 찬성으로 당선을 결정한다.

### 03
정답 ③

① [×] 소집통지서를 전달하지 아니하여 행정절차적 협력의무를 위반한다고 하여도 과태료 등의 행정적 제재를 부과하는 것만으로도 그 목적의 달성이 충분히 가능하다고 할 것임에도 불구하고, 심판대상조항은 훨씬 더 중한 형사처벌을 하고 있어 그 자체만으로도 형벌의 보충성에 반하고, 책임에 비하여 처벌이 지나치게 과도하여 비례원칙에도 위반된다고 할 것이다(헌재 2022. 5.26. 2019헌가12).

② [×] 청구인은 심판대상조항이 영유아보육법 제36조, 같은 법 시행령 제24조의 위임범위를 일탈하였다고 주장한다. 그런데 위 주장은 심판대상조항이 법률의 근거 없이 청구인의 기본권을 제한하고 있다는 주장으로 이해되는바, 심판대상조항은 국공립어린이집 등에 보육교직원 인건비를 지원하는 수혜적 내용을 규정하고 있을 뿐이므로 기본권 제한의 경우 문제되는 법

률유보원칙이 아니라 수혜대상의 범위를 정함에 있어 그 혜택에서 배제된 자를 자의적으로 차별하고 있는지 여부가 문제된다. 따라서 이 사건의 쟁점은 심판대상조항이 민간어린이집을 운영하는 청구인의 평등권을 침해하는지 여부이다(헌재 2022. 2.24. 2020헌마177).

❸ [O] 법률이 행정부에 속하지 않는 기관의 자치규범에 특정 규율 내용을 정하도록 위임하더라도 그 사항이 국민의 권리·의무에 관련되는 것일 경우에는 적어도 국민의 권리와 의무의 형성에 관한 사항을 비롯하여 국가의 통치조직과 작용에 관한 기본적이고 본질적인 사항은 반드시 국회가 정하여야 한다는 법률유보 내지 의회유보의 원칙이 지켜져야 한다(헌재 2022.5.26. 2021헌마619 ; 헌재 2001.4.26. 2000헌마22 ; 헌재 2012.4. 24. 2010헌바 등 참조).

④ [X] 헌법상 법치주의의 한 내용인 법률유보의 원칙은 국민의 기본권 실현에 관련된 영역에 있어서 국가행정권의 행사에 관하여 적용되는 것이지, 기본권규범과 관련 없는 경우에까지 준수되도록 요청되는 것은 아니라 할 것인데, 청원경찰은 근무의 공공성 때문에 일정한 경우에 공무원과 유사한 대우를 받고 있는 등으로 일반 근로자와 공무원의 복합적 성질을 가지고 있지만, 그 임면주체는 국가행정권이 아니라 청원경찰법상의 청원주로서 그 근로관계의 창설과 존속 등이 본질적으로 사법상 고용계약의 성질을 가지는바, 청원경찰의 징계로 인하여 사적 고용계약상의 문제인 근로관계의 존속에 영향을 받을 수 있다 하더라도 이는 국가행정주체와 관련되고 기본권의 보호가 문제되는 것이 아니어서 여기에 법률유보의 원칙이 적용될 여지가 없으므로, 그 징계에 관한 사항을 법률에 정하지 않았다고 하여 법률유보의 원칙에 위반된다 할 수 없다(헌재 2010.2.25. 2008헌바160).

**04** 정답 ③

① [O] 
> 헌법 제124조 국가는 건전한 소비행위를 계도하고 생산품의 품질향상을 촉구하기 위한 소비자보호운동을 법률이 정하는 바에 의하여 보장한다. 17. 행정고시

② [O] 우리 헌법 제124조는 "국가는 건전한 소비행위를 계도하고 생산품의 품질향상을 촉구하기 위한 소비자보호운동을 법률이 정하는 바에 의하여 보장한다."라고 규정하고 있다. 이는 현대 자유시장경제질서하에서 생산물 또는 용역의 가격이나 품질의 결정, 그 유통구조 등의 결정과정이 지나치게 사업자 중심으로 왜곡되어 소비자들이 사회적 약자의 지위에 처하게 되는 결과, 구조적 피해를 입을 수 있음을 인식하고, 미약한 소비자들의 역량을 사회적으로 결집시키기 위하여 소비자보호운동을 최대한 보장·촉진하도록 국가에게 요구함으로써, 소비자의 권익을 옹호하고 나아가 시장의 지배와 경제력의 남용을 방지하며 경제주체 간의 조화를 통해 균형 있는 국민경제의 성장을 도모할 수 있도록 소비자의 권익에 관한 헌법적 보호를 창설한 것이다(헌재 2011.12.29. 2010헌바54). 18. 법원행시

❸ [X] 헌법 제124조에서 소비자보호운동을 보장하고 있으나, 헌법에서 직접적으로 소비자의 권리를 명시하고 있지는 않다. 17. 경찰승진

④ [O] 현행헌법이 보장하는 소비자보호운동이란 공정한 가격으로 양질의 상품 또는 용역을 적절한 유통구조를 통해 적절한 시기에

안전하게 구입하거나 사용할 소비자의 제반 권익을 증진할 목적으로 이루어지는 구체적 활동을 의미하고, 단체를 조직하고 이를 통하여 활동하는 형태, 즉 근로자의 단결권이나 단체행동권에 유사한 활동뿐만 아니라, 하나 또는 그 이상의 소비자가 동일한 목표로 함께 의사를 합치하여 벌이는 운동이면 모두 이에 포함된다 할 것이다. 이 소비자보호운동이 보장됨으로써 비로소 소비자는 단순한 상품이나 정보의 구매자로서가 아니라 상품의 구매 및 소비과정에서 발생하는 생산자 또는 공급자로부터의 부당한 지배와 횡포를 배제하고 소비자의 이익을 수호하는 소비주체로서의 지위를 누릴 수 있게 된다. 19. 경찰채용

**05** 정답 ③

① [X] 청구인들이 **평화적 생존권**이란 이름으로 주장하고 있는 평화란 헌법의 이념 내지 목적으로서 추상적인 개념에 지나지 아니하고, 평화적 생존권은 이를 헌법에 열거되지 아니한 기본권으로서 특별히 새롭게 인정할 필요성이 있다거나 그 권리 내용이 비교적 명확하여 구체적 권리로서의 실질에 부합한다고 보기 어려워 **헌법상 보장된 기본권이라고 할 수 없다**(헌재 2009. 5.28. 2007헌마369). 20. 행정고시

② [X] 변경된 최근 판례에 따르면 지방자치단체의 장선거권은 헌법상 보호되는 기본권으로 인정된다.

> **구 판례**
>
> 헌법이 지방자치단체의 장에 대해서는 '선임방법'이라고 표현함으로써 지방의원의 '선거'와는 구별하고 있으므로 지방자치단체의 장의 선거권을 헌법상 기본권이라 단정하기는 어렵다(헌재 2007.6.28. 2004헌마644).

> **최근 판례**
>
> 지방자치단체의 장선거권을 지방의회의원선거권, 나아가 국회의원선거권 및 대통령선거권과 구별하여 하나는 법률상의 권리로, 나머지는 헌법상의 권리로 이원화하는 것은 허용될 수 없다. 그러므로 지방자치단체의 장선거권 역시 다른 선거권과 마찬가지로 헌법 제24조에 의해 보호되는 기본권으로 인정하여야 한다(헌재 2016.10.27. 2014헌마797). 20. 5급승진

❸ [O] 참정권과 입국의 자유에 대한 외국인의 기본권 주체성이 인정되지 않고, 외국인이 대한민국 국적을 취득하면서 자신의 외국 국적을 포기한다 하더라도 이로 인하여 재산권 행사가 직접 제한되지 않으며, **외국인이 복수국적을 누릴 자유가 우리 헌법상 행복추구권에 의하여 보호되는 기본권이라고 보기 어려우므로**, 외국인이 대한민국 국적을 취득한 경우 일정 기간 내에 그 외국 국적을 포기하도록 한 국적법의 기본권 침해가능성을 인정할 수 없다(헌재 2014.6.26. 2011헌마502). 19. 변호사시험

④ [X] 영토조항이 국민의 주관적 권리를 보장하는 것으로 해석하는 견해는 거의 존재하지 않는다. 영토조항만을 근거로 하여 헌법소원을 청구할 수 없으나 국민의 기본권 침해에 대한 권리구제를 위하여 그 전제조건으로서 영토권을 하나의 기본권으로 간주할 수 있다(헌재 2001.3.21. 99헌마139). 20. 행정고시

① [O] 헌법 제37조 제2항은 기본권 제한에 관한 일반적 법률유보조항이라고 할 수 있는데 법률유보의 원칙은 '법률에 의한 규율'을 요청하는 것이 아니라 '법률에 근거한 규율'을 요청하는 것이기 때문에 기본권의 제한에는 법률의 근거가 필요할 뿐이고 기본권 제한의 형식이 반드시 법률의 형식일 필요는 없는 것이다. 그러나 비록 그렇다 하더라도, 헌법 제75조는 "대통령은 법률에서 구체적으로 범위를 정하여 위임받은 사항과 법률을 집행하기 위하여 필요한 사항에 관하여 대통령령을 발할 수 있다." 라고 규정하여 위임입법의 근거를 마련함과 아울러 위임입법의 범위와 한계를 명시하고 있으므로, 대통령령으로 면회의 횟수를 제한하는 경우에는 반드시 그에 관한 법률의 위임이 있어야 하고 그 위임은 구체적으로 범위를 정하여 위임하는 것이 아니면 안 된다(헌재 2003.11.27. 2002헌마193). 10. 국회직 8급

② [O] 헌법 제37조 제2항은 국민의 자유와 권리를 제한하는 근거와 그 제한의 한계를 설정하여 국민의 자유와 권리의 제한은 '법률'로써만 할 수 있다고 규정하고 있는바, 이는 기본권의 제한이 원칙적으로 국회에서 제정한 형식적 의미의 법률에 의해서만 가능하다는 것을 의미하고, 직접 법률에 의하지 아니하는 예외적인 경우라 하더라도 엄격히 법률에 근거하여야 한다는 것을 또한 의미하는데, 기본권을 제한하는 공권력의 행사가 법률에 근거하지 아니하고 있다면, 이는 헌법 제37조 제2항에 위반하여 국민의 기본권을 침해하는 것이다(헌재 2000.12.14. 2000헌마659). 15. 변호사시험

③ [O] 헌법 제37조 제2항 전단에 근거한 기본권의 제한은 원칙적으로 '법률'의 형식으로써만 가능하고, 이때의 법률이란 국회가 제정한 형식적 의미의 법률을 말한다. 08. 법원직 9급

❹ [X] 법률유보의 원칙은 '법률에 의한' 규율만을 뜻하는 것이 아니라 '법률에 근거한' 규율을 요청하는 것이므로 기본권 제한의 형식이 반드시 법률의 형식일 필요는 없고 법률에 근거를 두면서 헌법 제75조가 요구하는 위임의 구체성과 명확성을 구비하면 위임입법에 의하여도 기본권 제한을 할 수 있다(헌재 2005.2.24. 2003헌마289). 21. 변호사시험

① [X] 이 사건 법률조항은 피보호관찰자에 대한 체계적인 지도와 보살핌으로 건전한 사회복귀를 촉진하고 효율적인 재범방지를 위한 활동을 통하여 사회를 보호하기 위한 것으로 그 목적의 정당성 및 수단의 적절성이 인정된다. 정신질병의 특성상 증상의 정도를 세분화하여 그 기준을 만든다는 것이 쉽지 않고, 질병의 증상은 언제라도 호전과 악화를 반복할 수 있으므로 가종료결정 당시의 증상만을 기준으로 보호관찰기간을 정하는 것은 적절한 관리가 되지 않을 수 있으며, 보호관찰을 부과하는 이유 중의 하나가 아직 치료가 종료되지 않은 피보호관찰자에 대한 지속적인 관찰을 통하여 치료의 경과를 지켜보고 그에 따라 적정한 처분을 한다는 점인데, 보호관찰을 부과하지 아니할 정도로 치료가 된 상태라면 가종료가 아닌 치료감호 종료사유에 해당된다는 점, 법은 보호관찰기간이 만료되기 전에라도 보호관찰이 종료될 수 있도록 여러 장치를 두고 있는 점 등을 고려할 때, 침해의 최소성원칙에 위배되지 아니하고, 법익의 균형성도

갖추고 있으므로, 청구인의 일반적 행동의 자유를 침해하지 않는다(헌재 2012.12.27. 2011헌마285). 14. 사법고시

② [X] 아동·청소년대상 성범죄자의 신상정보를 등록하게 하고, 그 중 사진의 경우에는 1년마다 새로 촬영하여 제출하게 하고 이를 보존하는 것은 신상정보 등록대상자의 재범을 억제하고, 재범한 경우에는 범인을 신속하게 검거하기 위한 것이므로 그 입법목적이 정당하고, 사진이 징표하는 신상정보인 외모는 쉽게 변하고, 그 변경 유무를 객관적으로 판단하기 어려우므로 1년마다 사진제출의무를 부과하는 것은 그러한 입법목적 달성을 위한 적합한 수단이다. 외모라는 신상정보의 특성에 비추어 보면 변경되는 정보의 보관을 위하여 정기적으로 사진을 제출하게 하는 방법 외에는 다른 대체수단을 찾기 어렵고, 등록의무자에게 매년 새로 촬영된 사진을 제출하게 하는 것이 그리 큰 부담은 아닐 뿐만 아니라, 의무위반시 제재방법은 입법자에게 재량이 있으며 형벌 부과는 입법재량의 범위 내에 있고 또한 명백히 잘못되었다고 할 수는 없으며, 법정형 또한 비교적 경미하므로 침해의 최소성원칙 및 법익균형성원칙에도 위배되지 아니한다. 따라서 이 사건 심판대상조항은 일반적 행동의 자유를 침해하지 아니한다(헌재 2015.7.30. 2014헌바257). 17. 국가직 7급

❸ [O] 당구장 출입자의 자숙이나 시설, 환경의 정화로 당구의 실내 스포츠로서의 이미지 개선은 가능한 것으로 사료되며 당구자체에 청소년이 금기시해야 할 요소가 있는 것으로는 보여지지 않기 때문에 당구를 통하여 자신의 소질과 취미를 살리고자 하는 소년에 대하여 당구를 금하는 것은 헌법상 보장된 행복추구권의 한 내용인 일반적인 행동자유권의 침해가 될 수 있을 것이다(헌재 1993.5.13. 92헌마80). 12. 법무사

④ [X] '학교폭력예방 및 대책에 관한 법률'이 가해학생 측에 전학과 퇴학처럼 중한 조치에 대해서만 재심을 허용하는 것은 이에 대해 보다 신중한 판단을 할 수 있도록 하기 위함이고, 전학과 퇴학 이외의 조치들에 대해 재심을 불허하는 것은 학교폭력으로 인한 갈등상황을 신속히 종결하여 관련 학생들의 보호와 치료·선도·교육을 조속히 시행함으로써 해당 학생 모두가 빨리 정상적인 학교생활에 복귀할 수 있도록 하기 위함인바, 재심에 보통 45일의 시간이 소요되는 것을 감안하면, 신중한 판단이 필요한 전학과 퇴학 이외의 가벼운 조치들에 대해서까지 모두 재심을 허용해서는 신속한 피해구제와 빠른 학교생활로의 복귀를 어렵게 할 것이므로, 재심규정은 학부모의 자녀교육권을 지나치게 제한한다고 볼 수 없다(헌재 2013.10.24. 2012헌마832).

① [O] 외국거주 외국인 유족은 자신이 거주하는 국가에서 발행하는 공신력 있는 문서로서 퇴직공제금을 지급받을 유족의 자격을 충분히 입증할 수 있으므로 그가 '외국인'이라는 사정 또는 '외국에 거주'한다는 사정이 대한민국 국민인 유족 혹은 국내거주 외국인 유족과 달리 취급받을 합리적인 이유가 될 수 없다는 점 등을 종합하면, 심판대상조항은 합리적 이유 없이 외국거주 외국인 유족을 대한민국 국민인 유족 및 국내거주 외국인 유족과 차별하는 것이므로 평등원칙에 위반된다(헌재 2023.3.23. 2020헌바471).

② [O] **국군포로로서 억류기간 동안의 보수를 지급받을 권리를 국내로 귀환하여 등록절차를 거친 자에게만 인정하는 '국군포로의 송환 및 대우 등에 관한 법률'**: 국군포로의 신원, 귀환동기, 억류기간 중의 행적을 확인하여 등록 및 등급을 부여하는 것은 국군포로가 국가를 위하여 겪은 희생을 위로하고 국민의 애국정신을 함양한다는 '국군포로의 송환 및 대우 등에 관한 법률'의 취지에 비추어 볼 때 보수를 지급하기 위해 선행되어야 할 필수적인 절차이다. 귀환하지 못한 국군포로의 경우 등록을 할 수가 없고, 대우와 지원을 받을 대상자가 현재 대한민국에 존재하지 않아 보수를 지급하는 제도의 실효성이 인정되기 어렵다. 따라서 심판대상조항은 평등원칙에 위배되지 않는다(헌재 2022.12.22. 2020헌바39).

❸ [X] 우편을 이용한 접근행위에 대해서는 법원의 가처분결정과 간접강제결정을 통해 비교적 신속하게 우편을 이용한 접근의 금지라는 목적을 달성할 수 있고, 나아가 그 접근행위가 형법상 협박죄 등에 해당할 경우 피해자는 고소 등의 조치를 취할 수도 있다. 또한 피해자보호명령제도에 대해서는 진술거부권 고지나 동행영장에 관한 규정이 준용되지 않고, 가정폭력행위자가 심리기일에 출석하지 않아도 되는 등 실무상 민사 또는 가사 신청사건과 유사하게 운영되고 있다. 이러한 피해자보호명령제도의 특성, 우편을 이용한 접근행위의 성질과 그 피해의 정도 등을 고려할 때, 입법자가 심판대상조항에서 우편을 이용한 접근금지를 피해자보호명령의 종류로 정하지 아니하였다고 하더라도 이것이 입법자의 재량을 벗어난 자의적인 입법으로서 평등원칙에 위반된다고 보기 어렵다(헌재 2023.2.23. 2019헌바43).

재판관 이석태, 이종석, 이영진, 김기영, 이미선의 헌법불합치의견: 피해자보호명령은 피해자 스스로 안전과 보호를 위한 방책을 마련하여 이를 직접 법원에 청구할 수 있도록 함으로써 피해자보호를 강화하려는 취지로 도입되었다. 그러나 심판대상조항은 우편을 이용한 접근금지를 피해자보호명령에서 제외하고 있는바, 전기통신을 이용한 접근과 비교하여 볼 때 우편을 이용한 접근이 피해자의 안전에 위협이 되지 않는다거나 피해자가 심리적 압박을 덜 받는다거나 그러한 접근금지가 피해자보호에 실효성이 없다는 사정은 발견되지 않는다. 우편을 이용한 접근금지를 피해자보호명령으로 규정하지 아니한 것이 헌법에 위반되는지와, 피해자보호명령을 위반한 경우 어떠한 제재수단을 선택할 것인지는 별개의 문제인바, 합헌의견과 같이 피해자보호명령을 위반하면 형사처벌되기 때문에 우편을 이용한 접근금지를 규정하지 않은 것이 국가형벌권 행사에 관한 입법재량의 문제라고 단정할 수 있는지 의문이다. 따라서 심판대상조항이 전기통신을 이용한 접근금지를 규정하고 있는 것과 달리 우편을 이용한 접근금지에 대하여 규정하지 아니한 것은 합리적 이유 없는 차별로서 평등원칙에 위배된다.

④ [O] 병역의무 및 자녀 크레딧은 국고와 국민연금기금에서 비용을 부담하여 일정한 가입기간을 추가 산입하는 제도로서, 이를 무한정 적용할 경우 재정수지를 악화시키고 국민연금기금 고갈을 앞당길 우려가 크다. 이에 입법자가 국가재정, 국민연금기금상황 등을 고려하여 병역의무 수행에 따른 기회비용 보상 및 출산 장려라는 제도의 목적을 달성하는 데 기여하는 합리적인 수준에서 적용범위를 제한하였다면, 이를 두고 합리적 근거가 없다거나 현저히 자의적이라고 평가할 수는 없다. 병역의무 크레딧의 경우, 한정된 재원을 통하여 병역의무를 수행한

사람에게 적절한 사회적 보상이 이루어지도록 하면서도 후속 세대의 가입을 촉진하여 연금제도의 지속가능성을 추구하고자 병역 크레딧 시행 이후 병역의무를 최초로 수행한 사람에게만 적용하도록 한정한 것이고, 자녀 크레딧의 경우, 둘 이상 자녀 출산에 대한 유인을 제공함으로써 출산율을 제고하기 위하여 자녀 크레딧 시행 이후 자녀를 얻은 사람에게만 적용하도록 한정한 것으로, 이를 불합리한 차별이라고 보기 어렵다. 따라서 심판대상조항은 청구인의 평등권을 침해하지 않는다(헌재 2023.2.23. 2020헌마271).

① [X] 심판대상조항은 입법자가 형사소송법상 불이익변경금지조항을 형종상향금지조항으로 변경하면서 그 개정 전후에 이루어진 정식재판청구에 대하여 적용될 규범의 시적 적용범위를 정하고 있다. 여기서 불이익변경금지조항이나 형종상향금지조항은 약식명령을 받은 피고인에 대하여 정식재판청구권의 행사를 절차적으로 보장하면서, 그 남용을 방지하거나 사법자원을 적정하게 분배한다는 등의 정책적인 고려를 통하여 선고형의 상한에 조건을 설정하거나 조정하는 내용의 규정들이다. 이들 조항이 규율하는 내용은 행위의 불법과 행위자의 책임을 기초로 하는 실체적인 가벌성에는 영향을 미치지 아니하므로, 행위자가 범죄행위 당시 예측가능성을 확보하여야 하는 범죄구성요건의 제정이나 형벌의 가중에 해당한다고 볼 수 없다. 형종상향금지조항의 시행 전에 범죄행위를 하고 위 조항의 시행 후에 정식재판을 청구한 피고인이 정식재판절차에서 약식명령의 형보다 중한 형을 선고받을 가능성이 발생하게 되었다 하더라도, 이는 원래의 법정형과 처단형의 범위 내에서 이루어지는 것이므로 가벌성의 신설이나 추가라고 보기도 어렵다. 따라서 심판대상조항은 헌법 제13조 제1항 전단의 형벌불소급원칙에 위배되지 아니한다(헌재 2023.2.23. 2018헌바513).

❷ [O] 사생활의 중심으로 개인의 인격과 불가분적으로 연결되어 있는 주거 등의 공간에서 준강제추행을 당한다면 피해자의 인식 여부와 상관없이 현실적 또는 잠재적으로 정신적·정서적 장애를 입게 되는 등 그로 인한 피해는 심각할 수 있고, 이러한 보호법익의 중요성, 죄질, 행위자의 책임의 정도, 형사정책적 측면 등 여러 요소를 고려하면 입법자가 이러한 중대한 법익 침해자에 대해 특별형법인 '성폭력범죄의 처벌 등에 관한 특례법'에 '주거침입준강제추행죄'라는 구성요건을 별도로 신설하여 무기징역 또는 5년 이상의 징역이라는 비교적 중한 법정형을 정한 것에는 합리적인 이유가 있으며, 법관은 작량감경을 통하여 얼마든지 집행유예를 선고할 수 있어 그 불법의 중대성에 비추어 볼 때 법정형에 벌금을 규정하지 않은 것이 불합리하다고 할 수도 없으므로, 심판대상조항은 책임과 형벌 간의 비례원칙에 위반되지 아니한다(헌재 2020.9.24. 2018헌바171).

③ [X] [1] 주거침입강제추행죄의 법정형을 '무기징역 또는 5년 이상의 징역'으로 정한 규정에 대하여 헌재 2006.12.28. 2005헌바85 결정부터 헌재 2018.4.26. 2017헌바498 결정에 이르기까지 여러 차례 합헌으로 판단하였고, 동일한 법정형을 규정한 주거침입준강제추행죄에 관한 조항에 대해서도 헌재 2020.9.24. 2018헌바171 결정에서 합헌으로 판단하였다. 심판대상조항은 법정형의 하한을 '징역 5년'으로 정하였던 2020.5.19. 개정 이전의 구

'성폭력범죄의 처벌 등에 관한 법률' 제3조 제항과 달리 그 하한을 '징역 7년'으로 정함으로써, 주거침입의 기회에 행해진 강제추행 및 준강제추행의 경우에는 다른 법률상 감경사유가 없는 한 법관이 정상참작감경을 하더라도 집행유예를 선고할 수 없도록 하였다. 이에 따라 주거침입의 기회에 행해진 강제추행 또는 준강제추행의 불법과 책임의 정도가 아무리 경미한 경우라고 하더라도, 다른 법률상 감경사유가 없으면 일률적으로 징역 3년 6월 이상의 중형에 처할 수밖에 없게 되어, 형벌개별화의 가능성이 극도로 제한된다. 심판대상조항은 법정형의 '상한'을 무기징역으로 높게 규정함으로써 불법과 책임이 중대한 경우에는 그에 상응하는 형을 선고할 수 있도록 하고 있다. 그럼에도 불구하고 법정형의 '하한'을 일률적으로 높게 책정하여 경미한 강제추행 또는 준강제추행의 경우까지 모두 엄하게 처벌하는 것은 책임주의에 반한다.

[2] 심판대상조항은 그 법정형이 형벌 본래의 목적과 기능을 달성함에 있어 필요한 정도를 일탈하였고, 각 행위의 개별성에 맞추어 그 책임에 알맞은 형을 선고할 수 없을 정도로 과중하므로, **책임과 형벌 간의 비례원칙에 위배된다**(헌재 2023.2.23. 2021헌가9).

④ [×] 심판대상조항이 규율하는 야간주거침입절도미수준강제추행죄는 평온과 안전을 보호받아야 하는 사적 공간에 대하여, 특히 평온과 안전이 강하게 요청되는 시간대인 야간에 재물을 절취할 의도로 침입한 사람이 정신적·신체적 사정으로 인하여 자기를 방어할 수 없는 상태에 있는 피해자의 성적 자기결정권을 침해하는 범죄로서, 행위의 불법성이 크고 법익 침해가 중대하다. 따라서 입법자가 이 사건 범죄의 법정형을 무기징역 또는 7년 이상의 징역으로 정한 데에는 합리적인 이유가 있고, 위 법정형이 이 사건 범죄의 죄질이나 행위자의 책임에 비하여 지나치게 가혹하다고 할 수 없다. 야간주거침입절도죄가 성립하기 위해서는 '주거침입'행위가 있을 것을 전제로 하는 동시에 그 주거침입행위가 야간에 이루어져야 하고, 타인의 재물을 절취할 의사가 있어야 한다는 점에서 단순 주거침입죄의 경우보다 범행의 동기와 정황이 제한적이고, 야간에 절도의 의사로 타인의 주거 등에 침입한 기회에 충동적으로 성범죄를 저지르거나 절도의 범행을 은폐하기 위하여 계획적으로 성범죄를 저지르는 등 이 사건 범죄의 불법성이나 범행에 이르게 된 동기의 비난가능성이 현저히 큰 점 등을 고려하면, 이 사건 범죄의 행위태양의 다양성이나 불법의 경중의 폭은 주거침입준강제추행죄의 그것만큼 넓지 아니하므로, 주거침입준강제추행죄와 달리 이 사건 범죄에 대하여 법관의 정상참작감경만으로는 집행유예를 선고하지 못하도록 한 것이 법관의 양형판단 재량권을 침해하는 것이라고 볼 수 없다. 따라서 **심판대상조항은 책임과 형벌 간의 비례원칙에 위배되지 않는다**(헌재 2023.2.23. 2022헌가2).

**재판관 이은애의 반대의견:** 심판대상조항은 법정형의 하한을 일률적으로 징역 7년으로 정함으로써 사안이 아무리 경미하고 정상에 참작할 만한 사유가 있다고 하더라도 별도의 법률상 감경사유가 없으면, 법관은 3년 6개월 이상의 징역형을 선고해야 한다. 심판대상조항의 법정형의 하한인 징역 7년이 너무 높다는 것은 양형기준을 보아도 알 수 있다. 양형기준에 의하면 이 사건 범죄의 기본적 형량범위는 '4년 이상 7년 이하'로서 그 자체로 정상참작감경을 전제로 하고 있다. 이와 같이 심판대상조항이 지나치게 높은 형벌을 규정하기 때문에, 법관은

범행별로 책임에 상응하는 형벌을 선고할 수 없다. 따라서 심판대상조항은 책임과 형벌 사이의 비례원칙에 위배된다.

**10** 정답 ①

❶ [×] 주거 공간에 대한 긴급한 압수·수색의 필요성, 주거의 자유와 관련하여 영장주의를 선언하고 있는 헌법 제16조의 취지 등을 종합하면, 헌법 제16조의 영장주의에 대해서도 그 **예외를 인정하되**, 이는 ⓐ 그 장소에 범죄혐의 등을 입증할 자료나 피의자가 존재할 개연성이 소명되고, ⓑ 사전에 영장을 발부받기 어려운 긴급한 사정이 있는 경우에만 제한적으로 허용될 수 있다고 보는 것이 타당하다(헌재 2018.4.26. 2015헌바370).

② [○] 심판대상조항에 따른 법무부장관의 출국금지결정은 형사재판에 계속 중인 국민의 출국의 자유를 제한하는 행정처분일 뿐이고, 영장주의가 적용되는 신체에 대하여 직접적으로 물리적 강제력을 수반하는 강제처분이라고 할 수는 없다. 따라서 심판대상조항이 헌법 제12조 제3항의 영장주의에 위배된다고 볼 수 없다(헌재 2015.9.24. 2012헌바302).

③ [○] 형사소송법 제199조 제2항 등에 따른 수사기관의 사실조회행위에 대하여 공사단체가 이에 응하거나 협조하여야 할 의무를 부담하는 것은 아니므로, 경찰서장의 사실조회행위에 대하여 국민건강보험공단이 응하거나 협조하여야 할 의무를 부담하는 것이 아니다. 따라서 이 사건 사실조회행위는 강제력이 개입되지 아니한 임의수사에 해당하므로, 이에 응하여 이루어진 이 사건 정보제공행위에도 영장주의가 적용되지 않는다(헌재 2018.8.30. 2014헌마368).

④ [○] 영장주의가 행정상 즉시강제에도 적용되는지에 관하여는 논란이 있으나, 행정상 즉시강제는 상대방의 임의이행을 기다릴 시간적 여유가 없을 때 하명 없이 바로 실력을 행사하는 것으로서, 그 본질상 급박성을 요건으로 하고 있어 법관의 영장을 기다려서는 그 목적을 달성할 수 없다고 할 것이므로, 원칙적으로 영장주의가 적용되지 않는다고 보아야 할 것이다(헌재 2002.10.31. 2000헌가12).

**11** 정답 ②

① [×] 변동신고조항은 출소 후 기존에 신고한 거주예정지 등 정보에 변동이 생기기만 하면 신고의무를 부과하는바, 의무기간의 상한이 정해져 있지 아니하여, 대상자로서는 보안관찰처분을 받은 자가 아님에도 무기한의 신고의무를 부담한다. … 그렇다면 변동신고조항 및 위반시 처벌조항은 대상자에게 보안관찰처분의 개시 여부를 결정하기 위함이라는 공익을 위하여 지나치게 장기간 형사처벌의 부담이 있는 신고의무를 지도록 하므로, 이는 과잉금지원칙을 위반하여 청구인의 사생활의 비밀과 자유 및 개인정보자기결정권을 침해한다(헌재 2021.6.24. 2017헌바479).

❷ [○] 야당 소속 후보자 지지 혹은 정부 비판은 정치적 견해로서 개인의 인격주체성을 특징짓는 개인정보에 해당하고, 그것이 지지 선언 등의 형식으로 공개적으로 이루어진 것이라고 하더라도 여전히 개인정보자기결정권의 보호범위 내에 속한다(헌재 2020.12.23. 2017헌마416).

③ [×] 보안관찰해당범죄는 민주주의체제의 수호와 사회질서의 유지, 국민의 생존 및 자유에 중대한 영향을 미치는 범죄인 점, 보안관찰법은 대상자를 파악하고 재범의 위험성 등 보안관찰처분의 필요성 유무의 판단 자료를 확보하기 위하여 위와 같은 신고의무를 규정하고 있다는 점 등에 비추어 출소 후 신고의무 위반에 대한 제재수단으로 형벌을 택한 것이 과도하다거나 법정형이 다른 법률들에 비하여 각별히 과중하다고 볼 수도 없다. 따라서 출소 후 신고조항 및 위반시 처벌조항은 과잉금지원칙을 위반하여 청구인의 사생활의 비밀과 자유 및 개인정보자기결정권을 침해하지 아니한다(헌재 2021.6.24. 2017헌바479).

④ [×] 불처분결정된 소년부송치사건의 수사경력자료가 조회 및 회보되는 경우에도 이를 통해 추구하는 실체적 진실 발견과 형사사법의 정의 구현이라는 공익에 비해, 당사자가 입을 수 있는 실질적 또는 심리적 불이익과 그로 인한 재사회화 및 사회복귀의 어려움이 더 크다. 따라서 심판대상조항은 과잉금지원칙을 위반하여 소년부송치 후 불처분결정을 받은 자의 개인정보자기결정권을 침해한다(헌재 2021.6.24. 2018헌가2).

있다는 심리적 강박감을 가지게 되는바, 결국 <u>이 사건 법령조항에 대하여는 의무불이행에 대하여 간접적이고 사실적인 강제수단이 존재하므로 법적 강제수단의 존부와 관계없이 의사인 청구인들의 양심의 자유를 제한한다</u>(헌재 2008.10.30. 2006헌마1401).

② [×] 신앙과 양심을 분리하여 규정하기 시작한 것은 제5차 개정헌법부터이다.

⑩ [×] <u>이적표현물의 제작이나 반포행위를 금지하는 것은 표현물에 담긴 사상, 내용을 자유롭게 표명하고 그것을 다른 사람들에게 전파하고자 하는 표현의 자유를 제한한다. 또한 표현물에 담긴 내용이나 사상은 개개인이 자신의 세계관이나 가치체계를 형성해 나가는 데 영향을 주는 것으로 어떠한 신념에 근거하여 윤리적 결정을 하고 삶의 방향을 설정해 나갈 것인가를 정하는 기초가 된다. 따라서 특정한 내용이 담긴 표현물의 소지나 취득을 금지함으로써 정신적 사유의 범위를 제한하는 것은, 내적 영역에서 양심을 형성하고 사상을 발전시켜 나가고자 하는 양심의 자유 내지는 사상의 자유를 제한한다</u>(헌재 2015.4.30. 2012헌바95).

## 12          정답 ④

㉠ [×] 불고지죄는 국가의 존립과 안전에 저해가 되는 타인의 범행에 관한 객관적 사실을 고지할 의무를 부과할 뿐이고 개인의 세계관·인생관·주의·신조 등이나 내심에 있어서의 윤리적 판단을 그 고지의 대상으로 하는 것은 아니므로 양심의 자유 특히 침묵의 자유를 직접적으로 침해하는 것이라고 볼 수 없을 뿐만 아니라 국가의 존립·안전에 저해가 되는 죄를 범한 자라는 사실을 알고서도 그것이 본인의 양심이나 사상에 비추어 범죄가 되지 아니한다거나 이를 수사기관 또는 정보기관에 고지하는 것이 양심이나 사상에 어긋난다는 등의 이유로 고지하지 아니하는 것은 결국 부작위에 의한 양심실현, 즉 내심의 의사를 외부에 표현하거나 실현하는 행위가 되는 것이고 이는 이미 순수한 내심의 영역을 벗어난 것이므로 이에 대하여는 필요한 경우 법률에 의한 제한이 가능하다 할 것이다(헌재 1998.7.16. 96헌바35).

㉡ [×] 양심의 자유는 내심에서 우러나오는 윤리적 확신과 이에 반하는 외부적 법질서의 요구가 서로 회피할 수 없는 상태로 충돌할 때에만 침해될 수 있다. 그러므로 당해 실정법이 특정의 행위를 금지하거나 명령하는 것이 아니라 단지 특별한 혜택을 부여하거나 권고 내지 허용하고 있는 데에 불과하다면, <u>수범자는 수혜를 스스로 포기하거나 권고를 거부함으로써 법질서와 충돌하지 아니한 채 자신의 양심을 유지, 보존할 수 있으므로 양심의 자유에 대한 침해가 된다 할 수 없다</u>(헌재 2002.4.25. 98헌마425).

㉢ [○] 의사가 자신이 진찰하고 치료한 환자에 관한 사생활과 정신적·신체적 비밀을 유지하고 보존하는 것은 의사의 근원적이고 보편적인 윤리이자 도덕이고, 환자와의 묵시적 약속이라고 할 것이다. 만일 의사가 환자의 신병(身病)에 관한 사실을 자신의 의사에 반하여 외부에 알려야 한다면, 이는 의사로서의 윤리적·도덕적 가치에 반하는 것으로서 심한 양심적 갈등을 겪을 수밖에 없을 것이다. 그런데 소득공제증빙서류 제출의무자들인 의료기관인 의사로서는 과세자료를 제출하지 않을 경우 국세청으로부터 행정지도와 함께 세무조사와 같은 불이익을 받을 수

## 13          정답 ②

① [○] 표현의 자유를 규제하는 입법에 있어서 명확성의 원칙은 특별히 중요한 의미를 지닌다. 현대 민주사회에서 표현의 자유가 국민주권주의 이념의 실현에 불가결한 것인 점에 비추어 볼 때, 불명확한 규범에 의한 표현의 자유의 규제는 헌법상 보호받는 표현에 대한 위축효과를 일으키고, 그로 인하여 다양한 의견이나 견해 등의 표출을 통해 상호검증을 거치도록 한다는 표현의 자유의 본래 기능을 상실케 한다. 따라서 표현의 자유를 규제하는 법률은 규제되는 표현의 개념을 세밀하고 명확하게 규정할 것이 헌법적으로 요구된다(헌재 2021.1.28. 2018헌마456).

❷ [×] 심판대상조항의 입법목적, 공직선거법 관련 조항의 규율 내용을 종합하면, 건전한 상식과 통상적인 법감정을 가진 사람이면 자신의 글이 정당·후보자에 대한 '지지·반대'의 정보를 게시하는 행위인지 충분히 알 수 있으므로, 실명확인조항 중 '인터넷언론사' 및 '지지·반대' 부분은 명확성원칙에 반하지 않는다(헌재 2021.1.28. 2018헌마456).

③ [○] 실명확인조항은 인터넷언론사에게 인터넷홈페이지 게시판 등을 운영함에 있어서 선거운동기간 중 이용자의 실명확인조치의무, 실명인증표시조치의무 및 실명인증표시가 없는 게시물에 대한 삭제의무를 부과하여 인터넷언론사의 직업의 자유도 제한하고, 과태료조항은 인터넷언론사가 실명확인조치의무나 실명인증표시가 없는 게시물에 대한 삭제의무를 이행하지 않는 경우 그에 대하여 과태료를 부과하는 것을 그 내용으로 하므로 인터넷언론사의 직업의 자유를 제한한다. 인터넷언론사의 기본권 가운데 이 사건과 가장 밀접한 관계에 있으며 또 침해의 정도가 큰 주된 기본권은 실명확인조항에 의하여 제한되는 언론의 자유라고 할 것이므로 직업의 자유 제한의 정당성 여부에 관하여는 따로 판단하지 않는다. 또한 인터넷언론사의 언론의 자유 제한은 게시판 등 이용자의 정치적 익명표현의 자유의 제한에 수반되는 결과라고 할 수 있으므로 이하에서는 게시판 등 이용자의 정치적 익명표현의 자유 침해 여부를 중

심으로 하여 인터넷언론사의 언론의 자유 등 침해 여부를 함께 판단하기로 한다(헌재 2021.1.28. 2018헌마456).

④ [O] 심판대상조항은 정치적 의사표현이 가장 긴요한 선거운동기간 중에 인터넷언론사 홈페이지 게시판 등 이용자로 하여금 실명확인을 하도록 강제함으로써 익명표현의 자유와 언론의 자유를 제한하고, 모든 익명표현을 규제함으로써 대다수 국민의 개인정보자기결정권도 광범위하게 제한하고 있다는 점에서 이와 같은 불이익은 선거의 공정성 유지라는 공익보다 결코 과소평가될 수 없다. 그러므로 심판대상조항은 과잉금지원칙에 반하여 인터넷언론사 홈페이지 게시판 등 이용자의 익명표현의 자유와 개인정보자기결정권, 인터넷언론사의 언론의 자유를 침해한다(헌재 2021.1.28. 2018헌마456).

## 14
정답 ②

① [O] 청구인들이 이 사건 주택특별공급을 신청할 수 있는 지위에 있었다고 하더라도 이는 그 자체로 어떠한 확정적인 권리를 취득한 것이 아니라, 이 사건 주택특별공급에 당첨될 수 있을 것이라는 단순한 기대이익을 가진 것에 불과하므로, 심판대상조항이 청구인들의 재산권을 침해할 가능성은 인정되지 않는다(헌재 2022.12.22. 2021헌마902).

❷ [X] 택시운송사업자의 영리 획득의 기회나 사업 영위를 위한 사실적·법적 여건은 헌법상 보장되는 재산권에 속하지 아니한다. 따라서 일반 택시운송사업에서 운전업무에 종사하는 근로자의 최저임금에 산입되는 임금의 범위를 생산고에 따른 임금을 제외한 대통령령으로 정하는 임금으로 하도록 한 최저임금법이 택시운송사업자의 재산권을 제한한다고 볼 수 없다(헌재 2023.2.23. 2020헌바11).

③ [O] 육아휴직 급여제도는 고용보험료의 납부를 통하여 육아휴직 급여수급권자도 그 재원의 형성에 일부 기여한다는 점에서 후불임금의 성격도 가미되어 있으므로, 고용보험법상 육아휴직 급여수급권은 경제적 가치가 있는 권리로서 헌법 제23조에 의하여 보장되는 재산권의 성격도 가지고 있다(헌재 2023.2.23. 2018헌바240).

④ [O] 육아휴직 급여수급권자가 육아휴직이 끝난 날 이후 12개월 이내에 급여를 신청하는 데 큰 부담이 있다고 보기 어렵고, 신청기간의 제한은 최초의 육아휴직 급여신청시에만 적용되어 국면이 한정적이며, 고용보험법 시행령에서 신청기간의 예외사유도 인정하고 있는 등 그 내용이 현저히 불합리하여 헌법상 용인될 수 있는 재량의 범위를 명백히 벗어났다고 볼 수 없다. 따라서 심판대상조항은 육아휴직 급여수급권자의 인간다운 생활을 할 권리나 재산권을 침해한다고 볼 수 없다(헌재 2023.2.23. 2018헌바240).

## 15
정답 ②

① [O] 이러한 위반행위로 금고 이상의 형까지 받은 의사의 면허를 필요적으로 취소하지 아니하고 그대로 유지하도록 둘 경우 의료인에 대한 공공의 신뢰 확보라는 공익이 침해될 위험이 크다. 그리고 금고 이상의 형이 선고되었다면 의료업무의 공공성 및 윤리성에 비추어 볼 때 형의 집행을 유예받았거나 그 형기

가 단기라 하여 그에 대한 공공의 신뢰 손상 및 사회적 비난가능성의 정도에 큰 차이가 있다고 보기도 어렵다(헌재 2017.6.29. 2017헌바164).

❷ [X] 우리나라의 취약한 공공의료의 실태, 국민건강보험 재정 등 국민보건 전반에 미치는 영향, 보건의료서비스의 특성, 국민의 건강을 보호하고 적정한 의료급여를 보장할 사회국가적 의무 등에 비추어 보면, 의료의 질을 관리하고 건전한 의료질서를 확립하여 국민의 건강을 보호·증진하고, 영리목적으로 의료기관을 개설하는 경우에 발생할지도 모르는 국민 건강상의 위험을 미리 방지하기 위하여 이 사건 법률조항들에 의하여 의료인이 아닌 자나 영리법인이 의료기관을 설립하는 자유를 제한하고 있는 입법자의 판단이 입법재량을 명백히 일탈하였다고 할 수 없다(헌재 2005.3.31. 2001헌바87).

③ [O] 물리치료사의 업무는 서양의학에 기초한 의학지식과 진단방법을 기초로 근골격계, 신경계, 심폐혈관계, 피부계 질환을 각종 의료기기 및 물리적 요법을 이용하여 치료하는 행위로, 한의학에 기초를 두고 경락과 경혈에 자극의 대상을 두고 있는 한방물리요법과 차이가 있고, 물리치료사 교육과정 및 시험 과목을 보더라도 물리치료사가 한방물리치료를 할 수 있는 기본지식이나 자격을 갖추고 있다고 보기 어렵다. 따라서 한의사에게 물리치료사에 대한 지도권을 인정하지 아니한 이 사건 조항이 한의사의 직업수행의 자유를 침해한다고 보기 어렵다(헌재 2014.5.29. 2011헌마552).

④ [O] 이 사건 법률조항을 통하여 달성하고자 하는 국민보건의 향상과 약화사고의 방지라는 공익은 의약품 조제가 인정되는 가운데 의사가 받게 되는 조제방식의 제한이라는 사익에 비하여 현저히 커 법익균형성도 충족되므로, 이 사건 법률조항은 직업수행의 자유를 침해하지 아니한다(헌재 2015.7.30. 2013헌바422).

## 16
정답 ③

① [X] 자유선거원칙은 헌법에 규정되어 있지 않다.

> **헌법 제41조** ① 국회는 국민의 보통·평등·직접·비밀선거에 의하여 선출된 국회의원으로 구성한다.

② [X] 국회의원의 수는 공직선거법이 정하고 있고 헌법은 하한을 규정하고 있다.

> **헌법 제41조** ② 국회의원의 수는 법률로 정하되, 200인 이상으로 한다.

❸ [O] 먼저 헌법은 입법자인 피청구인에게 국회의원선거의 선거구를 입법하도록 명시적으로 위임하고 있다. 즉 헌법 제41조는 제1항에서 국회는 국민의 보통·평등·직접·비밀선거에 의하여 선출된다고 하여 국회의원선거에서의 선거원칙을 규정하고, 제2항에서는 국회의원 수의 하한을 규정한 다음, 제3항에서 "국회의원의 선거구와 비례대표제 기타 선거에 관한 사항은 법률로 정한다."라고 규정하여, 국회의원선거에 관한 사항에 대한 법률유보를 규정하고 있다. 그중에서도 특히, 국회의원선거에 있어 필수적인 요소라고 할 수 있는 선거구에 관하여는 헌법에서 직접적으로 법률로 정하도록 위임하고 있다(헌재 2016.4.28. 2015헌마1177).

④ [×] 입법자가 국회의원선거에 관한 사항을 법률로 규정함에 있어서 폭넓은 입법형성의 자유를 가진다고 하여도, 선거구에 관한 입법을 할 것인지 여부에 대해서는 입법자에게 어떤 형성의 자유가 존재한다고 할 수 없으므로, 피청구인에게는 국회의원의 선거구를 입법할 명시적인 헌법상 입법의무가 존재한다 할 것이다. 나아가 헌법해석상으로도 피청구인에게 국회의원의 선거구를 입법할 의무가 인정된다. 헌법은 국민주권의 실현방법으로 대의민주주의를 채택하고 있는데, 헌법 제24조의 선거권은 헌법 제25조의 공무담임권과 함께 대의제도를 작동시키는 데 필수적인 요소로서, 대의기관을 구성하는 국민의 대표자를 선출하는 권리이다. 즉, 선거라는 것은 대의제도를 구성하는 개념요소이자 이를 실현하는 수단인 것이다. 이러한 선거를 통해서 국민은 국가의 통치와 운영을 담당할 대표자를 선출하고 그에게 일정한 기간 동안 국가적 의사결정권을 위임하므로, 선거는 선거를 통하여 선출된 대표자의 의사결정에 민주적 정당성을 부여하는 작용과 기능을 하게 된다. 그런데 선거구는 개별 국회의원 후보자가 실제로 선거운동을 하고 그에 대한 투표가 이루어지는 장소적 범위가 된다. 만약 선거구의 공백이 발생하는 경우 실질적으로 선거운동을 할 수 없다는 점에서 선거구는 선거운동의 자유를 보장하기 위한 전제가 되는 것은 물론, 국회의원 후보자의 피선거권 및 선거권자의 선거권 실현의 기초가 되는 것이다. 그렇다면 헌법해석상으로도 국민주권원리와 대의민주주의원리를 구현하고 국민의 선거권 및 피선거권을 보장하기 위하여 국회의원의 선거구를 입법할 의무를 입법자에게 부여하였다고 할 것이다(헌재 2016.4.28. 2015헌마1177).

## 17 　　　　　　　　　　　　　　　　정답 ①

❶ [O] 청구인의 이 사건 청원은 구체적인 권리 행사로서의 성질을 갖고 있지 아니한 단순한 청원이라고 할 수 있고, 이에 대한 피청구인 철도청장의 거부의 회신은 헌법소원의 대상이 되는 공권력의 행사 또는 불행사라고 할 수 없으므로, 청구인의 이 부분 심판청구도 부적법하다(대판 1990.5.25. 90누1458).

② [×] 청원권 행사를 위한 청원사항이나 청원방식, 청원절차 등에 관해서는 입법자가 그 내용을 자유롭게 형성할 재량권을 가지고 있으므로 공무원이 취급하는 사건 또는 사무에 관한 사항의 청탁에 관해 금품을 수수하는 등의 행위를 청원권의 내용으로서 보장할지 여부에 대해서도 입법자에게 폭넓은 재량권이 주어져 있다(헌재 2012.4.24. 2011헌바40).

③ [×] 청원권은 국민이 국가기관에 대하여 자신의 희망이나 의견을 진술할 수 있는 기본권이므로 근로자도 사용자에 관한 사항으로서 널리 공공기관의 권한에 속하는 사항에 대하여는 청원할 수 있음은 당연하고, 다만 그 청원서의 내용이 허위의 사실이거나 사용자를 비방하는 것이라면 사용자의 인격, 비밀, 명예, 신용 등을 훼손하여서는 아니 되는 성실의무에 반하여 징계사유가 된다고 할 것이고, 이는 청원행위 자체를 이유로 한 불이익처분이 아니므로 청원법 제11조에 반하는 것이라고 할 수 없다(대판 1999.9.3. 97누2528).

④ [×] 정부에 제출 또는 회부된 정부의 정책에 관계되는 청원의 심사는 헌법 제89조에 따라 국무회의의 심의를 거쳐야 한다.

## 18 　　　　　　　　　　　　　　　　정답 ②

㉠ [×] 법원조직법 및 사법보좌관규칙 등에서 전문성과 능력을 갖춘 사법보좌관을 선발할 수 있도록 객관적인 선발자격 및 절차에 관하여 규정하고 있고, 사법보좌관에 관한 법관의 구체적 감독권, 사법보좌관에 대한 제척·기피·회피절차 등 사법보좌관의 공정성과 중립성을 확보할 수 있는 여러 보장장치를 마련하고 있다. 따라서 이 사건 법원조직법 조항이 입법재량권의 한계를 벗어난 자의적인 입법으로 법관에 의한 재판받을 권리를 침해한다고 할 수 없다(헌재 2020.12.23. 2019헌바353).

㉡ [O] 재정신청절차를 신속하고 원활하게 진행하여 관계당사자 사이의 법률관계를 확정하여 사회 안정을 도모한다는 공익은 매우 중요하다. 따라서 심판대상조항이 청구인의 재판절차진술권과 재판청구권을 침해한다고 볼 수 없다(헌재 2018.4.26. 2016헌마1043).

㉢ [O] 피고인 스스로 치료감호를 청구할 수 있는 권리나, 법원으로부터 직권으로 치료감호를 선고받을 수 있는 권리는 헌법상 재판청구권의 보호범위에 포함되지 않는다. 공익의 대표자로서 준사법기관적 성격을 가지고 있는 검사에게만 치료감호청구권한을 부여한 것은, 본질적으로 자유박탈적이고 침익적 처분인 치료감호와 관련하여 재판의 적정성 및 합리성을 기하기 위한 것이므로 적법절차원칙에 반하지 않는다(헌재 2021.1.28. 2019헌가24).

㉣ [×] 불필요한 상고제기를 방지하기 위한 것으로 재판청구권을 침해한다고 할 수 없다(헌재 2018.1.25. 2016헌바272).

## 19 　　　　　　　　　　　　　　　　정답 ②

① [O] 범죄에는 형법 제9조(형사미성년자), 제10조 제1항(심신상실자), 제22조 제1항(긴급피난)의 규정에 의하여 처벌되지 아니한 행위를 포함하며, 동법 제20조(정당행위)와 제21조(정당방위)에 의하여 처벌되지 아니하는 행위, 과실에 의한 행위는 포함하지 않는다.

❷ [×] 구조대상 범죄피해는 범죄로 인한 ⓐ 사망, ⓑ 신체에 대한 피해로 장해 또는 중상해를 입은 경우에 한정되고 정당행위·정당방위·과실에 의한 행위는 포함되지 않는다.

> **범죄피해자 보호법 제3조 【정의】** ① 이 법에서 사용하는 용어의 뜻은 다음과 같다.
> 4. '구조대상 범죄피해'란 대한민국의 영역 안에서 또는 대한민국의 영역 밖에 있는 대한민국의 선박이나 항공기 안에서 행하여진 사람의 생명 또는 신체를 해치는 죄에 해당하는 행위(형법 제9조, 제10조 제1항, 제12조, 제22조 제1항에 따라 처벌되지 아니하는 행위를 포함하며, 같은 법 제20조 또는 제21조 제1항에 따라 처벌되지 아니하는 행위 및 과실에 의한 행위는 제외한다)로 인하여 사망하거나 장해 또는 중상해를 입은 것을 말한다.

③ [O]

> **범죄피해자 보호법 제31조 【소멸시효】** 구조금을 받을 권리는 그 구조결정이 해당 신청인에게 송달된 날부터 2년간 행사하지 아니하면 시효로 인하여 소멸된다.

④ [ O ]

범죄피해자 보호법 제25조【구조금의 지급신청】② 제1항에 따른 신청은 해당 구조대상 범죄피해의 발생을 안 날부터 3년이 지나거나 해당 구조대상 범죄피해가 발생한 날부터 10년이 지나면 할 수 없다.

## 20                                               정답 ④

① [ O ] 우리 헌법은 제31조 제1항에서 "모든 국민은 능력에 따라 균등하게 교육을 받을 권리를 가진다."라고 규정함으로써 모든 국민의 교육의 기회균등권을 보장하고 있다. 이는 정신적·육체적 능력 이외의 성별·종교·경제력·사회적 신분 등에 의하여 교육을 받을 기회를 차별하지 않고, 즉 합리적 차별사유 없이 교육을 받을 권리를 제한하지 아니함과 동시에 국가가 모든 국민에게 균등한 교육을 받게 하고 특히 경제적 약자가 실질적인 평등교육을 받을 수 있도록 적극적 정책을 실현해야 한다는 것이다(헌재 1994.2.24. 93헌마192).

② [ O ] 헌법 제31조 제1항에 의하여 보장되는 교육을 받을 권리는 교육의 기회균등을 의미하는 것으로, 국가에게 국민 누구나 능력에 따라 균등한 교육을 받을 수 있게끔 노력해야 할 의무를 부과한다. 따라서 교육을 받을 권리는 개인적 성향·능력 및 정신적·신체적 발달상황 등을 고려하지 아니한 채 동일한 교육을 받을 수 있는 권리를 의미하는 것이 아니다(헌재 2009.9.24. 2008헌마662).

③ [ O ] 헌법 제31조 제1항에 의하여 보장되는 교육을 받을 권리는 교육의 기회균등을 의미하는 것으로, 국가에게 국민 누구나 능력에 따라 균등한 교육을 받을 수 있게끔 노력해야 할 의무를 부과한다. 따라서 교육을 받을 권리는 개인적 성향·능력 및 정신적·신체적 발달상황 등을 고려하지 아니한 채 동일한 교육을 받을 수 있는 권리를 의미하는 것이 아니며, 교육을 받을 권리에 교육의 기회 보장을 요구할 수 있는 권리를 넘어서서 국민이 국가에 대하여 직접 특정한 교육제도나 교육과정을 요구할 수 있는 권리나, 특정한 교육제도나 교육과정의 배제를 요구할 권리가 포함되는 것은 더더욱 아니다(헌재 2005.11.24. 2003헌마173).

❹ [ X ] 헌법 제31조 제1항에서 말하는 '능력에 따라 균등하게 교육을 받을 권리'란 법률이 정하는 일정한 교육을 받을 전제조건으로서의 능력을 갖추었을 경우 차별 없이 균등하게 교육을 받을 기회가 보장된다는 것이지 일정한 능력(예컨대 지능이나 수학능력 등)이 있다고 하여 제한 없이 다른 사람과 차별하여 어떠한 내용과 종류와 기간의 교육을 받을 권리가 보장된다는 것은 아니다(헌재 1994.2.24. 93헌마192).

## 정답

p.16

| 01 | ③ | 02 | ① | 03 | ④ | 04 | ② | 05 | ① |
|----|---|----|---|----|---|----|---|----|---|
| 06 | ③ | 07 | ② | 08 | ② | 09 | ③ | 10 | ③ |
| 11 | ④ | 12 | ① | 13 | ② | 14 | ④ | 15 | ③ |
| 16 | ④ | 17 | ③ | 18 | ③ | 19 | ③ | 20 | ① |

### 01 정답 ③

① [O]

> 헌법 제128조 ② 대통령의 임기연장 또는 중임변경을 위한 헌법개정은 그 헌법개정 제안 당시의 대통령에 대하여는 효력이 없다.

② [O]

> 헌법 제128조 ① 헌법개정은 국회 재적의원 과반수 또는 대통령의 발의로 제안된다.
>
> 헌법 제129조 제안된 헌법개정안은 대통령이 20일 이상의 기간 이를 공고하여야 한다.

❸ [×] 공고기간이 만료된 날이 아니라 공고된 날이다.

> 헌법 제130조 ① 국회는 헌법개정안이 공고된 날로부터 60일 이내에 의결하여야 하며, 국회의 의결은 재적의원 3분의 2 이상의 찬성을 얻어야 한다.

④ [O]

> 헌법 제130조 ② 헌법개정안은 국회가 의결한 후 30일 이내에 국민투표에 붙여 국회의원선거권자 과반수의 투표와 투표자 과반수의 찬성을 얻어야 한다.

### 02 정답 ①

❶ [O] 이 사건 계획은 고등교육법 제34조의5 제3항·제4항에 따라 매 입학연도의 전 학년도가 개시되는 날의 10개월 전에 공표된 것이고, 피청구인은 여기에서 한 발 더 나아가 이로부터 6개월 전에 미리 인터넷 홈페이지에 이 사건 계획을 예고하기도 하였다. 그리고 이 사건 계획은 매년 새로운 내용이 규정될 수 있는 대학입학전형 기본사항에 바탕하여 수립된 것이어서 매년 새로운 내용이 규정될 수 있다는 점은 충분히 예측할 수 있고, 청구인들이 주장하는 신뢰는 원칙적으로 사적 위험부담의 범위에 속하는 것이어서 그 신뢰이익의 보호가치가 크다고 보기 어려운 반면, 이 사건 계획이 추구하는 교실 수업의 질적 개선에 따른 고교교육 내실화라는 공익은 이보다 더 크다고

할 것이다. 따라서 이 사건 계획은 신뢰보호원칙에 위반되지 않으므로, 청구인들의 균등하게 교육을 받을 권리를 침해하지 않는다(헌재 2022.5.26. 2021헌마527).

② [×] 개인의 신뢰이익에 대한 보호가치는 법령에 따른 개인의 행위가 국가에 의하여 일정 방향으로 유인된 신뢰의 행사인지, 아니면 단지 법률이 부여한 기회를 활용한 것으로서 원칙적으로 사적 위험부담의 범위에 속하는 것인지 여부에 따라 달라진다. 만일 법률에 따른 개인의 행위가 단지 법률이 반사적으로 부여하는 기회의 활용을 넘어서 국가에 의하여 일정 방향으로 유인된 것이라면 특별히 보호가치가 있는 신뢰이익이 인정될 수 있고, 원칙적으로 개인의 신뢰보호가 국가의 법률개정이익에 우선된다고 볼 여지가 있다(헌재 2002.11.28. 2002헌바45).

③ [×] 이 사건 법률조항들은 현재 공무원으로 재직 중인 자가 퇴직하는 경우 장차 받게 될 퇴직연금의 지급시기를 변경한 것으로, 아직 완성되지 아니한 사실 또는 법률관계를 규율대상으로 하는 부진정소급입법에 해당되는 것이어서 원칙적으로 허용되고, 입법목적으로 달성하고자 하는 연금재정 안정 등의 공익이 손상되는 신뢰에 비하여 우월하다고 할 것이어서 신뢰보호원칙에 위배된다고 볼 수 없다. 따라서 이 사건 법률조항들은 공무원의 재산권을 침해하지 아니한다(헌재 2015.12.23. 2013헌바259).

④ [×] 신뢰보호원칙은 법률이나 그 하위법규뿐만 아니라 국가관리의 입시제도와 같이 국·공립대학의 입시전형을 구속하여 국민의 권리에 직접 영향을 미치는 제도운영지침의 개폐에도 적용되는 것이다(헌재 1997.7.16. 97헌마38).

✎ 세무사, 변리사시험, 대학입시제도 등 각종 시험제도에도 신뢰보호원칙이 적용됨.

### 03 정답 ④

① [×] 기본권 규정은 그 성질상 사법관계에 직접 적용될 수 있는 예외적인 것을 제외하고는 사법상의 일반 원칙을 규정한 민법 제2조, 제103조, 제750조, 제751조 등의 내용을 형성하고 그 해석기준이 되어 간접적으로 사법관계에 효력을 미치게 된다(대판 2011.1.27. 2009다19864).

② [×] 기본권 규정은 그 성질상 사법관계에 직접 적용될 수 있는 예외적인 것을 제외하고는 사법상의 일반 원칙을 규정한 민법 제2조, 제103조, 제750조, 제751조 등의 내용을 형성하고 그 해석기준이 되어 간접적으로 사법관계에 효력을 미치게 된다(대판 2010.4.22. 2008다38288).

③ [×] 기본권 규정은 그 성질상 사법관계에 직접 적용될 수 있는 예외적인 것을 제외하고는 사법상의 일반 원칙을 규정한 민법 제2조, 제103조, 제750조, 제751조 등의 내용을 형성하고 그 해석기준이 되어 간접적으로 사법관계에 효력을 미치게 된다. 종교의 자유라는 기본권의 침해와 관련한 불법행위의 성립 여부도 위와 같은 일반 규정을 통하여 사법상으로 보호되는 종교에 관한 인격적 법익 침해 등의 형태로 구체화되어 논하여져야 한다(대판 2010.4.22. 2008다38288). 98. 사법고시

❹ [O] 남성 회원에게는 별다른 심사 없이 총회의결권 등을 가지는 총회원 자격을 부여하면서도 여성 회원의 경우에는 지속적인 요구에도 불구하고 원천적으로 총회원 자격심사에서 배제하여 온 것은, 우리 사회의 건전한 상식과 법감정에 비추어 용인될 수 있는 한계를 벗어나 사회질서에 위반되는 것으로서 여성 회원들의 인격적 법익을 침해하여 불법행위를 구성한다(대판 2011.1.27. 2009다19864).

## 04                정답 ②

① [×] 전통문화도 헌법이념인 개인의 존엄과 양성의 평등에 반하는 것이어서는 안 된다는 한계가 도출되므로 전래의 가족제도가 헌법 제36조 제1항이 요구하는 개인의 존엄과 양성평등에 반한다면 헌법 제9조(전통문화계승발전)를 근거로 그 헌법적 정당성을 주장할 수 없다(헌재 2005.2.3. 2001헌가9).

❷ [O] 헌법 제10조로부터 도출되는 일반적 인격권에는 각 개인이 그 삶을 사적으로 형성할 수 있는 자율영역에 대한 보장이 포함되어 있음을 감안할 때, 장래 가족의 구성원이 될 태아의 성별 정보에 대한 접근을 국가로부터 방해받지 않을 부모의 권리는 이와 같은 일반적 인격권에 의하여 보호된다고 보아야 할 것인바, 이 사건 규정은 일반적 인격권으로부터 나오는 부모의 태아 성별 정보에 대한 접근을 방해받지 않을 권리를 제한하고 있다고 할 것이다(헌재 2008.7.31. 2004헌마1010 등).

③ [×] [1] 이 사건 금혼조항으로 인하여 법률상의 배우자 선택이 제한되는 범위는 친족관계 내에서도 8촌 이내의 혈족으로, 넓다고 보기 어렵다. 그에 비하여 8촌 이내 혈족 사이의 혼인을 금지함으로써 가족질서를 보호하고 유지한다는 공익은 매우 중요하므로 이 사건 금혼조항은 법익균형성에 위배되지 아니한다. 그렇다면 이 사건 금혼조항은 과잉금지원칙에 위배하여 혼인의 자유를 침해하지 않는다.
[2] 이 사건 무효조항은 8촌 이내 혈족 사이의 혼인을 일률적으로 혼인무효사유로 규정함으로써 상당기간 유지하여 온 부부생활의 실체를 부인하고, 혼인관계의 형성과 유지를 신뢰한 당사자나 자녀의 법적 지위를 보호하지 아니하여 개인의 생존권이나 자녀의 복리에 중대한 영향을 미친다. 또한 당사자가 서로 합의하에 혼인의 외형을 유지하고 있다가도 일방의 혼인무효 주장만으로 혼인관계가 손쉽게 해소될 수 있다고 한다면, 한 당사자가 다른 당사자로부터 일방적으로 유기를 당하는 등의 이른바 축출이혼으로 악용될 소지도 배제할 수 없다. 이 사

건 무효조항을 통하여 이 사건 금혼조항의 실효성을 확보함으로써 가까운 혈족 사이 상호관계 및 역할, 지위와 관련하여 발생할 수 있는 혼란을 방지하고 가족제도의 기능을 보호하여 달성되는 공익은 결코 적지 아니하나, 이 사건 무효조항으로 인하여 제한되는 사익의 중대함을 고려하면, 이 사건 무효조항은 법익균형성을 충족하지 못한다. 그렇다면 이 사건 무효조항은 과잉금지원칙에 위배하여 혼인의 자유를 침해한다(헌재 2022.10.27. 2018헌바115).

④ [×] 신분증명서를 부정사용하여 입양신고가 이루어질 경우 형법에 따라 형사처벌되고, 그렇게 이루어진 허위입양은 언제든지 입양무효확인의 소를 통하여 구제받을 수 있다. 비록 출석하지 아니한 당사자의 신분증명서를 요구하는 것이 허위의 입양을 방지하기 위한 완벽한 조치는 아니라고 하더라도 이 사건 법률조항이 원하지 않는 가족관계의 형성을 방지하기에 전적으로 부적합하거나 매우 부족한 수단이라고 볼 수는 없다. 따라서 이 사건 법률조항이 입양당사자의 가족생활의 자유를 침해한다고 보기 어렵다(헌재 2022.11.24. 2019헌바108).

## 05                정답 ①

❶ [×] 자기에게 아무런 책임 없는 사유로 출석하지 못한 피고인에 대하여 별다른 증거조사도 없이 곧바로 유죄판결을 선고할 수 있도록 한 것은 그 절차의 내용이 심히 적정치 못한 경우로서 헌법 제12조 제1항 후문의 적법절차원칙에 반한다(헌재 1998.7.16. 97헌바22).

② [O] 지문채취 그 자체가 피의자에게 주는 피해는 그리 크지 않은 반면 일단 채취된 지문은 피의자의 신원을 확인하는 효과적인 수단이 될 뿐 아니라 수사절차에서 범인을 검거하는 데에 중요한 역할을 한다. 한편, 이 사건 법률조항에 규정되어 있는 법정형은 형법상의 제재로서는 최소한에 해당되므로 지나치게 가혹하여 범죄에 대한 형벌 본래의 목적과 기능을 달성함에 필요한 정도를 일탈하였다고 볼 수도 없다(헌재 2004.9.23. 2002헌가17).

③ [O] 증인의 증언 전에 일방당사자만이 증인과의 접촉을 독점하게 되면, 상대방은 증인이 어떠한 내용을 증언할 것인지를 알 수 없어 그에 대한 방어를 준비할 수 없게 되며 상대방이 가하는 예기치 못한 공격에 그대로 노출될 수밖에 없으므로, 헌법이 규정한 '적법절차의 원칙'에도 반한다(헌재 2001.8.30. 99헌마496).

④ [O] 헌법재판소는 적법절차원칙이 형사소송절차에 국한되지 않고 모든 국가작용 전반에 대하여 적용된다고 밝힌 바 있으므로, 국민에게 부담을 주는 행정작용인 과징금 부과의 절차에 있어서도 적법절차원칙이 준수되어야 할 것이다(헌재 2003.7.24. 2001헌가25).

## 06                정답 ③

① [×] 영내 기거하는 군인의 선거권 행사를 주민등록이 되어 있는 선거구로 한 것은 거주·이전의 자유와 일반적 행동의 자유를 제한하지 않는다(헌재 2011.6.30. 2009헌마59).

② [×] 이 사건 법률조항은 수도권 내의 과밀억제권역 안에서 법인의 본점의 사업용 부동산, 특히 본점용 건축물을 신축 또는 증축하는 경우에 취득세를 중과세하는 조항이므로, 이 사건 법률조항에 의하여 청구인의 거주·이전의 자유와 영업의 자유가 침해되는지 여부가 문제된다. 이 사건 법률조항으로 달성하려는 공익은 수도권으로의 인구 유입이나 산업의 집중으로 인하여 수도권에 발생되는 사회 문제의 해소와 국토의 균형 있는 발전인 반면에, 법인은 과밀억제권역으로 건물의 신축 또는 증축하여 본점을 이전함에 있어서 취득세의 중과세로 인하여 법인의 거주·이전의 자유와 영업의 자유를 일부 제약받는 것에 불과하므로, 이러한 공익이 사익에 비하여 중대하다고 할 것이다(헌재 2014.7.24. 2012헌바408).

❸ [○] 거주·이전의 자유는 거주나 체류라고 볼 만한 정도로 생활과 밀접한 연관을 갖는 장소를 선택하고 변경하는 행위를 보호하는 기본권인바, 이 사건에서 서울광장이 청구인들의 생활형성의 중심지인 거주지나 체류지에 해당한다고 할 수 없고, 서울광장에 출입하고 통행하는 행위가 그 장소를 중심으로 생활을 형성해 나가는 행위에 속한다고 볼 수도 없으므로 청구인들의 거주·이전의 자유가 제한되었다고 할 수 없다(헌재 2011. 6.30. 2009헌마406).

④ [×] 거주·이전의 자유는 거주지나 체류지라고 볼 만한 정도로 생활과 밀접한 연관을 갖는 장소를 선택하고 변경하는 행위를 보호하는 기본권인바, 이 사건에서 서울광장이 청구인들의 생활형성의 중심지인 거주지나 체류지에 해당한다고 할 수 없고, 서울광장에 출입하고 통행하는 행위가 그 장소를 중심으로 생활을 형성해 나가는 행위에 속한다고 볼 수도 없으므로 청구인들의 거주·이전의 자유가 제한되었다고 할 수 없다(헌재 2011. 6.30. 2009헌마406).

## 07 　　　　　　　　　　　　　　　　　　　　　정답 ②

① [○] 집회의 장소는 일반적으로 집회의 목적·내용과 밀접한 내적 연관관계를 가질 수 있다. 집회는 특별한 상징적 의미 또는 집회와 특별한 연관성을 가지는 장소, 예를 들면, 집회를 통해 반대하고자 하는 대상물이 위치하거나 집회의 계기를 제공한 사건이 발생한 장소 등에서 행해져야 이를 통해 다수의 의견표명이 효과적으로 이루어질 수 있으므로, 집회의 장소에 대한 선택은 집회의 성과를 결정짓는 주요인이 될 수 있다. 따라서 집회의 장소를 선택할 자유는 집회의 자유의 한 실질을 형성한다고 할 수 있다(헌재 2018.5.31. 2013헌바322).

❷ [×] 심판대상조항은 국회의원과 국회에서 근무하는 직원, 국회에 출석하여 진술하고자 하는 일반 국민이나 공무원 등이 어떠한 압력이나 위력에 구애됨이 없이 자유롭게 국회의사당에 출입하여 업무를 수행하며, 국회의사당을 비롯한 국회 시설의 안전이 보장될 수 있도록 하기 위한 목적에서 입법된 것으로 그 목적은 정당하고, 국회의사당 경계지점으로부터 100미터 이내의 장소에서의 옥외집회를 전면적으로 금지하는 것은 국회의 기능을 보호하는 데 기여할 수 있으므로 수단의 적합성도 인정된다(헌재 2018.5.31. 2013헌바322).

③ [○] 국회의사당 인근에서의 집회가 심판대상조항에 의하여 보호되는 법익에 대한 직접적인 위협을 초래한다는 일반적 추정이 구체적인 상황에 의하여 부인될 수 있는 경우라면, 입법자로서

는 예외적으로 옥외집회가 가능할 수 있도록 심판대상조항을 규정하여야 한다. 예를 들어, 국회의 기능을 직접 저해할 가능성이 거의 없는 '소규모 집회', 국회의 업무가 없는 '공휴일이나 휴회기 등에 행하여지는 집회', '국회의 활동을 대상으로 한 집회가 아니거나 부차적으로 국회에 영향을 미치고자 하는 의도가 내포되어 있는 집회'처럼 옥외집회에 의한 국회의 헌법적 기능이 침해될 가능성이 부인되거나 또는 현저히 낮은 경우에는, 입법자로서는 심판대상조항으로 인하여 발생하는 집회의 자유에 대한 과도한 제한가능성이 완화될 수 있도록 그 금지에 대한 예외를 인정하여야 한다. 물론 국회의사당 인근에서 폭력적이고 불법적인 대규모 집회가 행하여지는 경우 국회의 헌법적 기능이 훼손될 가능성이 커지는 것은 사실이다. 그러나 '집회 및 시위에 관한 법률'은 이러한 상황에 대처할 수 있도록 다양한 규제수단들을 규정하고 있고, 집회과정에서의 폭력행위나 업무방해행위 등은 형사법상의 범죄행위로서 처벌된다. 이처럼 심판대상조항은 입법목적을 달성하는 데 필요한 최소한도의 범위를 넘어, 규제가 불필요하거나 또는 예외적으로 허용하는 것이 가능한 집회까지도 이를 일률적·전면적으로 금지하고 있으므로 침해의 최소성원칙에 위배된다(헌재 2018.5.31. 2013헌바322).

④ [○] 심판대상조항이 국회의사당 인근에서의 옥외집회를 금지하는 것에는 위헌적인 부분과 합헌적인 부분이 공존하고 있다. 따라서 심판대상조항에 대하여 헌법불합치결정을 선고하되, 입법자는 2019.12.31.까지 개선입법을 하여야 한다(헌재 2018.5.31. 2013헌바322).

## 08 　　　　　　　　　　　　　　　　　　　　　정답 ②

㉠ [○] 사용자단체의 정치헌금을 허용하면서 노동단체의 정치헌금을 금지한 것은 사용자단체에 한해 정당에 대한 영향력 행사를 허용하고 노동단체의 정당에 대한 영향력 행사를 배제함으로써 정치적 의사형성과정에서 노동조합을 차별한 것으로 합리적 이유가 없는 차별이다(헌재 1999.11.25. 95헌마154).

　🖉 헌법재판소의 위헌결정에 따라 사업장별로 조직된 단위 노동조합 외의 노동조합은 정치자금을 기부할 수 있도록 개정되었다가 최근 법인이 정치자금을 기부하는 것을 전면 금지하는 것으로 개정되어 노동조합의 정치자금 제공도 금지되었음. 12. 사법고시

㉡ [×] **국내외 법인단체의 정치자금 기부금지**: 금권정치와 정경유착의 차단, 단체와의 관계에서 개인의 정치적 기본권 보호 등 이 사건 기부금지조항에 의하여 달성되는 공익은 대의민주제를 채택하고 있는 민주국가에서 매우 크고 중요하다는 점에서 법익균형성원칙도 충족된다. 따라서 이 사건 기부금지조항이 과잉금지원칙에 위반하여 정치활동의 자유 등을 침해하는 것이라 볼 수 없다(헌재 2010.12.28. 2008헌바89). 17. 비상업무

㉢ [○] 정당제 민주주의하에서 정당에 대한 재정적 후원이 전면적으로 금지됨으로써 정당이 스스로 재정을 충당하고자 하는 정당활동의 자유와 국민의 정치적 표현의 자유에 대한 제한이 매우 크다고 할 것이므로, 이 사건 법률조항은 정당의 정당활동의 자유와 국민의 정치적 표현의 자유를 침해한다(헌재 2015. 12.23. 2013헌바168). 19. 국회직 8급

㉣ [×] 헌법재판소는 시·도단체장선거의 예비후보자에 대한 후원회 금지에 대해 헌법불합치결정하였고 법개정으로 지방자치단체의 장선거의 예비후보자도 후원회를 둘 수 있다. 헌법재판소는 지역구지방의회의원선거의 예비후보자의 후원회 금지에 대해서는 기각결정한 바 있으나, 법개정으로 지역구지방의회의원선거의 예비후보자도 후원회를 둘 수 있다.

> 정치자금법 제6조 【후원회지정권자】 다음 각 호에 해당하는 자(이하 '후원회지정권자'라 한다)는 각각 하나의 후원회를 지정하여 둘 수 있다.
> 1. 중앙당(중앙당창당준비위원회를 포함한다)
> 2. 국회의원
> 2의2. 대통령선거의 후보자 및 예비후보자
> 3. 정당의 대통령선거후보자 선출을 위한 당내경선후보자
> 4. 지역선거구(이하 '지역구'라 한다)국회의원선거의 후보자 및 예비후보자. 다만, 후원회를 둔 국회의원의 경우에는 그러하지 아니하다.
> 5. 중앙당 대표자 및 중앙당 최고 집행기관(그 조직형태와 관계없이 당헌으로 정하는 중앙당 최고 집행기관을 말한다)의 구성원을 선출하기 위한 당내경선후보자
> 6. 지역구지방의회의원선거의 후보자 및 예비후보자
> 7. 지방자치단체의 장 선거의 후보자 및 예비후보자 18. 비상업무

## 09
정답 ③

① [○] 피수용자와 구제청구자는 변호인을 선임할 수 있는바, 구제청구자 등이 빈곤이나 그 밖의 사유로 변호인을 선임할 수 없는 경우 구제청구자 등의 명시적 의사에 반하지 아니하고 구제청구가 명백하게 이유 없는 것이 아닌 이상 법원은 직권으로 변호인을 선정하여야 한다. 국선변호인은 별도의 규정이 없는 한 구제청구사건의 성질에 반하지 아니하는 범위 내에서 형사소송법, '형사소송비용 등에 관한 법률' 중 국선변호인에 관한 규정을 준용한다(헌재 2015.9.24. 2013헌가21). 16. 법원행시

② [○] 패소할 것이 명백한 경우에 소송구조에서 제외하는 민사소송법은 재판청구권에 대한 침해라고 할 수는 없다. 소송비용을 지출할 자력이 없는 국민이 적절한 소송구조를 받기만 한다면 훨씬 쉽게 재판을 받아서 권리구제를 받거나 적어도 권리의 유무에 관한 정당한 의혹을 풀어볼 가능성이 있다고 할 경우에는 소송구조의 거부가 재판청구권 행사에 대한 '간접적인 제한'이 될 수도 있고 경우에 따라서는 이것이 재판청구권에 대한 본질적인 침해까지로 확대평가될 여지도 있을 수 있다. 그러나 이러한 '간접적인 제한'의 여부가 논의될 수 있는 경우라는 것은 어디까지나 재판에 의한 권리구제의 가능성이 어느 정도 있는 경우에 한하는 것이므로 그와 같은 가능성이 전혀 없는 경우, 바꾸어 말하면 패소의 가능성이 명백한 경우는 애당초 여기에 해당할 수 없는 것이다. 이렇게 볼 때에 민사소송법 제118조 제1항 단서가 "다만, 패소할 것이 명백한 경우에는 그러하지 아니하다."라고 규정하여 소송구조의 불허가요건을 정하고 있는 것은 재판청구권의 본질을 침해하는 것이 아니다 (헌재 2001.2.22. 99헌바74). 03. 사법고시

❸ [×] 대법원을 구성하는 법관에 의한 재판을 받을 권리이거나 더구나 사건의 경중을 가리지 않고 모든 사건에 대하여 대법원을 구성하는 법관에 의한 균등한 재판을 받을 권리라고는 보여지지 않는다. 나아가 후단의 '법률에 의한' 재판을 받을 권리라 함은 법관에 의한 재판은 받되 법대로의 재판, 즉 절차법이 정한 절차에 따라 실체법이 정한 내용대로 재판을 받을 권리를 보장하자는 취지라고 할 것으로, 이는 재판에 있어서 법관이 법대로가 아닌 자의와 전단에 의하는 것을 배제한다는 것이지 여기에서 곧바로 상고심재판을 받을 권리가 발생한다고 보기는 어렵다고 할 것이다(헌재 1992.6.26. 90헌바25). 21. 법원직 9급

④ [○] 재심청구권은 입법형성권의 행사에 의하여 비로소 창설되는 법률상의 권리일 뿐, 청구인의 주장과 같이 헌법 제27조 제1항에 의하여 직접 발생되는 기본적 인권이 아니다(헌재 2000.6.29. 99헌바66). 17. 국회직 9급

## 10
정답 ③

① [×] 헌법 제34조 제1항은 '모든 국민은 인간다운 생활을 할 권리를 가진다'고 규정하고, 제2항은 '국가는 사회보장·사회복지의 증진에 노력할 의무를 진다'고 규정하고 있는바, 사회보장수급권은 이 규정들로부터 도출되는 사회적 기본권의 하나이다. 이와 같이 사회적 기본권의 성격을 가지는 사회보장수급권은 국가에 대하여 적극적으로 급부를 요구하는 것이므로 헌법규정만으로는 이를 실현할 수 없고, 법률에 의한 형성을 필요로 한다. 사회보장수급권의 구체적 내용, 즉 수급요건, 수급권자의 범위, 급여금액 등은 법률에 의하여 비로소 확정된다(헌재 2001.9.27. 2000헌마342).

② [×] 사립학교법상 명예퇴직수당은 교원이 정년까지 근무할 경우에 받게 될 장래 임금의 보전이나 퇴직 이후의 생활안정을 보장하는 사회보장적 급여가 아니라 장기근속 교원의 조기 퇴직을 유도하기 위한 특별장려금이라고 할 것이다(헌재 2007.4.26. 2003헌마533).

❸ [○] 사망 또는 상이 당시의 월평균임금을 기준으로 위로금을 산정함으로 인하여 피해시기에 따라 위로금 액수에 현격한 차이가 나는 문제를 보완하기 위해 입법자는 '지뢰피해자 지원에 관한 특별법' 제정 당시 고려한 국가재정부담 정도를 현저히 초과하지 아니하는 범위 내에서 2천만 원을 조정상한금액으로 정하여 위로금 격차 해소를 위한 보완책을 마련하였다. 따라서 심판대상조항이 인간다운 생활을 할 권리를 침해한다고 볼 수 없다(헌재 2019.12.27. 2018헌바236).

④ [×] 보험급여를 하지 아니하는 기간에 받은 보험급여의 경우에도, 일정한 기한 이내에 체납된 보험료를 완납한 경우 보험급여로 인정하는 등, 국민건강보험법은 심판대상조항으로 인하여 가입자가 과도한 불이익을 입지 않도록 배려하고 있다. 따라서 심판대상조항은 청구인의 인간다운 생활을 할 권리나 재산권을 침해하지 아니한다(헌재 2020.4.23. 2017헌바244).

## 11
정답 ④

① [×] 출생에 의한 국적 취득은 선천적이고, 국적회복과 귀화는 후천적인 국적 취득이다.

② [×]

> **국적법 제4조【귀화에 의한 국적 취득】** ① 대한민국 국적을 취득한 사실이 없는 외국인은 법무부장관의 귀화허가를 받아 대한민국 국적을 취득할 수 있다.
>
> **제9조【국적회복에 의한 국적 취득】** ① 대한민국의 국민이었던 외국인은 법무부장관의 국적회복허가를 받아 대한민국 국적을 취득할 수 있다.

③ [×] 귀화는 대한민국 국적을 취득한 사실이 없는 순수한 외국인이 법무부장관의 허가를 받아 대한민국 국적을 취득할 수 있도록 하는 절차인 데 비해(국적법 제4조 내지 제7조), 국적회복허가는 한때 대한민국 국민이었던 자를 대상으로 한다는 점, 귀화는 일정한 요건을 갖춘 사람에게만 허가할 수 있는 반면(국적법 제5조 내지 제7조), 국적회복허가는 일정한 사유에 해당하는 사람에 대해서만 국적회복을 허가하지 아니한다는 점(국적법 제9조 제2항)에서 차이가 있다(헌재 2020.2.27. 2017헌바434).

> **국적법 제9조【국적회복에 의한 국적 취득】** ② 법무부장관은 국적회복허가 신청을 받으면 심사한 후 다음 각 호의 어느 하나에 해당하는 사람에게는 국적회복을 허가하지 아니한다.
> 1. 국가나 사회에 위해를 끼친 사실이 있는 사람
> 2. 품행이 단정하지 못한 사람
> 3. 병역을 기피할 목적으로 대한민국 국적을 상실하였거나 이탈하였던 사람
> 4. 국가안전보장·질서유지 또는 공공복리를 위하여 법무부장관이 국적회복을 허가하는 것이 적당하지 아니하다고 인정하는 사람

❹ [O]

> **국적법 제14조【대한민국 국적의 이탈요건 및 절차】** ① 복수국적자로서 외국 국적을 선택하려는 자는 외국에 주소가 있는 경우에만 주소지 관할 재외공관의 장을 거쳐 법무부장관에게 대한민국 국적을 이탈한다는 뜻을 신고할 수 있다. 〈단서 생략〉

## 12               정답 ①

❶ [O] 통일원칙은 전문과 대통령 선서문에 제7차 개정헌법에서 최초로 규정되었다. 제4조는 제9차 개정헌법에서 처음으로 도입되었다.

② [×] 흡수통일의 개념이 모호하기는 하나 무력에 의한 흡수통일은 허용되지 않는다. 독일과 같이 동독의 붕괴로 인한 흡수통일은 허용될 수 있듯이 무력에 의한 방법이 아닌 통일은 평화통일원칙에 위반되지 않는다. 04. 사법고시

③ [×] 영토조항이 제7차 개정헌법에서 평화통일원칙의 도입으로 사문화되었다는 견해도 있으나, 영토조항은 여전히 그 효력을 유지하고 있으므로 사문화되고 있다고 견해가 일치하고 있지는 않다.

④ [×] 북한은 조국의 평화적 통일을 위한 대화와 협력의 동반자임과 동시에 적화통일노선을 고수하면서 우리의 자유민주주의체제를 전복하고자 획책하는 반국가단체의 성격도 아울러 가지고 있고, 반국가단체 등을 규율하는 국가보안법의 규범력이 상실되었다고 볼 수는 없다(대판 2008.4.17. 2003도758 전원합의체).
10. 국회직 8급

## 13               정답 ②

① [×] 모든 인간은 헌법상 생명권의 주체가 되며, 형성 중의 생명인 태아에게도 생명에 대한 권리가 인정되어야 한다. 따라서 태아도 헌법상 생명권의 주체가 되며, 국가는 헌법 제10조에 따라 태아의 생명을 보호할 의무가 있다. 생명의 연속적 발전과정에 대해 동일한 생명이라는 이유만으로 언제나 동일한 법적 효과를 부여하여야 하는 것은 아니다. 동일한 생명이라 할지라도 법질서가 생명의 발전과정을 일정한 단계들로 구분하고 그 각 단계에 상이한 법적 효과를 부여하는 것이 불가능하지 않다. 이 사건 법률조항들의 경우에도 '살아서 출생한 태아'와는 달리 '살아서 출생하지 못한 태아'에 대해서는 손해배상청구권을 부정함으로써 후자에게 불리한 결과를 초래하고 있으나 이러한 결과는 사법(私法)관계에서 요구되는 법적 안정성의 요청이라는 법치국가이념에 의한 것으로 헌법적으로 정당화된다 할 것이므로, 입법형성권의 한계를 명백히 일탈한 것으로 보기는 어려우므로 이 사건 법률조항들이 국가의 생명권 보호의무를 위반한 것이라 볼 수 없다(헌재 2008.7.31. 2004헌바81).

❷ [O] 동물보호법, '장사 등에 관한 법률', '동물장묘업의 시설설치 및 검사기준' 등 관계 규정에서 동물장묘시설의 설치제한지역을 상세하게 규정하고, 매연, 소음, 분진, 악취 등 오염원 배출을 규제하기 위한 상세한 시설 및 검사기준을 두고 있는 등의 사정을 고려할 때, 심판대상조항에서 동물장묘업 등록에 관하여 '장사 등에 관한 법률' 제17조 외에 다른 지역적 제한사유를 규정하지 않았다는 사정만으로 청구인들의 환경권을 보호하기 위한 입법자의 의무를 과소하게 이행하였다고 평가할 수는 없다. 따라서 심판대상조항은 청구인들의 환경권을 침해하지 않는다(헌재 2020.3.26. 2017헌마1281).

③ [×] 국가가 국민의 건강하고 쾌적한 환경에서 생활할 권리에 대한 보호의무를 다하지 않았는지 여부를 헌법재판소가 심사할 때에는 국가가 이를 보호하기 위하여 적어도 적절하고 효율적인 최소한의 보호조치를 취하였는가 하는 이른바 '과소보호금지원칙'의 위반 여부를 기준으로 삼아야 한다(헌재 2019.12.27. 2018헌마730).

④ [×] 대통령은 행정부의 수반으로서 국가가 국민의 생명과 신체의 안전보호의무를 충실하게 이행할 수 있도록 권한을 행사하고 직책을 수행하여야 하는 의무를 부담한다. 하지만 국민의 생명이 위협받는 재난상황이 발생하였다고 하여 피청구인이 직접 구조활동에 참여하여야 하는 등 구체적이고 특정한 행위의무까지 바로 발생한다고 보기는 어렵다(헌재 2017.3.10. 2016헌나1).

## 14               정답 ④

① [O] 병역의무 이행자들에 대한 보수는 병역의무 이행과 교환적 대가관계에 있는 것이 아니라 병역의무 이행의 원활한 수행을 장려하고 병역의무 이행자들의 처우를 개선하여 병역의무 이행에 전념하게 하려는 정책적 목적으로 지급되는 수혜적인 성격의 보상이므로, 병역의무 이행자들에게 어느 정도의 보상을 지급할 것인지는 전체 병력규모와 보충역 복무인원, 복무환경과 처우, 국가의 재정부담능력, 물가수준의 변화 등을 고려할 수밖에 없어 이를 정할 때에는 상당한 재량이 인정된다. 따라

서 그 내용이 현저히 불합리하지 않은 한 헌법에 위반된다고 할 수 없다(헌재 2020.9.24. 2017헌마643).

② [○] 이 사건 부칙조항은 혼인한 남성 등록의무자와 이미 개정 전 공직자윤리법 조항에 따라 재산등록을 한 혼인한 여성 등록의무자를 달리 취급하고 있는바, 이 사건 부칙조항이 평등원칙에 위배되는지 여부를 판단함에 있어서는 엄격한 심사척도를 적용하여 비례성원칙에 따른 심사를 하여야 한다(헌재 2021.9.30. 2019헌가3).

③ [○] 헌법재판소는, 종전 판례에서 국가유공자 가족에 대한 가산점 제도가 헌법 제32조 제6항에 근거를 두고 있다고 보아 완화된 비례심사기준을 적용하였으나, 판례 변경을 통해 국가유공자 가족에 대한 가산점 부여의 헌법상 근거를 부정함으로써 엄격한 비례심사기준을 적용하였다. 종전 결정은 국가유공자와 그 가족에 대한 가산점제도는 모두 헌법 제32조 제6항에 근거를 두고 있으므로 평등권 침해 여부에 관하여 보다 완화된 기준을 적용한 비례심사를 하였으나, 국가유공자 본인의 경우는 별론으로 하고, 그 가족의 경우는 위에서 본 바와 같이 헌법 제32조 제6항이 가산점제도의 근거라고 볼 수 없으므로 그러한 완화된 심사는 부적절한 것이다(헌재 2006.2.23. 2004헌마675).

❹ [✕] 이 사건 복수·부전공 가산점은 헌법이 정하고 있는 차별금지 사유나 영역에는 해당하지 아니하므로, 평등실현요청에 위배되는지 여부를 심사하기 위한 기준을 설정함에 있어서는 이 사건 복수·부전공 가산점으로 인한 차별이 공직취임에 대한 중대한 제한인지 여부가 문제된다. 그런데 중등교사 임용시험에서 이 사건 복수·부전공 가산점을 받지 못하는 자가 입을 수 있는 불이익은 공직에 진입하는 것 자체에 대한 제약이라는 점에서 당해 기본권에 대한 중대한 제한이므로 이 사건 복수·부전공 가산점 규정의 위헌 여부에 대하여는 엄격한 심사척도를 적용함이 상당하다(헌재 2006.6.29. 2005헌가13).

## 15      정답 ③

① [✕] 변호인의 조력을 받을 권리는 변호인과의 자유로운 접견교통권에 그치지 아니하고 더 나아가 변호인을 통하여 수사서류를 포함한 소송 관계 서류를 열람·등사하고 이에 대한 검토결과를 토대로 공격과 방어의 준비를 할 수 있는 권리도 포함된다고 보아야 할 것이므로 변호인의 수사기록 열람·등사에 대한 지나친 제한은 결국 피고인에게 보장된 변호인의 조력을 받을 권리를 침해하는 것이다(헌재 1997.11.27. 94헌마60).

② [✕] '변호인이 되려는 자'의 접견교통권은 헌법상 보장된 기본권이라고 할 수 없으므로 검사의 접견불허행위에 대한 청구인의 심판청구는 기본권 침해가능성이 없다는 견해는 반대의견이었다.
**법정의견:** 접견시간에 관한 '형의 집행 및 수용자의 처우에 관한 법률 시행령' 제58조 제1항은 검사 또는 사법경찰관이 그 허가 여부를 결정하는 피의자신문 중 변호인 등의 접견신청의 경우에는 적용되지 않으므로, 위 조항을 근거로 변호인 등의 접견신청을 불허하거나 제한할 수는 없는 점 등을 종합해 볼 때, 청구인의 피의자에 대한 접견신청은 '변호인이 되려는 자'에게 보장된 접견교통권의 행사범위 내에서 이루어진 것이고, 또한 검사의 접견불허행위는 헌법이나 법률의 근거 없이 이를 제한한 것이므로 청구인의 접견교통권을 침해하였다고 할 것이다(헌재 2019.2.28. 2015헌마1204).

**재판관 조용호, 이은애, 이종석의 반대의견:** 청구인이 검사의 위 접견불허행위로 인하여 침해당하였다고 주장하는 '변호인이 되려는 자'의 접견교통권은 헌법상 보장된 기본권이라고 할 수 없으므로 검사의 위 접견불허행위에 대한 청구인의 심판청구는 기본권 침해가능성이 없고, 또한 청구인이 형사소송법 제417조에 따른 준항고절차를 거치지 아니하였으므로 보충성요건도 구비하지 못하였다. 그렇다면 검사의 위 접견불허행위에 대한 헌법소원심판청구는 어느 모로 보나 부적법하므로 각하되어야 한다.

❸ [○] 헌법재판소가 91헌마111 결정에서 미결수용자와 변호인과의 접견에 대해 어떠한 명분으로도 제한할 수 없다고 한 것은, 구속된 자와 변호인 간의 접견이 실제로 이루어지는 경우에 있어서의 '자유로운 접견', 즉 '대화 내용에 대하여 비밀이 완전히 보장되고 어떠한 제한, 영향, 압력 또는 부당한 간섭 없이 자유롭게 대화할 수 있는 접견'을 제한할 수 없다는 것이지, 변호인과의 접견 자체에 대해 아무런 제한도 가할 수 없다는 것을 의미하는 것이 아니므로, 미결수용자의 변호인접견권 역시 국가안전보장·질서유지 또는 공공복리를 위하여 필요한 경우에는 법률로써 제한할 수 있는 것이다(헌재 2011.5.26. 2009헌마341).

④ [✕] 법정의견은 변호인의 변호권을 기본권으로 보고 변호인인 청구인에게 피의자 후방에 앉으라고 요구한 행위는 변호권을 침해한다고 보았다. 그러나 별개의견은 변호인의 변호권을 기본권으로 보지 않고 변호인인 청구인에게 피의자 후방에 앉으라고 요구한 행위는 변호인의 직업수행의 자유를 침해한다고 보았다.
**법정의견:** 변호인이 피의자신문에 자유롭게 참여할 수 있는 권리는 피의자가 가지는 변호인의 조력을 받을 권리를 실현하는 수단이므로 헌법상 기본권인 변호인의 변호권으로서 보호되어야 한다. 피의자신문에 참여한 변호인이 피의자 옆에 앉는다고 하여 피의자 뒤에 앉는 경우보다 수사를 방해할 가능성이 높아진다거나 수사기밀을 유출할 가능성이 높아진다고 볼 수 없으므로, 이 사건 후방착석요구행위의 목적의 정당성과 수단의 적절성을 인정할 수 없다. 이 사건 후방착석요구행위로 인하여 위축된 피의자가 변호인에게 적극적으로 조언과 상담을 요청할 것을 기대하기 어렵고, 변호인이 피의자의 뒤에 앉게 되면 피의자의 상태를 즉각적으로 파악하거나 수사기관이 피의자에게 제시한 서류 등의 내용을 정확하게 파악하기 어려우므로, 이 사건 후방착석요구행위는 변호인인 청구인의 피의자신문참여권을 과도하게 제한한다. 그런데 이 사건에서 변호인의 수사 방해나 수사기밀의 유출에 대한 우려가 없고, 조사실의 장소적 제약 등과 같이 이 사건 후방착석요구행위를 정당화할 그 외의 특별한 사정도 없으므로, 이 사건 후방착석요구행위는 침해의 최소성요건을 충족하지 못한다. 이 사건 후방착석요구행위로 얻어질 공익보다는 변호인의 피의자신문참여권 제한에 따른 불이익의 정도가 크므로, 법익의 균형성요건도 충족하지 못한다. 따라서 이 사건 후방착석요구행위는 변호인인 청구인의 변호권을 침해한다(헌재 2017.11.30. 2016헌마503).
**재판관 강일원, 조용호의 별개의견:** 이 사건 후방착석요구행위에 대하여 위헌확인을 하여야 한다는 점에 있어서는 법정의견과 견해를 같이 하나, 변호인의 변호권은 법률상 권리에 불과하므로 법정의견이 변호인의 변호권을 헌법상 기본권으로 파악한 부분에 대해서는 동의하기 어렵고, 이 사건 후방착석요구행위는 청구인의 직업수행의 자유를 침해한 것으로 보면 충분하다.

재판관 김창종의 반대의견: 이 사건 후방착석요구행위로 인하여 청구인이 침해되었다고 주장하는 변호인의 변호권은 헌법상 보장된 기본권이라고 할 수 없고, 이 사건 후방착석요구행위가 청구인의 변호사로서의 직업수행의 자유를 침해한다고 보기도 어렵다.

## 16                                   정답 ④

① [O] 학문의 자유란 진리를 탐구하는 자유를 의미하는데, 그것은 단순히 진리탐구의 자유에 그치지 않고 탐구한 결과에 대한 발표의 자유 내지 가르치는 자유(편의상 대학의 교수의 자유와 구분하여 수업의 자유로 한다) 등을 포함하는 것이라 할 수 있다.

② [O] 진리탐구의 자유와 결과발표 내지 수업의 자유는 같은 차원에서 거론하기가 어려우며, 전자는 신앙의 자유·양심의 자유처럼 절대적인 자유라고 할 수 있으나, 후자는 표현의 자유와도 밀접한 관련이 있는 것으로서 경우에 따라 헌법 제21조 제4항은 물론 제37조 제2항에 따른 제약이 있을 수 있는 것이다(헌재 1992.11.12. 89헌마88).

③ [O] 고등학교 평준화정책에 따른 학교 강제배정제도가 학생이나 학교법인의 기본권을 본질적으로 침해하는 위헌적인 것이라고까지 할 수는 없다(대판 2010.4.22. 2008다38288).

❹ [X] 학문·예술·체육·종교·의식·친목·오락·관혼상제·국경행사에 관한 집회에는 신고제, 야간옥외집회금지, 교통소통을 위한 제한조항을 적용하지 않는다(집회 및 시위에 관한 법률 제15조).

## 17                                   정답 ③

① [O] 심판대상조항은 치과의사로서 외국의 의료기관에서 치과전문의과정을 이수한 사람이라도 다시 국내에서 치과전문의수련과정을 이수하도록 하여 국내 실정에 맞는 경험과 지식을 갖추도록 하기 위한 것이므로 입법목적이 정당하고, 그 수단 또한 적합하다. 외국의 의료기관에서 치과전문의과정을 이수한 사람에 대해 그 외국의 치과전문의과정에 대한 인정절차를 거치거나, 치과전문의 자격시험에 앞서 예비시험제도를 두는 등 직업의 자유를 덜 제한하는 방법으로도 입법목적을 달성할 수 있고, 이미 국내에서 치과의사면허를 취득하고 외국의 의료기관에서 치과전문의과정을 이수한 사람들에게 다시 국내에서 전문의 과정을 다시 이수할 것을 요구하는 것은 지나친 부담을 지우는 것이므로, 심판대상조항은 침해의 최소성원칙에 위배되고 법익의 균형성도 충족하지 못한다. 따라서 심판대상조항은 과잉금지원칙에 위배되어 청구인들의 **직업수행의 자유를 침해한다**(헌재 2015.9.24. 2013헌마197). 19. 법원행시

② [O] 일반 치과의까지 포함하면 11가지의 치과의가 존재할 수 있는데도 이를 시행하기 위한 시행규칙의 미비로 청구인들은 일반 치과의로서 존재할 수 밖에 없는 실정이다. 따라서 이로 말미암아 청구인들은 직업으로서 치과전문의를 선택하고 이를 수행할 자유를 침해당하고 있다. 또한 청구인들은 전공의수련과정을 사실상 마치고도 치과전문의 자격시험의 실시를 위한 제도가 미비한 탓에 치과전문의 자격을 획득할 수 없었고 이로 인하여 형벌의 위험을 감수하지 않고는 전문과목을 표시할 수

없게 되었으므로 행복추구권을 침해받고 있고, 이 점에서 전공의수련과정을 거치지 않은 일반 치과의사나 전문의시험이 실시되는 다른 의료분야의 전문의에 비하여 불합리한 차별을 받고 있다(헌재 1998.7.16. 96헌마246). 18. 법원행시

❸ [X] 양방 및 한방 의료행위가 중첩될 경우 인체에 미치는 영향에 대한 과학적 검증이 없다는 점을 고려한다 하여도 위험영역을 한정하여 규제를 하면 족한 것이지 진단 등과 같이 위험이 없는 영역까지 전면적으로 금지하는 것은 지나치다(헌재 2007.12.27. 2004헌마1021). 12. 법무사

④ [O] 일정 기간의 의료업 정지나 중복개설된 의료기관에 대한 폐쇄명령 등의 조치만으로 실효적인 제재가 된다고 단정하기 어렵고, 심판대상조항 중 처벌조항에 규정된 법정형은 5년 이하 징역이나 5천만 원 이하 벌금으로 하한이 없어 행위자의 책임에 비례하는 형벌을 부과할 수 있다. 건전한 의료질서를 확립하고 국민건강을 보호·증진하고자 하는 공익이 의료기관 중복개설 금지로 인하여 청구인이 입게 되는 불이익에 비하여 중대하다. 따라서 심판대상조항이 의료인의 직업수행의 자유를 침해한다고 볼 수 없다(헌재 2021.6.24. 2019헌바342).

## 18                                   정답 ③

① [X] 헌법 제25조의 공무담임권의 보호영역에는 일반적으로 공직취임의 기회보장, 신분박탈, 직무의 정지에 관련된 사항이 포함되지만, 특별한 사정도 없이 공무원이 특정의 장소에서 근무하는 것이나 특정의 보직을 받아 근무하는 것을 포함하는 일종의 '공무수행의 자유'까지 포함된다고 보기 어렵다. 단과대학장이라는 특정의 보직을 받아 근무할 것을 요구할 권리는 공무담임권의 보호영역에 포함되지 않는 공무수행의 자유에 불과하므로, 이 사건 심판대상조항에 의해 청구인들의 공무담임권이 침해될 가능성이 인정되지 아니한다(헌재 2014.1.28. 2011헌마239).

② [X] 공무담임권이란 국가, 공공단체의 구성원으로서 그 직무를 담당할 수 있는 권리이므로 주된 선거방송 대담·토론회의 참가가 제한되어 사실상 선거운동의 자유가 일부 제한되는 측면이 있다고 하여 그로써 바로 국가기관의 공직에 취임할 수 있는 권리가 직접 제한된다고 보기는 어렵다고 할 것이므로, 이 사건 법률조항은 공무담임권을 제한하는 것이라고 볼 수 없다(헌재 2011.5.26. 2010헌마45).

❸ [O] 심판대상조항은 전직 국회의원 중 일정한 요건을 갖춘 사람에게 연로회원지원금을 지급하도록 하는 내용이므로 공직취임의 기회를 배제하는 내용이 아니며, 공무원 신분의 박탈에 관한 규정도 아니어서 공무담임권의 보호영역에 속하는 사항을 규정하고 있지 않으므로 공무담임권을 제한한다고 할 수 없다(헌재 2015.4.30. 2013헌마666).

④ [X] 공무원임용령 부칙 제2조 제1항 등에 의해 경찰청 내에 일반직 공무원의 정원이 증가하여 승진 경쟁이 치열해졌다 하더라도 그러한 불이익은 승진기회 내지 승진확률이 축소되는 사실상의 불이익에 불과할 뿐이므로 그로 인해 현재 경찰청 내 일반직공무원으로 근무하고 있는 청구인들의 헌법상 공무담임권 침해 문제가 생길 여지는 없다(헌재 2010.3.25. 2009헌마538).

① [×] 헌법 제28조에서 규정하는 '정당한 보상'은 헌법 제23조 제3항에서 재산권의 침해에 대하여 규정하는 '정당한 보상'과는 차이가 있다 할 것이다. 헌법 제23조 제3항에서 규정하는 '정당한 보상'이란 원칙적으로 피수용재산의 객관적 재산가치를 완전하게 보상하는 것이어야 하는바, 토지수용 등과 같은 재산권의 제한은 물질적 가치에 대한 제한이므로 제한되는 가치의 범위가 객관적으로 산정될 수 있어 이에 대한 완전한 보상이 가능하다. 그런데 헌법 제28조에서 문제되는 신체의 자유에 대한 제한인 구금으로 인하여 침해되는 가치는 객관적으로 산정할 수 없으므로, 일단 침해된 신체의 자유에 대하여 어느 정도의 보상을 하여야 완전한 보상을 하였다고 할 것인지 단언하기 어렵다(헌재 2010.10.28. 2008헌마514 등). 12. 사법고시

② [×] 형사보상청구권은 구금으로 인한 물질적·정신적 피해보상을 본질로 하며 재산상의 손실은 보상금 액수를 산정하는 고려요소에 지나지 않는다. 소극적 이익이나 기대이익의 상실은 고려대상은 된다.

> **형사보상 및 명예회복에 관한 법률 제5조【보상의 내용】** ② 법원은 제1항의 보상금액을 산정할 때 다음 각 호의 사항을 고려하여야 한다.
> 2. 구금기간 중에 입은 재산상의 손실과 얻을 수 있었던 이익의 상실 또는 정신적인 고통과 신체 손상

❸ [○] 형사보상청구권은 헌법 제28조에 따라 '법률이 정하는 바에 의하여' 행사되므로 그 내용은 법률에 의해 정해지는바, 형사보상의 구체적 내용과 금액 및 절차에 관한 사항은 입법자가 정하여야 할 사항이다. 이 사건 보상조항 및 이 사건 보상금 시행령조항은 보상금을 일정한 범위 내로 한정하고 있는데, 형사보상은 형사사법절차에 내재하는 불가피한 위험으로 인한 피해에 대한 보상으로서 국가의 위법·부당한 행위를 전제로 하는 국가배상과는 그 취지 자체가 상이하므로 형사보상절차로서 인과관계 있는 모든 손해를 보상하지 않는다고 하여 반드시 부당하다고 할 수는 없으며, 보상금액의 구체화·개별화를 추구할 경우에는 개별적인 보상금액을 산정하는 데 상당한 기간의 소요 및 절차의 지연을 초래하여 형사보상제도의 취지에 반하는 결과가 될 위험이 크고 나아가 그로 인하여 형사보상금의 액수에 지나친 차등이 발생하여 오히려 공평의 관념을 저해할 우려가 있는바, 이 사건 보상금조항 및 이 사건 보상금 시행령조항은 청구인들의 형사보상청구권을 침해한다고 볼 수 없다(헌재 2010.10.28. 2008헌마514 등).

④ [×] 헌법 제28조의 형사보상청구권이 국가의 형사사법작용에 의하여 신체의 자유가 침해된 국민에게 그 구제를 인정하여 국민의 기본권 보호를 강화하는 데 그 목적이 있는 점에 비추어 보면, 외형상·형식상으로 무죄재판이 없다고 하더라도 형사사법절차에 내재하는 불가피한 위험으로 인하여 국민의 신체의 자유에 관하여 피해가 발생하였다면 형사보상청구권을 인정하는 것이 타당하다. 심판대상조항은 소송법상 이유 등으로 무죄재판을 받을 수는 없으나 그러한 사유가 없었더라면 무죄재판을 받을 만한 현저한 사유가 있는 경우 그 절차에서 구금되었던 개인 역시 형사사법절차에 내재하는 불가피한 위험으로 인하여 신체의 자유에 피해를 입은 것은 마찬가지이므로 국가가 이를 마땅히 책임져야 한다는 고려에서 마련된 규정이다(헌재 2022.2.24. 2018헌마998).

❶ [○] 헌법 제32조는 여자의 근로와 연소자의 근로에 대한 특별한 보호규정을 두고 있으나, 장애인근로보호에 대한 규정은 없다. 장애인의 근로는 제34조 제5항에 따라 보호될 수 있다.

② [×] 일용근로자를 상용근로자와 동일하게 취급하기 위한 최소한의 기간으로 3개월이라는 기준을 설정한 것이 입법재량의 범위를 현저히 일탈하였다고 볼 수 없다. 해고예고제도는 30일 전에 예고를 하거나 30일분 이상의 통상임금을 해고예고수당으로 지급하도록 하고 있는바, 일용근로계약을 체결한 후 근속기간이 3개월이 안 된 근로자를 해고할 때에도 이를 적용하도록 한다면 사용자에게 지나치게 불리하다는 점에서도 심판대상조항이 입법재량의 범위를 현저히 일탈하였다고 볼 수 없다. 따라서 심판대상조항이 청구인의 근로의 권리를 침해한다고 보기 어렵다(헌재 2017.5.25. 2016헌마640).

③ [×] 근로의 권리는 사회적 기본권으로서, 국가에 대하여 직접 일자리(직장)를 청구하거나 일자리에 갈음하는 생계비의 지급청구권을 의미하는 것이 아니라, 고용증진을 위한 사회적·경제적 정책을 요구할 수 있는 권리에 그친다. 헌법 제15조의 직업의 자유 또는 헌법 제32조의 근로의 권리, 사회국가원리 등에 근거하여 실업방지 및 부당한 해고로부터 근로자를 보호하여야 할 국가의 의무를 도출할 수는 있을 것이나, 국가에 대한 직접적인 직장존속보장청구권을 근로자에게 인정할 헌법상의 근거는 없다(헌재 2002.11.28. 2001헌바50).

④ [×] 헌법상 근로의 권리는 '일할 자리에 관한 권리'만이 아니라 '일할 환경에 관한 권리'도 의미하는데, '일할 환경에 관한 권리'는 인간의 존엄성에 대한 침해를 방어하기 위한 권리로서 외국인에게도 인정되며, 건강한 작업환경, 일에 대한 정당한 보수, 합리적인 근로조건의 보장 등을 요구할 수 있는 권리 등을 포함한다. '일할 환경에 관한 권리'는 외국인 청구인들에게도 기본권 주체성이 인정된다(헌재 2016.3.31. 2014헌마367).

p.24

| 01 | ③ | 02 | ② | 03 | ② | 04 | ③ | 05 | ④ |
|----|----|----|----|----|----|----|----|----|----|
| 06 | ① | 07 | ④ | 08 | ④ | 09 | ① | 10 | ③ |
| 11 | ④ | 12 | ③ | 13 | ① | 14 | ① | 15 | ④ |
| 16 | ① | 17 | ① | 18 | ④ | 19 | ① | 20 | ② |

## 01

정답 ③

① [O] ☑ **불문헌법**

| 불문헌법국가 | 영국, 뉴질랜드, 캐나다, 이스라엘 |
|----|----|
| 불문헌법에서<br>인정되는 것 | 헌법의 국가창설적 기능,<br>헌법변천, 헌법해석, 헌법보호 |
| 불문헌법에서<br>인정되지 않는 것 | 헌법개정, 위헌법률심판 |

② [O] ❸ [X] 헌법재판소는 '신행정수도의 건설을 위한 특별조치법 위헌확인(헌재 2004.10.21. 2004헌마554)' 사건에서 우리 헌법상 관습헌법이 인정될 수 있는지에 관하여 적극적인 입장이다. 다만, 관습헌법의 효력과 관련하여 헌법재판소는 관습헌법은 "성문헌법과 마찬가지로 주권자인 국민의 헌법적 결단의 의사표현이며 성문헌법과 동등한 효력이 있다."라고 판시하고 있지만, 이러한 판시 내용이 관습헌법에 성문헌법을 개폐하는 효력까지 인정하는 것은 아니라고 할 것이다.

④ [O] 헌법재판소는 관습헌법도 헌법개정의 대상이 된다고 한다.

## 02

정답 ②

① [X] 전기요금의 산정이나 부과에 필요한 세부적인 기준을 정하는 것은 전문적이고 정책적인 판단을 요할 뿐 아니라 기술의 발전이나 환경의 변화에 즉각적으로 대응할 필요가 있다. 전기요금의 결정에 관한 내용을 반드시 입법자가 스스로 규율해야 하는 부분이라고 보기 어려우므로, 심판대상조항은 의회유보원칙에 위반되지 아니한다(헌재 2021.4.29. 2017헌가25).

❷ [O] 노인장기요양보험법은 요양급여의 실시와 그에 따른 급여비용 지급에 관한 기본적이고도 핵심적인 사항을 이미 법률로 규정하고 있다. 따라서 '시설 급여비용의 구체적인 산정방법 및 항목 등에 관하여 필요한 사항'을 반드시 법률에서 직접 정해야 한다고 보기는 어렵고, 이를 보건복지부령에 위임하였다고 하여 그 자체로 법률유보원칙에 반한다고 볼 수는 없다(헌재 2021.8.31. 2019헌바73).

③ [X] 이 사건 조치는, '특정 금융거래정보의 보고 및 이용 등에 관한 법률' 등에 따라 자금세탁방지의무 등을 부담하고 있는 금융기관에 대하여, 종전 가상계좌가 목적 외 용도로 남용되는 과정에서 자금세탁 우려가 상당하다는 점을 주지시키면서 그 우려를 불식시킬 수 있는 감시·감독체계와 새로운 거래체계, 소위 '실명확인 가상계좌 시스템'이 정착되도록, 금융기관에 방향을 제시하고 자발적 호응을 유도하려는 일종의 '단계적 가이드라인'에 불과하다. 은행들이 이에 응하지 아니하더라도 행정상, 재정상 불이익이 따를 것이라는 내용은 확인할 수 없는 점, 이 사건 조치 이전부터 금융기관들이 상당수 거래소에는 자발적으로 비실명가상계좌를 제공하지 아니하여 왔고 이를 제공해 오던 거래소라 하더라도 위험성이 노정되면 자발적으로 제공을 중단해 왔던 점, 이 사건 조치 이전부터 '국제자금세탁방지기구'를 중심으로 가상통화 거래에 관한 자금세탁방지규제가 계속 강화되어 왔는데 금융기관들이 이를 고려하지 않을 수 없었던 점, 다른 나라에 비견하여 특히 가상통화의 거래가액이 이례적으로 높고 급등과 급락을 거듭해 왔던 대한민국의 현실까지 살핀다면, 가상통화 거래의 위험성을 줄여 제도화하기 위한 전제로 이루어지는 단계적 가이드라인의 일환인 이 사건 조치를 금융기관들이 존중하지 아니할 이유를 달리 확인하기 어렵다. 이 사건 조치는 당국의 우월적인 지위에 따라 일방적으로 강제된 것으로 볼 수 없으므로 헌법소원의 대상이 되는 공권력의 행사에 해당된다고 볼 수 없다(헌재 2021.11.25. 2017헌마1384 등).

④ [X] 청구인은 심판대상조항이 영유아보육법 제36조, 같은 법 시행령 제24조의 위임범위를 일탈하였다고 주장한다. 그런데 위 주장은 심판대상조항이 법률의 근거 없이 청구인의 기본권을 제한하고 있다는 주장으로 이해되는바, 심판대상조항은 국공립어린이집 등에 보육교직원 인건비를 지원하는 수혜적 내용을 규정하고 있을 뿐이므로 기본권 제한의 경우 문제되는 법률유보원칙이 아니라 수혜대상의 범위를 정함에 있어 그 혜택에서 배제된 자를 자의적으로 차별하고 있는지 여부가 문제된다. 따라서 이 사건의 쟁점은 심판대상조항이 민간어린이집을 운영하는 청구인의 평등권을 침해하는지 여부이다(헌재 2022.2.24. 2020헌마177).

정답 ②

㉠ [O] '노동조합 및 노동관계조정법'(이하 '노동조합법'이라 한다)상 근로자란 타인과의 사용종속관계하에서 근로를 제공하고 그 대가로 임금 등을 받아 생활하는 사람을 의미하며, 특정한 사용자에게 고용되어 현실적으로 취업하고 있는 사람뿐만 아니라 일시적으로 실업상태에 있는 사람이나 구직 중인 사람을 포함하여 노동3권을 보장할 필요성이 있는 사람도 여기에 포함되는 것으로 보아야 한다. 그리고 출입국관리법령에서 외국인고용제한규정을 두고 있는 것은 취업활동을 할 수 있는 체류자격(이하 '취업자격'이라고 한다) 없는 외국인의 고용이라는 사실적 행위 자체를 금지하고자 하는 것뿐이지, 나아가 취업자격 없는 외국인이 사실상 제공한 근로에 따른 권리나 이미 형성된 근로관계에서 근로자로서의 신분에 따른 노동관계법상의 제반 권리 등의 법률효과까지 금지하려는 것으로 보기는 어렵다. 따라서 타인과의 사용종속관계하에서 근로를 제공하고 그 대가로 임금 등을 받아 생활하는 사람은 노동조합법상 근로자에 해당하고, 노동조합법상의 근로자성이 인정되는 한, 그러한 근로자가 외국인인지 여부나 취업자격의 유무에 따라 노동조합법상 근로자의 범위에 포함되지 아니한다고 볼 수는 없다(대판 2015.6.25. 2007두4995 전원합의체).

㉡ [X] 외국인(비록 위장취업을 위하여 불법입국한 외국인이라 할지라도)이 국내 사업주와 불법으로 근로계약을 체결하였더라도 그 계약은 유효하고, 그 외국인은 근로기준법상의 근로자에 해당된다고 보아야 한다. 따라서 근로기준법의 근로자보호규정은 외국인인 근로자에게도 적용되어야 한다. 그 결과 외국인인 근로자의 임금채권도 보호되어야 하고 그가 업무상 부상 등을 입은 경우에는 산업재해보상보험법도 적용받아야 마땅하다고 본다(대판 1995.9.15. 94누12067). 04. 사법고시

㉢ [X] 국가배상청구권과 범죄피해자청구권은 상호보증하에서 외국인에게 인정되나, 형사보상청구권은 헌법 제28조의 해석으로 바로 외국인에게 인정된다.

㉣ [O]
> 국가배상법 제7조 【외국인에 대한 책임】 이 법은 외국인이 피해자인 경우에는 해당 국가와 상호보증이 있을 때에만 적용한다.

## 04

정답 ③

① [O] 미수범처벌조항과 가장 밀접한 기본권은 일반적 행동자유권이다. 미수범처벌조항은 과잉금지원칙을 위반하여 일반적 행동자유권을 침해하지 아니한다(헌재 2019.11.28. 2017헌바182).

② [O] 이 사건 각 심판대상조항은 응급환자 본인의 의료에 관한 자기결정권을 직접 제한하거나 그러한 제한을 규범의 목적으로 하고 있지 않다. 응급환자 본인의 행위가 위법성이 인정되지 않는 범위 내에 있다면 이 사건 각 심판대상조항에 의한 규율의 대상이 되지 아니하므로 자기결정권 내지 일반적 행동의 자유의 제한 문제가 발생하지 않는다(헌재 2019.6.28. 2018헌바128).

❸ [X] 부정취득한 운전면허는 그 요건이 처음부터 갖추어지지 못한 것으로서 해당 면허를 박탈하더라도 기본권이 추가적으로 제한된다고 보기 어려워, 법익의 균형성원칙에도 위배되지 않는다(헌재 2020.6.25. 2019헌가9 등).

④ [O] 위법이나 비난의 정도가 미약한 사안을 포함한 모든 경우에 부정 취득하지 않은 운전면허까지 필요적으로 취소하고 이로 인해 2년 동안 해당 운전면허 역시 받을 수 없게 하는 것은, 공익의 중대성을 감안하더라도 지나치게 기본권을 제한하는 것이므로, 법익의 균형성원칙에도 위배된다. 따라서 심판대상조항 중 각 '거짓이나 그 밖의 부정한 수단으로 받은 운전면허를 제외한 운전면허'를 필요적으로 취소하도록 한 부분은, 과잉금지원칙에 반하여 일반적 행동의 자유 또는 직업의 자유를 침해한다(헌재 2020.6.25. 2019헌가9 등).

정답 ④

① [X] 현대국가의 사회적 기능증대와 사회현상의 복잡화에 따라 국민의 권리·의무에 관한 사항이라 하여 모두 입법부에서 제정한 법률만으로 정할 수는 없어 불가피하게 예외적으로 하위법령에 위임하는 것이 허용되는바, 위임입법의 형식은 원칙적으로 헌법 제75조, 제95조에서 예정하고 있는 대통령령, 총리령 또는 부령 등의 법규명령의 형식을 벗어나서는 아니 된다. 정관은 법인의 조직과 활동에 관하여 단체 내부에서 자율적으로 정한 자치규범으로서, 대내적으로만 효력을 가질 뿐 대외적으로 제3자를 구속하지는 않는 것이 원칙이고, 그 성립 및 효력발생요건에 있어 법규명령과 성질상 차이가 크다. 국회의 의결 및 대통령의 공포절차를 거치는 법률의 제정·개정절차와는 달리, 신용협동조합의 정관은 조합원으로 구성된 총회의 결의를 거쳐 신용협동조합중앙회 회장의 승인으로 제정 및 변경이 가능한 것이다(신용협동조합법 제7조, 제24조). 그럼에도 불구하고 형사처벌에 관련되는 주요사항을 헌법이 위임입법의 형식으로 예정하고 있지도 않은 특수법인의 정관에 위임하는 것은 사실상 그 정관 작성권자에게 처벌법규의 내용을 형성할 권한을 준 것이나 다름없다. 따라서 정관에 구성요건을 위임하는 것은 범죄와 형벌에 관하여는 입법부가 제정한 형식적 의미의 법률로써 정하여야 한다는 죄형법정주의에 비추어 허용되기 어렵다(헌재 2020.6.25. 2018헌바278).

② [X] 심판대상조항에서 정하고 있는 '강제퇴거명령의 집행을 위한 보호'에 대해서는 보호기간의 상한이 마련되지 아니하여 사실상 강제퇴거대상자에 대한 무기한 보호가 가능하다는 점, 보호의 개시나 연장단계에서 중립적 기관에 의하여 보호의 적법성을 판단받을 기회가 존재하지 아니한다는 점 등에서 지속적인 비판이 있어 왔다. 이 결정에서 헌법재판소는 심판대상조항에 의한 보호가 강제퇴거대상자의 신체의 자유를 침해하지 아니한다고 결정하였던 헌재 2018.2.22. 2017헌가29 결정을 변경하고, 보호기간의 상한이 존재하지 아니한 것이 과잉금지원칙에 위배되며 보호의 개시나 연장단계에서 공정하고 중립적인 기관에 의한 통제절차가 없고, 행정상 인신구속을 함에 있어 의견제출의 기회도 전혀 보장하고 있지 아니한 것이 적법절차원칙에 위배되어 피보호자의 신체의 자유를 침해한다(헌재 2023.3.23. 2020헌가1).

✎ 헌재 2018.2.22. 2017헌가29 합헌결정 변경

③ [X] 죄형법정주의는 자유주의, 권력분립, 법치주의 및 국민주권의 원리에 입각한 것으로서 무엇이 범죄이며 그에 대한 형벌이 어떠한 것인가는 반드시 국민의 대표로 구성된 입법부가 제정한 법률로써 정하여야 한다는 원칙이고, 죄형법정주의를 천명

한 헌법 제2조 제1항 후단이나 제13조 제1항 전단에서 말하는 '법률'도 입법부에서 제정한 형식적 의미의 법률을 의미하는 것임은 물론이다. 그런데 아무리 권력분립이나 법치주의가 민주정치의 원리라 하더라도 현대국가의 사회적 기능증대와 사회현상의 복잡화에 따라 국민의 권리 · 의무에 관한 사항이라 하여 모두 입법부에서 제정한 법률만으로 다 정할 수는 없는 것이기 때문에 예외적으로 행정부에서 제정한 명령에 위임하는 것을 허용하지 않을 수 없다. 위임입법에 관한 헌법 제75조는 처벌법규에도 적용되는 것이지만 법률에 의한 처벌법규의 위임은, 헌법이 특히 인권을 최대한으로 보장하기 위하여 죄형법정주의와 적법절차를 규정하고, 법률(형식적 의미의)에 의한 처벌을 특별히 강조하고 있는 기본권 보장 우위사상에 비추어 바람직하지 못한 일이므로, 그 요건과 범위가 보다 엄격하게 제한적으로 적용되어야 한다. 따라서 처벌법규의 위임은 특히 긴급한 필요가 있거나 미리 법률로써 자세히 정할 수 없는 부득이한 사정이 있는 경우에 한정되어야 하고 이러한 경우일지라도 법률에서 범죄의 구성요건은 처벌대상인 행위가 어떠한 것일 것이라고 이를 예측할 수 있을 정도로 구체적으로 정하고 형벌의 종류 및 그 상한과 폭을 명백히 규정하여야 한다(헌재 1991.7.8. 91헌가4).

❹ [ O ] 헌법 제12조 제3항의 영장주의는 법관이 발부한 영장에 의하지 아니하고는 수사에 필요한 강제처분을 하지 못한다는 원칙으로 소변을 받아 제출하도록 한 것은 교도소의 안전과 질서유지를 위한 것으로 수사에 필요한 처분이 아닐 뿐만 아니라 검사대상자들의 협력이 필수적이어서 강제처분이라고 할 수도 없어 영장주의의 원칙이 적용되지 않는다(헌재 2006.7.27. 2005헌마277).

## 06 정답 ①

❶ [ O ] '양심의 자유'가 보장하고자 하는 '양심'은 민주적 다수의 사고나 가치관과 일치하는 것이 아니라, 개인적 현상으로서 지극히 주관적인 것이다. 양심은 그 대상이나 내용 또는 동기에 의하여 판단될 수 없으며, 특히 양심상의 결정이 이성적 · 합리적인가, 타당한가 또는 법질서나 사회규범, 도덕률과 일치하는가 하는 관점은 양심의 존재를 판단하는 기준이 될 수 없다(헌재 2004.8.26. 2002헌가1).

② [ × ] 우리 헌법 제19조는 모든 국민은 양심의 자유를 가진다고 하여 명문으로 양심의 자유를 보장하고 있다. 여기서 헌법이 보호하고자 하는 양심은 어떤 일의 옳고 그름을 판단함에 있어서 그렇게 행동하지 않고는 자신의 인격적 존재가치가 파멸되고 말 것이라는 강력하고 진지한 마음의 소리로서의 절박하고 구체적인 양심을 말한다. 따라서 막연하고 추상적인 개념으로서의 양심이 아니다(헌재 1997.3.27. 96헌가11).

③ [ × ] 헌법 제19조는 "모든 국민은 양심의 자유를 가진다."라고 하여 양심의 자유를 기본권의 하나로 보장하고 있다. 보호되어야 할 양심에는 세계관 · 인생관 · 주의 · 신조 등은 물론, 이에 이르지 아니하여도 보다 널리 개인의 인격형성에 관계되는 내심에 있어서의 가치적 · 윤리적 판단도 포함될 수 있다. 그러나 단순한 사실관계의 확인과 같이 가치적 · 윤리적 판단이 개입될 여지가 없는 경우는 물론, 법률해석에 관하여 여러 견해가 갈리는 경우처럼 다소의 가치관련성을 가진다고 하더라도 개인의

인격형성과는 관계가 없는 사사로운 사유나 의견 등은 그 보호대상이 아니라고 할 것이다(헌재 2002.1.31. 2001헌바43).

④ [ × ] 인터넷언론사의 공개된 게시판 · 대화방에서 스스로의 의사에 의하여 정당 · 후보자에 대한 지지 · 반대의 글을 게시하는 행위는 정당 · 후보자에 대한 단순한 의견 등의 표현행위에 불과하여 양심의 자유나 사생활 비밀의 자유에 의하여 보호되는 영역이라고 할 수 없다(헌재 2010.2.25. 2008헌마324).

## 07 정답 ④

① [ O ] [1] '생업의 근거를 상실하게 된 자에 대하여 일정 규모의 상업용지 또는 상가분양권 등을 공급하는' 생활대책은 헌법 제23조 제3항에 규정된 정당한 보상에 포함되는 것이라기보다는 생활보상의 일환으로서 국가의 정책적인 배려에 의하여 마련된 제도이므로, 그 실시 여부는 입법자의 입법정책적 재량의 영역에 속한다. 이 사건 법률조항이 공익사업의 시행으로 인하여 농업 등을 계속할 수 없게 되어 이주하는 농민 등에 대한 생활대책 수립의무를 규정하고 있지 않다는 것만으로 재산권을 침해한다고 볼 수 없다(헌재 2013.7.25. 2012헌바71).
[2] 이주대책은 헌법 제23조 제3항에 규정된 정당한 보상에 포함되는 것이라기보다는 이에 부가하여 이주자들에게 종전의 생활상태를 회복시키기 위한 생활보상의 일환으로서 국가의 정책적인 배려에 의하여 마련된 제도라고 볼 것이다. 따라서 이주대책의 실시 여부는 입법자의 입법정책적 재량의 영역에 속하므로 '공익사업을 위한 토지 등의 취득 및 보상에 관한 법률 시행령' 제40조 제3항 제3호가 이주대책의 대상자에서 세입자를 제외하고 있는 것이 세입자의 재산권을 침해하는 것이라 볼 수 없다(헌재 2006.2.23. 2004헌마19).

② [ O ] '도시 및 주거환경정비법' 제65조 제2항은 정비기반시설의 설치와 관련된 비용의 적정한 분담과 그 시설의 원활한 확보 및 효율적인 유지 · 관리의 관점에서 정비기반시설과 그 부지의 소유 · 관리 · 유지관계를 정한 규정인데, 같은 항 전단에 따른 정비기반시설의 소유권 귀속은 헌법 제23조 제3항의 수용에 해당하지 않고, 이 사건 법률조항이 그에 대한 보상의 의미를 가지는 것도 아니므로, 이 사건 법률조항에 관하여 정당한 보상의 원칙이 적용될 여지가 없다(헌재 2013.10.24. 2011헌바355).

③ [ O ] 무면허 매립자는 원상회복을 위하여 투입될 비용과 자신이 수거할 수 있는 시설 및 토사 등의 가치를 비교하여 그 이익교량에 따라 매립공사 시행구역 내의 공유수면을 원상회복하고 매립지역 내에 있는 시설 기타 물건을 수거함으로써 원상회복의무를 이행함과 동시에 시설 기타 물건의 국유화를 피할 수도 있고, 반대로 원상회복의무를 면제받을 수도 있으므로 후자의 경우에 취하는 국유화조치는 국가가 국민의 재산권을 그 의사에 반하여 강제적으로 취득하는 수용에 해당하지 아니한다(헌재 2005.4.28. 2003헌바73).

❹ [ × ] 공용수용이 허용될 수 있는 공익성을 가진 사업, 즉 공익사업의 범위는 사업시행자와 토지소유자 등의 이해가 상반되는 중요한 사항으로서, 공용수용에 대한 법률유보의 원칙에 따라 법률에서 명확히 규정되어야 한다. 공공의 이익에 도움이 되는 사업이라도 '공익사업'으로 실정법에 열거되어 있지 않은 사업은 공용수용이 허용될 수 없다(헌재 2014.10.30. 2011헌바172).

**08** 정답 ④

① [×] 심판대상조항 중 수형자에 관한 부분의 위헌성은 지나치게 전면적·획일적으로 수형자의 선거권을 제한한다는 데 있다. 그런데 그 위헌성을 제거하고 수형자에게 헌법합치적으로 선거권을 부여하는 것은 입법자의 형성재량에 속하므로 심판대상조항 중 수형자에 관한 부분에 대하여 헌법불합치결정을 선고한다(헌재 2014.1.28. 2012헌마409 등).

② [×]

> 공직선거법 제18조【선거권이 없는 자】① 선거일 현재 다음 각 호의 어느 하나에 해당하는 사람은 선거권이 없다.
> 1. 금치산선고를 받은 자

③ [×] 헌법 제24조는 모든 국민은 '법률이 정하는 바에 의하여' 선거권을 가진다고 규정함으로써 법률유보의 형식을 취하고 있지만, 이것은 국민의 선거권이 '법률이 정하는 바에 따라서만 인정될 수 있다'는 포괄적인 입법권의 유보하에 있음을 의미하는 것이 아니다. 국민의 기본권을 법률에 의하여 구체화하라는 뜻이며 선거권을 법률을 통해 구체적으로 실현하라는 의미이다(헌재 2007.6.28. 2004헌마644).

❹ [○] 영내 기거하는 현역병은 보다 밀접한 이해관계를 가지는 그가 속한 세대의 거주지 선거에서 선거권을 행사할 수 있고, 영내 기거하는 현역병을 병영이 소재하는 지역의 주민에 해당한다고 보기 어려운 이상, 영내 기거하는 현역병이 병영이 소재하는 지역에서 선거권을 행사하지 못한다 하더라도 이를 선거권 자체가 제한된 것으로 볼 수는 없다(헌재 2011.6.30. 2009헌마59).

**09** 정답 ①

❶ [○] 국회의 동의를 받은 조약은 법률의 효력을 가지므로 기본권을 제한할 수 있다. 11. 사법고시

② [×] '금융산업의 구조개선에 관한 법률' 제2조 제3호 가목, 제10조 제1항 제2호, 제2항에서 입법사항을 금융감독위원회의 고시에 위임한 것이 헌법에 위반되는지 여부(소극): 금융감독위원회의 고시와 같은 형식으로 입법위임을 할 때에는 적어도 행정규제기본법 제4조 제2항 단서에서 정한 바와 같이 법령이 전문적·기술적 사항이나 경미한 사항으로서 업무의 성질상 위임이 불가피한 사항에 한정된다 할 것이고, 그러한 사항이라 하더라도 포괄위임금지의 원칙상 법률의 위임은 반드시 구체적·개별적으로 한정된 사항에 대하여 행하여져야 한다. '금융산업구조개선에 관한 법률' 제2조 제3호 가목은 부실금융기관을 결정할 때 '부채와 자산의 평가 및 산정'의 기준에 관하여, 위 법률 제10조 제1항·제2항은 적기시정조치의 기준과 내용에 관하여 금융감독위원회의 고시에 위임하고 있는바, 위와 같이 입법위임된 사항은 전문적·기술적인 것으로 업무의 성질상 금융감독위원회의 고시로 위임함이 불가피한 사항일 뿐만 아니라, 위 각 법률규정 자체에서 금융감독위원회의 고시로 규제될 내용 및 범위의 기본사항이 구체적으로 규정되어 있어 누구라도 위 규정으로부터 금융감독위원회의 고시에 규정될 내용의 대강을 예측할 수 있다 할 것이어서, 포괄위임입법금지를 선언한 헌법 제75조에 위반되지 아니한다(헌재 2004.10.28. 99헌바9). 20. 경찰채용

③ [×] 법률유보원칙이란 헌법상 보장된 국민의 자유나 권리를 제한할 때에는 그 제한의 본질적인 사항에 관한 한 입법자가 법률로써 스스로 규율하여야 한다는 것이지, 모든 사항을 입법자가 법률로써 규율하여야 한다는 것이 아니다. 08. 국회직 8급

④ [×] 헌법 제37조 제2항은 기본권 제한에 관한 일반적 법률유보조항이라고 할 수 있는데, 법률유보의 원칙은 '법률에 의한 규율'만을 요청하는 것이 아니라 '법률에 근거한 규율'을 요청하는 것이기 때문에 기본권의 제한에는 법률의 근거가 필요할 뿐이고 기본권 제한의 형식이 반드시 모두 법률의 형식일 필요는 없다(헌재 2005.3.31. 2003헌마87). 15. 법원직 9급

**10** 정답 ③

① [×] 재판청구권 침해 여부는 입법형성권을 일탈했는지 여부를 심사하여야 하고, 국가배상청구권 침해 여부는 과잉금지원칙 위반 여부를 심사해야 한다.
[1] 재판절차가 국민에게 개설되어 있다 하더라도, 절차적 규정들에 의하여 법원에의 접근이 합리적인 이유로 정당화될 수 없는 방법으로 어렵게 된다면, 재판청구권은 사실상 형해화될 수 있으므로, 바로 여기에 입법형성권의 한계가 있다.
[2] 심판대상조항은 신청인이 위원회의 보상금 등 지급결정에 동의한 때 민주화운동과 관련하여 입은 피해 일체에 대해 재판상 화해가 성립된 것으로 간주함으로써, 향후 민주화운동과 관련된 모든 손해에 대한 국가배상청구권 행사를 금지하고 있는바, 이는 국가배상청구권의 내용을 구체적으로 형성하는 것이 아니라, 국가배상법의 제정을 통해 이미 형성된 국가배상청구권의 행사를 제한하는 것에 해당한다. 그러므로 심판대상조항의 국가배상청구권 침해 여부를 판단함에 있어서는, 심판대상조항이 기본권 제한입법의 한계인 헌법 제37조 제2항을 준수하였는지 여부, 즉 과잉금지원칙을 준수하고 있는지 여부를 살펴보아야 한다(헌재 2017.6.29. 2015헌마654).

② [×] [1] 민주화보상법상 보상금 등에는 적극적·소극적 손해에 대한 배상의 성격이 포함되어 있는바, 관련자와 유족이 위원회의 보상금 등 지급결정이 일응 적절한 배상에 해당된다고 판단하여 이에 동의하고 보상금 등을 수령한 경우 보상금 등의 성격과 중첩되는 적극적·소극적 손해에 대한 국가배상청구권의 추가적 행사를 제한하는 것은, 동일한 사실관계와 손해를 바탕으로 이미 적절한 배상을 받았음에도 불구하고 다시 동일한 내용의 손해배상청구를 금지하는 것이므로, 이를 지나치게 과도한 제한으로 볼 수 없다.
[2] 민주화보상법상 보상금 등에는 정신적 손해에 대한 배상이 포함되어 있지 않은바, 이처럼 정신적 손해에 대해 적절한 배상이 이루어지지 않은 상태에서 적극적·소극적 손해에 상응하는 배상이 이루어졌다는 사정만으로 정신적 손해에 대한 국가배상청구마저 금지하는 것은, 해당 손해에 대한 적절한 배상이 이루어졌음을 전제로 하여 국가배상청구권 행사를 제한하려 한 민주화보상법의 입법목적에도 부합하지 않으며, 국가의 기본권보호의무를 규정한 헌법 제10조 제2문의 취지에도 반하는 것으로서, 국가배상청구권에 대한 지나치게 과도한 제한에 해당한다. 따라서 심판대상조항 중 정신적 손해에 관한 부분은 민주화운동 관련자와 유족의 국가배상청구권을 침해한다(헌재 2017.6.29. 2015헌마654).

❸ [O] 민주화보상법은 관련 규정을 통하여 보상금 등을 심의·결정하는 위원회의 중립성과 독립성을 보장하고 있고, 심의절차의 전문성과 공정성을 제고하기 위한 장치를 마련하고 있으며, 신청인으로 하여금 그에 대한 동의 여부를 자유롭게 선택하도록 정하고 있다. 따라서 심판대상조항은 관련자 및 유족의 재판청구권을 침해하지 아니한다(헌재 2017.6.29. 2015헌마654).

❹ [×] 재판청구권 침해가 아니라 국가배상청구권 침해이므로 틀린 지문이다.

정신적 손해에 대한 <u>국가배상청구권 침해 여부</u>에 대하여 살펴본다. 앞서 살펴본 바와 같이 민주화보상법상 보상금 등에는 정신적 손해에 대한 배상이 포함되어 있지 않음을 알 수 있다. 이처럼 정신적 손해에 대해 적절한 배상이 이루어지지 않은 상태에서 적극적·소극적 손해 내지 손실에 상응하는 배·보상이 이루어졌다는 사정만으로 정신적 손해에 관한 국가배상청구마저 금지하는 것은, 관련자와 유족의 국가배상청구권을 침해한다. 그렇다면 심판대상조항의 '민주화운동과 관련하여 입은 피해' 중 불법행위로 인한 정신적 손해에 관한 부분은 헌법에 위반된다(헌재 2017.6.29. 2015헌마654).

✎ 재판청구권 침해는 국가배상법에서의 침해밖에 없음.

<br>

## 11                                    정답 ④

① [O] 대통령제를 채택한 건국헌법은 대통령의 유고시를 대비해서 부통령제를 두면서도, 의원내각제적 요소를 가미하여 국회의 사후승인을 얻어 임명되는 국무총리를 두고, 대통령·국무총리·국무위원 등으로 조직되는 국무원이 대통령의 권한에 속하는 중요정책의 의결기관으로 기능케 하였다.

② [O]
> **1952년 개정헌법 제53조** 대통령과 부통령은 국민의 보통, 평등, 직접, 비밀투표에 의하여 각각 선거한다.
> **제32조** 양원은 국민의 보통, 평등, 직접, 비밀투표에 의하여 선거된 의원으로써 조직한다.

③ [O]
> **1962년 개정헌법 제61조** ① 대통령·국무총리·국무위원·행정각부의 장·법관·중앙선거관리위원회위원·감사위원 기타 법률에 정한 공무원이 그 직무집행에 있어서 헌법이나 법률을 위배한 때에는 국회는 탄핵의 소추를 의결할 수 있다.
> ② 전항의 탄핵소추는 국회의원 30인 이상의 발의가 있어야 하며, 그 의결은 재적의원 과반수의 찬성이 있어야 한다.
> **1969년 개정헌법 제61조** ① 대통령·국무총리·국무위원·행정각부의 장·법관·중앙선거관리위원회위원·감사위원 기타 법률에 정한 공무원이 그 직무집행에 있어서 헌법이나 법률을 위배한 때에는 국회는 탄핵의 소추를 의결할 수 있다.
> ② 전항의 탄핵소추는 국회의원 30인 이상의 발의가 있어야 하며, 그 의결은 재적의원 과반수의 찬성이 있어야 한다. 다만, 대통령에 대한 탄핵소추는 국회의원 50인 이상의 발의와 재적의원 3분의 2 이상의 찬성이 있어야 한다.

❹ [×] 1954년 제2차 개정헌법은 국무총리제를 폐지하였다.

<br>

## 12                                    정답 ③

① [O] 이 사건 지원배제지시는 특정한 정치적 견해를 표현한 청구인들을, 그러한 정치적 견해를 표현하지 않은 다른 신청자들과 구분하여 정부지원사업에서 배제하여 차별적으로 취급한 것인데, 헌법상 문화국가원리에 따라 정부는 문화의 다양성·자율성·창조성이 조화롭게 실현될 수 있도록 중립성을 지키면서 문화를 육성하여야 함에도, 청구인들의 정치적 견해를 기준으로 이들을 문화예술계 지원사업에서 배제되도록 한 것은 자의적인 차별행위로서 청구인들의 평등권을 침해한다(헌재 2020. 12.23. 2017헌마416).

② [O] 피청구인들이 이러한 중립성을 보장하기 위하여 법률에서 정하고 있는 제도적 장치를 무시하고 정치적 견해를 기준으로 청구인들을 문화예술계 정부지원사업에서 배제되도록 차별취급한 것은 헌법상 문화국가원리와 법률유보원칙에 반하는 자의적인 것으로 정당화될 수 없다(헌재 2020.12.23. 2017헌마 416).

❸ [×] 국가 및 지방자치단체에게 초·중등교육과정에 지역어 보전 및 지역의 실정에 적합한 기준과 내용의 교과를 편성하지 아니한 부분에 대한 심판청구가 적법하려면 헌법규범에서 국가 및 지방자치단체에게 '초·중등교육과정에 지역어 보전 및 지역의 실정에 적합한 기준과 내용의 교과를 편성할 구체적인 의무'가 나온다고 인정되어야 할 것이다. 헌법이 국가 및 지방자치단체에게 청구인들이 주장하는 바와 같은 작위의무가 있다고 명시한 바 없고, 헌법 제10조(행복추구권), 제31조(교육을 받을 권리), 제9조(전통문화의 계승·발전과 민족문화의 창달에 노력할 국가의무)로부터도 위와 같은 작위의무가 도출된다고 할 수 없다(헌재 2009.5.28. 2006헌마618).

④ [O] 우리 헌법재판소는 문화예술기금 확보를 위한 부담금을 위헌으로 보았으나, 영화발전기금 확보를 위한 부담금에 대해서는 합헌결정을 하였다.

**관련판례**
> 특별부담금으로서의 문예진흥기금의 납입금은 그 헌법적 허용한계를 일탈하여 헌법에 위반된다. … 공연관람자 등이 예술감상에 의한 정신적 풍요를 느낀다면 그것은 헌법상의 문화국가원리에 따라 국가가 적극 장려할 일이지, 이것을 일정한 집단에 의한 수익으로 인정하여 그들에게 경제적 부담을 지우는 것은 헌법의 문화국가이념(제9조)에 역행하는 것이다(헌재 2003.12.18. 2002헌가2).

**관련판례**
> 영화발전기금의 안정적 재원 마련을 위한 영화상영관 입장권에 대한 부과금제도는 과잉금지원칙에 반하여 영화관 관람객의 재산권과 영화관 경영자의 직업수행의 자유를 침해하였다고 볼 수 없다(헌재 2008.11.27. 2007헌마860).

# 13

정답 ①

**❶ [O]** 이 사건 법률조항들은 언론사가 대의민주주의를 실현하는 수단인 선거와 관련된 보도를 함에 있어 공적인 책임의식을 높이고 선거에 관한 공정하고 자유로운 여론이 형성될 수 있도록 하기 위하여, 선거기사심의위원회로 하여금 선거기사의 내용이 공정하지 아니하다고 인정되는 경우 언론중재위원회를 통하여 언론사에 대하여 그 기사의 내용에 관한 사과문을 게재할 것을 명하고, 해당 언론사의 발행인 등이 사과문 게재 명령을 지체 없이 이행하지 않을 경우 형사처벌을 함으로써 그 실효성을 담보하는 규정으로서, 그 **입법목적의 정당성과 수단의 적절성은 인정된다.** 공직선거법에 따르면, 언론사가 공정보도의무를 위반하여 사실에 어긋나거나 불공정한 선거기사를 보도하는 경우에 선거기사심의위원회가 취할 수 있는 제재조치로는 사과문 게재 명령 외에도 정정보도문의 게재 명령(제8조의3 제3항)이 있다. 또한 불공정한 선거기사를 보도하는 언론사에 대한 제재조치로서, 언론사가 스스로 불공정한 선거기사를 보도하였음을 인정하는 사과문 게재가 아니라 해당 언론사가 '공정보도의무를 위반하였다는 결정을 선거기사심의위원회로부터 받았다는 사실을 공표'하도록 하는 방안을 상정할 수도 있다. 사과의 의사표시가 필요한 경우에도 이 사건 법률조항들과 같은 '명령'이나 형사처벌에 의한 강요가 아니라 '권고'의 형태를 취할 수도 있다. 이상을 종합하면, 이 사건 법률조항들은 국민의 기본권을 덜 제한하는 방법으로도 동일한 입법목적을 실현할 수 있음에도 불구하고 더 제한적인 방법을 선택하였으므로, 기본권 제한입법이 준수하여야 할 **침해최소성원칙에 위배된다**(헌재 2015.7.30. 2013헌가8).

**② [×]** 이 사건 법률조항들은 그 사과문이 마치 언론사 스스로의 결정에 의해 작성된 것처럼 해당 언론사의 이름으로 대외적으로 표명되도록 하며, 그 결과 독자들로 하여금 해당 언론사가 선거와 관련하여 객관성과 공정성을 저버린 보도를 했다는 점을 스스로 인정한 것으로 생각하게 만듦으로써, 언론에 대한 신뢰가 무엇보다 중요한 언론사의 사회적 신용이나 명예를 저하시키고 인격의 자유로운 발현을 저해한다. 따라서 이 사건 법률조항들은 언론사의 의사에 반한 사과행위를 강요함으로써 **언론사의 인격권을 제한하는바,** 이 사건의 쟁점은 이러한 제한이 헌법 제37조 제2항이 정한 기본권 제한의 헌법적 한계를 준수하고 있는지 여부이다(헌재 2015.7.30. 2013헌가8).
**재판관 강일원의 이 사건 사과문 게재조항에 관한 반대의견:** 법인의 인격권, 즉 법인의 인격을 자유롭게 발현할 권리가 무엇을 뜻하는지, 그 헌법적 근거가 무엇인지는 분명하지 않다. 이 사건 사과문 게재조항은 언론사인 법인으로 하여금 그 의사에 반하는 사과문을 게재하도록 강제하는 규정이므로, **언론사의 소극적 표현의 자유나 일반적 행동의 자유를 제한할 뿐이다**(헌재 2015.7.30. 2013헌가8).

**③ [×] 법정의견:** 이 사건 법률조항들이 추구하는 목적, 즉 선거기사를 보도하는 언론사의 공적인 책임의식을 높임으로써 민주적이고 공정한 여론형성 등에 이바지한다는 공익이 중요하다는 점에는 이론의 여지가 없으나, 언론에 대한 신뢰가 무엇보다 중요한 언론사에 대하여 그 사회적 신용이나 명예를 저하시키고 인격의 자유로운 발현을 저해함에 따라 발생하는 인격권 침해의 정도는 이 사건 법률조항들이 달성하려는 공익에 비해 결코 작다고 할 수 없다. 결국 이 사건 법률조항들은 언론사의

인격권을 침해하여 헌법에 위반된다(헌재 2015.7.30. 2013헌가8).
**재판관 강일원의 이 사건 사과문 게재조항에 관한 반대의견 및 이 사건 처벌조항에 관한 별개의견:** 언론사가 사과문 게재 명령을 이행하지 않을 경우, 해당 언론사에게 벌금형을 부과하거나, 언론사 또는 그 발행인이나 대표자에게 행정제재를 가함으로써 이 사건 사과문 게재조항의 입법목적을 달성할 수 있다. 그런데 이 사건 처벌조항은 사과문 게재 명령을 이행하지 않은 언론사 발행인이나 대표자에 대하여 징역이나 벌금 등 형벌을 부과하도록 하고 있으므로 언론사 대표자나 발행인 등의 일반적 행동의 자유를 침해하여 헌법에 위반된다.

**④ [×] 법정의견:** 이 사건 법률조항들이 추구하는 목적, 즉 선거기사를 보도하는 언론사의 공적인 책임의식을 높임으로써 민주적이고 공정한 여론형성 등에 이바지한다는 공익이 중요하다는 점에는 이론의 여지가 없으나, 언론에 대한 신뢰가 무엇보다 중요한 언론사에 대하여 그 사회적 신용이나 명예를 저하시키고 인격의 자유로운 발현을 저해함에 따라 발생하는 인격권 침해의 정도는 이 사건 법률조항들이 달성하려는 공익에 비해 결코 작다고 할 수 없다. 결국 이 사건 법률조항들은 언론사의 인격권을 침해하여 헌법에 위반된다(헌재 2015.7.30. 2013헌가8).
**재판관 강일원의 이 사건 사과문 게재조항에 관한 반대의견:** 법인의 인격권, 즉 법인의 인격을 자유롭게 발현할 권리가 무엇을 뜻하는지, 그 헌법적 근거가 무엇인지는 분명하지 않다. 이 사건 사과문 게재조항은 언론사인 법인으로 하여금 그 의사에 반하는 사과문을 게재하도록 강제하는 규정이므로, 언론사의 소극적 표현의 자유나 일반적 행동의 자유를 제한할 뿐이다. 공직선거의 중요성과 불공정한 선거기사를 바로 시정하지 않으면 원상회복이 사실상 불가능할 수 있는 점 등을 감안할 때, 사과문의 내용이 언론사의 권리를 지나치게 침해하는 것이 아닌 한, 불공정한 선거기사를 게재한 언론사에 대하여 사과문 게재를 명하는 것 자체는 언론사의 기본권에 대한 과도한 제한이라고 볼 수 없다. 이 사건에서 보더라도, 사과문 게재 명령은 법정의견이 대안으로 제시한 선거기사심의위원회의 결정사실을 그대로 공표하는 방안과 본질적으로 다르지 않다. 따라서 사과문 게재 명령을 가능하게 한 입법자의 결단이 헌법에 위반된다고 보기 어렵다.

# 14

정답 ①

**㉠ [O]** 현행 군인사법에 따르면 병과 하사관은 군인이라는 공통점을 제외하고는 그 복무의 내용과 보직, 진급, 전역체계, 보수와 연금 등의 지급에서 상당한 차이가 있으며, 그 징계의 종류도 달리 규율하고 있다. 따라서 병과 하사관은 영창처분의 차별취급을 논할 만한 비교집단이 된다고 보기 어려우므로, 평등원칙 위배 여부는 더 나아가 살피지 아니한다(헌재 2020.9.24. 2017헌바157).

**㉡ [×]** 헌법재판소는 자치구·시·군의원 선거구 간 인구편차 비교집단 설정에 있어서 해당 자치구·시·군의원 선거구만을 비교집단으로 하여 판단하였다. 우선 비교집단 설정에 있어서 자치구·시·군 내의 다른 선거구만을 비교할 것인지, 아니면 특별시, 광역시, 도 내의 모든 선거구를 비교할 것인지, 나아가 전

국의 자치구·시·군의회의원 선거구 모두를 비교할 것인지가 문제된다. 자치구·시·군별로 별개의 의회를 구성하므로 서로 다른 자치구·시·군 주민들이 자치구·시·군의회의원선거에 있어서 동일한 취급을 받아야 할 동일한 집단이라고 하기 어려운 점 등을 고려하면 지방의회인 이 사건 <u>자치구·시·군의회의원 선거구에 관한 이 사건에서도 해당 자치구·시·군 내의 선거구들만을 비교하여 판단하는 것이 타당하다</u>고 할 것이다(헌재 2009.3.26. 2006헌마14).

ⓒ [×] <u>주민투표권이 헌법상 기본권이 아닌 법률상의 권리에 해당한다 하더라도 비교집단 상호 간에 차별이 존재할 경우에 헌법상의 평등권 심사까지 배제되는 것은 아니다.</u> 이 사건 법률조항 부분은 주민등록만을 요건으로 주민투표권의 행사 여부가 결정되도록 함으로써 '주민등록을 할 수 없는 국내거주 재외국민'을 '주민등록이 된 국민인 주민'에 비해 차별하고 있고, 나아가 '주민투표권이 인정되는 외국인'과의 관계에서도 차별을 행하고 있는바, 그와 같은 차별에 아무런 합리적 근거도 인정될 수 없으므로 국내거주 재외국민의 헌법상 기본권인 평등권을 침해하는 것으로 위헌이다(헌재 2007.6.28. 2004헌마643).

ⓔ [O] 경찰공무원은 국민의 생명·신체 및 재산의 보호와 범죄의 예방·진압 및 수사, 치안정보의 수집, 교통의 단속 기타 공공의 안녕과 질서유지를 그 임무로 하는 데 반하여(경찰법 제3조), 일반직공무원은 기술·연구 또는 행정일반에 대한 업무를 담당하므로(국가공무원법 제2조 제2항 제1호), 업무의 성격, 위험성 및 직무의 곤란성 정도가 전혀 유사하지 않고, 따라서 <u>경찰공무원과 일반직공무원을 보수 책정에 있어서 의미 있는 비교집단으로 보기 어렵다</u>(헌재 2008.12.26. 2007헌마444).

ⓜ [O] 사학연금제도와 산업재해보상보험제도는 사회보장의 형태로서 사회보험이라는 점에 공통점이 있을 뿐, 각종 보험급여의 수급권자·수급요건·보험급여 지급의 효과, 재정조성주체 등에서 큰 차이가 있어 사학연금법상의 유족급여수급권자와 산업재해보상보험법상의 유족급여수급권자가 <u>본질적으로 동일한 비교집단이라고 보기 어렵고, 따라서 산업재해보상보험법이 형제자매를 유족으로 규정하고 있는 것과 달리 사학연금법이 유족의 범위에 형제자매를 제외하고 있다 하여 본질적으로 동일한 것을 다르게 취급한다고 볼 수 없어 차별 자체가 존재하지 않는다 할 것이므로, 헌법상 평등의 원칙에 위배된다고 할 수 없다</u>(헌재 2010.4.29. 2009헌바102).

**15** 정답 ④

① [O] '경범죄 처벌법' 제3조 제42호는 수사기관이 직접 물리적 강제력을 행사하여 피의자에게 강제로 지문을 찍도록 하는 것을 허용하는 규정이 아니며 형벌에 의한 불이익을 부과함으로써 심리적·간접적으로 지문채취를 강요하고 있으므로 피의자가 본인의 판단에 따라 수용 여부를 결정한다는 점에서 궁극적으로 당사자의 자발적 협조가 필수적임을 전제로 하므로 물리력을 동원하여 강제로 이루어지는 경우와는 질적으로 차이가 있다. 따라서 <u>이 사건 법률조항에 의한 지문채취의 강요는 영장주의에 의하여야 할 강제처분이라 할 수 없다</u>. 또한 수사상 필요에 의하여 수사기관이 직접강제에 의하여 지문을 채취하려 하는 경우에는 반드시 법관이 발부한 영장에 의하여야 하므로 영장주의원칙은 여전히 유지되고 있다고 할 수 있다(헌재 2004.9.23. 2002헌가17).

② [O] '경범죄 처벌법' 제3조 제42호는 수사기관이 직접 물리적 강제력을 행사하여 피의자에게 강제로 지문을 찍도록 하는 규정이 아니며 형벌에 의한 불이익을 부과함으로써 심리적·간접적으로 지문채취를 강요하고 있으므로 피의자가 본인의 판단에 따라 수용 여부를 결정한다는 점에서 궁극적으로 당사자의 자발적 협조가 필수적임을 전제로 하므로 물리력을 동원하여 강제로 이루어지는 경우와는 질적으로 차이가 있다. 따라서 이 사건 법률조항에 의한 지문채취의 강요는 영장주의에 의하여야 할 강제처분이라 할 수 없다. 또한 <u>수사상 필요에 의하여 수사기관이 직접강제에 의하여 지문을 채취하려 하는 경우에는 반드시 법관이 발부한 영장에 의하여야 하므로 영장주의원칙은 여전히 유지되고 있다고 할 수 있다</u>(헌재 2004.9.23. 2002헌가17).

③ [O] <u>헌법 제12조 제3항이 영장의 발부에 관하여 '검사의 신청'에 의할 것을 규정한 취지는 모든 영장의 발부에 검사의 신청이 필요하다는 데에 있는 것이 아니라 수사단계에서 영장의 발부를 신청할 수 있는 자를 검사로 한정함으로써 검사 아닌 다른 수사기관의 영장신청에서 오는 인권유린의 폐해를 방지하고자 함에 있으므로</u>, 공판단계에서 법원이 직권에 의하여 구속영장을 발부할 수 있음을 규정한 구 형사소송법(1995.12.29. 법률 제5054호로 개정되기 전의 것) 제70조 제1항 및 제73조 중 "피고인을 … 구인 또는 구금함에는 구속영장을 발부하여야 한다." 부분은 헌법 제12조 제3항에 위반되지 아니한다(헌재 1997.3.27. 96헌바28).

❹ [×] <u>영장주의가 적용된다는 것은 법정의견이 아니라 보충의견이다.</u> **병(兵)에 대한 징계처분으로 일정 기간 부대나 함정 내의 영창, 그 밖의 구금장소에 감금하는 영창처분이 가능하도록 규정한 구 군인사법 제57조 제2항 중 '영창'에 관한 부분**

법정의견: 심판대상조항에 의한 영창처분은 징계처분임에도 불구하고 신분상 불이익 외에 신체의 자유를 박탈하는 것까지 그 내용으로 삼고 있어 징계의 한계를 초과한 점, 심판대상조항에 의한 영창처분은 그 실질이 구류형의 집행과 유사하게 운영되므로 극히 제한된 범위에서 형사상 절차에 준하는 방식으로 이루어져야 하는데, 영창처분이 가능한 징계사유는 지나치게 포괄적이고 기준이 불명확하여 영창처분의 보충성이 담보되고 있지 아니한 점, … 등에 비추어 심판대상조항은 침해의 최소성원칙에 어긋난다. 이와 같은 점을 종합할 때, 심판대상조항은 과잉금지원칙에 위배된다(헌재 2020.9.24. 2017헌바157).

**재판관 이석태, 김기영, 문형배, 이미선의 법정의견에 관한 보충의견:** 헌법상 신체의 자유는 헌법 제12조 제1항의 문언과 자연권적 속성에 비추어 볼 때 형사절차에 한정하여 보호되는 기본권이 아니다. 헌법 제12조 제3항의 영장주의가 수사기관에 의한 체포·구속을 전제하여 규정된 것은 형사절차의 경우 법관에 의한 사전적 통제의 필요성이 강하게 요청되기 때문이지, 형사절차 이외의 국가권력작용에 대해 영장주의를 배제하는 것이 아니고, 오히려 그 본질은 인신구속과 같이 중대한 기본권 침해를 야기할 때는 법관이 구체적 판단을 거쳐 발부한 영장에 의하여야 한다는 것이다. 따라서 형사절차가 아니라 하더라도 <u>실질적으로 수사기관에 의한 인신구속과 동일한 효과를 발생시키는 인신구금은 영장주의의 본질상 그 적용대상이 되어야 한다</u>. 심판대상조항에 의한 영창처분은 그 내용과 집행의 실질, 효과에 비추어 볼 때, 그 본질이 사실상 형사절차에서 이루어지는 인신구금과 같이 기본권에 중대한 침해를 가져오는 것으로 헌법 제12조 제1항·제3항의 영장주의 원칙이 적용된다. 그런데 심판대상조항에 의한 영장처분은 그 과정 어디에도 중립성과 독립성이 보장되는 제3자인 법관이 관여하도록 규정되어 있지 않은 채 인신구금이 이루어질 수 있도록 하고 있어 헌법 제12조 제1항·제3항의 영장주의의 본질을 침해하고 있다. 따라서 심판대상조항은 헌법 제12조 제1항·제3항의 영장주의에 위배된다.

재판관 이은애, 이종석의 반대의견: 헌법 제12조 제3항의 문언이나 성격상 영장주의는 징계절차에 그대로 적용된다고 볼 수 없다. 다만, 영장주의의 이념을 고려하여 심판대상조항이 적법절차원칙에 위배되는지 여부는 보다 엄격하게 심사하여야 한다.

## 16
정답 ①

㉠ [ X ] ㉡ [ O ] 등록대상자조항은 성폭력범죄의 재범을 억제하고 성폭력범죄자의 조속한 검거 등 효율적인 수사를 위한 것이다. 이는 전과기록 관리 및 보안처분만으로는 달성할 수 없는 정도로 성폭력범죄의 재범을 억제하고, 성폭력범죄자의 조속한 검거 등 효율적인 수사를 위하여 불가피한 것으로, 등록 자체로 인한 기본권의 제한범위가 제한적인 반면, 이를 통하여 달성되는 공익은 매우 크다(헌재 2019.11.28. 2017헌마399).

㉢ [ O ] 개인정보자기결정권의 한 내용인 자기정보공개청구권은 자신에 관한 정보가 부정확하거나 불완전한 상태로 보유되고 있는지 여부를 알기 위하여 정보를 보유하고 있는 자에게 자신에 관한 정보의 열람을 청구함으로써 개인정보를 보호하고, 개인정보의 수집, 보유, 이용에 관한 통제권을 실질적으로 보장하기 위하여 인정되는 것이다. 그런데 위 청구인의 변호사시험 성적 공개 요구는 개인정보의 보호나 개인정보의 수집, 보유, 이용에 관한 통제권을 실질적으로 보장해 달라는 것으로 보기 어렵고, 변호사시험 성적이 정보주체의 요구에 따라 수정되거나 삭제되는 등 정보주체의 통제권이 인정되는 성질을 가진 개인정보라고 보기도 어렵다. 따라서 심판대상조항이 개인정보자기결정권을 제한하고 있다고 보기 어렵다(헌재 2015.6.25. 2011헌마769).

㉣ [ O ] 심판대상조항에 따라 합격자 명단이 공고되면, 법학전문대학원 졸업자 또는 졸업예정자라는 한정된 집단에 속한 사람이 응시하는 변호사시험 특성에 비추어, 특정인의 법학전문대학원 재학 또는 졸업사실을 이미 알고 있는 그 주변 사람들은 성명이 공개된 사람의 합격사실 뿐만 아니라 위 정보를 결합하여 특정인의 불합격사실도 알 수 있으므로, 결국 응시자들의 개인정보자기결정권에 대한 제한이 발생한다(헌재 2020.3.26. 2018헌마77).

㉤ [ X ] 심판대상조항은 정보주체의 배우자나 직계혈족이 스스로의 정당한 법적 이익을 지키기 위하여 정보주체 본인의 위임 없이도 가족관계 상세증명서를 간편하게 발급받을 수 있게 해 주는 것이므로, 상세증명서 추가 기재 자녀의 입장에서 보아도 자신의 개인정보가 공개되는 것을 중대한 불이익이라고 평가하기는 어렵다. 나아가 가족관계 관련 법령은 가족관계증명서 발급 청구에 관한 부당한 목적을 파악하기 위하여 '청구사유 기재'라는 나름의 소명절차를 규정하는 점 등을 아울러 고려하면 심판대상조항은 그 입법목적과 그로 인해 제한되는 개인정보자기결정권 사이에 적절한 균형을 달성한 것으로 평가할 수 있다. 심판

대상조항은 과잉금지원칙에 위배되어 청구인의 개인정보자기결정권을 침해하지 아니한다(헌재 2022.11.24. 2021헌마130).

## 17
정답 ①

❶ [ O ] 검열금지의 원칙은 모든 형태의 사전적인 규제를 금지하는 것은 아니고, 의사표현의 발표 여부가 오로지 행정권의 허가에 달려있는 사전심사만을 금지하는 것이다. 그리고 검열은 일반적으로 허가를 받기 위한 표현물의 제출의무, 행정권이 주체가 된 사전심사절차, 허가를 받지 아니한 의사표현의 금지 및 심사절차를 관철할 수 있는 강제수단 등의 요건을 갖춘 경우에만 이에 해당하는 것이다(헌재 1996.10.4. 93헌가13).

② [ X ] 헌법 제37조 제2항이 국민의 자유와 권리를 국가안전보장·질서유지 또는 공공복리를 위하여 필요한 경우에 한하여 법률로써 제한할 수 있도록 규정하고 있다고 하여도 언론·출판의 자유에 대하여는 검열을 수단으로 한 제한만은 법률로써도 절대 허용되지 아니한다고 할 것이다(헌재 1996.10.31. 94헌가6).

③ [ X ] 의료광고는 의료행위나 의료서비스의 효능이나 우수성 등에 관한 정보를 널리 알려 의료소비를 촉진하려는 행위로서 상업광고의 성격을 가지고 있지만, 위와 같은 법리에 따르면 헌법 제21조 제1항의 표현의 자유의 보호대상이 됨은 물론이고, 동조 제2항도 당연히 적용되어 사전검열도 금지된다(헌재 2015.12.23. 2015헌바75).

④ [ X ] 이 사건 법률조항에 의한 방영금지가처분은 비록 제작 또는 방영되기 이전, 즉 사전에 그 내용을 심사하여 금지하는 것이기는 하나, 이는 행정권에 의한 사전심사나 금지처분이 아니라 사법부가 사법절차에 의하여 심리, 결정하는 것이므로, 헌법에서 금지하는 사전검열에 해당하지 아니한다(헌재 2001.8.30. 2000헌바36).

## 18
정답 ④

㉠ [ X ] 아동·청소년대상 성범죄 또는 성인대상 성범죄로 형 또는 치료감호를 선고받아 확정된 자에 대해 아동·청소년 관련 교육기관 취업을 제한하는 것이 직업의 자유 침해가 아니라 재범 위험성, 범죄의 경중 등을 고려하지 않고 일률적으로 장기간 취업을 제한한 것이 직업의 자유 침해이다.

관련판례

> 성범죄 전과자의 취업을 제한하기에 앞서, 그러한 대상자들에게 재범의 위험성이 있는지 여부, 만약 있다면 어느 정도로 취업을 제한해야 하는지를 구체적이고 개별적으로 심사하는 절차가 필요하다. 이 심사의 세부적 절차와 심사권자 등에 관해서는 추후 심도 있는 사회적 논의가 필요하겠지만, 10년이라는 현행 취업제한기간을 기간의 상한으로 두고 법관이 대상자의 취업제한기간을 개별적으로 심사하는 방식도 하나의 대안이 될 수 있을 것이다(헌재 2016.3.31. 2013헌마585).

㉡ [ X ] 청구인들은 이 사건 법률조항에 의하여 형의 집행을 종료한 때부터 10년간 의료기관에 취업할 수 없게 되었는바, 이는 일정한 직업을 선택함에 있어 기본권 주체의 능력과 자질에 따

른 제한이므로 이른바 '주관적 요건에 의한 좁은 의미의 직업선택의 자유'에 대한 제한에 해당한다(헌재 2016.3.31. 2013헌마585). 2단계 제한이므로 유연하고 탄력적으로 과잉금지원칙을 적용한다.

ⓒ [×] 청구인은 일반 범죄와 달리 성범죄의 경우에만 신상정보 등록 대상이 되도록 한 것이 평등권을 침해한다고 주장한다. 그러나 이 사건 관리조항이 정한 성범죄와 보호법익이 다른 그 밖의 범죄를 저지른 자들이 본질적으로 동일한 비교집단이라고 볼 수 없다. 또 최근 성범죄로 인한 사회불안이 증가하여 이에 대한 중점적 대책 마련이 요구되고 있는 점에 비추어 이와 같은 구분기준이 특별히 자의적이라고 보기도 어렵다. 따라서 평등권 침해는 인정되지 않는다(헌재 2016.3.31. 2013헌마585).

ⓔ [×] '아동·청소년의 성보호에 관한 법률'이 정하고 있는 취업제한제도로 인해 성범죄자에게 일정한 직종에 종사하지 못하는 제재가 부과되기는 하지만, 위 취업제한제도는 형법이 규정하고 있는 형벌에 해당하지 않으므로, 헌법 제13조 제1항 전단의 형벌불소급원칙이 적용되지 않는다(헌재 2016.3.31. 2013헌마585).

ⓜ [×] 이 사건 부칙조항은 과잉금지원칙에 위배되어 이 사건 구법조항의 시행 전에 범죄를 행한 사람의 직업의 자유를 침해한다고 볼 수 없다(헌재 2016.3.31. 2013헌마585).

---

**19** 　　　　　　　　　　　　　　　　　　　　　　　정답 ①

❶ [×] 재판을 보장하는 헌법 제27조 제1항 소정의 재판청구권이 곧바로 모든 사건에서 상고심 또는 대법원의 재판을 받을 권리를 인정하는 것이라고 보기는 어렵지만(헌재 1992.6.26. 90헌바25 참조), 그렇다고 하여 형사재판에서 피고인이 중죄를 범한 중죄인이라거나 외국에 도피 중이라는 이유만으로 상소의 제기 또는 상소권회복청구를 전면 봉쇄하는 것은 재판청구권의 침해임에 틀림이 없다고 보아야 할 것이다(헌재 1993.7.29. 90헌바35).

② [O] 금융기관의 연체대출금에 관한 경매절차에 있어서 경락허가결정에 대하여 항고를 하고자 하는 자에게 담보로서 경락대금의 10분의 5에 해당하는 현금 등을 공탁하게 하고, 항고장에 담보의 공탁이 있는 것을 증명하는 서류를 첨부하지 아니한 때에는 원심법원이 항고장을 접수한 날로부터 7일 내에 각하결정하여야 하며, 위 각하결정에 대하여 즉시항고를 할 수 없도록 규정한 '금융기관의 연체대출금에 관한 특별조치법' 제5조의2는 결국 합리적 근거 없이 금융기관에게 차별적으로 우월한 지위를 부여하여 경락허가결정에 대한 항고를 하고자 하는 자에게 과다한 경제적 부담을 지게 함으로써 특히 자력이 없는 항고권자에게 부당하게 재판청구권인 항고권을 제한하는 내용의 것이다(헌재 1989.5.24. 89헌가37 등).

③ [O] 국민의 재판청구권을 제약하고 있기는 하지만 위 심급제도와 대법원의 최고법원성을 존중하면서 민사, 가사, 행정, 특허 등 소송사건에 있어서 상고심재판을 받을 수 있는 객관적인 기준을 정함에 있어 개별적 사건에서의 권리구제보다 법령해석의 통일을 더 우위에 둔 규정으로서 그 합리성이 있다고 할 것이므로 헌법에 위반되지 아니한다(헌재 1997.10.30. 97헌바37 등).

④ [O] 어떠한 요증사실의 존부가 확정되지 않았을 때 그 사실이 존재하지 않는 것으로 취급되어 법률판단을 받게 되는 불이익인 증명책임의 분배 문제도 공정한 재판을 받을 권리의 보호범위에 해당한다(헌재 2013.9.26. 2012헌바23).

---

**20** 　　　　　　　　　　　　　　　　　　　　　　　정답 ②

① [O] 국가의 주권이 미치지 못하고 국가의 경찰력 등을 행사할 수 없거나 행사하기 어려운 해외에서 발생한 범죄에 대하여는 국가에 그 방지책임이 있다고 보기 어렵다. 따라서 범죄피해구조청구권의 대상이 되는 범죄피해에 해외에서 발생한 범죄피해의 경우를 포함하고 있지 아니한 것이 **현저하게 불합리한 자의적인 차별이라고 볼 수 없어 평등원칙에 위배되지 아니한다**(헌재 2011.12.29. 2009헌마354). 18. 경찰승진

❷ [×]

> **범죄피해자 보호법 제19조【구조금을 지급하지 아니할 수 있는 경우】** ① 범죄행위 당시 구조피해자와 가해자 사이에 다음 각 호의 어느 하나에 해당하는 친족관계가 있는 경우에는 구조금을 지급하지 아니한다.
> 1. 부부(사실상의 혼인관계를 포함한다)
> 2. 직계혈족
> 3. 4촌 이내의 친족
> 4. 동거친족 20. 경찰승진

③ [O]

> **범죄피해자 보호법 제20조【다른 법령에 따른 급여 등과의 관계】** 구조피해자나 유족이 해당 구조대상 범죄피해를 원인으로 하여 국가배상법이나 그 밖의 법령에 따른 급여 등을 받을 수 있는 경우에는 대통령령으로 정하는 바에 따라 구조금을 지급하지 아니한다. 04. 사법고시

④ [O]

> **범죄피해자 보호법 제19조【구조금을 지급하지 아니할 수 있는 경우】** ① 범죄행위 당시 구조피해자와 가해자 사이에 다음 각 호의 어느 하나에 해당하는 친족관계가 있는 경우에는 구조금을 지급하지 아니한다.
> 1. 부부(사실상의 혼인관계를 포함한다)
> 2. 직계혈족
> 3. 4촌 이내의 친족
> 4. 동거친족
> ② 범죄행위 당시 구조피해자와 가해자 사이에 제1항 각 호의 어느 하나에 해당하지 아니하는 친족관계가 있는 경우에는 구조금의 일부를 지급하지 아니한다.
> ③ 구조피해자가 다음 각 호의 어느 하나에 해당하는 행위를 한 때에는 구조금을 지급하지 아니한다.
> 1. 해당 범죄행위를 교사 또는 방조하는 행위
> 2. 과도한 폭행·협박 또는 중대한 모욕 등 해당 범죄행위를 유발하는 행위
> 3. 해당 범죄행위와 관련하여 현저하게 부정한 행위
> 4. 해당 범죄행위를 용인하는 행위
> 5. 집단적 또는 상습적으로 불법행위를 행할 우려가 있는 조직에 속하는 행위(다만, 그 조직에 속하고 있는 것이 해당 범죄피해를 당한 것과 관련이 없다고 인정되는 경우는 제외한다).
> 6. 범죄행위에 대한 보복으로 가해자 또는 그 친족이나 그 밖에 가해자와 밀접한 관계가 있는 사람의 생명을 해치거나 신체를 중대하게 침해하는 행위
> ④ 구조피해자가 다음 각 호의 어느 하나에 해당하는 행위를 한 때에는 구조금의 일부를 지급하지 아니한다.
> 1. 폭행·협박 또는 모욕 등 해당 범죄행위를 유발하는 행위
> 2. 해당 범죄피해의 발생 또는 증대에 가공한 부주의한 행위 또는 부적절한 행위 04. 사법고시

📋 **정답** p.32

| 01 | ② | 02 | ② | 03 | ③ | 04 | ④ | 05 | ① |
|----|----|----|----|----|----|----|----|----|----|
| 06 | ④ | 07 | ② | 08 | ③ | 09 | ③ | 10 | ① |
| 11 | ① | 12 | ③ | 13 | ③ | 14 | ③ | 15 | ② |
| 16 | ② | 17 | ③ | 18 | ④ | 19 | ① | 20 | ① |

## 01
정답 ②

① [O] 지방자치단체장 입후보선거에서 거주요건은 거주·이전의 자유가 국민에게 그가 선택할 직업 내지 그가 취임할 공직을 그가 선택하는 임의의 장소에서 자유롭게 행사할 수 있는 권리까지 보장하는 것은 아니다. 따라서 당해 공직선거법 조항으로 공무담임권이 제한될 수는 있어도 거주·이전의 자유가 제한되었다고 볼 수 없다(헌재 1996.6.26. 96헌마200).

❷ [X] 거주지를 기준으로 한 중·고등학교 배정은 <u>거주·이전의 자유를 제한한다고 할 수 없다</u>(헌재 1995.2.23. 91헌마204).

③ [O] 영내 기거하는 군인의 선거권 행사를 주민등록이 되어 있는 선거구로 한 것은 <u>거주·이전의 자유와 일반적 행동의 자유를 제한하지 않는다</u>(헌재 2011.6.30. 2009헌마59).

④ [O] 이륜자동차 고속도로 운행금지는 행복추구권에서 우러나오는 <u>일반적 행동의 자유를 제한하는 것이지 거주·이전의 자유를 제한하는 것은 아니다</u>(헌재 2008.7.31. 2007헌바90).

## 02
정답 ②

① [O] 농협중앙회장은 농협중앙회를 대표하여 업무를 집행하는 사람으로서, 총회와 이사회의 의장이자 소집권자이다. 그러므로 농협중앙회장 선출행위는 결사 내 업무집행 및 의사결정기관의 구성에 관한 자율적인 활동이라 할 수 있고, 중앙회장선거 후보자의 선거운동에 관한 사항은 결사의 자유의 보호범위에 속한다. 청구인은 심판대상조항들이 중앙회장선거 후보자의 선거운동의 자유를 침해한다고 주장하나, 사법인적인 성격을 지니는 농협중앙회의 중앙회장선거에서 회장을 선출하거나 선거운동을 하는 것은 헌법에 의하여 보호되는 선거권의 범위에 포함되지 아니한다(헌재 2019.7.25. 2018헌바85).

❷ [X] 중소기업중앙회가 사적 결사체여서 결사의 자유, 단체 내부 구성의 자유의 보호대상이 된다고 하더라도, 공법인적 성격 역시 강하게 가지고 있다(헌재 2021.7.15. 2020헌가9).

③ [O] 심판대상조항은 지역축산업협동조합이 그 설립목적과 취지에 맞게 운영되도록 하기 위해 조합의 구성원 운영에 관한 결사의 자유를 일부 제한하고 있으나, 불가항력적인 사유로 조합원의 지위가 일시적으로 상실되는 경우까지 당연 탈퇴되도록 규정하고 있지 않고, 이사회의 확인절차를 통해 조합원의 법적 지위의 혼란을 방지하고 있으므로 과도한 제한이라고 할 수 없다. 그러므로 심판대상조항은 과잉금지원칙을 위반하여 청구인의 결사의 자유 등을 침해하지 아니한다(헌재 2018.1.25. 2016헌바315).

④ [O] 지역축협은 조합원의 축산업 생산성을 높이고 조합원이 생산한 축산물의 판로 확대 및 유통 원활화를 도모하며, 조합원이 필요로 하는 기술, 자금 및 정보 등을 제공함으로써 조합원의 경제적·사회적·문화적 지위향상을 증대하는 것을 목적으로 하는 축협인의 자주적 협동조직으로 기본적으로 사법인적 성격을 지니고 있으므로, 지역축협인 청구인은 지역축협의 활동과 관련하여 결사의 자유의 보장대상이 된다(헌재 2018.1.25. 2016헌바315).

## 03
정답 ③

① [O] 심판대상이 정치적 기본권을 제한하고 있으므로 입법자의 판단이 명백하게 잘못되었다는 소극적 심사에 그치지 않고 입법자에게 입증책임을 부과하는 엄격한 심사를 하였다(헌재 1999. 12.23. 99헌마135).

② [O] <u>정당활동의 자유 역시 헌법 제37조 제2항의 일반적 법률유보의 대상이 되고, 가처분조항은 이에 근거하여 정당활동의 자유를 제한하는 법률조항이다. 그러므로 가처분조항이 헌법의 수권 없는 법률의 규정으로 위헌이라는 청구인의 주장은 받아들일 수 없다.</u> 다만 가처분조항이 정당활동의 자유를 제한할 수 있으므로, 가처분조항의 기본권 침해 여부를 판단함에 있어서는 과잉금지원칙을 준수했는지 여부가 심사기준이 된다(헌재 2014.2.27. 2014헌마7).

❸ [X] 지구당을 폐지하거나 당원협의회 사무소 설치를 금지하여 정당조직을 경량화함으로써 대중정당적인 성격이 줄어드는 결과가 발생한다 하더라도 그것이 헌법의 테두리를 벗어나지 않는 한, 이는 당·부당의 문제에 그치고 합헌·위헌의 문제로까지 되는 것은 아니므로, 그 구체적인 선택의 당부를 엄격하게 판단하여 위헌 여부를 가릴 일은 아니다(헌재 2016.3.31. 2013헌가22).

④ [O] 절차적 기본권인 재판청구권은 원칙적으로 제도적으로 보장되는 성격이 강하므로, 그에 관하여는 상대적으로 폭넓은 입법형성권이 인정된다. 특히, 우리 헌법은 헌법재판의 심판절차에 적용되거나 준용될 법령에 대한 직접적인 규정을 두고 있지 아니하므로, 이는 헌법원리에 위배되지 아니하는 한도에서 입법형성의 자유가 있는 영역에 속한다고 보아야 한다. 따라서 준용조항이 헌법 제27조 제1항의 법률에 의한 재판을 받을 권리를 침해하는지 여부는, 헌법재판의 성질에 반하여 공정성을 훼손할 정도로 현저히 불합리한 입법형성을 함으로써 그 한계를 벗어났는지 여부를 기준으로 판단하여야 한다(헌재 2014.2.27. 2014헌마7).

**04**        정답 ④

① [×] 헌법에 '공정한 재판'에 관한 명문의 규정은 없지만 재판청구권이 국민에게 효율적인 권리보호를 제공하기 위해서는, 법원에 의한 재판이 공정하여야만 할 것은 당연한 전제이므로 '공정한 재판을 받을 권리'는 헌법 제27조의 재판청구권에 의하여 함께 보장된다. 그리고 헌법 제27조 제1항에서 명시적으로 규정하고 있는 바와 같이, 헌법상 재판을 받을 권리라 함은 '법관에 의하여' 재판을 받을 권리를 의미한다(헌재 2013.3.21. 2011헌바219).

② [×] 청구인은 이 사건 법률조항이 항고를 제기할 경우 수용기간이 연장될 수 있다는 부담을 줌으로써 청구인의 재판받을 권리를 침해한다고 주장하나, 이 사건 법률조항은 청구인의 항고를 제한하거나 재판의 효율성을 높이는 것을 목적으로 하는 것이 아니고, 설사 청구인이 항고를 제기함에 있어 수용기간이 연장될 수 있다는 부담을 가지게 된다 하더라도, 이는 간접적, 사실적, 반사적 불이익에 불과하여 청구인의 재판받을 권리가 제한된다고 볼 수는 없다(헌재 2015.12.23. 2014헌마768).

③ [×] 구 법관징계법 제27조는 법관에 대한 대법원장의 징계처분 취소청구소송을 대법원에 의한 단심재판에 의하도록 규정하고 있는바, 이는 독립적으로 사법권을 행사하는 법관이라는 지위의 특수성과 법관에 대한 징계절차의 특수성을 감안하여 재판의 신속을 도모하기 위한 것으로 그 합리성을 인정할 수 있고, 대법원이 법관에 대한 징계처분 취소청구소송을 단심으로 재판하는 경우에는 사실확정도 대법원의 권한에 속하여 법관에 의한 사실확정의 기회가 박탈되었다고 볼 수 없으므로, 헌법 제27조 제1항의 재판청구권을 침해하지 아니한다(헌재 2012.2.23. 2009헌바34).

❹ [O] 재심이나 준재심은 확정판결이나 화해조서 등에 대한 특별한 불복방법이고, 확정판결에 대한 법적 안정성의 요청은 미확정판결에 대한 그것보다 훨씬 크다고 할 것이므로 재심을 청구할 권리가 헌법 제27조에서 규정한 재판을 받을 권리에 당연히 포함된다고 할 수 없다(헌재 1996.3.28. 93헌바27).

**05**        정답 ①

❶ [×] 국민건강보험법에 따른 건강보험수급권은 국민의 질병·부상에 대한 예방·진단·치료·재활과 출산·사망 및 건강증진을 위하여 실시되는 보험급여를 지급받을 권리로서(법 제1조 참조), 인간의 존엄에 상응하는 최소한의 물질적인 생활의 유지에 필요한 급부를 요구할 수 있는 권리에 해당하므로, 인간다운 생활을 할 권리의 보호범위에 포함된다(헌재 2020.4.23. 2017헌바244).

② [O] 헌법 제34조 제1항의 생존권 내지 인간다운 생활을 할 권리는 인간의 존엄에 상응하는 최소한의 물질적인 생활의 유지에 필요한 급부를 국가에 적극적으로 요구할 수 있는 권리이다. 그런데 사적 자치에 따라 규율되는 사인 사이의 법률관계에서 계약갱신을 요구할 수 있는 권리는 헌법 제34조 제1항에 의한 보호대상이 아니므로, 위 법률조항이 생존권을 침해한다고 볼 수 없다(헌재 2014.8.28. 2013헌바76).

③ [O] '인간다운 생활을 할 권리'를 규정한 헌법 제34조 제1항은 사회보장에 관한 것으로, 입법부와 행정부에 대하여는 국민소득, 국가의 재정능력과 정책 등을 고려하여 가능한 범위 안에서 최대한으로 모든 국민이 물질적인 최저생활을 넘어서 인간의 존엄성에 맞는 건강하고 문화적인 생활을 누릴 수 있도록 하여야 한다는 행위의 지침, 즉 행위규범으로서 작용하고, 헌법재판에 있어서는 다른 국가기관, 즉 입법부나 행정부가 국민으로 하여금 인간다운 생활을 영위하도록 하기 위하여 객관적으로 필요한 최소한의 조치를 취할 의무를 다하였는지의 여부를 기준으로 국가기관의 행위의 합헌성을 심사하여야 한다는 통제규범으로 작용하는 기능을 갖는 것이므로, 선거운동과정에서 자신의 인격과 명예를 보호하기 위한 해명행위는 이 규정에 의한 보호대상이 아니다(헌재 2001.8.30. 99헌바92).

④ [O] 사무직렬 기능직공무원의 일반직공무원으로의 우선임용절차를 규정한 조항이 포괄적 의미의 자유권적 성격을 가진 행복추구권이나 최소한의 물질적 생활을 요구할 수 있는 인간다운 생활을 할 권리의 향유와 관련되어 있다고 보기는 어렵다(헌재 2013.11.28. 2011헌마565).

**06**        정답 ④

① [O] 단과대학은 대학을 구성하는 하나의 조직·기관일 뿐이고, 단과대학장은 그 지위와 권한 및 중요도에서 대학의 장과 구별된다. 또한 대학의 장을 구성원들의 참여에 따라 자율적으로 선출한 이상, 하나의 보직에 불과한 단과대학장의 선출에 다시 한번 대학교수들이 참여할 권리가 대학의 자율에서 당연히 도출된다고 보기 어렵다. 따라서 단과대학장의 선출에 참여할 권리는 대학의 자율에 포함된다고 볼 수 없어, 이 사건 심판대상조항에 의해 대학의 자율성이 침해될 가능성이 인정되지 아니한다(헌재 2014.1.28. 2011헌마239).

② [O] 대학의 자치의 주체를 기본적으로 대학으로 본다고 하더라도 교수나 교수회의 주체성이 부정된다고 볼 수는 없고, 가령 학문의 자유를 침해하는 대학의 장에 대한 관계에서는 교수나 교수회가 주체가 될 수 있고, 또한 국가에 의한 침해에 있어서는 대학 자체 외에도 대학 전구성원이 자율성을 갖는 경우도 있을 것이므로 문제되는 경우에 따라서 대학, 교수, 교수회 모두가 단독, 혹은 중첩적으로 주체가 될 수 있다고 보아야 할 것이다. 청구인들에게 대학총장 후보자 선출에 참여할 권리가 있고 이 권리는 대학의 자치의 본질적인 내용에 포함된다고 할 것이므로 결국 헌법상의 기본권으로 인정할 수 있다(헌재 2006.4.27. 2005헌마1047 등).

③ [O] 총장선임권은 사립학교법 제53조 제1항의 규정에 의하여 학교법인에게 부여되어 있는 것이고 달리 법률 또는 당해 법인 정관의 규정에 의하여 교수들에게 총장선임권 또는 그 참여권을 인정하지 않고 있는 이상, 헌법상의 학문의 자유나 대학의 자율성 내지 대학의 자치만을 근거로 교수들이 사립대학의 총장선임에 실질적으로 관여할 수 있는 지위에 있다거나 학교법인의 총장선임행위를 다툴 확인의 이익을 가진다고 볼 수 없다(대판 1996.5.31. 95다26971).

❹ [X] 사립학교 교원이 선거범죄로 100만 원 이상의 벌금형을 선고받아 그 형이 확정되면 당연퇴직되도록 규정한 "사립학교법(1997.12.13. 법률 제5438호로 개정된 것) 제57조 중 국가공무원법 제33조 제1항 제6호의 '다른 법률에 의하여 자격이 정지된 자' 가운데 '구 공직선거법 제266조 제1항 제4호 중 100만 원 이상의 벌금형의 선고를 받아 그 형이 확정된 자' 부분"은 선거범죄를 범하여 형사처벌을 받은 교원에 대하여 일정한 신분상 불이익을 가하는 규정일 뿐 청구인의 연구 · 활동 내용이나 그러한 내용을 전달하는 방식을 규율하는 것은 아니므로 청구인의 교수의 자유를 침해하지 아니한다(헌재 2008.4.24. 2005헌마857).

**07**                          정답 ②

① [X] 심판대상조항이 '부정취득한 운전면허'를 필요적으로 취소하도록 한 것은, 임의적 취소 · 정지의 대상으로 전환할 경우 면허제도의 근간이 흔들리게 되고 형사처벌 등 다른 제재수단만으로는 여전히 부정취득한 운전면허로 자동차 운행이 가능하다는 점에서, 피해의 최소성원칙에 위배되지 않는다. 또한 부정취득한 운전면허는 그 요건이 처음부터 갖추어지지 못한 것으로서 해당 면허를 박탈하더라도 기본권이 추가적으로 제한된다고 보기 어려워, 법익의 균형성원칙에도 위배되지 않는다. 반면, 심판대상조항이 '부정취득하지 않은 운전면허'까지 필요적으로 취소하도록 한 것은, 임의적 취소 · 정지사유로 함으로써 구체적 사안의 개별성과 특수성을 고려하여 불법의 정도에 상응하는 제재수단을 선택하도록 하는 등 완화된 수단에 의해서도 입법목적을 같은 정도로 달성하기에 충분하므로, 피해의 최소성원칙에 위배된다. 나아가 위법이나 비난의 정도가 미약한 사안을 포함한 모든 경우에 부정취득하지 않은 운전면허까지 필요적으로 취소하고 이로 인해 2년 동안 해당 운전면허 역시 받을 수 없게 하는 것은, 공익의 중대성을 감안하더라도 지나치게 기본권을 제한하는 것이므로, 법익의 균형성원칙에도 위배된다. 따라서 심판대상조항 중 각 '거짓이나 그 밖의 부정한 수단으로 받은 운전면허를 제외한 운전면허'를 필요적으로 취소하도록 한 부분은, 과잉금지원칙에 반하여 일반적 행동의 자유 또는 직업의 자유를 침해한다(헌재 2020.6.25. 2019헌가9). 21. 국회직 8급

❷ [O] 이 사건 법률조항은 직업의 자유를 제한함에 있어 필요최소한의 범위를 넘었다고 볼 수는 없고 음주운전으로 인하여 발생할 국민의 생명 · 신체에 대한 위험을 예방하고 교통질서를 확립하려는 공익과 자동차 등을 운전하고자 하는 사람의 기본권이라는 사익간의 균형성을 도외시한 것이라고 보기 어려우므로 법익균형성의 원칙에 반하지 아니한다(헌재 2010.3.25. 2009헌바83). 08. 사법고시

③ [X] 도로를 사용하여 자동차 등의 운행을 할 수 있는 혜택이나 특권을 누리고, 그것을 영업의 수단으로 사용할 이익은 상대적으로 더 제한받을 소지가 있는 것이고, 위와 같은 목적을 위하여 위 의무를 위반하여 이 사건 법률조항에 해당하는 자에게 구체적 사정에 따라 법원의 판단을 거쳐 1년, 4년 또는 5년 동안 위 이익을 제한하도록 하는 것이 헌법상 과도하다고 할 수는 없다고 할 것이다. 이 사건 법률조항이 교통사고로 인하여 발생할 국민의 생명 · 신체에 대한 위험을 예방하고 교통질서 확립을 위하여, 도로를 사용하여 운행하는 혜택을 누리고 그것을 영업의 수단으로 하는 국민의 이익을 제한함에 있어서 법익균형성의 원칙을 위배하였다고 볼 수도 없다고 할 것이다. 따라서, 이 사건 법률조항은 헌법 제37조 제2항의 과잉금지의 원칙에 위배되지 아니하고, 헌법 제10조의 국민의 행복추구권과 헌법 제15조의 **직업선택의 자유를 침해하는 것이라고 할 수 없으므로, 헌법에 위반되지 아니한다**(헌재 2002.4.25. 2001헌가19). 08. 사법고시

④ [X] 이 사건 조항이 추구하는 입법목적이 이 사건 조항을 통하여 달성될 것인지가 불투명한 반면, 이 사건 조항에 따른 행정제재를 당하는 운전전문학원은 자신이 충실히 운전교육과 기능검정을 하였더라도 피할 수 없는 제재를 당할 수 있게 되고, 그러한 제재가 가져오는 영업상의 손실은 큰 것이다. 이 사건 조항은 법익의 균형성원칙에 위배된다. 그러므로 **이 사건 조항은 비례의 원칙에 어긋나 직업의 자유를 침해한다**(헌재 2005. 7.21. 2004헌가30). 16. 법무사

**08**                          정답 ③

① [X] 이 사건 기탁금귀속조항에 따르면, 선거를 완주하여 성실성을 충분히 검증받은 후보는 물론, 최다득표를 하여 총장임용후보자로 선정된 사람조차도 기탁금의 반액은 반환받지 못하게 된다. 이는 난립후보라고 할 수 없는 성실한 후보자들을 상대로도 기탁금의 발전기금귀속을 일률적으로 강요함으로써 대학의 재정을 확충하는 것과 다름없다. 기탁금 반환조건을 현재보다 완화하더라도 충분히 후보자의 난립을 방지하고 후보자의 성실성을 확보할 수 있음에도, 이 사건 기탁금귀속조항은 후보자의 성실성이나 노력 여하를 막론하고 기탁금의 절반은 반드시 대학 발전기금에 귀속되도록 하고 나머지 금액의 반환조건조차 지나치게 까다롭게 규정하고 있다. 그러므로 이 사건 기탁금귀속조항은 과잉금지원칙에 위반되어 청구인의 재산권을 침해한다(헌재 2021.12.23. 2019헌마825).

② [X] 이 사건 기탁금납부조항은 후보자 난립에 따른 선거의 과열을 방지하고 후보자의 성실성을 확보하기 위한 것이다. 대구교육대학교는 총장임용후보자선거에서 과거 간선제를 채택하였을 때 어떤 홍보수단도 활용할 수 없도록 하였던 것과 달리 직선제를 채택하면서 다양한 방법의 선거운동을 허용하고 있으므로, 선거가 과열되거나 혼탁해질 위험성이 증대되었다. 기탁금제도를 두는 대신에 피선거권자의 자격요건을 강화하면 공무담임권이 오히려 더 제한될 소지가 있고, 추천인 요건을 강화하는 경우 사전선거운동이 과열될 수 있으며, 선거운동방법의 제한 및 이에 관한 제재를 강화하면 선거운동이 위축될 염려도 있다. 이 사건 기탁금납부조항이 규정하는 1,000만 원이라는 기탁금액이 후보자가 되려는 사람이 납부할 수 없을 정도

로 과다하다거나 입후보 의사를 단념케 할 정도로 과다하다고 할 수도 없다. 따라서 이 사건 기탁금납부조항은 청구인의 공무담임권을 침해하지 아니한다(헌재 2022.1.27. 2019헌바61).

❸ [○] 현행 총장후보자 선정규정에 따른 간선제 방식에서는 이 사건 기탁금조항으로 달성하려는 공익은 제한적이다. 반면, 이 사건 기탁금조항으로 인하여 기탁금을 납입할 자력이 없는 교원 등 학내 인사 및 일반 국민들은 총장후보자에 지원하는 것 자체를 단념하게 되므로, 이 사건 기탁금조항으로 제약되는 공무담임권의 정도는 결코 과소평가될 수 없다. 이 사건 기탁금조항으로 달성하려는 공익이 제한되는 공무담임권 정도보다 크다고 단정할 수 없으므로, 이 사건 기탁금조항은 법익의 균형성에도 반한다. 따라서 이 사건 기탁금조항은 과잉금지원칙에 반하여 청구인의 공무담임권을 침해한다(헌재 2018.4.26. 2014헌마274).

④ [×] 이 사건 기탁금납부조항은 후보자 난립에 따른 선거의 과열을 방지하고 후보자의 성실성을 확보하기 위한 것이다. 경북대학교는 총장임용후보자 선정방식으로 직선제를 채택하고, 전화, 정보통신망을 이용한 지지 호소 등 다양한 방식의 선거운동을 허용하고 있으므로, 선거가 과열되거나 혼탁해질 위험이 인정된다. 기탁금제도를 두는 대신에 피선거권자의 자격요건을 강화하면 공무담임권이 더 크게 제한될 소지가 있고, 추천인 요건을 강화하는 경우 사전선거운동이 과열될 수 있으며, 선거운동방법의 제한 및 이에 관한 제재를 강화하면 선거운동의 자유가 위축될 우려도 있다. 3,000만 원의 기탁금액은 경북대학교 전임교원의 급여액 등을 고려하면 납부할 수 없거나 입후보 의사를 단념케 할 정도로 과다하다고 할 수 없다. 따라서 이 사건 기탁금납부조항은 청구인의 공무담임권을 침해하지 아니한다(헌재 2022.5.26. 2020헌마219).

## 09         정답 ③

① [×] 우리 헌법은 1948.7.17. 제정 당시부터 구금되었던 피고인의 형사보상청구권을 헌법상 기본권으로 인정하여 왔고, 이에 따라 1958.8.13. 형사보상법을 제정하여 무죄판결이 확정된 사람에게 구금에 대한 보상과 형 집행에 대한 보상을 규정해 왔다. 한편, 2007.6.1. 형사소송법이 개정되면서 기존의 형사보상제도와는 별개로 무죄판결이 확정된 피고인이 구금 여부와 상관없이 재판에 들어간 비용의 보상을 법원에 청구할 수 있도록 하는 내용의 비용보상청구제도가 마련되었다(헌재 2015.4.30. 2014헌바408 등).

② [×] 형사소송법 제194조의2 내지 제194조의5에 따른 비용보상청구제도는 형사사법절차에 내재하는 불가피한 위험성으로 인해 손해를 입은 사람에게 그 위험에 관한 부담을 덜어주기 위해 국가의 고의나 과실 여부를 불문하고 그 손해를 보상해주는 것이다. 이는 구금되었음을 전제로 하는 헌법 제28조의 형사보상청구권이나 국가의 귀책사유를 전제로 하는 헌법 제29조의 국가배상청구권이 헌법적 차원에서 명시적으로 규정되어 보호되고 있는 것과 달리, 입법자가 입법의 목적, 국가의 경제적·사회적·정책적 사정들을 참작하여 제정하는 법률에 적용요건, 적용대상, 범위 등 구체적인 사항이 규정될 때 비로소 형성되는 권리이다(헌재 2015.4.30. 2014헌바408 등).

❸ [○] 비용보상청구제도는 피고인이 지출한 소송비용을 국가의 귀책사유 여부를 따지지 않고 손쉽게 보상받을 수 있도록 국가가 배려하여 마련한 제도이다. 그 보상대상이 되는 피해는 형사절차에서 피고인이 지출한 변호사비용과 여비 등 소송비용이므로 그 피해의 성격이 간접적·부수적이라 할 수 있다. 보호되는 범위도 손해의 전부가 아니라 실제 지출한 소송비용 중 법률로 정한 일부에 국한된다. 특히, 비용보상청구권은 헌법 차원이나 기본권 보호 차원에서 당연히 보호되어 온 것이 아니라 국가의 정치적·경제적 여건이 나아지고 그에 따라 사법제도수준이 향상됨에 따라 입법자가 국민의 권리구제범위를 확장하면서 형성되는 권리이다(헌재 2015.4.30. 2014헌바408 등).

④ [×] 형사소송법상 비용보상청구권은 입법자가 사회적 여건이 허락하는 범위 안에서 사법절차에서 피해를 입은 사람에 대한 구제범위를 확대해 나가는 과정에서 비로소 형성된 권리로서, 헌법적 차원에서 명시적으로 요건을 정해서 보장되어 온 형사보상청구권이나 국가배상청구권과는 기본적으로 권리의 성격이 다를 뿐만 아니라, 형사재판을 진행하는 과정에서 피고인의 판단과 선택에 따라 지출한 비용을 보상한다는 점에서, 인신구속이라는 피해를 당한 사람에게 구금기간 동안 발생한 재산적·정신적 손해에 대한 보상을 목적으로 한 형사보상청구권이나 국가의 귀책사유로 인한 손해를 회복할 수 있도록 하는 국가배상청구권과 분명한 차이가 있다. 따라서 입법자가 비용보상청구권을 행사할 수 있는 청구기간을 정하면서 국가배상청구권이나 형사보상청구권보다 짧은 기간만 허용하였다고 하여 이러한 차별취급이 합리적 이유 없는 자의적 차별이라 단정할 수 없다. 따라서 이 사건 법률조항은 평등원칙에 위배된다고 보기 어렵다(헌재 2015.4.30. 2014헌바408 등).

## 10         정답 ①

❶ [×] 청구인들은 기존 직장에서 계속 근무하기를 원하는 기간제근로자들에게 정규직으로 전환되지 않는 한 2년을 초과하여 계속적으로 근무할 수 없도록 한 조항이 직업선택의 자유, 근로의 권리를 침해하고 있다고 주장한다. 이러한 청구인들의 주장은 기간제근로자라 하더라도 한 직장에서 계속해서 일할 자유를 보장해야(근로관계의 존속보장) 한다는 취지로 읽힌다. 그런데 헌법 제15조 직업의 자유와 제32조 근로의 권리는 국가에게 단지 사용자의 처분에 따른 직장 상실에 대하여 최소한의 보호를 제공해 줄 의무를 지울 뿐이고, 여기에서 직장 상실로부터 근로자를 보호하여 줄 것을 청구할 수 있는 권리가 나오지는 않으므로, 직업의 자유, 근로의 권리 침해 문제는 이 사건에서 발생하지 않는다(헌재 2013.10.24. 2010헌마219).

② [○] 헌법이 보장하는 근로의 권리에는 '일할 자리에 관한 권리'뿐만 아니라 '일할 환경에 관한 권리'도 포함되는데, 일할 환경에 관한 권리는 인간의 존엄성에 대한 침해를 막기 위한 권리로서 건강한 작업환경, 정당한 보수, 합리적 근로조건의 보장 등을 요구할 수 있는 권리를 포함한다. 근로기준법에 마련된 해고예고제도는 근로조건의 핵심적 부분인 해고와 관련된 사항일 뿐만 아니라, 근로자가 갑자기 직장을 잃어 생활이 곤란해지는 것을 막는 데 목적이 있으므로, 근로자의 인간 존엄성을 보장하기 위한 최소한의 근로조건으로서 근로의 권리의 내용에 포함된다(헌재 2015.12.23. 2014헌바3).

③ [O] 헌법 제32조 제1항이 규정하는 근로의 권리는 사회적 기본권으로서 국가에 대하여 직접 일자리를 청구하거나 일자리에 갈음하는 생계비의 지급청구권을 의미하는 것이 아니라 고용증진을 위한 사회적·경제적 정책을 요구할 수 있는 권리에 그치며, 근로의 권리로부터 국가에 대한 직접적인 직장존속청구권이 도출되는 것도 아니다. 나아가 근로자가 퇴직급여를 청구할 수 있는 권리도 헌법상 바로 도출되는 것이 아니라 '근로자퇴직급여 보장법' 등 관련 법률이 구체적으로 정하는 바에 따라 비로소 인정될 수 있는 것이므로 계속 근로기간 1년 미만인 근로자가 퇴직급여를 청구할 수 있는 권리가 헌법 제32조 제1항에 의하여 보장된다고 보기는 어렵다(헌재 2011.7.28. 2009헌마408).

④ [O] 근로의 권리에는 일자리를 직접 청구할 권리는 도출되지 않고, 또한 생계비지급청구권도 인정되지 아니한다.

## 11 정답 ①

❶ [O] 1960년 제3차 개정헌법 제98조 제6항은 제1조, 제2조와 제7조의2의 규정을 개폐할 수 없다고 명시적으로 규정하고 있다.

② [X] 현행의 우리 헌법상으로는 과연 어떤 규정이 헌법핵 내지는 헌법제정규범으로서 상위규범이고 어떤 규정이 단순한 헌법개정규범으로서 하위규범인지를 구별하는 것이 가능하지 아니하며(칼 슈미트의 헌법과 헌법률 구별을 수용하지 않았다), 달리 헌법의 각 개별 규정 사이에 그 효력상의 차이를 인정하여야 할 아무런 근거도 찾을 수 없다(헌재 1996.6.13. 94헌바20).

③ [X] 헌법개정안이 제안된 날이 아니라 공고된 날이다.

> 헌법 제130조 ① 국회는 헌법개정안이 공고된 날로부터 60일 이내에 의결하여야 하며, 국회의 의결은 재적의원 3분의 2 이상의 찬성을 얻어야 한다.

④ [X] 임기연장·중임변경을 위한 개정은 가능하다.

## 12 정답 ③

① [X] 국가에게 헌법 제34조에 의하여 장애인의 복지를 위하여 노력을 해야 할 의무가 있다는 것은, 장애인도 인간다운 생활을 누릴 수 있는 정의로운 사회질서를 형성해야 할 국가의 일반적인 의무를 뜻하는 것이지, 장애인을 위하여 저상버스를 도입해야 한다는 구체적 내용의 의무가 헌법으로부터 나오는 것은 아니다(헌재 2002.12.18. 2002헌마52). 16. 변호사시험

② [X] 사회적 약자를 위한 우대조치는 실질적 평등정신에 부합되므로 사회적 약자를 위한 입법조치에 대해서는 엄격한 심사보다는 자의금지원칙에 따라 평등의 원칙 위반 여부를 심사하는 것이 타당하다. 10. 사법고시

❸ [O] 사회국가원리는 소득의 재분배의 관점에서 경제적 약자에 대한 보험료의 지원을 허용할 뿐만 아니라, 한 걸음 더 나아가 정의로운 사회질서의 실현을 위하여 이를 요청하는 것이다. 따라서 국가가 저소득층 지역가입자를 대상으로 소득수준에 따라 보험료를 차등지원하는 것은 사회국가원리에 의하여 정당화되는 것이다(헌재 2000.6.29. 99헌마289). 17. 국가직 7급

④ [X] 헌법 제15조의 직업의 자유 또는 헌법 제32조의 근로의 권리, 사회국가원리 등에 근거하여 실업방지 및 부당한 해고로부터 근로자를 보호하여야 할 국가의 의무를 도출할 수는 있을 것이나, 국가에 대한 직접적인 직장존속보장청구권을 근로자에게 인정할 헌법상의 근거는 없다. 이와 같이 우리 헌법상 국가에 대한 직접적인 직장존속보장청구권을 인정할 근거는 없으므로 근로관계의 당연승계를 보장하는 입법을 반드시 하여야 할 헌법상의 의무를 인정할 수 없다. 따라서 한국보건산업진흥원법 부칙 제3조가 기존 연구기관의 재산상의 권리·의무만을 새로이 설립되는 한국보건산업진흥원에 승계시키고, 직원들의 근로관계가 당연히 승계되는 것으로 규정하지 않았다 하여 위헌이라 할 수 없다(헌재 2002.11.28. 2001헌바50). 12. 사법고시 변형

## 13 정답 ③

① [X] 대학병원에 보관된 시신을 훔친 것은 예술의 자유에서 보호되지 않으므로 시체에 대한 자기결정권과 예술의 자유는 유사충돌이다. 강연은 예술의 자유에서 보호되지 않으므로 집회를 제지당했다면 예술의 자유와 집회의 자유는 유사경합이다. 10. 사법고시

② [X] 청구인은 심판대상조항에 의해 표현의 자유 또는 예술창작의 자유가 제한된다고 주장하나, 심판대상조항은 집필문을 창작하거나 표현하는 것을 금지하거나 이에 대한 허가를 요구하는 조항이 아니라 이미 표현된 집필문을 외부의 특정한 상대방에게 발송할 수 있는지 여부에 대해 규율하는 것이므로, 제한되는 기본권은 헌법 제18조에서 정하고 있는 통신의 자유로 봄이 상당하다. 따라서 심판대상조항이 사전검열에 해당한다는 청구인의 주장에 대해서는 판단하지 아니하고, 통신의 자유 침해 여부에 대해서만 판단하기로 한다(헌재 2016.5.26. 2013헌바98). 17. 경찰승진, 16. 국가직 7급

❸ [O] 청구인은 이 사건 법률조항에 의하여 인간의 존엄과 가치 및 행복추구권, 사생활의 비밀과 자유가 침해된다고 주장하나, 위 기본권들은 모두 개인정보자기결정권의 헌법적 근거로 거론되는 것으로서 청구인의 개인정보에 대한 공개와 이용이 문제되는 이 사건에서 개인정보자기결정권 침해 여부를 판단하는 이상 별도로 판단하지 않는다(헌재 2016.6.30. 2015헌마924). 16. 국가직 7급

④ [X] [1] 종교인 또는 종교단체가 사회취약계층이나 빈곤층을 위해 양로시설과 같은 사회복지시설을 마련하여 선교행위를 하는 것은 오랜 전통으로 확립된 선교행위의 방법이며, 사회적 약자를 위한 시설을 지어 도움을 주는 것은 종교의 본질과 관련이 있다. 따라서 심판대상조항에 의하여 신고의 대상이 되는 양로시설에 종교단체가 운영하는 양로시설을 제외하지 않는 것은 자유로운 양로시설 운영을 통한 선교의 자유, 즉 종교의 자유 제한의 문제를 불러온다.
[2] 청구인은 심판대상조항이 노인들의 거주·이전의 자유 및 인간다운 생활을 할 권리를 침해한다고 주장한다. 그러나 심판대상조항은 종교단체에서 운영하는 양로시설도 일정 규모 이상의 경우 신고하도록 한 규정일 뿐, 거주·이전의 자유나 인간다운 생활을 할 권리의 제한을 불러온다고 볼 수 없으므로 이에 대해서는 별도로 판단하지 아니한다(헌재 2016.6.30. 2015헌바46). 18. 경찰승진, 16. 국가직 7급

① [○] 헌법 제36조 제1항은 "혼인과 가족생활은 개인의 존엄과 양성의 평등을 기초로 성립되고 유지되어야 하며, 국가는 이를 보장한다."라고 규정하여, 혼인과 가족생활을 스스로 결정하고 형성할 수 있는 자유를 기본권으로서 보장하고, 혼인과 가족에 대한 제도를 보장한다. 즉, 소극적으로는 국가권력의 부당한 침해에 대한 개인의 주관적 방어권으로서 국가권력이 혼인과 가정이란 사적인 영역을 침해하는 것을 금지하면서, 적극적으로는 혼인과 가정을 제3자 등으로부터 보호해야 할 뿐만 아니라 개인의 존엄과 양성의 평등을 바탕으로 성립되고 유지되는 혼인 · 가족제도를 실현해야 할 국가의 과제를 부과하고 있다(헌재 2000.4.27. 98헌가16 등 참조).

② [○] 개인이 혼인과 가족생활을 스스로 결정하고 형성할 수 있는 자유를 제한하는 경우에는 기본권 제한의 헌법적 한계를 준수하여야 함은 물론이다. 심판대상조항은 8촌 이내의 혈족 사이의 혼인을 금지하고, 이에 위반한 혼인은 무효로 하여 '혼인과 가족생활을 스스로 결정하고 형성할 수 있는 자유'를 제한하고 있다. 이러한 제한이 헌법 제37조 제2항이 정한 기본권 제한의 한계원리 내의 것인지 살펴본다(헌재 2022.10.27. 2018헌바115).

❸ [✕] 이 사건 금혼조항으로 인하여 법률상의 배우자 선택이 제한되는 범위는 친족관계 내에서도 8촌 이내의 혈족으로, 넓다고 보기 어렵다. 그에 비하여 8촌 이내 혈족 사이의 혼인을 금지함으로써 가족질서를 보호하고 유지한다는 공익은 매우 중요하므로 이 사건 금혼조항은 법익균형성에 위반되지 아니한다. 그렇다면 이 사건 금혼조항은 과잉금지원칙에 위배하여 혼인의 자유를 침해하지 않는다(헌재 2022.10.27. 2018헌바115).

④ [○] 이 사건 무효조항은 이 사건 금혼조항의 실효성을 보장하기 위한 것으로서 정당한 입법목적 달성을 위한 적합한 수단에 해당한다. 다만, 이미 근친혼이 이루어져 당사자 사이에 부부간의 권리와 의무의 이행이 이루어지고 있고, 자녀를 출산하거나 가족 내 신뢰와 협력에 대한 기대가 발생하였다고 볼 사정이 있는 때에 일률적으로 그 효력을 소급하여 상실시킨다면, 이는 가족제도의 기능유지라는 본래의 입법목적에 반하는 결과를 초래할 가능성이 있다. 이 사건 무효조항의 입법목적은 근친혼이 가까운 혈족 사이의 신분관계 등에 현저한 혼란을 초래하고 가족제도의 기능을 심각하게 훼손하는 경우에 한정하여 무효로 하더라도 충분히 달성 가능하고, 위와 같은 경우에 해당하는지 여부가 명백하지 않다면 혼인의 취소를 통해 장래를 향하여 혼인을 해소할 수 있도록 규정함으로써 가족의 기능을 보호하는 것이 가능하므로, 이 사건 무효조항은 입법목적 달성에 필요한 범위를 넘는 과도한 제한으로서 침해의 최소성을 충족하지 못한다. 이 사건 무효조항은 과잉금지원칙에 위배하여 혼인의 자유를 침해한다(헌재 2022.10.27. 2018헌바115).

① [✕] 피청구인 통일부장관은 이 사건 중단조치 전 개성공단기업협회 회장단과의 간담회를 개최하여 결정 배경을 설명하고 세부 조치 내용을 고지하기도 하였으므로, 이 사건 중단조치의 특성, 절차 이행으로 제고될 가치, 국가작용의 효율성 등의 종합

적 형량에 따른 필수적 절차는 거친 것으로 봄이 타당하고, 이해관계자 등의 의견청취절차는 적법절차원칙에 따라 반드시 요구되는 절차라고 보기 어렵다. 따라서 이 사건 중단조치가 적법절차원칙에 위반되어 청구인들의 영업의 자유나 재산권을 침해한 것으로 볼 수 없다(헌재 2022.1.27. 2016헌마364).

❷ [○] 국무회의는 모든 국무위원과 배석기관의 참여로 포괄적인 의견 수렴과 심의가 가능하기는 하나 참여 인원이 확대되는 만큼 기밀 유지에 어려움이 따르고 신속한 의사결정에 적합하지 않은 면도 있다. 개성공단의 운영 중단이 통일, 외교, 국방과 관련된 중요한 정책결정일 수는 있으나, 북한의 핵무기 개발로 인한 안보지형의 변화, 독자적 제재조치가 국제관계와 우리가 지향하는 평화통일에 미치는 영향 등을 국가안보 측면에서 평가하고 전문적으로 논의하는 절차를 거치는 것이 중요한 것이지, 모든 행정각부의 장이나 배석기관의 장이 참여하는 절차를 거치지 않을 경우 그 의사 결정의 정당성을 담보할 수 없다고 단정하기 어렵다. 이 사건의 경우 국가안전보장회의 상임위원회의 협의절차를 거쳐 최종 중단이 결정되었고, 그 상임위원회에는 통일정책을 주도적으로 추진하고 그 영향을 평가할 수 있는 통일부장관과 국가안보의 필수 관련 기관인 외교부장관, 국방부장관, 국정원장 등이 참여하게 되므로, 개성공단의 운영 중단 결정에 앞서 국무회의 심의가 아닌 국가안전보장회의 상임위원회의 협의를 선택한 피청구인 대통령의 절차 판단이 명백히 비합리적인 것으로 보이지 않는다. 따라서 피청구인 대통령이 개성공단의 운영 중단결정과정에서 국무회의 심의를 거치지 않았더라도 그 결정에 헌법과 법률이 정한 절차를 위반한 하자가 있다거나, 적법절차원칙에 따라 필수적으로 요구되는 절차를 거치지 않은 흠결이 있다고 할 수 없다(헌재 2022.1.27. 2016헌마364).

③ [✕] 헌법 제12조 제1항이 '처벌, 보안처분 또는 강제노역'을 나란히 열거하고 있는 규정형식에 비추어 보면 처벌 또는 강제노역에 버금가는 심대한 기본권의 제한을 수반하는 보안처분에는 위에서 본 좁은 의미의 적법절차의 원칙이 엄격히 적용되어야 할 것이나, 보안처분의 종류에는 사회보호법상의 보호감호처분이나 구 사회안전법상의 보안감호처분과 같이 피감호자를 일정한 감호시설에 수용하는 전면적인 자유박탈적인 조치부터 이 법상의 보안관찰처분과 같이 단순히 피보안관찰자에게 신고의무를 부과하는 자유제한적인 조치까지 다양한 형태와 내용의 것이 존재하므로 각 보안처분에 적용되어야 할 적법절차의 원리의 적용범위 내지 한계에도 차이가 있어야 함은 당연하다 할 것이어서, 결국 각 보안처분의 구체적 자유박탈 내지 제한의 정도를 고려하여 그 보안처분의 심의 · 결정에 법관의 판단을 필요로 하는지 여부를 결정하여야 한다고 할 것이다(헌재 1997.11.27. 92헌바28).

④ [✕] 각 보안처분의 구체적 자유박탈 내지 제한의 정도를 고려하여 그 보안처분의 심의 · 결정에 법관의 판단을 필요로 하는지 여부를 결정하여야 한다고 할 것이다. 따라서 적법절차의 원칙에 의하여 그 성질상 보안처분의 범주에 드는 모든 처분의 개시 내지 결정에 법관의 판단을 필요로 한다고 단정할 수 없고, 보안처분의 개시에 있어 그 결정기관 내지 절차와 당해 보안처분으로 인한 자유 침해의 정도와의 사이에 비례의 원칙을 충족하면 적법절차의 원칙은 준수된다고 보아야 할 것이다(헌재 1997.11.27. 92헌바28).

## 16

① [ ✕ ]

> **국적법 제9조【국적회복에 의한 국적 취득】** ① 대한민국의 국민이었던 외국인은 법무부장관의 국적회복허가를 받아 대한민국 국적을 취득할 수 있다. 09. 국회직 8급, 01. 사법고시 변형

❷ [ O ]

> **국적법 제6조【간이귀화요건】** ② 배우자가 대한민국의 국민인 외국인으로서 다음 각 호의 어느 하나에 해당하는 사람은 제5조 제1호 및 제1호의2의 요건을 갖추지 아니하여도 귀화허가를 받을 수 있다.
> 1. 그 배우자와 혼인한 상태로 대한민국에 2년 이상 계속하여 주소가 있는 사람 09. 국회직 8급

③ [ ✕ ]

> **국적법 제7조【특별귀화요건】** ① 다음 각 호의 어느 하나에 해당하는 외국인으로서 대한민국에 주소가 있는 사람은 제5조 제1호·제1호의2·제2호 또는 제4호의 요건을 갖추지 아니하여도 귀화허가를 받을 수 있다.
> 3. 과학·경제·문화·체육 등 특정 분야에서 매우 우수한 능력을 보유한 사람으로서 대한민국의 국익에 기여할 것으로 인정되는 사람 18. 국회직 8급

④ [ ✕ ]

> **국적법 제9조【국적회복에 의한 국적 취득】** ② 법무부장관은 국적회복허가 신청을 받으면 심사한 후 다음 각 호의 어느 하나에 해당하는 사람에게는 국적회복을 허가하지 아니한다.
> 3. 병역을 기피할 목적으로 대한민국 국적을 상실하였거나 이탈하였던 사람

## 17

㉠ [ O ] 헌법 제117조 제1항에서는 법령의 범위 안에서 자치에 관한 규정을 제정할 수 있다고 하였고, 그러한 법령에는 '법규명령으로 기능하는 행정규칙'도 포함된다(헌재 2002.10.31. 2002헌라2). 20. 입법고시

㉡ [ ✕ ] 헌법 제117조 제1항이 규정하고 있는 법령에는 법률 이외에 대통령령, 총리령 및 부령과 같은 법규명령이 포함되는 것은 물론이지만, 제정형식은 행정규칙이더라도 상위법령의 위임한계를 벗어나지 않는 한 상위법령과 결합하여 대외적 구속력을 갖는 법규명령으로서 기능하는 행정규칙도 포함된다. 문제조항에서 말하는 '행정안전부장관이 정하는 범위'라는 것은 '법규명령으로 기능하는 행정규칙에 의하여 정하여지는 범위'를 가리키는 것이고 법규명령이 아닌 단순한 행정규칙에 의하여 정하여지는 것은 이에 포함되지 않는다고 해석되므로 문제조항은 헌법 제117조 제1항에 위반되는 것이 아니다(헌재 2002.10.31. 2001헌라1). 19. 국회직 8급

㉢ [ O ] 헌법은 제117조와 제118조에서 '지방자치단체의 자치'를 제도적으로 보장하고 있는바, 그 보장의 본질적 내용은 자치단체의 보장, 자치기능의 보장 및 자치사무의 보장이다(헌재 1994.12.29. 94헌마201). 21. 비상업무, 19. 소방간부·국회직 8급

㉣ [ ✕ ] 지방자치단체는 자치사법권을 가지지 못한다. 11. 법원직

## 18

① [ ✕ ] 심판대상조항은 청구인의 신체의 자유를 제한하는 것은 아니다. 심판대상조항은 위험성을 가진 재화의 제조·판매조건을 제약함으로써 최고속도 제한이 없는 전동킥보드를 구입하여 사용하고자 하는 소비자의 자기결정권 및 일반적 행동자유권을 제한할 뿐이다(헌재 2020.2.27. 2017헌마1339).

② [ ✕ ] 감정조항이 피성년후견인이 될 사람에 대한 감정의 주체를 단순히 의사라고만 규정하였다고 해서 침해의 최소성에 위배된 것으로는 볼 수 없다. 또한 감정조항은 구체적인 사안에서 법관의 판단을 통하여 적합한 감정주체인 의사를 결정할 수 있도록 함으로써, 후견의 필요성을 면밀히 검토함과 동시에 후견의 접근성을 높일 수 있도록 하므로 제한되는 기본권에 비해 달성되는 피성년후견인 본인의 보호라는 법익이 더욱 중대하다. 따라서 감정조항은 법익의 균형성도 갖추었다(헌재 2019.12.27. 2018헌바130).

③ [ ✕ ] 선거범죄를 신속하고 효율적으로 단속하고 자료를 확보함으로써 공정하고 자유로운 선거의 실현을 달성하고자 하는 공익은 허위자료가 아닌 자료를 제출해야 함으로써 제한되는 피조사자의 일반적 행동자유권에 비해 결코 작다고 볼 수 없다. 그러므로 심판대상조항은 과잉금지원칙에 위배되어 피조사자의 일반적 행동자유권을 침해한다고 볼 수 없다(헌재 2019.9.26. 2016헌바381).

❹ [ O ] 이 사건 각 심판대상조항은 응급환자 본인의 의료에 관한 자기결정권을 직접 제한하거나 그러한 제한을 규범의 목적으로 하고 있지 않다. 응급환자 본인의 행위가 위법성이 인정되지 않는 범위 내에 있다면 이 사건 각 심판대상조항에 의한 규율의 대상이 되지 아니하므로 자기결정권 내지 일반적 행동의 자유의 제한 문제가 발생하지 않는다(헌재 2019.6.28. 2018헌바128).

## 19

❶ [ ✕ ] 독립유공자 손자녀의 경우, 유공자의 사망이나 장해에 따른 영향이 자녀와 비교하여 덜 직접적이며 물질적·정신적 고통의 정도가 동등하다고 보기 어려우므로, 그에 대한 보호와 예우 필요성은 유공자의 자녀와 비교하여 상대적으로 적다. 또한 독립유공자 손자녀에게는 교육지원, 취업지원 등 비금전적 예우가 제공될 수 있으므로, 그 손자녀가 아무런 예우를 받지 못한다고 할 수 없다. 그러므로 심판대상조항이 보상금을 받을 권리의 이전과 관련하여 독립유공자의 손자녀를 달리 취급하고 있더라도 이것이 현저하게 합리성을 잃은 자의적인 차별이라 할 수 없으며, 심판대상조항은 청구인의 평등권을 침해하지 않는다(헌재 2020.3.26. 2018헌마331).

② [ O ] 조부모에 대한 부양가능성이나 나이가 많은 손자녀가 협조하지 않는 경우 등을 고려하면 그 실효성을 인정하기도 어렵다. 비금전적 보훈혜택 역시 유족에 대한 보상금 지급과 동일한 정도로 유족들의 생활보호에 기여한다고 볼 수 없으므로, 이 사건 심판대상조항은 합리적인 이유 없이 상대적으로 나이가 적은 손자녀인 청구인을 차별하여 평등권을 침해한다(헌재 2013.10.24. 2011헌마724).

③ [ O ] 2014.5.21. 법률 제12668호로 개정된 '독립유공자예우에 관한 법률'(이하 '독립유공자법'이라 한다)은 대통령령으로 정하는

생활수준 등을 고려하여 손자녀 1명에게 보상금을 지급하도록 한바, 유족의 생활 안정과 복지 향상을 도모하기 위하여 보상금이 가장 필요한 손자녀에게 보상금을 지급하여 보상금수급권의 실효성을 보장하면서 아울러 국가의 재정부담능력도 고려하였다. 아울러 독립유공자법은 2018.4.6. 법률 제15550호 개정으로 제14조의5를 신설하여 독립유공자법 제12조에 따른 보상금을 받지 아니하는 손자녀에게 생활안정을 위한 지원금을 지급할 수 있도록 한바, 보상금을 지급받지 못하는 손자녀들에 대한 생활보호 대책을 마련하고 독립유공자법에 따른 보훈에 있어 손자녀 간의 형평성도 고려하였다. 위와 같은 사정을 종합해 볼 때, 심판대상조항에 나타난 입법자의 선택이 명백히 그 재량을 일탈한 것이라고 보기 어려우므로 심판대상조항은 청구인의 평등권을 침해하지 아니한다(헌재 2018.6.28. 2015헌마304).

④ [O] 산업화에 따른 핵가족화의 영향으로 형제 간에도 결혼 후에는 경제적으로 의존하는 경우가 많지 않아 연장자인 자녀가 다른 자녀를 부양할 것을 기대하기 어렵고, 제사문화 역시 변화하고 있어 연장자가 반드시 제사주재자가 된다고 볼 수도 없다. 직업이나 보유재산 등에 따라서 연장자의 경제적 사정이 가장 좋은 경우도 있을 수 있다. 따라서 이 사건 법률조항이 6·25전몰군경자녀 중 나이가 많은 자를 이 사건 수당의 선순위 수급권자로 정하는 것은 이 사건 수당이 가지는 사회보장적 성격에 부합하지 아니하고, 나이가 많다는 우연한 사정을 기준으로 이 사건 수당의 지급순위를 정하는 것으로 합리적인 이유가 없다. 따라서 이 사건 법률조항은 나이가 적은 6·25전몰군경자녀의 평등권을 침해한다(헌재 2021.3.25. 2018헌가6).

를 보장하기 위한 **입법의무를 명시적으로나 해석상으로 인정할 근거가 없다.** 따라서 이 사건 입법부작위에 대한 심판청구는 헌법소원의 대상이 될 수 없는 입법부작위를 대상으로 한 것으로서 부적법하다(헌재 2023.2.23. 2020헌마1030).

③ [O] 변호인의 조력을 받을 권리는 '형사사건'에서의 변호인의 조력을 받을 권리를 의미한다. 따라서 수형자가 형사사건의 변호인이 아닌 민사사건, 행정사건, 헌법소원사건 등에서 변호사와 접견할 경우에는 원칙적으로 헌법상 변호인의 조력을 받을 권리의 주체가 될 수 없다 할 것이므로, 이 사건 녹취행위에 의하여 청구인의 변호인의 조력을 받을 권리가 침해되었다고 할 수는 없다(헌재 2013.9.26. 2011헌마398).

④ [O] 헌법재판소가 91헌마111 결정에서 미결수용자와 변호인과의 접견에 대해 어떠한 명분으로도 제한할 수 없다고 한 것은 구속된 자와 변호인 간의 접견이 실제로 이루어지는 경우에 있어서의 '자유로운 접견', 즉 '대화 내용에 대하여 비밀이 완전히 보장되고 어떠한 제한, 영향, 압력 또는 부당한 간섭 없이 자유롭게 대화할 수 있는 접견'을 제한할 수 없다는 것이지, 변호인과의 접견 자체에 대해 아무런 제한도 가할 수 없다는 것을 의미하는 것이 아니므로 미결수용자의 변호인접견권 역시 국가안전보장·질서유지 또는 공공복리를 위해 필요한 경우에는 법률로써 제한될 수 있음은 당연하다(헌재 2011.5.26. 2009헌마341).

## 20                                정답 ①

❶ [×] 법정의견: 고인을 조력할 변호인의 권리 중 그것이 보장되지 않으면 그들이 변호인의 조력을 받는다는 것이 유명무실하게 되는 핵심적인 부분은 헌법상 기본권인 피의자 및 피고인이 가지는 변호인의 조력을 받을 권리와 표리의 관계에 있다 할 수 있다. 따라서 피의자 및 피고인이 가지는 변호인의 조력을 받을 권리가 실질적으로 확보되기 위해서는, 피의자 및 피고인에 대한 변호인의 조력할 권리의 핵심적인 부분(이하 '변호인의 변호권'이라 한다)은 헌법상 기본권으로서 보호되어야 한다(헌재 2017.11.30. 2016헌마503).

재판관 강일원, 조용호의 별개의견: 변호인의 변호권은 피의자나 피고인의 헌법상 기본권인 '변호인의 조력을 받을 권리'를 충실하게 보장하기 위하여 형사소송법 등 개별 법률을 통하여 구체적으로 형성된 법률상의 권리이다. 변호인은 피의자나 피고인의 기본권 보호를 위해 법률로 보장된 변호권을 행사하는 것이지, 변호권 자체를 변호인의 기본권으로 볼 수는 없다.

② [O] 헌법은 70세 이상인 불구속 피의자가 피의자신문을 받을 때 국선변호인을 선정하는 법률을 제정할 것을 명시적으로 위임하고 있지 않다. 헌법 제12조 제4항 본문과 단서의 논리적 관계를 고려할 때 '국선변호인의 조력을 받을 권리'는 피의자가 아닌 피고인에게만 보장되는 기본권이다. 따라서 헌법 제12조 제4항이 70세 이상인 불구속 피의자에 대하여 국선변호인의 조력을 받을 권리가 있음을 천명한 것이라고 볼 수 없으며, 그 밖에 헌법상의 다른 규정을 살펴보아도 위와 같은 권리나 이

## 정답
p.40

| 01 | ④ | 02 | ④ | 03 | ④ | 04 | ④ | 05 | ④ |
|----|----|----|----|----|----|----|----|----|----|
| 06 | ② | 07 | ④ | 08 | ③ | 09 | ③ | 10 | ④ |
| 11 | ④ | 12 | ③ | 13 | ③ | 14 | ④ | 15 | ① |
| 16 | ③ | 17 | ④ | 18 | ① | 19 | ③ | 20 | ④ |

### 01
정답 ④

① [O] 헌법의 개별 요소들은 상호관련되고 의존하고 있기 때문에 개별 헌법규범만을 고찰해서는 아니 되고 그 규범이 놓여 있는 전체적 관련을 함께 고찰해야 하며(통일성의 원칙), 헌법상 보호되는 법익들은 헌법해석을 통하여 모두 실현될 수 있도록 상호조정되어야 한다(실제적 조화의 원칙)(헌재 2010.2.25. 2008헌가23).

② [O] 헌법수용적 한계를 벗어난 합헌적 법률해석은 허용되지 않는다. 합헌적 법률해석은 헌법규범의 내용을 지나치게 확대해석하여 헌법규범이 가지는 정상적인 수용한도를 넘어서는 안 된다. 법률의 합헌적 해석이 헌법의 합법률적 해석으로 주객이 전도되어서는 안 된다. 즉, 법률을 헌법에 합치되도록 해석해야지 헌법을 법률에 합치되도록 해석해서는 안 된다.

③ [O] 어떤 법률의 개념이 다의적이고 그 어의의 테두리 안에서 여러 가지 해석이 가능할 때, 헌법을 최고규범으로 하는 통일적인 법질서의 형성을 위하여 헌법에 합치되는 해석, 즉 합헌적인 해석을 택하여야 하며, 이에 의하여 위헌적인 결과가 될 해석은 배제하면서 합헌적이고 긍정적인 면은 살려야 한다는 것이 헌법의 일반 법리이다(헌재 1990.4.2. 89헌가113).

❹ [×] 입법자의 목적에 반하는 해석은 법률해석이 아니라 입법권을 행사하는 것이므로 국회의 입법권을 침해한다. 입법목적을 벗어난 법률해석은 입법권을 심각하게 침해하므로 합헌적 법률해석의 한계로 법목적적 한계가 인정되고 있다.

### 02
정답 ④

① [×] 전자장치 부착명령은 전통적 의미의 형벌이 아닐 뿐 아니라, 성폭력범죄자의 성행교정과 재범방지를 도모하고 국민을 성폭력범죄로부터 보호한다고 하는 공익을 목적으로 하며, 의무적 노동의 부과나 여가시간의 박탈을 내용으로 하지 않고 전자장치의 부착을 통해서 피부착자의 행동 자체를 통제하는 것도 아니라는 점에서 처벌적인 효과를 나타낸다고 보기 어렵다. 또한 부착명령에 따른 피부착자의 기본권 침해를 최소화하기 위하여 피부착자에 관한 수신자료의 이용을 엄격하게 제한하고, 재범의 위험성이 없다고 인정되는 경우에는 부착명령을 가해

제할 수 있도록 하고 있다. 그러므로 이 사건 부착명령은 형벌과 구별되는 비형벌적 보안처분으로서 소급효금지원칙이 적용되지 아니한다(헌재 2012.12.27. 2010헌가82 등).

② [×] 헌법 제12조 제1항과 제13조 제1항의 근본 뜻은 형벌법규는 허용된 행위와 금지된 행위의 경계를 명확히 설정하여 어떠한 행위가 금지되어 있고, 그에 위반한 경우 어떠한 형벌이 정해져 있는가를 미리 개인에 알려 자신의 행위를 그에 맞출 수 있도록 하자는데 있다. 이로써 위 헌법조항은 실체적 형사법영역에서의 어떠한 소급효력도 금지하고 있고, '범죄를 구성하지 않는 행위'라고 표현함으로써 절대적 소급효금지의 대상은 '범죄구성요건'과 관련되는 것임을 밝히고 있다. 우리 헌법이 규정한 형벌불소급의 원칙은 형사소추가 '언제부터 어떠한 조건하에서' 가능한가의 문제에 관한 것이고, '얼마동안' 가능한가의 문제에 관한 것은 아니다. 다시 말하면 헌법의 규정은 '행위의 가벌성'에 관한 것이기 때문에 소추가능성에만 연관될 뿐, 가벌성에는 영향을 미치지 않는 공소시효에 관한 규정은 원칙적으로 그 효력범위에 포함되지 않는다(헌재 1996.2.16. 96헌가2).

③ [×] 지문은 별개의견이고, 법정의견은 형벌불소급원칙 위반이다. 형벌불소급원칙은 절대금지원칙이므로 형벌불소급원칙이 적용된다면 바로 헌법에 위반된다. 별개의견은 형벌불소급원칙이 적용되지 않는다고 하면서 신뢰보호와 법적 안정성을 위해 소급입법을 금지하는 정신에 부합하지 않는다고 하였다(헌재 2017.10.26. 2015헌바239 등).

❹ [O] [1] 소급입법금지원칙에 위배하여 재산권을 침해하는지 여부(소극): 심판대상조항은 청구인들과 같은 기존의 장해보상연금 수급권자에 대하여 이미 발생하여 이행기가 도래한 장해연금수급권의 내용을 변경하지는 아니하고, 산업재해보상보호법 제38조 제6항 시행 이후의 법률관계, 즉 장래 이행기가 도래하는 장해연금수급권의 내용을 변경하는 것에 불과하므로, 이미 종료된 과거의 사실관계 또는 법률관계에 새로운 법률이 소급적으로 적용되어 과거를 법적으로 새로이 평가하는 진정소급입법에는 해당하지 아니한다.
[2] 이 사건 심판대상조항이 신뢰보호원칙에 위배하여 재산권을 침해하는지 여부(적극): 심판대상조항이 달성하려는 공익은 한정된 재원으로 보다 많은 재해근로자와 그 유족들에게 적정한 사회보장적 급여를 실시하고 재해근로자 사이에 보험급여의

형평성을 제고하여 소득재분배의 기능을 수행하는 데 있는 것으로 보인다. 장해급여제도는 본질적으로 소득재분배를 위한 제도가 아니고, 손해배상 내지 손실보상적 급부인 점에 그 본질이 있는 것으로, 산업재해보상보험이 갖는 두 가지 성격 중 사회보장적 급부로서의 성격은 상대적으로 약하고 재산권적인 보호의 필요성은 보다 강하다고 볼 수 있어 다른 사회보험수급권에 비하여 보다 엄격한 보호가 필요하다. 장해급여제도에 사회보장수급권으로서의 성격도 있는 이상 소득재분배의 도모나 새로운 산재보상사업의 확대를 위한 자금마련의 목적으로 최고보상제를 도입하는 것 자체는 입법자의 결단으로서 형성적 재량권의 범위 내에 있다고 보더라도, 그러한 입법자의 결단은 최고보상제도 시행 이후에 산재를 입는 근로자들부터 적용될 수 있을 뿐, 제도 시행 이전에 이미 재해를 입고 산재보상수급권이 확정적으로 발생한 청구인들에 대하여 그 수급권의 내용을 일시에 급격히 변경하여 가면서까지 적용할 수 있는 것은 아니라고 보아야 할 것이다. 따라서, **심판대상조항은 신뢰보호의 원칙에 위배하여 청구인들의 재산권을 침해하는 것으로서 헌법에 위반된다**(헌재 2014.6.26. 2012헌바382).

## 03 　　　　　　　　　　　　　　　　　　　　정답 ④

① [ × ] 청구인들이 주장하는 것은 해당 조항들의 내용이 위헌이라는 것이 아니라, 주민등록번호의 잘못된 이용에 대비한 '**주민등록번호 변경**'에 대하여 아무런 규정을 두고 있지 않은 것이 헌법에 위반된다는 것이므로, 이는 주민등록번호 부여제도에 대하여 입법을 하였으나 주민등록번호의 변경에 대하여는 아무런 규정을 두지 아니한 **부진정입법부작위가 위헌이라는 것이다**(헌재 2015.12.23. 2013헌바68 등).

② [ × ] 비군사적 성격을 갖는 복무도 입법자의 형성에 따라 병역의무의 내용에 포함될 수 있고, 대체복무제는 그 개념상 병역종류조항과 밀접한 관련을 갖는다. 따라서 병역종류조항에 대한 이 사건 심판청구는 입법자가 아무런 입법을 하지 않은 진정입법부작위를 다투는 것이 아니라, 입법자가 병역의 종류에 관하여 입법은 하였으나 그 내용이 양심적 병역거부자를 위한 대체복무제를 포함하지 아니하여 불완전·불충분하다는 부진정입법부작위를 다투는 것이라고 봄이 상당하다(헌재 2018.6.28. 2011헌바379).

③ [ × ] 장애인의 복지를 향상해야 할 국가의 의무가 다른 다양한 국가과제에 대하여 최우선적인 배려를 요청할 수 없을 뿐 아니라, 나아가 헌법의 규범으로부터는 '장애인을 위한 저상버스의 도입'과 같은 구체적인 국가의 행위의무를 도출할 수 없는 것이다. 국가에게 헌법 제34조에 의하여 장애인의 복지를 위하여 노력을 해야 할 의무가 있다는 것은, 장애인도 인간다운 생활을 누릴 수 있는 정의로운 사회질서를 형성해야 할 국가의 일반적인 의무를 뜻하는 것이지, 장애인을 위하여 저상버스를 도입해야 한다는 구체적 내용의 의무가 헌법으로부터 나오는 것은 아니다(헌재 2002.12.18. 2002헌마52).

❹ [ ○ ] '연명치료 중단에 관한 자기결정권'을 보장하는 방법으로서 '법원의 재판을 통한 규범의 제시'와 '입법' 중 어느 것이 바람직한가는 입법정책의 문제로서 국회의 재량에 속한다 할 것이다. 그렇다면 헌법해석상 '연명치료 중단 등에 관한 법률'을 제정할 국가의 입법의무가 명백하다고 볼 수 없다. 결국 환자 본인이 제기한 '연명치료 중단 등에 관한 법률'의 입법부작위의 위헌확인에 관한 헌법소원심판청구는 국가의 입법의무가 없는 사항을 대상으로 한 것으로서 헌법재판소법 제68조 제1항 소정의 '공권력의 불행사'에 대한 것이 아니므로 부적법하다(헌재 2009.11.26. 2008헌마385).

## 04 　　　　　　　　　　　　　　　　　　　　정답 ④

① [ ○ ] 형사사법정보시스템과 육군 장교 관련 데이터베이스를 연동하여 신분을 확인하는 방법 또는 범죄경력자료를 조회하는 방법 등은, 군사보안 및 기술상의 한계가 존재하고 파악할 수 있는 약식명령의 범위도 한정되므로, 자진신고의무를 부과하는 방법과 같은 정도로 입법목적을 달성하기 어렵다. 청구인들이 자진신고의무를 부담하는 것은 수사 및 재판단계에서 의도적으로 신분을 밝히지 않은 행위에서 비롯된 것으로서 이미 예상 가능한 불이익인 반면, '군사법원에서 약식명령을 받아 확정된 경우'와 그 신분을 밝히지 않아 '민간법원에서 약식명령을 받아 확정된 경우' 사이에 발생하는 인사상 불균형을 방지함으로써 군 조직의 내부 기강 및 질서를 유지하고자 하는 공익은 매우 중대하다. 20년도 육군지시 자진신고조항 및 21년도 육군지시 자진신고조항은 과잉금지원칙에 반하여 일반적 행동의 자유를 침해하지 않는다(헌재 2021.8.31. 2020헌마12).

② [ ○ ] 심판대상조항은, 종업원이 법인의 업무에 관하여 운전 중 실은 화물이 떨어지지 아니하도록 덮개를 씌우거나 묶는 등 확실하게 고정될 수 있도록 필요한 조치를 하지 아니한 채 운전한 사실이 인정되면, 곧바로 법인에 대해서도 형벌을 부과하도록 정하고 있다. 그 결과 **종업원의 고정조치의무 위반행위와 관련하여 선임·감독상 주의의무를 다하여 아무런 잘못이 없는 법인도 형사처벌되게 되었는바**, 이는 다른 사람의 범죄에 대하여 그 책임 유무를 묻지 않고 형사처벌하는 것이므로 헌법상 법치국가원리 및 죄형법정주의로부터 도출되는 책임주의원칙에 위배된다. 따라서 심판대상조항은 헌법을 위반한다(헌재 2016. 10.27. 2016헌가10).

③ [ ○ ] '4·16세월호참사 피해구제 및 지원 등을 위한 특별법' 제16조에서 규정하는 동의의 효력범위를 초과하여 세월호 참사 전반에 관한 일체의 이의제기를 금지시킬 수 있는 권한을 부여받았다고 볼 수는 없다. 따라서 **이의제기금지조항은 법률유보원칙을 위반하여 법률의 근거 없이 대통령령으로** 청구인들에게 세월호 참사와 관련된 일체의 이의 제기금지의무를 부담시킴으로써 일반적 행동의 자유를 침해한다(헌재 2017.6.29. 2015헌마654).

❹ [ × ] 피청구인들이 청구인에게 직접 사과하거나, 무고하게 청구인이 무기징역을 선고받고 복역한 사건에 대해 명시적으로 대국민사과를 하지 아니한 것은 사실이다. 그러나 피청구인들은 진실규명결정이 이루어진 사건의 일괄 처리를 위한 이행계획을 수립하거나, 포괄적인 국가사과 등을 계획한 후 이를 추진하고 있으며, 가해자들에게도 진실규명결정통지서를 송달하였다. 물론 이러한 조치가 청구인의 기대에 미치지 못할 수는 있으나, 외부에서 강제할 수 없는 화해의 성격을 고려할 때, 피청구인들이 자신들이 독자적으로 이행할 수 있는 한도 내에서 가해자가 스스로 반성하고 피해자가 용서의 마음을 가질 수 있도록 하기 위해 필요한 조치를 이행하였다면, 가해자와 피해자인 청구인

사이의 화해를 적극 권유하여야 할 헌법에서 유래하는 작위의 무를 이행한 것으로 보아야 한다. 그리고 피해자인 청구인에게 이러한 의무를 이행한 이후 청구인이 사망한 이상, 피청구인들이 그 유족인 청구인 등에 대해서 재차 이러한 작위의무를 부담하는 것은 아니므로 헌법소원의 대상이 되는 공권력의 불행사가 있었다고 할 수 없다(헌재 2021.9.30. 2016헌마1034).

## 05 정답 ④

① [ X ] 행정소송에 관한 판결이 확정되기 전에 행정청의 처분에 대하여 공정력과 집행력을 인정하는 것은 징계부가금에 국한되는 것이 아니라 우리 행정법체계에서 일반적으로 채택되고 있는 것이므로, 징계부가금 부과처분에 대하여 공정력과 집행력을 인정한다고 하여 이를 확정판결 전의 형벌집행과 같은 것으로 보아 곧바로 무죄추정원칙에 위배된다고 할 수 없다(헌재 2015.2.26. 2012헌바435).

② [ X ] 지문은 별개의견이다. 헌법재판소의 법정의견은 외국인의 강제퇴거절차에도 변호인의 조력을 받을 권리가 보호된다고 보았고 접견거부에 대해 변호인의 조력을 받을 권리 침해로 보았다.

**관련판례**

> 헌법 제12조 제4항 본문의 문언 및 헌법 제12조의 조문 체계, 변호인조력권의 속성, 헌법이 신체의 자유를 보장하는 취지를 종합하여 보면 헌법 제12조 제4항 본문에 규정된 '구속'은 사법절차에서 이루어진 구속뿐 아니라, 행정절차에서 이루어진 구속까지 포함하는 개념이다. 따라서 헌법 제12조 제4항 본문에 규정된 변호인의 조력을 받을 권리는 행정절차에서 구속을 당한 사람에게도 즉시 보장된다(헌재 2018.5.31. 2014헌마346).

③ [ X ] '형의 집행 및 수용자의 처우에 관한 법률' 제41조 제4항의 위임을 받은 '형의 집행 및 수용자의 처우에 관한 법률 시행령' 제58조의 접견시간조항은 수용자의 접견을 '국가공무원 복무규정'에 따른 근무시간 내로 한정함으로써 피의자와 변호인 등의 접견교통을 제한하고 있으나, 앞서 본 바와 같이 위 조항은 교도소장·구치소장이 그 허가 여부를 결정하는 변호인 등의 접견신청의 경우에 적용되는 것으로서, 검사 또는 사법경찰관이 그 허가 여부를 결정하는 피의자신문 중 변호인 등의 접견신청의 경우에는 적용되지 않으므로, 위 조항을 근거로 변호인 등의 접견신청을 불허하거나 제한할 수는 없다고 할 것이다. 따라서 이 사건 검사의 접견불허행위는 헌법이나 법률의 근거 없이 이루어졌다고 할 것이다(헌재 2019.2.28. 2015헌마1204).

❹ [ O ] 헌법 제12조 제3항이 영장의 발부에 관하여 '검사의 신청'에 의할 것을 규정한 취지는 모든 영장의 발부에 검사의 신청이 필요하다는 데에 있는 것이 아니라 수사단계에서 영장의 발부를 신청할 수 있는 자를 검사로 한정함으로써 검사 아닌 다른 수사기관의 영장신청에서 오는 인권유린의 폐해를 방지하고자 함에 있으므로, 공판단계에서 법원이 직권에 의하여 구속영장을 발부할 수 있음을 규정한 구 형사소송법(1995.12.29. 법률 제5054호로 개정되기 전의 것) 제70조 제1항 및 제73조 중 "피고인을 … 구인 또는 구금함에는 구속영장을 발부하여야 한다." 부분은 헌법 제12조 제3항에 위반되지 아니한다(헌재 1997.3.27. 96헌바28).

## 06 정답 ②

① [ O ]

> **제헌헌법 제53조** 대통령과 부통령은 국회에서 무기명투표로써 각각 선거한다.
>
> **제55조** 대통령과 부통령의 임기는 4년으로 한다. 단, 재선에 의하여 1차중임할 수 있다.

❷ [ X ] 대통령과 부통령을 직선제로 선출하고 국회를 양원제로 구성하도록 신설한 것은 1952년 제1차 개정헌법이다. 1954년 제2차 개정헌법에서도 규정되어 있었다.

> **1952년 개정헌법 제53조** 대통령과 부통령은 국민의 보통, 평등, 직접, 비밀투표에 의하여 각각 선거한다.
>
> **제32조** 양원은 국민의 보통, 평등, 직접, 비밀투표에 의하여 선거된 의원으로써 조직한다.

③ [ O ]

> **1960년 개정헌법 제83조의3** 헌법재판소는 다음 각 호의 사항을 관장한다.
> 1. 법률의 위헌 여부 심사
> 2. 헌법에 관한 최종적 해석
> 3. 국가기관 간의 권한쟁의
> 4. 정당의 해산
> 5. 탄핵재판
> 6. 대통령, 대법원장과 대법관의 선거에 관한 소송

④ [ O ]

> **1972년 개정헌법 제39조** ① 대통령은 통일주체국민회의에서 토론 없이 무기명투표로 선거한다.
>
> **제40조** ① 통일주체국민회의는 국회의원 정수의 3분의 1에 해당하는 수의 국회의원을 선거한다.

## 07 정답 ④

① [ X ] 문화국가원리는 국가의 문화국가실현에 관한 과제 또는 책임을 통하여 실현되는바, 국가의 문화정책과 밀접불가분의 관계를 맺고 있다. 과거 국가절대주의사상의 국가관이 지배하던 시대에는 국가의 적극적인 문화간섭정책이 당연한 것으로 여겨졌다. 그러나 오늘날에 와서는 국가가 어떤 문화현상에 대하여도 이를 선호하거나, 우대하는 경향을 보이지 않는 불편부당의 원칙이 가장 바람직한 정책으로 평가받고 있다(헌재 2004.5.27. 2003헌가1).

② [ X ] 오늘날 종교적인 의식 또는 행사가 하나의 사회공동체의 문화적인 현상으로 자리잡고 있으므로, 어떤 의식, 행사, 유형물 등이 비록 종교적인 의식, 행사 또는 상징에서 유래되었다고 하더라도 그것이 이미 우리 사회공동체 구성원들 사이에서 관습화된 문화요소로 인식되고 받아들여질 정도에 이르렀다면, 이는 정교분리원칙이 적용되는 종교의 영역이 아니라 헌법적 보호가치를 지닌 문화의 의미를 갖게 된다. 그러므로 이와 같이 이미 문화적 가치로 성숙한 종교적인 의식, 행사, 유형물에 대한 국가 등의 지원은 일정 범위 내에서 전통문화의 계승·발전이라는 문화국가원리에 부합하며 정교분리원칙에 위배되지 않는다(대판 2009.5.28. 2008두16933).

③ [✕] 우리나라는 <u>건국헌법 이래 문화국가의 원리를 헌법의 기본원리로 채택하고 있다.</u> … 문화국가원리는 국가의 문화국가실현에 관한 과제 또는 책임을 통하여 실현되는바, 국가의 문화정책과 밀접불가분의 관계를 맺고 있다. 과거 국가절대주의사상의 국가관이 지배하던 시대에는 국가의 적극적인 문화간섭정책이 당연한 것으로 여겨졌다. 그러나 오늘날에 와서는 국가가 어떤 문화현상에 대하여도 이를 선호하거나 우대하는 경향을 보이지 않는 불편부당의 원칙이 가장 바람직한 정책으로 평가받고 있다. 오늘날 문화국가에서의 문화정책은 그 초점이 문화 그 자체에 있는 것이 아니라 문화가 생겨날 수 있는 문화풍토를 조성하는 데 두어야 한다(헌재 2004.5.27. 2003헌가1).

❹ [○] 국가 및 지방자치단체에게 초ㆍ중등교육과정에 지역어 보전 및 지역의 실정에 적합한 기준과 내용의 교과를 편성하지 아니한 부분에 대한 심판청구가 적법하려면 헌법규범에서 국가 및 지방자치단체에게 '초ㆍ중등교육과정에 지역어 보전 및 지역의 실정에 적합한 기준과 내용의 교과를 편성할 구체적인 의무'가 나온다고 인정되어야 할 것이다. 헌법이 국가 및 지방자치단체에게 청구인들이 주장하는 바와 같은 작위의무가 있다고 명시한 바 없고, 헌법 제10조(행복추구권), 제31조(교육을 받을 권리), 제9조(전통문화의 계승ㆍ발전과 민족문화의 창달에 노력할 국가의무)로부터도 위와 같은 작위의무가 도출된다고 할 수 없다(헌재 2009.5.28. 2006헌마618).

## 08

정답 ③

① [✕] 비록 연명치료 중단에 관한 결정 및 그 실행이 환자의 생명단축을 초래한다 하더라도 이를 생명에 대한 임의적 처분으로서 자살이라고 평가할 수 없고, 오히려 인위적인 신체 침해행위에서 벗어나서 자신의 생명을 자연적인 상태에 맡기고자 하는 것으로서 <u>인간의 존엄과 가치에 부합한다</u> 할 것이다. 그렇다면 환자가 장차 죽음에 임박한 상태에 이를 경우에 대비하여 미리 의료인 등에게 연명치료 거부 또는 중단에 관한 의사를 밝히는 등의 방법으로 죽음에 임박한 상태에서 인간으로서의 존엄과 가치를 지키기 위하여 연명치료의 거부 또는 중단을 결정할 수 있다 할 것이고, 위 결정은 헌법상 기본권인 <u>자기결정권의 한 내용</u>으로서 보장된다 할 것이다(헌재 2009.11.26. 2008헌마385).

② [✕] 이 사건 심판대상인 '공권력의 불행사'라는 것은 '연명치료 중단 등에 관한 법률의 입법부작위'인바, 위 입법부작위(또는 입법의무의 이행에 따른 입법행위)의 직접적인 상대방은 연명치료 중단으로 사망에 이르는 환자이고, 그 자녀들은 위 입법부작위로 말미암아 '환자가 무의미한 연명치료로 자연스런 죽음을 뒤로한 채 병상에 누워 있는 모습'을 지켜보아야 하는 정신적 고통을 감수하고, 환자의 부양의무자로서 연명치료에 소요되는 의료비 등 경제적 부담을 안을 수 있다는 점에 이해관계를 갖지만, 이와 같은 정신적 고통이나 경제적 부담은 간접적, 사실적 이해관계에 그친다고 보는 것이 타당하므로, 연명치료 중인 환자의 자녀들이 제기한 이 사건 입법부작위에 관한 헌법소원은 자신 고유의 기본권의 침해에 관련되지 아니하여 부적법하다(헌재 2009.11.26. 2008헌마385).

❸ [○] 환자 본인이 제기한 '연명치료 중단 등에 관한 법률'의 입법부작위의 위헌확인에 관한 헌법소원심판청구는 국가의 입법의무가 없는 사항을 대상으로 한 것으로서 헌법재판소법 제68조

제1항 소정의 '공권력의 불행사'에 대한 것이 아니므로 부적법하다(헌재 2009.11.26. 2008헌마385).

④ [✕] 환자의 사전의료지시가 없는 상태에서 회복불가능한 사망의 단계에 진입한 경우에는 환자에게 의식의 회복가능성이 없으므로 더 이상 환자 자신이 자기결정권을 행사하여 진료행위의 내용 변경이나 중단을 요구하는 의사를 표시할 것을 기대할 수 없다. 그러나 환자의 평소 가치관이나 신념 등에 비추어 연명치료를 중단하는 것이 객관적으로 환자의 최선의 이익에 부합한다고 인정되어 환자에게 자기결정권을 행사할 수 있는 기회가 주어지더라도 연명치료의 중단을 선택하였을 것이라고 볼 수 있는 경우에는, 그 연명치료 중단에 관한 환자의 의사를 추정할 수 있다고 인정하는 것이 합리적이고 사회상규에 부합된다(대판 2009.5.21. 2009다17417 전원합의체).

정답 ③

㉠ [✕] 정부 수립 이래 선거 때마다 금권선거가 끊이지 않았던 우리 선거풍토의 현실에 비추어 볼 때 불법선거자금의 수입ㆍ지출을 규제하는 심판대상조항에 대하여는 단기 공소시효의 적용을 받게 할 것이 아니라 일반 형사소송법상 5년의 공소시효를 적용하여 선거가 끝난 이후에도 형사처벌이 가능하도록 함으로써 금권선거를 억제하고 선거의 공정을 기해야 할 필요성이 크다는 것이 입법자의 결단이다. 위와 같은 사정을 종합하여 볼 때, 입법자가 심판대상조항에 대하여 다른 정치자금과 동일하게 일반 공소시효를 적용하도록 한 것이 다른 선거범죄를 저지른 자들과 비교하여 합리적 이유 없이 자의적으로 차별하였다고 보기는 어렵다. 심판대상조항으로 인하여 청구인의 임기 4년보다 더 장기인 5년의 공소시효를 적용받는다고 하여 청구인의 공무담임권이 침해될 여지는 없다(헌재 2015.2.26. 2013헌바176).

㉡ [○] 민사 및 행정재판에 대한 항소는 '판결서가 송달된 날'로부터 '2주 이내'에 할 수 있는 반면 위 법률조항들에 의하면 형사판결에 대한 항소는 판결선고 후 7일 이내 해야 하므로, 항소제기기간 및 그 기산점에 있어서 형사재판을 받은 사람과 민사 내지 행정재판을 받은 사람과의 사이에 차별이 발생한다. 그런데 형사소송에서는 원칙적으로 <u>피고인의 출석 없이 판결을 선고할 수 없는 반면</u>, 민사 및 행정소송에서는 당사자가 출석하지 아니하여도 선고할 수 있다. 또한 형사소송에서는 형을 선고하는 경우에 재판장이 피고인에게 상소할 기간과 상소할 법원을 고지하도록 하고 있는 반면, 민사 및 행정소송에서는 이에 관하여 아무런 규정도 두고 있지 않다. 따라서 위 법률조항으로 인하여 형사소송 피고인과 민사 및 행정소송 당사자 사이에 발생한 차별은 합리적 근거가 있다(헌재 2007.11.29. 2004헌바39).

㉢ [✕] 약물ㆍ알코올 중독자에 대한 치료감호기간의 상한이 2년임에 비하여 치료감호기간조항이 정신성적 장애인에 대한 치료감호기간의 상한을 15년으로 정하고 있는 것은 마약ㆍ알코올 중독자와 정신성적 장애인은 그 증상이나 치료방법, 치료에 필요한 기간 등에서 많은 차이가 있기 때문이다. 따라서 치료감호기간조항이 정신성적 장애인을 약물ㆍ알코올 중독자와 달리 취급하는 것에는 합리적인 이유가 있으므로, 청구인의 평등권을 침해한다고 볼 수 없다(헌재 2017.4.27. 2016헌바452).

ⓔ [O] 소년심판은 심리의 객체로 취급되는 소년에 대한 후견적 입장에서 법원의 직권에 의해 진행되므로 검사의 관여가 반드시 필요한 것이 아니고 이에 따라 소년심판의 당사자가 아닌 검사가 상소 여부에 관여하는 것이 배제된 것이다. 위와 같은 소년심판절차의 특수성을 감안하면, 차별대우를 정당화하는 객관적이고 합리적인 이유가 존재한다고 할 것이어서 이 사건 법률조항은 청구인의 평등권을 침해하지 않는다(헌재 2012.7.26. 2011헌마232).

ⓜ [X] 경찰·검찰의 수사단계에서부터 제1심판결 선고 전까지의 기간이 고소인과 피고소인 상호 간에 숙고된 합의를 이루어낼 수 없을 만큼 부당하게 짧은 기간이라고 하기 어렵고, 현행 형사소송법상 제1심과 제2심이 모두 사실심이기는 하나 제2심은 제1심에 대한 항소심인 이상 두 심급이 근본적으로 동일하다고 볼 수는 없다. 따라서 이 사건 법률조항이 항소심단계에서 고소 취소된 사람을 자의적으로 차별하는 것이라고 할 수는 없다(헌재 2011.2.24. 2008헌바40).

## 10                                                                  정답 ④

① [O] 보석제도는 헌법에 규정되어 있지 않고, 형사소송법상 피고인에 대한 보석제도와 피의자의 보증금 납입부 석방제도로 규정되었다.

② [O]
> 형사소송법 제214조2【체포와 구속의 적부심사】① 체포되거나 구속된 피의자 또는 그 변호인, 법정대리인, 배우자, 직계친족, 형제자매나 가족, 동거인 또는 고용주는 관할 법원에 체포 또는 구속의 적부심사를 청구할 수 있다.

③ [O] 형사소송법 제214조2에 따르면 검사, 피의자 모두 적부심사결정에 대해서 항고할 수 없다.

❹ [X]
> 형사소송법 제214조2【체포와 구속의 적부심사】⑫ 체포영장이나 구속영장을 발부한 법관은 제4항부터 제6항까지의 심문·조사·결정에 관여하지 못한다. 다만, 체포영장이나 구속영장을 발부한 법관 외에는 심문·조사·결정을 할 판사가 없는 경우에는 그러하지 아니하다.

## 11                                                                  정답 ④

㉠ [X] 법정의견: 심판대상조항은 통신매체이용음란죄의 죄질 및 재범의 위험성에 따라 등록대상을 축소하거나, 유죄판결 확정과 별도로 신상정보 등록 여부에 관하여 법관의 판단을 받도록 하는 절차를 두는 등 기본권 침해를 줄일 수 있는 다른 수단을 채택하지 않았다는 점에서 침해의 최소성원칙에 위배된다. 또한, 심판대상조항으로 인하여 비교적 불법성이 경미한 통신매체이용음란죄를 저지르고 재범의 위험성이 인정되지 않는 이들에 대하여는 달성되는 공익과 침해되는 사익 사이에 불균형이 발생할 수 있다는 점에서 법익의 균형성도 인정하기 어렵다(헌재 2016.3.31. 2015헌마688).
재판관 이정미, 김창종, 안창호의 반대의견: 신상정보 등록제도는 성범죄자의 신상정보를 널리 일반에게 공개하는 신상정보 공개 및 고지제도와는 달리 국가기관이 성범죄자의 관리를 목

적으로 신상정보를 내부적으로 보존·관리하는 것으로 그에 따른 등록대상자의 법익 침해는 제한적이다. 통신매체이용음란죄는 비록 물리적인 접촉은 없지만 현실공간에서의 성폭력과 마찬가지로 피해자의 성적 자유를 침해하고 왜곡된 성문화를 강화할 가능성이 크다는 점에서 그 심각성과 폐해는 현실공간에서의 성폭력범죄에 비해 뒤지지 않고, 통신매체이용음란죄는 '자기 또는 다른 사람의 성적 욕망을 유발하거나 만족시킬 목적'이 있어야만 성립하는 목적범으로 그 성립범위가 제한적이다. 심판대상조항에 의하여 등록대상자의 사회복귀가 저해되거나 전과자라는 사회적 낙인이 찍히는 것은 아니라는 점에서 심판대상조항으로 인하여 침해되는 사익은 크지 않은 반면, 심판대상조항을 통하여 달성되는 성범죄자의 재범방지 및 사회 방위의 공익은 매우 중요하므로 법익의 균형성도 인정된다.

㉡ [X] 변동신고조항은 대상자라는 이유만으로 재범의 위험성이 없거나 낮아 보안관찰처분이 부과될 수 없는 자에게도 변동사항 신고의무를 부과하고 이를 위반한 경우 형사처벌하도록 정함으로써 피보안관찰자와 비슷한 정도의 의무를 부과하고 위반 시 제재를 받도록 정하고 있다. 대상자의 범주설정의 목적 자체가 '재범의 위험성이 인정되는 자들에 대한 보안관찰처분을 통하여 피보안관찰자의 재범방지 및 건전한 사회복귀 촉진'에 있는 것인 점에 비추어 보면, 재범의 위험성이 없거나 낮은 대상자들에게까지 이와 같은 의무와 제재를 부과하는 것은 재범의 위험성이 없으면 보안처분을 부과할 수 없다는 보안처분에 대한 죄형법정주의적 요청에 위배되고, 입법목적 달성에 필요하지 않은 제한까지 부과하는 결과가 되어 침해의 최소성에 반한다. 따라서 변동신고조항 및 위반시 처벌조항은 과잉금지원칙을 위반하여 청구인의 사생활의 비밀과 자유 및 개인정보자기결정권을 침해한다(헌재 2021.6.24. 2017헌바479).
재판관 이선애, 이종석, 이영진의 변동신고조항 및 위반시 처벌조항에 관한 반대의견: 보안관찰해당범죄는 민주주의체제의 수호와 사회질서의 유지, 국민의 생존 및 자유에 중대한 영향을 미치므로 재범 억제가 특별히 중요하다. 대상자가 변동신고조항 및 위반시 처벌조항에 따라 부담하는 신고의무는 기존에 신고한 적이 있는 내용에 대한 변동사항에 국한되므로, 이는 과도한 부담이 아니다. 대상자의 재범가능성을 효과적으로 관리·억제하기 위해서는 대상자로부터 변동신고조항에 따른 변동사항 신고의무의 이행을 확보해야 한다. 보안관찰해당범죄는 장기간의 계획 수립하에 이루어질 수 있는바, 신고의무기간에 일률적인 상한을 두어서는 입법목적 달성이 어렵다. 한편, 대상자로서는 준법정신이 확립되어 있고, 기타 일정한 요건을 충족할 경우 면제결정을 받을 수 있다. 따라서 변동신고조항 및 위반시 처벌조항은 과잉금지원칙을 위반하여 청구인의 사생활의 비밀과 자유 및 개인정보자기결정권을 침해하지 아니한다.

㉢ [X] 이 사건 자료제공조항과 이 사건 시행령조항을 종합하면 자료제공의 목적은 적십자회비 모금을 위한 것으로 한정되고, 제공되는 정보의 범위는 세대주의 성명과 주소로 한정된다. 이때 '주소'는 지로통지서 발송을 위해 필수적인 정보이며, '성명'은 사회생활영역에서 노출되는 것이 자연스러운 정보로서, 다른 위험스러운 정보에 접근하기 위한 식별자 역할을 하거나, 다른 개인정보들과 결합함으로써 개인의 전체적·부분적 인격상을 추출해 내는 데 사용되지 않는 한 그 자체로 언제나 엄격한 보호의 대상이 된다고 하기 어렵다. 한편 적십자사는 '개인정보

보호법'상 공공기관에 해당하므로('개인정보 보호법' 제2조 제6호 나목, 같은 법 시행령 제2조 제2호), 적십자사는 '개인정보 보호법'상 개인정보처리자로서 '개인정보 보호법'을 준수하여야 하며 위반시 과태료나 형사처벌에 처해질 수 있다. 또한 성명과 주소는 주민등록사항이므로, 적십자사가 주민등록전산정보자료를 이용하고자 하는 경우에는 주민등록법과 같은 법 시행령을 준수하여야 한다. 이를 종합하면 이 사건 자료제공조항 및 이 사건 시행령조항은 청구인들의 개인정보자기결정권에 대한 제한을 최소화하고 있으며 법익의 균형성도 갖추었다. 따라서 이 사건 자료제공조항 및 이 사건 시행령조항이 과잉금지원칙에 반하여 청구인들의 개인정보자기결정권을 침해한다고 볼 수 없다(헌재 2023.2.23. 2019헌마1404).

재판관 이선애, 문형배의 이 사건 자료제공조항 및 이 사건 시행령조항 중 '성명'에 관한 부분에 대한 반대의견: 적십자법 및 같은 법 시행령에는 적십자사가 개인정보를 남용하거나 유출하는 것을 방지할 수 있는 제도적 장치를 전혀 마련하고 있지 않다. 앞서 본바와 같이 '개인정보 보호법'이나 주민등록법에서 개인정보 제공에 관한 일부 제한의 내용을 두고 있으나 이러한 개인정보처리자의 일반적인 의무규정만으로는 정보주체들의 개인정보자기결정권 보호에 충분하다고 보기 어렵다. 이 사건 자료제공의 목적은 적십자회비 지로통지서 발송을 위한 것이고, 각 세대별로 지로통지서가 발송되기만 하면 되고 반드시 세대주 본인에게 송달되어야 할 필요는 없으므로 지로통지서 발송에는 세대별 주소만 필요할 뿐, 세대주의 성명은 불필요하다. 실제로 적십자사는 지로통지서 및 그 봉투에 '적십자회비 모금'을 위한 것임을 명확하게 표시하고 있어, 적십자회비를 납부하고자 하는 의사가 있는 사람의 경우에는 지로통지서에 세대주의 성명이 기재되어 있지 않더라도 적십자회비 납부에 아무런 어려움이 없으므로 적십자회비 모금이라는 목적 달성이 충분히 가능하다. 이 사건 시행령조항이 회비모금의 목적으로 세대주의 성명까지 적십자사에 제공하도록 한 것은 개인정보자기결정권에 대한 과도한 제한으로서 침해의 최소성을 충족하지 못하였으며 법익의 균형성도 갖추지 못하였다. 따라서 이 사건 시행령조항 중 '성명'에 관한 부분은 과잉금지원칙에 반하여 청구인들의 개인정보자기결정권을 침해한다.

② [×] 이 사건 자료제공조항은 자료제공을 요청받은 국가 등은 '특별한 사유'가 없으면 자료를 제공하여야 한다고 규정하고 있는바 이때 '특별한 사유'가 명확성원칙에 반하는 것이 아닌지 의문이 든다. 그런데 이 사건 자료제공조항은 '개인정보 보호법'상 개인정보처리자가 수집한 목적 외의 용도로 제3자에게 개인정보를 제공하는 경우의 한 형태에 해당한다. 그렇다면 '특별한 사유'라는 문언 자체는 비록 불확정적 개념이라 하더라도, 개인정보의 목적 외 제3자 제공을 더욱 엄격하게 제한하는 '개인정보 보호법'의 취지를 고려해보면 이 사건 자료제공조항의 '특별한 사유'도 '정보주체 또는 제3자의 이익을 부당하게 침해할 우려가 있을 때'에 준하는 경우로서 그 규율범위의 대강을 예측할 수 있다. 따라서 이 사건 자료제공조항이 명확성원칙에 위반하여 청구인들의 개인정보자기결정권을 침해한다고 볼 수 없다(헌재 2023.2.23. 2019헌마1404).

재판관 이선애, 문형배의 이 사건 자료제공조항 및 이 사건 시행령조항 중 '성명'에 관한 부분에 관한 반대의견: 이 사건 자료제공조항은 자료제공을 요청받은 국가 등은 '특별한 사유'가 없으면 자료를 제공하여야 한다고만 규정하고 있다. '특별한

사유'란 그 자체로는 너무나 불확정적인 용어임에도 이 사건 자료제공조항은 '특별한 사유'를 수식하는 문구나 '특별한 사유'의 예시 등을 전혀 규정하고 있지 않다. 적십자법과 적십자법 시행령 전체를 살펴보고, 적십자법의 목적이나 입법취지 등을 종합하여 해석·판단하여 보더라도 '특별한 사유'의 구체적인 내용을 도출할 수 있는 아무런 단서를 찾을 수 없다. 또한 이 사건 자료제공조항의 '특별한 사유'라는 규정이 없더라도 '정보주체 또는 제3자의 이익을 부당하게 침해할 우려가 있을 때'에는 '개인정보 보호법'에 따라 개인정보 제공이 금지되므로, '개인정보 보호법'과 구별되는 이 사건 자료제공조항의 '특별한 사유'가 무엇인지는 여전히 알 수 없고, '특별한 사유'를 위 '개인정보 보호법 문구'에 준하는 것으로 막연히 해석하기도 어렵다. 따라서 이 사건 자료제공조항은 명확성원칙에 반하여 청구인들의 개인정보자기결정권을 침해한다.

⑩ [×] 의료기관의 장으로 하여금 보건복지부장관에게 비급여 진료비용에 관한 사항을 보고하도록 한 의료법 제45조의2 제1항이 과잉금지원칙에 반하여 의사의 직업수행의 자유와 환자의 개인정보자기결정권을 침해하는지 여부(소극): 비급여는 급여와 달리 사회적 통제기전이 없어 국민들이 비급여 진료의 필요성과 위험성을 바탕으로 진료 여부를 결정할 수 있는 체계가 부족하고, 그동안 시행되었던 표본조사의 방법으로는 비급여 현황을 정확히 파악하는 데 한계가 있다. 병원마다 제각각 비급여 진료의 명칭과 코드를 사용하고 있으므로 구체적인 진료내역을 추가로 조사할 수밖에 없고, 보고된 정보는 입법목적에 필요한 용도로만 제한적으로 이용하고 안전하게 관리되도록 관련 법률에서 명확히 규정하고 있으며, 보고의무의 이행에 드는 노력이나 시간도 의사의 진료활동에 큰 부담을 주는 정도라고 보기 어렵다. 따라서 보고의무조항은 과잉금지원칙에 반하여 청구인들의 기본권을 침해하지 아니한다(헌재 2023.2.23. 2021헌마93).

재판관 이선애, 이은애, 이종석, 이영진의 보고의무조항에 관한 반대의견: 비급여 진료에 관한 정보는 매우 민감한 의료정보로 보호의 필요성이 매우 크다. 그런데 보고의무조항은 보고 대상인 비급여 항목이나 진료내역과 관련하여 아무런 제한을 두지 않은 채 사실상 모든 국민의 비급여 진료에 관한 정보 일체를 보건복지부에 보고하도록 하고 있으며, 환자들에게 자신의 의료정보 제공을 거부할 권리도 보장하고 있지 않다. 급여 정보와 비급여 정보가 합쳐지면 국민 건강에 관한 포괄적이고 통합적인 정보를 구성할 수 있게 된다는 점에서 개인의 모든 정보가 국가권력의 감시·통제하에 놓일 가능성을 배제할 수 없고, 국민건강보험의 재정적 한계와 무관한 사적 진료계약의 영역에 대하여까지 국가의 관리·감독을 강화하는 것은 건강보험제도의 건전한 운영에 도움이 되지 않을 뿐만 아니라 오히려 의료수준이 저하되는 결과를 야기할 수 있다. 따라서 보고의무조항은 과잉금지원칙에 반하여 청구인들의 기본권을 침해한다.

**12**        정답 ③

① [○] 모든 요소가 충족되어야 검열에 해당한다.

② [○] 검열금지의 원칙은 모든 형태의 사전적인 규제를 금지하는 것이 아니라, 의사표현의 발표 여부가 오로지 행정권의 허가에 달려 있는 사전심사만을 금지하는 것이다(헌재 1996.10.4. 93헌가13).

**❸** [ ✕ ] 언론·출판에 대한 검열금지는 의사표현이 외부에 공개되기 이전에 국가기관이 그 내용을 심사하여 특정한 의사표현의 공개를 허가하거나 금지시키는 이른바 사전검열의 금지를 말한다. 이에 반하여 헌법상 보호되지 않는 의사표현에 대하여 그 <u>공개 후에 국가기관이 간섭하는 것을 금지하고 있는 것은 아니다</u>(헌재 1992.6.26. 90헌바26).

④ [ O ] 우리 헌법은 제21조 제2항에서 "언론·출판에 대한 허가나 검열과 집회·결사에 대한 허가는 인정되지 아니한다."라고 특별히 규정하여, 언론·출판의 자유에 대하여 허가나 검열을 수단으로 한 제한만은 헌법 제37조 제2항의 규정에도 불구하고 어떠한 경우라도 법률로써도 허용되지 아니한다는 것을 밝히고 있다(헌재 1996.10.4. 93헌가13).

---

**13** 정답 ③

① [ ✕ ] 보통선거원칙 및 그에 기초한 선거권을 법률로써 제한하는 것은 필요 최소한에 그쳐야 한다. <u>집행유예자와 수형자의 선거권 제한은 범죄자가 범죄의 대가로 선고받은 자유형의 본질에서 당연히 도출되는 것이 아니므로</u>, 범죄자의 선거권 제한 역시 보통선거원칙에 기초하여 필요 최소한의 정도에 그쳐야 한다. 심판대상조항의 입법목적에 비추어 보더라도, 구체적인 범죄의 종류나 내용 및 불법성의 정도 등과 관계없이 일률적으로 선거권을 제한하여야 할 필요성이 있다고 보기는 어렵다. 범죄자가 저지른 범죄의 경중을 전혀 고려하지 않고 수형자와 집행유예자 모두의 선거권을 제한하는 것은 침해의 최소성원칙에 어긋난다(헌재 2014.1.28. 2012헌마409 등).

② [ ✕ ] '유기징역 또는 유기금고의 선고를 받고 그 집행유예기간 중인 자' 부분은 위헌결정을, '유기징역 또는 유기금고의 선고를 받고 그 집행이 종료되지 아니한 자(수형자)'에 관한 부분은 헌법불합치결정을 하였다(헌재 2014.1.28. 2012헌마409 등).

**❸** [ O ] 이 사건 법률조항에 의한 선거권 박탈은 범죄자에 대해 가해지는 형사적 제재의 연장으로서 범죄에 대한 응보적 기능도 갖는다(헌재 2017.5.25. 2016헌마292 등).

④ [ ✕ ] 심판대상조항 중 수형자에 관한 부분의 위헌성은 지나치게 전면적·획일적으로 수형자의 선거권을 제한한다는 데 있다. 그런데 그 위헌성을 제거하고 수형자에게 헌법합치적으로 선거권을 부여하는 것은 입법자의 형성재량에 속하므로 심판대상조항 중 수형자에 관한 부분에 대하여 헌법불합치결정을 하였다(헌재 2014.1.28. 2012헌마409 등).

---

**14** 정답 ④

㉠ [ ✕ ] **행정심판에 관한 헌법 제107조 제3항의 의미:** 헌법 제107조 제3항은 "재판의 전심절차로서 행정심판을 할 수 있다. 행정심판의 절차는 법률로 정하되, 사법절차가 준용되어야 한다."라고 규정하고 있으므로, 입법자가 행정심판을 전심절차가 아니라 종심절차로 규정함으로써 정식재판의 기회를 배제하거나, 어떤 행정심판을 필요적 전심절차로 규정하면서도 <u>그 절차에 사법절차가 준용되지 않는다면</u> 이는 위 헌법조항, 나아가 재판청구권을 보장하고 있는 헌법 제27조에도 위반되며, 헌법 제107조 제3항은 사법절차가 '준용'될 것만을 요구하고 있으나 판단기관

의 독립성과 공정성, 대심적 심리구조, 당사자의 절차적 권리 보장 등의 면에서 사법절차의 본질적 요소를 현저히 결여하고 있다면 '준용'의 요청에마저 위반된다(헌재 2001.6.28. 2000헌바30).

㉡ [ O ] 지방세법상의 이의신청·심사청구제도는 그 판단기관의 독립성·중립성도 충분하지 않을 뿐 아니라, 무엇보다도 그 심리절차에 있어서 사법절차적 요소가 매우 미흡하고 특히 당사자의 절차적 참여권이라는 본질적 요소가 현저히 흠결되어 있어 사법절차 '준용'의 요청을 외면하고 있다고 하지 않을 수 없다. 이와 같이 이의신청·심사청구라는 2중의 행정심판을 필요적으로 거치도록 하면서도 사법절차를 준용하고 있지 않으므로 지방세법 제78조 제2항은 헌법 제107조 제3항에 위반된다. 또한 지방세법 제78조 제2항은 사법절차를 준용하지 않으면서 이의신청·심사청구라는 2중의 행정심판을 필요적으로 거치도록 하는 점에서 행정심판제도의 취지를 살릴 수 없어 전적으로 무용하거나 그 효용이 극히 미미한 경우에까지 무조건적으로 전심절차를 강요한다는 점에서 헌법 제107조 제3항에 위반된다(헌재 2001.6.28. 2000헌바30).

㉢ [ O ] 직권면직처분을 받은 지방공무원이 그에 대해 불복할 경우 행정소송의 제기에 앞서 반드시 소청심사를 거치도록 규정한 것은 행정기관 내부의 인사행정에 관한 전문성 반영, 행정기관의 자율적 통제, 신속성 추구라는 행정심판의 목적에 부합한다. 소청심사제도에도 심사위원의 자격요건이 엄격히 정해져 있고, 임기와 신분이 보장되어 있는 등 독립성과 공정성이 확보되어 있으며, 증거조사절차나 결정절차 등 심리절차에 있어서도 사법절차가 상당 부분 준용되고 있다. 나아가 소청심사위원회의 결정기간은 엄격히 제한되어 있고, 행정심판전치주의에 대해 다양한 예외가 인정되고 있으며, 행정심판의 전치요건은 행정소송 제기 이전에 반드시 갖추어야 하는 것은 아니어서 전치요건을 구비하면서도 행정소송의 신속한 진행을 동시에 꾀할 수 있으므로, 이 사건 필요적 전치조항은 입법형성의 한계를 벗어나 재판청구권을 침해하거나 평등원칙에 위반된다고 볼 수 없다(헌재 2015.3.26. 2013헌바186).

㉣ [ ✕ ] 교원에 대한 징계처분은 그 적법성을 판단함에 있어서 전문성과 자주성에 기한 사전심사가 필요하고, 판단기관인 재심위원회의 독립성 및 공정성이 확보되어 있고 심리절차에 있어서도 상당한 정도로 사법절차가 준용되어 권리구제절차로서의 실효성을 가지고 있으며, 재판청구권의 제약은 경미한 데 비하여 그로 인하여 달성되는 공익은 크므로, 재심제도가 입법형성권의 한계를 벗어나 국민의 재판청구권을 침해하는 제도라고 할 수 없다(헌재 2007.1.17. 2005헌바86).

㉤ [ O ] 행정심판 전치요건은 행정소송 제기 이전에 반드시 갖추어야 하는 것은 아니고 사실심 변론종결시까지 갖추면 되므로, 전치요건을 구비하면서도 행정소송의 신속한 진행을 동시에 꾀할 수 있다(헌재 2000.6.1. 98헌바8 ; 헌재 2007.1.17. 2005헌바86 참조). 위와 같이 행정소송을 신속하게 진행하면서 집행정지신청을 할 수 있을 뿐만 아니라 해당 재결청이 필요하다고 인정할 때에는 그 처분의 집행을 중지하게 하거나 중지할 수도 있으므로, 청구인들의 재판청구권이 제한되는 정도가 크지 않다. 따라서 심판대상조항이 재판청구권에 관한 입법형성권의 범위를 현저하게 일탈하여 청구인들의 재판청구권을 침해한다고 할 수 없다(헌재 2016.12.29. 2016헌바263).

ⓗ [O] 이 사건 법률조항에 의하여 달성하고자 하는 공익과 한편으로는 전심절차를 밟음으로써 야기되는 국민의 일반적인 수고나 시간의 소모 등을 비교하여 볼 때, 이 사건 법률조항에 의한 재판청구권의 제한은 정당한 공익의 실현을 위하여 필요한 정도의 제한에 해당하는 것으로 헌법 제37조 제2항의 비례의 원칙에 위반되어 국민의 재판청구권을 과도하게 침해하는 위헌적인 규정이라 할 수 없다. 입법자는 행정심판을 임의적 또는 필요적 전치절차로 할 것인가에 관하여 행정심판을 통한 권리구제의 실효성, 행정청에 의한 자기시정의 개연성, 문제되는 행정처분의 특수성 등을 고려하여 구체적으로 형성할 수 있는데, 이 사건 법률조항에서 교통관련 행정처분에 대하여 행정심판 전치주의를 규정한 것은, '교통 관련 행정처분이 대량으로 행해지는 것으로서 행정의 통일을 기할 필요가 있고, 처분의 적법성 여부에 관한 판단에 있어서 전문성과 기술성이 요구된다'는 행정심판사항의 특수성에 기인하는 것이다. 따라서 이 사건 법률조항에 나타난 입법자의 결정이 차별을 정당화하는 합리적인 이유를 결여하고 있다고 볼 수 없으므로, 평등권에 위반되지 않는다(헌재 2002.10.31. 2001헌바40).

## 15 정답 ①

❶ [X] 헌법 제31조 제2항·제3항으로부터 직접 의무교육 경비를 중앙정부로서의 국가가 부담하여야 한다는 결론은 도출되지 않으며, 그렇다고 하여 의무교육의 성질상 중앙정부로서의 국가가 모든 비용을 부담하여야 하는 것도 아니므로, '지방교육자치에 관한 법률' 제39조 제1항이 의무교육 경비에 대한 지방자치단체의 부담가능성을 예정하고 있다는 점만으로는 헌법에 위반되지 않는다(헌재 2005.12.22. 2004헌라3).

② [O] 의무교육의 실시범위와 관련하여 의무교육의 무상원칙을 규정한 헌법 제31조 제3항은 초등교육에 관하여는 직접적인 효력 규정으로서 개인이 국가에 대하여 입학금·수업료 등을 면제받을 수 있는 헌법상의 권리라고 볼 수 있다(헌재 1991.2.11. 90헌가27).

③ [O] 의무교육에 있어서 본질적이고 필수불가결한 비용 이외의 비용을 무상의 범위에 포함시킬 것인지는 국가의 재정상황과 국민의 소득수준, 학부모들의 경제적 수준 및 사회적 합의 등을 고려하여 입법자가 입법정책적으로 해결해야 할 문제이다(헌재 2012.4.24. 2010헌바164).

④ [O] 지방교육재정교부금법 제11조 제1항에서 의무교육 경비를 교부금과 지방자치단체의 일반 회계로부터의 전입금으로 충당토록 규정한 것 및 같은 조 제2항 제3호에서 서울특별시·부산광역시와 그 밖의 지방자치단체를 구분하여 서울특별시의 경우에는 당해 시·도세 총액의 100분의 10에 해당하는 금액을 일반 회계예산에 계상하여 교육비특별회계로 전출하도록 규정한 것은 교육재정제도를 형성함에 있어 의무교육을 받을 권리를 골고루 실질적으로 보장하라는 헌법의 위임취지에 명백히 반하는 자의적인 것이라 할 수 없어 위헌이 아니다(헌재 2005.12.22. 2004헌라3).

## 16 정답 ③

① [O] 일반적으로 민주적 다수는 법질서와 사회질서를 그의 정치적 의사와 도덕적 기준에 따라 형성하기 때문에, 그들이 국가의 법질서나 사회의 도덕률과 양심상의 갈등을 일으키는 것은 예외에 속한다. 양심의 자유에서 현실적으로 문제가 되는 것은 국가의 법질서나 사회의 도덕률에서 벗어나려는 소수의 양심이다. 따라서 양심상의 결정이 어떠한 종교관·세계관 또는 그 외의 가치체계에 기초하고 있는가와 관계없이 모든 내용의 양심상의 결정이 양심의 자유에 의하여 보장된다(헌재 2004.8.26. 2002헌가1).

② [O] 헌법 제19조의 양심의 자유는 크게 양심형성의 내부영역과 형성된 양심을 실현하는 외부영역으로 나누어 볼 수 있으므로, 그 구체적인 보장 내용에 있어서도 내심의 자유인 '양심형성의 자유'와 양심적 결정을 외부로 표현하고 실현하는 '양심실현의 자유'로 구분된다. 양심형성의 자유란 외부로부터의 부당한 간섭이나 강제를 받지 않고 개인의 내심영역에서 양심을 형성하고 양심상의 결정을 내리는 자유를 말하고, 양심실현의 자유란 형성된 양심을 외부로 표명하고 양심에 따라 삶을 형성할 자유, 구체적으로는 양심을 표명하거나 또는 양심을 표명하도록 강요받지 아니할 자유(양심표명의 자유), 양심에 반하는 행동을 강요받지 아니할 자유(부작위에 의한 양심실현의 자유), 양심에 따른 행동을 할 자유(작위에 의한 양심실현의 자유)를 모두 포함한다(헌재 2004.10.28. 2004헌바61).

❸ [X] '양심의 자유'가 보장하고자 하는 '양심'은 민주적 다수의 사고나 가치관과 일치하는 것이 아니라, 개인적 현상으로서 지극히 주관적인 것이다. 양심은 그 대상이나 내용 또는 동기에 의하여 판단될 수 없으며, 특히 양심상의 결정이 이성적·합리적인가, 타당한가 또는 법질서나 사회규범, 도덕률과 일치하는가 하는 관점은 양심의 존재를 판단하는 기준이 될 수 없다(헌재 2004.8.26. 2002헌가1).

④ [O] 양심의 자유에서 현실적으로 문제가 되는 것은 국가의 법질서나 사회의 도덕률에서 벗어나려는 소수의 양심이다. 따라서 양심상의 결정이 어떠한 종교관·세계관 또는 그 외의 가치체계에 기초하고 있는가와 관계없이 모든 내용의 양심상의 결정이 양심의 자유에 의하여 보장된다(헌재 2004.8.26. 2002헌가1).

## 17 정답 ④

① [X] 정당의 당원이 될 수 없는 공무원으로 하여금 정치자금법상 후원회의 회원이 될 수 없도록 하는 것은 공무원의 정치적 중립성을 확보하고 공무집행에서의 국민의 신뢰를 확보하기 위한 것이다. 만일 후원회 가입이 허용된다면 공무원의 정치적 의사가 표명되어 정치적 중립성에 대한 국민의 신뢰는 유지되기 어렵고, 정당가입을 금지한 취지를 잠탈하게 될 위험성이 있다. 또한 공무원인 이상 직급을 불문하고 정치적 중립성을 유지할 의무가 있다. 이러한 점들을 고려하면 후원회회원 자격조항이 과잉금지원칙에 위배되어 정치활동의 자유 내지 정치적 의사표현의 자유를 침해한다고 볼 수 없다(헌재 2022.10.27. 2019헌마1271).

② [X] 지방의회의원의 후원회의 설치 및 운영을 제한하는 것은 경제력을 갖춘 사람만이 지방의회의원이 될 수 있도록 하는 차별

적 결과를 야기하거나, 다른 직의 겸직을 통해 소득을 확보할 것을 사실상 강요하는 결과를 초래하여 지방의회의원이 의정활동에 전념하는 것을 불가능하게 한다. 특히 지방자치제도가 확립되어 지방의회는 유능한 신인정치인이 정치무대로 유입되는 통로가 되기도 하는바, 지방의회의원에게 후원회를 지정하여 둘 수 없도록 하는 것은 경제력을 갖추지 못한 사람의 정치 입문을 저해할 수 있다. 이와 같은 사정을 종합해 볼 때, 그동안 정치자금법이 여러 차례 개정되어 후원회지정권자의 범위가 지속적으로 확대되어 왔음에도 불구하고, 선거와 무관하게 후원회를 설치 및 운영할 수 있는 자를 중앙당과 국회의원으로 한정하여 국회의원과 지방의회의원을 달리 취급하는 것은, 불합리한 차별에 해당하고 입법재량을 현저히 남용하거나 한계를 일탈한 것이다. 따라서 지방의회의원을 후원회지정권자에서 제외하고 있는 심판대상조항은 청구인들의 평등권을 침해한다(헌재 2022.11.24. 2019헌마528).

✎ 헌법불합치결정

③ [×] 차관회의는 긴급을 요할 때 생략할 수 있으나, 국무회의 심의는 반드시 거쳐서 헌법재판소에 정당해산심판을 청구할 수 있다.

> **헌법재판소법 제55조 【정당해산심판의 청구】** 정당의 목적이나 활동이 민주적 기본질서에 위배될 때에는 정부는 국무회의의 심의를 거쳐 헌법재판소에 정당해산심판을 청구할 수 있다.

❹ [○] 경선을 포기한 대통령선거경선후보자에 대하여도 정치자금의 적정한 제공이라는 입법목적을 실현할 필요가 있는 것이며, 이들에 대하여 후원회로부터 지원받은 후원금 총액을 회수함으로써 경선에 참여한 대통령선거경선후보자와 차별하는 이 사건 법률조항의 차별은 합리적인 이유가 있는 차별이라고 하기 어렵다(헌재 2009.12.29. 2007헌마1412).

---

**18** 　　　　　　　　　　　　　　　　　　　　　정답 ①

❶ [○] 만일 피의사건을 수사한 결과 공소를 제기하기에 충분한 범죄혐의가 없거나 소송조건이 구비되어 있지 아니하여 협의의 불기소처분으로 수사절차를 종결해야 하는 사안임에도 검사가 자의적으로 이를 인정하고 기소유예처분을 한 경우 이에 의하여 평등권과 행복추구권이 침해될 수 있다. 이러한 경우에 헌법재판소법 제68조 제1항에 의한 헌법소원심판절차가 마련되어 기소유예처분의 사실관계나 법령해석에 관한 불복사유의 심리를 통하여 그 구제가 이루어지고 있는 이상, 헌법 제27조 제1항이 규정한 재판청구권이나 헌법 제12조 제1항에 규정된 적법절차원칙이 입법자에게 반드시 기소유예처분을 받은 피의자가 무죄를 주장하여 일반 법원에서 법관에 의한 재판을 받을 수 있는 절차를 마련해야 할 입법자의 행위의무 내지 보호의무를 부여한다고 볼 수 없다(헌재 2013.9.26. 2011헌마472).

② [×] 민사소송법 제184조에서 정하는 기간 내에 판결을 선고하도록 노력해야 하겠지만, 이 기간 내에 반드시 판결을 선고해야 할 법률상의 의무가 발생한다고는 볼 수 없다. 신속한 재판을 받을 권리의 실현을 위해서는 구체적인 입법형성이 필요하며, 법률에 의한 구체적 형성 없이는 신속한 재판을 위한 어떤 직접적이고 구체적인 청구권이 발생하지 아니한다(헌재 1999.9.16. 98헌마75).

③ [×] '민주화운동관련자 명예회복 및 보상 등에 관한 법률'은 관련 규정을 통하여 보상금 등을 심의·결정하는 위원회의 중립성과 독립성을 보장하고 있고, 심의절차의 전문성과 공정성을 제고하기 위한 장치를 마련하고 있으며, 신청인으로 하여금 위원회의 지급결정에 대한 동의 여부를 자유롭게 선택하도록 정하고 있다. 따라서 심판대상조항은 관련자 및 유족의 재판청구권을 침해하지 아니한다(헌재 2018.8.30. 2014헌바180 등).

✎ 정신적 손해에 대한 배상청구권은 침해임.

④ [×] 심급제도가 몇 개의 심급으로 형성되어야 하는가에 관하여 헌법이 전혀 규정하는 바가 없으므로, 이는 입법자의 광범위한 형성권에 맡겨져 있는 것이며, 모든 구제절차나 법적 분쟁에서 반드시 보장되는 것은 아니다(헌재 2005.3.31. 2003헌바34).

---

**19** 　　　　　　　　　　　　　　　　　　　　　정답 ③

① [○]
> **범죄피해자 보호법 제24조 【범죄피해구조심의회 등】** ① 구조금 지급에 관한 사항을 심의·결정하기 위하여 각 지방검찰청에 범죄피해구조심의회(이하 '지구심의회'라 한다)를 두고 법무부에 범죄피해구조본부심의회(이하 '본부심의회'라 한다)를 둔다.

② [○]
> **범죄피해자 보호법 제25조 【구조금의 지급신청】** ② 제1항에 따른 신청은 해당 구조대상 범죄피해의 발생을 안 날부터 3년이 지나거나 해당 구조대상 범죄피해가 발생한 날부터 10년이 지나면 할 수 없다.

❸ [×]
> **범죄피해자 보호법 제31조 【소멸시효】** 구조금을 받을 권리는 그 구조결정이 해당 신청인에게 송달된 날부터 2년간 행사하지 아니하면 시효로 인하여 소멸된다.

④ [○]
> **범죄피해자 보호법 제32조 【구조금 수급권의 보호】** 구조금을 받을 권리는 양도하거나 담보로 제공하거나 압류할 수 없다.

---

**20** 　　　　　　　　　　　　　　　　　　　　　정답 ④

① [×] 국가의 국민보건에 관한 보호의무를 명시한 헌법 제36조 제3항에 의한 권리를 헌법소원을 통하여 주장할 수 있는 자는 직접 자신의 보건이나 의료 문제가 국가에 의해 보호받지 못하고 있는 의료 수혜자적 지위에 있는 국민이라고 할 것이므로 의료시술자적 지위에 있는 안과의사가 자기 고유의 업무범위를 주장하여 다투는 경우에는 위 헌법규정을 원용할 수 없다(헌재 1993.11.25. 92헌마8).

② [×] 보건에 관한 국가의 의무와 관련하여 '마약류 관리에 관한 법률' 제3조의2(국가의 책임), 같은 법 제40조, '마약류중독자 치료보호규정' 제9조 제3항 및 구 '정신보건법' 등에 의하여 국민의 건강을 유지하는 데 필요한 국가적 급부와 배려가 이루어지고 있다는 점을 감안하면, 구 '치료감호법' 제4조 제1항이 피고인의 치료감호청구권을 인정하지 않고 있다 하더라도 국민의 보건에 관한 권리를 침해하는 것이라고는 볼 수 없다(헌재 2010. 4.29. 2008헌마622).

③ [×] 헌법 제36조 제3항은 "모든 국민은 보건에 관하여 국가의 보호를 받는다."라고 하여, 국민이 자신의 건강을 유지하는 데 <u>필요한 국가적 급부와 배려를 요구할 수 있는 권리인 이른바 '보건에 관한 권리'를 규정하고 있고</u>, 이에 따라 국가는 국민의 건강을 소극적으로 침해하여서는 아니 될 의무를 부담하는 것에서 한 걸음 더 나아가 적극적으로 국민의 보건을 위한 정책을 수립하고 시행하여야 할 의무를 부담한다(헌재 2021.1.28. 2019헌가24 등). 21. 행정고시

❹ [○] '정신건강증진 및 정신질환자 복지서비스 지원에 관한 법률', '형의 집행 및 수용자의 처우에 관한 법률'에 있는 다른 제도들을 통하여 국민의 정신건강을 유지하는 데에 필요한 국가적 급부와 배려가 이루어지고 있으므로, 이 사건 법률조항들에서 치료감호대상자의 치료감호청구권이나 법원의 직권에 의한 치료감호를 인정하지 않는다 하더라도 국민의 보건에 관한 국가의 보호의무에 반한다고 보기 어렵다(헌재 2021.1.28. 2019헌가24 등).

## 정답

p.48

| 01 | ① | 02 | ① | 03 | ① | 04 | ① | 05 | ① |
|---|---|---|---|---|---|---|---|---|---|
| 06 | ① | 07 | ③ | 08 | ③ | 09 | ④ | 10 | ① |
| 11 | ② | 12 | ② | 13 | ② | 14 | ① | 15 | ② |
| 16 | ③ | 17 | ① | 18 | ④ | 19 | ① | 20 | ④ |

### 01
정답 ①

❶ [○] 제안된 헌법개정안은 대통령이 20일 이상의 기간 이를 공고하여야 한다(헌법 제129조).

② [×]

> 헌법 제129조 제안된 헌법개정안은 대통령이 20일 이상의 기간 이를 공고하여야 한다.
> 제130조 ① 국회는 헌법개정안이 공고된 날로부터 60일 이내에 의결하여야 하며, 국회의 의결은 재적의원 3분의 2 이상의 찬성을 얻어야 한다.

③ [×] 공고를 통해 국민에게 알린 바 있으므로 수정의결할 수 없다.

④ [×] 제1차 개정헌법은 공고절차를 밟지 않아 개정절차상 하자가 있었다.

### 02
정답 ①

❶ [×] 재외국민과 달리 외국국적동포에 대한 '부동산 실권리자명의 등기에 관한 법률' 적용 배제: 외국국적동포는 외국인이라는 점에 외국인토지법에 의하여 토지의 취득 및 계속 보유에 엄격한 제한을 받고 있었으므로 이를 배제한 것이고 재외국민은 내국인이므로 토지 취득 · 계속 보유에 별다른 제한이 없었으므로 재외국민과 달리 외국국적동포에 대하여 '부동산 실권리자명의 등기에 관한 법률' 적용을 배제한 것은 합리적 이유가 있다(헌재 2001.5.31. 99헌가18).

② [○] 대한민국 정부 수립 이전 재외동포사건: '재외동포의 출입국과 법적 지위에 관한 법률'이 대한민국 수립 이후의 재외동포에 한하여 그 보호대상으로 한 것은 대한민국 수립 이전의 재외동포를 차별한 것으로 합리적 이유가 없다(헌재 2001.11.29. 99헌마494).

③ [○] 주민등록만을 요건으로 주민투표권의 행사 여부가 결정되도록 함으로써 '주민등록을 할 수 없는 국내거주 재외국민'을 '주민등록이 된 국민인 주민'에 비해 차별하고 있고, 나아가 '주민투표권이 인정되는 외국인'과의 관계에서도 차별을 행하고 있는 바, 그와 같은 차별에 아무런 합리적 근거도 인정될 수 없으므로 국내거주 재외국민의 헌법상 기본권인 평등권을 침해하는

것으로 위헌이다(헌재 2007.6.28. 2004헌마643). 19. 국회직 9급, 11. 법원행시

④ [○] 양육수당 역시 영유아가 90일 이상 해외에 장기체류하는 경우에는 그 기간 동안 비용의 지원을 정지하도록 하였다(영유아보호법 제34조의2 제3항). 이와 같은 법의 목적과 보육이념, 보육료 · 양육수당 지급에 관한 법규정을 종합할 때, 보육료 · 양육수당은 영유아가 국내에 거주하면서 국내에 소재한 어린이집을 이용하거나 가정에서 양육되는 경우에 지원이 되는 것으로 제도가 마련되어 있다. 단순한 단기체류가 아니라 국내에 거주하는 재외국민, 특히 외국의 영주권을 보유하고 있으나 상당한 기간 국내에서 계속 거주하고 있는 자들은 주민등록법상 재외국민으로 등록 · 관리될 뿐 '국민인 주민'이라는 점에서는 다른 일반 국민과 실질적으로 동일하므로, 단지 외국의 영주권을 취득한 재외국민이라는 이유로 달리 취급할 아무런 이유가 없어 위와 같은 차별은 청구인들의 평등권을 침해한다(헌재 2018.1.25. 2015헌마1047). 19. 국회직 9급

### 03
정답 ①

❶ [×] 위험책임과 무과실책임은 사회국가원리에 근거한 것이다.

② [○] 과실책임원칙은 헌법 제119조 제1항의 자유시장경제질서에서 파생된 것으로 민사책임의 기본원리인바, 주식회사 이사의 회사에 대한 손해배상책임을 과실책임으로 규정하고, 고의 또는 과실의 입증책임을 이사의 책임을 주장하는 자에게 부담시키는 형식으로 규정된 상법이 입법형성권의 한계를 일탈하여 이사의 재산권을 침해하였다고 할 수 없다(헌재 2015.3.26. 2014헌바202).

③ [○] 청구인들은 심판대상조항들이 헌법 제119조 등에 위반된다고 주장한다. 그러나 헌법 제119조는 헌법상 경제질서에 관한 일반조항으로서 국가의 경제정책에 대한 하나의 헌법적 지침일 뿐 그 자체가 기본권의 성질을 가진다거나 독자적인 위헌심사의 기준이 된다고 할 수 없으므로, 청구인들의 이러한 주장에 대하여는 더 나아가 살펴보지 않는다. 그렇다면 이 사건의 쟁점은 심판대상조항들이 과잉금지원칙에 위배되어 청구인들의 직업수행의 자유를 침해하는지 여부이다(헌재 2017.7.27. 2015헌바278).

④ [O] 심판대상조항에 따라 허가받은 지역 밖에서 이송업을 하는 것이 제한되므로 청구인 회사의 직업수행의 자유가 제한된다. 청구인 회사는 영업의 자유와 일반적 행동의 자유도 침해되고 헌법상 경제질서에도 위배된다고 주장하지만, 심판대상조항과 가장 밀접한 관계에 있는 직업수행의 자유 침해 여부를 판단하는 이상 이 부분 주장에 대해서는 별도로 판단하지 아니한다(헌재 2018.2.22. 2016헌바100).

---

## 04 정답 ①

❶ [×]
> 헌법 제118조 ② 지방의회의 조직·권한·의원선거와 지방자치단체의 장의 선임방법 기타 지방자치단체의 조직과 운영에 관한 사항은 법률로 정한다.

② [O] 지방자치단체의 권한에 부정적인 영향을 주어서 법적으로 문제되는 경우에는 사실행위나 내부적인 행위도 권한쟁의심판의 대상이 되는 처분에 해당한다고 할 것이므로, 건설교통부장관(현 국토교통부장관)의 이 사건 역명결정은 권한쟁의심판의 대상이 되는 처분에 해당한다(헌재 2006.3.30. 2003헌라2).

③ [O] 지방자치단체의 사무 중 국가가 지방자치단체의 장 등에게 위임한 기관위임사무는 그 처리의 효과가 국가에 귀속되는 국가의 사무로서 지방자치단체의 사무라 할 수 없고, 지방자치단체의 장은 기관위임사무의 집행권한과 관련된 범위에서는 그 사무를 위임한 국가기관의 지위에 서게 될 뿐 지방자치단체의 기관이 아니므로, 지방자치단체는 기관위임사무의 집행에 관한 권한의 존부 및 범위에 관한 권한분쟁을 이유로 기관위임사무를 집행하는 국가기관 또는 다른 지방자치단체의 장을 상대로 권한쟁의심판을 청구할 수 없다 할 것이다(헌재 2011.9.29. 2009헌라3).

④ [O] 헌재 2019.8.29. 2018헌마129

---

## 05 정답 ①

❶ [O] 심판대상조항이 선거운동의 자유를 감안하여 선거운동을 위한 확성장치를 허용할 공익적 필요성이 인정된다고 하더라도 정온한 생활환경이 보장되어야 할 주거지역에서 출근 또는 등교 이전 및 퇴근 또는 하교 이후 시간대에 확성장치의 최고출력 내지 소음을 제한하는 등 사용시간과 사용지역에 따른 수인한도 내에서 확성장치의 최고출력 내지 소음규제기준에 관한 규정을 두지 아니한 것은, 국민이 건강하고 쾌적하게 생활할 수 있는 양호한 주거환경을 위하여 노력하여야 할 국가의 의무를 부과한 헌법 제35조 제3항에 비추어 보면, 적절하고 효율적인 최소한의 보호조치를 취하지 아니하여 국가의 기본권 보호의무를 과소하게 이행한 것으로서, 청구인의 건강하고 쾌적한 환경에서 생활할 권리를 침해하므로 헌법에 위반된다(헌재 2019.12.27. 2018헌마730). 20. 법원행시

② [×] 기본권 보호의무란 기본권적 법익을 기본권 주체인 사인에 의한 위법한 침해 또는 침해의 위험으로부터 보호하여야 하는 국가의 의무를 말하며, 주로 사인인 제3자에 의한 개인의 생명이나 신체의 훼손에서 문제되는데, 이는 타인에 의하여 개인의 신체나 생명 등 법익이 국가의 보호의무 없이는 무력화될 정

도의 상황에서만 적용될 수 있다(헌재 2009.2.26. 2005헌마764).

③ [×] 국가의 보호의무를 입법자가 어떻게 실현하여야 할 것인가 하는 문제는 입법자의 책임범위에 속하므로, 헌법재판소는 권력분립의 관점에서 소위 과소보호금지원칙을, 즉 국가가 국민의 법익보호를 위하여 적어도 적절하고 효율적인 최소한의 보호조치를 취했는가를 기준으로 심사하게 된다(헌재 1997.1.16. 90헌마110 등). 즉, 보호의무의 이행과 관련하여 국가는 최적의 보호를 제공할 의무를 지지만, 그 이행 여부의 통제에 있어서는 통제기관은 필요한 최소한을 통제함에 그친다. 09. 국가직 7급

④ [×] 국가의 보호의무를 입법자가 어떻게 실현하여야 할 것인가 하는 문제는 입법자의 책임범위에 속하므로, 헌법재판소는 권력분립의 관점에서 소위 과소보호금지원칙을, 즉 국가가 국민의 법익보호를 위하여 적어도 적절하고 효율적인 최소한의 보호조치를 취했는가를 기준으로 심사하게 된다(헌재 1997.1.16. 90헌마110 등).

---

## 06 정답 ①

❶ [×] 이동통신서비스 이용자는 심판대상조항으로 인해 이동통신서비스 이용계약 체결에 필요한 증서 등을 타인에게 제공하거나 자기 명의로 이동통신서비스 이용계약을 체결한 후 실제 이용자에게 휴대전화를 양도할 수 없는 불이익을 입을 뿐이므로, 이동통신서비스 이용자가 제한받는 사익의 정도가 공익에 비하여 과다하다고 보기도 어렵다. 따라서 심판대상조항은 이동통신서비스 이용자의 일반적 행동자유권을 침해하지 아니한다(헌재 2022.6.30. 2019헌가4).

② [O] 재외국민 특별전형과 같은 특정한 입학전형의 설계에 있어 청구인이 원하는 일정한 내용의 지원자격을 규정할 것을 요구하는 것은 포괄적인 의미의 자유권인 행복추구권의 내용에 포함되지 않는다(헌재 2020.3.26. 2019헌마212).

③ [O] 청구인이 인터넷에서 상대방에 대한 보도를 보고 '지린다'라는 댓글을 작성하여 게시하였으나, '지린다'라는 표현의 원형인 '지리다'에 대하여 인터넷으로 제공되는 네이버 국어사전에서는 "어떤 사람이나 현상이 오줌을 쌀 정도로 대단하게 나타나다."라는 의미로도 정의하고 있는 점, 실제 인터넷에서 '지린다'라는 표현의 사용례를 살펴보면 운동선수의 뛰어난 활약이나 영화배우의 훌륭한 연기에 대해 감탄하거나 호평하는 의미로 사용되고 있는 점 등을 종합하면 청구인의 댓글이 상대방의 사회적 평가를 저하시킬 수 있는 '모욕'에 해당된다고 단정하기 어렵다(헌재 2022.6.30. 2021헌마916).

④ [O] 헌법 제10조의 행복추구권에서 파생하는 일반적 행동자유권은 모든 행위를 하거나 하지 않을 자유를 내용으로 하나, 그 보호대상으로서의 행동이란 국가가 간섭하지 않으면 자유롭게 할 수 있는 행위 내지 활동을 의미하고, 이를 국가권력이 가로막거나 강제하는 경우 자유권의 침해로서 논의될 수 있다 할 것인데, 병역의무의 이행으로서의 현역병 복무는 국가가 간섭하지 않으면 자유롭게 할 수 있는 행위에 속하지 않으므로, 현역병으로 복무할 권리가 일반적 행동자유권에 포함된다고 할 수 없다(헌재 2010.12.28. 2008헌마527).

㉠ [O] 현역병은 엄격한 규율이 적용되는 내무생활을 하면서 총기·폭발물 사고 등 위험에 노출되어 있는데, 병역의무 이행에 대한 보상의 정도를 결정할 때 위와 같은 현역병 복무의 특수성을 반영할 수 있으며, 사회복무요원은 생계유지를 위하여 필요한 경우 복무기관의 장의 허가를 얻어 겸직할 수 있는 점 등을 고려하면, 사회복무요원을 현역병에 비하여 합리적 이유 없이 자의적으로 차별한 것이라고 볼 수 없다. 따라서 심판대상조항은 **청구인들의 평등권을 침해하지 아니한다**(헌재 2019.2.28. 2017헌마374).

㉡ [×] 공중보건의사는 장교의 지위에 있는 군의관과 입법 연혁, 선발 과정, 보수, 수행업무의 내용 등 여러 가지 면에서 동일하거나 유사한 측면이 있다는 점을 고려하면, 군사교육소집기간의 복무기간 산입 여부와 같은 정책적인 사항에 대하여 전문연구요원과 달리 규정한다고 해서 이를 부당한 차별취급이라고 단정하기는 어렵다. 따라서 심판대상조항이 전문연구요원과 달리 공중보건의사의 군사교육소집기간을 복무기간에 산입하지 않은 데에는 합리적 이유가 있으므로, 청구인들의 평등권을 침해하지 않는다(헌재 2020.9.24. 2019헌마472).

㉢ [O] 성과상여금 등의 지급과 관련하여 수석교사를 교장 등, 장학관 등과 달리 취급하는 것에는 합리적인 이유가 있으므로, 심판대상조항들은 청구인들의 평등권을 침해하지 않는다(헌재 2019.4.11. 2017헌마602).

㉣ [O] 청구인들은 의사·약사 등 다른 자격시험과 변호사시험을 비교하면서 평등권을 침해받았다고 주장한다. 그러나 위 자격시험들은 응시자에게 요구하는 능력과 이를 평가하는 방식이 변호사시험과 다르고, 변호사시험과 달리 장기간 시험 준비로 인한 인력 낭비 문제의 심각성, 전문대학원에서의 교육과 자격시험 간 연계의 중요성 등의 문제가 나타나고 있지 않다. 따라서 이 사건 한도조항에 관하여 청구인들이 주장하는 평등권 침해 문제는 발생하지 않는다(헌재 2020.9.24. 2018헌마739).

㉤ [×] 심판대상조항은 가중요건이 되는 과거의 위반행위와 처벌대상이 되는 재범 음주운항 사이에 시간적 제한을 두지 않고 있다. 그런데 과거의 위반행위가 상당히 오래 전에 이루어져 그 이후 행해진 음주운항을 '해상교통법규에 대한 준법정신이나 안전의식이 현저히 부족한 상태에서 이루어진 반규범적 행위' 또는 '반복적으로 사회구성원에 대한 생명·신체 등을 위협하는 행위'라고 평가하기 어렵다면, 이를 가중처벌할 필요성이 인정된다고 보기 어렵다. 또한 심판대상조항은 과거 위반 전력의 시기 및 내용이나 음주운항 당시의 혈중알코올농도수준 등을 고려할 때 비난가능성이 상대적으로 낮은 재범행위까지도 법정형의 하한인 2년 이상의 징역 또는 2천만 원 이상의 벌금을 기준으로 처벌하도록 하고 있어, 책임과 형벌 사이의 비례성을 인정하기 어렵다. 따라서 심판대상조항은 책임과 형벌 간의 비례원칙에 위반된다(헌재 2022.8.31. 2022헌가10).

① [×]

> 헌법 제12조 ① 모든 국민은 신체의 자유를 가진다. 누구든지 법률에 의하지 아니하고는 체포·구속·압수·수색 또는 심문을 받지 아니하며, 법률과 적법한 절차에 의하지 아니하고는 처벌·보안처분 또는 강제노역을 받지 아니한다.

✎ 대통령령에 의해서는 체포·구속·압수·수색 또는 심문을 받게 할 수 없음.

② [×]

> 헌법 제12조 ④ 누구든지 체포 또는 구속을 당한 때에는 즉시 변호인의 조력을 받을 권리를 가진다. 다만, 형사피고인이 스스로 변호인을 구할 수 없을 때에는 법률이 정하는 바에 의하여 국가가 변호인을 붙인다.

✎ 48시간이 아니라 즉시임.

❸ [O]

> 헌법 제12조 ⑤ 누구든지 체포 또는 구속의 이유와 변호인의 조력을 받을 권리가 있음을 고지받지 아니하고는 체포 또는 구속을 당하지 아니한다. 체포 또는 구속을 당한 자의 가족 등 법률이 정하는 자에게는 그 이유와 일시·장소가 지체없이 통지되어야 한다.

④ [×]

> 헌법 제12조 ⑦ 피고인의 자백이 고문·폭행·협박·구속의 부당한 장기화 또는 기망 기타의 방법에 의하여 자의로 진술된 것이 아니라고 인정될 때 또는 정식재판에 있어서 피고인의 자백이 그에게 불리한 유일한 증거일 때에는 이를 유죄의 증거로 삼거나 이를 이유로 처벌할 수 없다.

① [O] 현행헌법이 명문화하고 있는 적법절차의 원칙은 단순히 입법권의 유보제한이라는 한정적인 의미에 그치는 것이 아니라 모든 국가작용을 지배하는 독자적인 헌법의 기본원리로서 해석되어야 할 원칙이라는 점에서 입법권의 유보적 한계를 선언하는 과잉입법금지의 원칙과는 구별된다고 할 것이다(헌재 1992.12.24. 92헌가8). 15. 법원행시

② [O] 이 사건 법률조항은 피의자의 신원확인을 원활하게 하고 수사활동에 지장이 없도록 하기 위한 것으로, 수사상 피의자의 신원확인은 피의자를 특정하고 범죄경력을 조회함으로써 타인의 인적 사항 도용과 범죄 및 전과사실의 은폐 등을 차단하고 형사사법제도를 적정하게 운영하기 위해 필수적이라는 점에서 그 목적은 정당하고, 지문채취는 신원확인을 위한 경제적이고 간편하면서도 확실성이 높은 적절한 방법이다. 또한 이 사건 법률조항은 형벌에 의한 불이익을 부과함으로써 심리적·간접적으로 지문채취를 강제하고 그것도 보충적으로만 적용하도록 하고 있어 피의자에 대한 피해를 최소화하기 위한 고려를 하고 있으며, 지문채취 그 자체가 피의자에게 주는 피해는 그리 크지 않은 반면 일단 채취된 지문은 피의자의 신원을 확인하는 효과적인 수단이 될 뿐 아니라 수사절차에서 범인을 검거하는 데에 중요한 역할을 한다. 한편, 이 사건 법률조항에 규정되어 있는 법정형은 형법상의 제재로서는 최소한에 해당되므로 지나치게 가혹하여 범죄에 대한 형벌 본래의 목적과 기

능을 달성함에 필요한 정도를 일탈하였다고 볼 수도 없다 (헌재 2004.9.23. 2002헌가17 등). 15. 법원행시

③ [O] 헌법재판소는 적법절차원칙이 형사소송절차에 국한되지 않고 모든 국가작용 전반에 대하여 적용된다고 밝힌 바 있으므로, 국민에게 부담을 주는 행정작용인 과징금 부과의 절차에 있어서도 적법절차원칙이 준수되어야 할 것이다(헌재 2003.7.24. 2001헌가25). 07. 사법고시

❹ [×] 위원회가 신청을 기각하는 경우에 이들은 그 결정에 대하여 행정소송을 제기하여 법관에 의한 재판을 받을 수 있으므로 법관이 아닌 사회보호위원회의 치료감호 종료 여부 결정은 재판청구권 침해가 아니다(헌재 2005.2.3. 2003헌바1). 07. 사법고시

---

**10**                        정답 ①

❶ [O] 이 사건 접견조항에 따르면 수용자는 효율적인 재판준비를 하는 것이 곤란하게 되고, 특히 교정시설 내에서의 처우에 대하여 국가 등을 상대로 소송을 하는 경우에는 소송의 상대방에게 소송자료를 그대로 노출하게 되어 무기대등의 원칙이 훼손될 수 있다. 변호사 직무의 공공성, 윤리성 및 사회적 책임성은 변호사접견권을 이용한 증거인멸, 도주 및 마약 등 금지물품 반입 시도 등의 우려를 최소화시킬 수 있으며, 변호사접견이라 하더라도 교정시설의 질서 등을 해할 우려가 있는 특별한 사정이 있는 경우에는 예외를 두도록 한다면 악용될 가능성도 방지할 수 있다. 따라서 이 사건 접견조항은 과잉금지원칙에 위배하여 청구인의 재판청구권을 지나치게 제한하고 있으므로, 헌법에 위반된다(헌재 2013.8.29. 2011헌마122).

② [×] 상소권회복 또는 재심청구사건은 형 집행의 직접적 원인이 되는 확정판결에 대한 불복절차이고 청구요건과 절차가 까다롭기 때문에 변호사 선임 전이라도 접견상의 제약을 완화하고 있으나, 민사·행정 등 일반적인 소송사건의 경우 형 집행의 원인이 되는 확정판결과 직접 관련되어 있다거나 소송대리인이 되려는 변호사와의 접견장소나 방법에 특례를 두어야 할 정도로 요건과 절차가 특별히 까다롭다고 볼 수 없다. 따라서 심판대상조항은 변호사인 청구인의 업무를 원하는 방식으로 자유롭게 수행할 수 있는 자유를 침해한다고 할 수 없다(헌재 2022.2.24. 2018헌마1010).
    🖉 기각결정

③ [×] 심판대상조항은 소송사건의 대리인인 변호사라 하더라도 변호사접견을 하기 위해서는 소송계속사실 소명자료를 제출하도록 규정함으로써 이를 제출하지 못하는 변호사는 일반 접견을 이용할 수밖에 없게 되었다. 일반 접견은 접촉차단시설이 설치된 일반 접견실에서 10분 내외 짧게 이루어지므로 그 시간은 변호사접견의 6분의 1 수준에 그친다. 또한 그 대화 내용은 청취·기록·녹음·녹화의 대상이 되므로 교정시설에서 부당한 처우를 당했다는 등의 사정이 있는 수형자는 위축된 나머지 법적 구제를 단념할 가능성마저 배제할 수 없다. 심판대상조항은 소 제기 전 단계에서 충실한 소송준비를 하기 어렵게 하여 변호사의 직무수행에 큰 장애를 초래하고, 변호사의 도움이 가장 필요한 시기에 접견에 대한 제한의 정도가 위와 같이 크다는 점에서 수형자의 재판청구권 역시 심각하게 제한될 수밖에 없고, 이로 인해 법치국가원리로 추구되는 정의에 반하는 결과를 낳을 수도 있다. 따라서 심판대상조항은 과잉금지원칙에 위배되어 변

호사인 청구인의 직업수행의 자유를 침해한다(헌재 2021.10. 28. 2018헌마60).

④ [×] 강력범죄 또는 조직폭력범죄의 수사와 재판에서 범죄입증을 위해 증언한 자의 안전을 효과적으로 보장해 줄 수 있는 조치가 마련되어야 할 필요성은 매우 크고, 경우에 따라서는 증인이 피고인의 변호인과 대면하여 진술하는 것으로부터 보호할 필요성이 있을 수 있다. 피고인 등과 증인 사이에 차폐시설을 설치한 경우에도 피고인 및 변호인에게는 여전히 반대신문권이 보장되고, 증인신문과정에서 증언의 신빙성에 대한 최종판단권한을 가진 재판부가 증인의 진술태도를 충분히 관찰할 수 있으며, 형사소송법은 차폐시설을 설치하고 증인신문절차를 진행할 경우 피고인으로부터 의견을 듣도록 하는 등 피고인이 받을 수 있는 불이익을 최소화하기 위한 장치를 마련하고 있다. 따라서 심판대상조항은 과잉금지원칙에 위배되어 청구인의 공정한 재판을 받을 권리 및 변호인의 조력을 받을 권리를 침해한다고 할 수 없다(헌재 2016.12.29. 2015헌바221).

---

**11**                        정답 ②

① [×] 헌법재판소는 헌법 제18조에서 그 비밀을 보호하는 통신의 일반적인 속성으로 당사자 간의 동의, 비공개성, 당사자의 특정성 등을 들고, 여기서의 통신의 의미는 비공개를 전제로 하는 쌍방향적인 의사소통이라고 본다.

❷ [O]
> **통신비밀보호법 제6조【범죄수사를 위한 통신제한조치의 허가 절차】** ① 검사(군검사를 포함한다. 이하 같다)는 제5조 제1항의 요건이 구비된 경우에는 법원(군사법원을 포함한다. 이하 같다)에 대하여 각 피의자별 또는 각 피내사자별로 통신제한조치를 허가하여 줄 것을 청구할 수 있다.
> ⑦ 통신제한조치의 기간은 2개월을 초과하지 못하고, 그 기간 중 통신제한조치의 목적이 달성되었을 경우에는 즉시 종료하여야 한다. 〈단서 생략〉

③ [×] 전기통신의 특성상 수사대상이 된 가입자와 전기통신을 송·수신한 상대방은 다수일 수 있는데, 이들 모두에 대하여 그 압수·수색사실을 통지하도록 한다면, 수사대상이 된 가입자가 수사를 받았다는 사실이 상대방 모두에게 알려지게 되어 오히려 위 가입자가 예측하지 못한 피해를 입을 수 있다. 따라서 **송·수신이 완료된** 전기통신에 대한 압수·수색사실을 수사대상이 된 가입자에게만 통지하도록 하고, 그 상대방에 대하여는 통지하지 않도록 한 통신비밀보호법은 적법절차원칙에 위배되어 개인정보자기결정권을 침해한다고 볼 수 없다(헌재 2018. 4.26. 2014헌마1178).

④ [×] 범죄수사를 위한 통신제한조치는 법원에 대하여 허가를 청구한다.

> **통신비밀보호법 제6조【범죄수사를 위한 통신제한조치의 허가 절차】** ② 사법경찰관(군사법경찰관을 포함한다. 이하 같다)은 제5조 제1항의 요건이 구비된 경우에는 검사에 대하여 각 피의자별 또는 각 피내사자별로 통신제한조치에 대한 허가를 신청하고, 검사는 법원에 대하여 그 허가를 청구할 수 있다.

## 12
정답 ②

㉠ [ × ] 헌법 제21조 제4항 전문은 "언론·출판은 타인의 명예나 권리 또는 공중도덕이나 사회윤리를 침해하여서는 아니 된다."라고 규정한다. 이는 언론·출판의 자유에 따르는 책임과 의무를 강조하는 동시에 언론·출판의 자유에 대한 제한의 요건을 명시한 규정일 뿐, 헌법상 표현의 자유의 보호영역에 대한 한계를 설정한 것이라고 볼 수는 없으므로 공연한 사실의 적시를 통한 명예훼손적 표현 역시 표현의 자유의 보호영역에 해당한다(헌재 2021.2.25. 2017헌마1113).

㉡ [ O ] '음란'의 개념과는 달리 '저속'의 개념은 그 적용범위가 매우 광범위할 뿐만 아니라 법관의 보충적인 해석에 의한다 하더라도 그 의미 내용을 확정하기 어려울 정도로 매우 추상적이다. 이 '저속'의 개념에는 출판사등록이 취소되는 성적 표현의 하한이 열려 있을 뿐만 아니라 폭력성이나 잔인성 및 천한 정도도 그 하한이 모두 열려 있기 때문에 출판을 하고자 하는 자는 어느 정도로 자신의 표현 내용을 조절해야 되는지를 도저히 알 수 없도록 되어 있어 명확성의 원칙 및 과도한 광범성의 원칙에 반한다(헌재 1998.4.30. 95헌가16). 18. 행정고시

㉢ [ O ] '청소년이용음란물'이 헌법상 표현의 자유에 의한 보호대상이 되고 따라서 그 제작 등의 행위에 대하여 형사상 중한 처벌을 가하는 것이 이러한 기본권을 다소 제한하게 되는 결과가 된다 하더라도, 이는 공공복리를 위하여 필요한 제한으로서 헌법 제37조 제2항의 비례의 원칙에 반하지 아니한다 할 것이다. … 청소년 보호라는 명목으로 일반 음란물에 대한 성인의 접근까지 전면 차단시켜 성인의 알 권리의 수준을 청소년의 수준으로 맞출 것을 국가가 강요함으로써 성인의 알 권리를 침해하거나 성인의 표현의 자유를 제한하게 되는 경우와는 달리, '청소년이용음란물'이라는 행위객체의 특성에 따른 규제라는 측면에서 그 입법목적의 정당성이 인정된다고 본다(헌재 2002.4.25. 2001헌가27). 15. 법원행시

㉣ [ × ] 심판대상조항을 통하여 아동음란물의 광범위한 유통·확산을 사전적으로 차단하고 이를 통해 아동음란물이 초래하는 각종 폐해를 방지하며 특히 관련된 아동·청소년의 인권 침해가능성을 사전적으로 차단할 수 있는바, 이러한 공익이 사적 불이익보다 더 크다. 따라서 심판대상조항은 온라인서비스제공자의 영업수행의 자유, 서비스이용자의 통신의 비밀과 표현의 자유를 침해하지 아니한다(헌재 2018.6.28. 2016헌가15). 20. 법원직 9급

## 13
정답 ②

① [ O ] 결사의 자유에는 '단체활동의 자유'도 포함되는데, 단체활동의 자유는 단체 외부에 대한 활동뿐만 아니라 단체의 조직, 의사형성의 절차 등의 단체의 생활을 스스로 결정하고 형성할 권리인 '단체 내부 활동의 자유'를 포함한다. … 조합장 선출행위는 결사 내 업무집행 및 의사결정기관의 구성에 관한 자율적인 활동이라 할 수 있으므로, 농협 조합장의 임기와 조합장선거의 시기에 관한 사항은 결사의 자유의 보호범위에 속한다(헌재 2012.12.27. 2011헌마562).

❷ [ × ] 헌법 제21조 제1항이 보장하고 있는 결사의 자유에 의하여 보호되는 '결사'의 개념에는 법률이 특별한 공공목적에 의하여 구성원의 자격을 정하고 있는 특수단체의 조직활동까지 포함되는 것으로 볼 수는 없다. 이 법의 주택조합(지역조합 및 직장조합)은 무주택자의 주거생활의 안정을 도모하고 모든 국민의 주거수준의 향상을 기한다는 공공목적을 위하여 법률이 구성원의 자격을 제한적으로 정하여 놓은 특수조합이므로, 이는 헌법상의 결사의 자유가 뜻하는 헌법상 보호법익의 대상이 되는 단체가 아니다. 또한 이 사건 법률조항이 주택조합 중 지역조합과 직장조합의 조합원 자격을 무주택자로 한정하였다고 해서 그로 말미암아 유주택자가 이 법과 관계없는 주택조합의 조합원이 되는 것까지 제한하는 것은 아니다. 그러므로 이 사건 법률조항이 유주택자의 결사의 자유를 침해하는 것이라고는 볼 수 없다(헌재 1997.5.29. 94헌바5).

③ [ O ] 조합장 선출행위는 결사 내 업무집행 및 의사결정기관의 구성에 관한 자율적인 활동이라 할 수 있으므로, 농협 조합장의 임기와 조합장선거의 시기에 관한 사항은 결사의 자유의 보호범위에 속한다(헌재 2012.12.27. 2011헌마562).

④ [ O ] 노동조합의 가입을 강제함으로써 근로자의 단결하지 아니할 자유가 제한됨으로 근로자의 단결하지 아니할 자유와 노동조합의 적극적 단결권 충돌이 발생한다. 근로자의 단결하지 아니할 자유는 헌법 제10조의 일반적 행동의 자유와 헌법 제21조의 결사의 자유에서 근거를 찾을 수 있다(헌재 2005.11.24. 2002헌바95).

## 14
정답 ①

❶ [ × ] 시험제도란 본질적으로 응시자의 자질과 능력을 측정하는 것이며, 합격자의 결정을 상대평가(정원제)와 절대평가 중 어느 것에 의할 것인지는 측정방법의 선택의 문제일 뿐이고, 이 사건 법률조항이 사법시험의 합격자를 결정하는 방법으로 정원제를 취한 이유는 상대평가라는 방식을 통하여 응시자의 자질과 능력을 검정하려는 것이므로 이는 객관적 사유가 아닌 주관적 사유에 의한 직업선택의 자유의 제한이다(헌재 2010.5.27. 2008헌바110).

② [ O ] 구 '외국인근로자의 고용 등에 관한 법률' 제25조 제4항은 외국인근로자의 사업장 최대 변경 가능 횟수를 설정하고 있는바, 이로 인하여 외국인근로자는 일단 형성된 근로관계를 포기(직장이탈)하는 데 있어 제한을 받게 되므로, 이는 직업선택의 자유 중 직장선택의 자유를 제한하고 있다. 근로의 권리를 제한하지는 않는다(헌재 2011.9.29. 2007헌마1083).

③ [ O ] 농협의 조합장은 조합을 대표하며 업무를 집행하는 사람으로서, 총회와 이사회의 의장이 된다. 이 사건에서 문제된 농협의 경우 조합장을 상임으로 하고, 그 보수는 규약으로 정하고 있다. 이를 종합하면, 조합장선거에 입후보하여 당선되는 것은 그 자체가 직업선택의 한 방법으로서, 농협의 조합장은 헌법 제15조에 의하여 보호되는 직업에 속하는바, 위 부칙조항으로 인하여 현 조합장의 임기가 연장되어 차기 조합장선거의 시기가 늦춰지게 되면 조합장으로 선출될 기회가 늦춰질 수밖에 없으므로, 위 부칙조항은 차기 조합장선거에 입후보하려고 하는 청구인들의 직업의 자유를 제한한다(헌재 2012.12.27. 2011헌마562).

④ [ O ] 음주측정거부로 인하여 운전면허가 필요적으로 취소되는 경우, 이는 자동차 등의 운전을 필수불가결한 요건으로 하고 있는 일정한 직업군의 사람들에 대하여 종래에 유지하던 직업을

계속 유지하는 것을 불가능하게 하거나 장래를 향하여 그와 같은 직업을 선택하는 것을 불가능하게 하며 자동차 운행이 필요한 직업을 가진 사람들에 대하여 직업을 수행하는 방법에 제한을 가하게 되므로 위 조항은 좁은 의미의 직업선택의 자유와 직업수행의 자유를 포함하는 **직업의 자유를 제한하는 조항**이라고 할 것이고, 한편 자동차 등의 운전을 직업으로 하지 않는 자에 대하여는 운전면허가 필요적으로 취소됨으로써 적법하게 자동차 등을 운전하지 못하게 되므로 위 조항은 행복추구권의 보호영역 내에 포함된 **일반적 행동의 자유를 제한하는 조항이라고 할 것이다**(헌재 2007.12.27. 2005헌바95).

---

## 15　　　　　　　　　　　　　　정답 ②

① [ × ]
> **헌법재판소법 제57조 【가처분】** 헌법재판소는 정당해산심판의 청구를 받은 때에는 직권 또는 청구인의 신청에 의하여 종국결정의 선고시까지 피청구인의 활동을 정지하는 결정을 할 수 있다. 15. 국회직 8급

❷ [ O ] 탄핵의 심판, 정당해산의 심판 및 권한쟁의의 심판은 구두변론에 의한다(헌법재판소법 제30조 제1항). 14. 사법고시

③ [ × ] 정당해산심판절차에서는 재심을 허용하지 아니함으로써 얻을 수 있는 법적 안정성의 이익보다 재심을 허용함으로써 얻을 수 있는 **구체적 타당성의 이익이 더 크므로 재심을 허용하여야 한다.** 한편, 이 재심절차에서는 원칙적으로 민사소송법의 재심에 관한 규정이 준용된다(헌재 2016.5.26. 2015헌아20). 19. 국회직 8급

④ [ × ] 헌법재판소가 정당해산결정을 한 경우 공고는 헌법재판소가 직접하는 것이 아니라, 선거관리위원회가 한다. 정당이 자진해산을 한 경우에는, 잔여재산을 당헌이 정하는 바에 의하고 당헌에 의해 처분되지 아니한 잔여재산은 국고에 귀속된다(정당법 제48조 제1항). 이에 반해, 헌법재판소의 해산결정으로 강제해산되는 경우에는 잔여재산이 모두 국고로 귀속된다(같은 법 제48조 제2항). 17. 소방간부

---

## 16　　　　　　　　　　　　　　정답 ③

① [ × ] 국가공무원법상 공무원은 신분이 보장되는 경력직공무원이나, 국가배상법상의 공무원은 신분이 공무원이 아니더라도 공무를 수행하는 모든 자이므로 양자의 범위는 동일하지 않다.

② [ × ] **지방자치단체장을 위한 별도의 퇴직급여제도를 마련하지 않은 입법부작위:** 지방자치단체의 장은 헌법 제7조 제2항에 따라 신분보장이 필요하고 정치적 중립성이 요구되는 공무원에 해당한다고 보기 어려우므로 헌법 제7조의 해석상 지방자치단체장을 위한 퇴직급여제도를 마련하여야 할 입법적 의무가 도출된다고 볼 수 없고, 그 외에 헌법 제34조나 공무담임권 보장에 관한 헌법 제25조로부터 위와 같은 입법의무가 도출되지 않는다. 따라서 지방자치단체장을 위한 별도의 퇴직급여제도를 마련하지 않은 입법부작위는 헌법소원의 대상이 될 수 없다(헌재 2014.6.26. 2012헌마459).

❸ [ O ] 우리나라는 직업공무원제도를 채택하고 있는데, 이는 공무원이 집권세력의 논공행상의 제물이 되는 엽관제도를 지양하고 정권교체에 따른 국가작용의 중단과 혼란을 예방하고 일관성 있는 공무수행의 독자성을 유지하기 위하여 헌법과 법률에 의하여 공무원의 신분이 보장되는 공직구조에 관한 제도이다. 여기서 말하는 공무원은 국가 또는 공공단체와 근로관계를 맺고 이른바 공법상 특별권력관계 내지 특별행정법관계 아래 공무를 담당하는 것을 직업으로 하는 협의의 공무원을 말하며 정치적 공무원이라든가 임시적 공무원은 포함되지 않는 것이다(헌재 1989.12.18. 89헌마32 등). 17. 법원직 9급

④ [ × ] 국가배상법 제2조 제1항 단서 중의 '경찰공무원'은 '경찰공무원법상의 경찰공무원'만을 의미한다고 단정하기 어렵고, 널리 경찰업무에 내재된 고도의 위험성을 고려하여 '경찰조직의 구성원을 이루는 공무원'을 특별취급하려는 취지로 파악함이 상당하고, 따라서 전투경찰순경은 헌법 제29조 제2항 및 국가배상법 제2조 제1항 단서 중의 '경찰공무원'에 해당한다고 보아야 할 것이다(헌재 1996.6.13. 94헌마118 등). 18. 서울시 7급 1차

---

## 17　　　　　　　　　　　　　　정답 ①

❶ [ × ] 청구인과 헌법소원사건의 국선대리인인 변호사의 접견 내용에 대해서는 접견의 목적이나 접견의 상대방 등을 고려할 때 녹음, 기록이 허용되어서는 아니 될 것임에도, 이를 녹음, 기록한 행위는 청구인의 재판을 받을 권리를 침해한다(헌재 2013.9.26. 2011헌마398). 20. 경찰승진

② [ O ] 대법원을 구성하는 법관에 의한 재판을 받을 권리이거나 더구나 사건의 경중을 가리지 않고 모든 사건에 대하여 대법원을 구성하는 법관에 의한 균등한 재판을 받을 권리라고는 보여지지 않는다. 나아가 후단의 '법률에 의한' 재판을 받을 권리라 함은 법관에 의한 재판은 받되 법대로의 재판, 즉 절차법이 정한 절차에 따라 실체법이 정한 내용대로 재판을 받을 권리를 보장하자는 취지라고 할 것으로, 이는 재판에 있어서 법관이 법대로가 아닌 자의에 의한 전단에 의하는 것을 배제한다는 것이지 여기에서 곧바로 상고심재판을 받을 권리가 발생한다고 보기는 어렵다고 할 것이다(헌재 1992.6.26. 90헌바25). 16. 사법고시

③ [ O ] 재판청구권은 법적 분쟁의 해결을 가능하게 하는 적어도 한번의 권리구제절차가 개설될 것을 요청할 뿐 아니라 그를 넘어서 소송절차의 형성에 있어서 실효성 있는 권리보호를 제공하기 위하여 그에 필요한 절차적 요건을 갖출 것을 요청한다. 비록 재판절차가 국민에게 개설되어 있다 하더라도, 절차적 규정들에 의하여 법원에의 접근이 합리적인 이유로 정당화될 수 없는 방법으로 어렵게 된다면, 재판청구권은 사실상 형해화될 수 있으므로, 바로 여기에 입법형성권의 한계가 있다(헌재 2002.10.31. 2001헌바40). 06. 사법고시

④ [ O ] 공정한 재판을 받을 권리 속에는 신속하고 공개된 법정의 법관의 면전에서 모든 증거자료가 조사·진술되고 이에 대하여 피고인이 공격·방어할 수 있는 기회가 보장되는 재판, 즉 원칙적으로 당사자주의와 구두변론주의가 보장되어 당사자가 공소사실에 대한 답변과 입증 및 반증하는 등 공격·방어권이 충분히 보장되는 재판을 받을 권리가 포함되어 있다(헌재 1994.4.28. 93헌바26). 08. 사법고시

**18** 정답 ④

① [O] 지방자치단체의 장이 기관위임된 국가행정사무를 처리하는 경우 그에 소요되는 경비의 실질적, 궁극적 부담자는 국가라고 하더라도 당해 지방자치단체는 국가로부터 내부적으로 교부된 금원으로 그 사무에 필요한 경비를 대외적으로 지출하는 자이므로, 이러한 경우 지방자치단체는 국가배상법 제6조 제1항 소정의 비용부담자로서 공무원의 불법행위로 인한 위법에 의한 손해를 배상할 책임이 있다고 할 것이다(대판 1994.12.9. 94다38137).

> 국가배상법 제6조【비용부담자 등의 책임】① 제2조·제3조 및 제5조에 따라 국가나 지방자치단체가 손해를 배상할 책임이 있는 경우에 공무원의 선임·감독 또는 영조물의 설치·관리를 맡은 자와 공무원의 봉급·급여, 그 밖의 비용 또는 영조물의 설치·관리 비용을 부담하는 자가 동일하지 아니하면 그 비용을 부담하는 자도 손해를 배상하여야 한다.

② [O] 교통신호기를 관리하는 지방경찰청장 산하 경찰관들에 대한 봉급을 부담하는 국가도 국가배상법 제6조 제1항에 의한 배상책임을 부담한다(대판 1999.6.25. 99다11120).

③ [O] 불법적인 강제징용 및 징병에 이어 피폭을 당한 후 방치되어 몸과 마음이 극도로 피폐해진 채 비참한 삶을 영위하게 된 한 국인 원폭피해자들이 일본에 대하여 가지는 배상청구권은 헌법상 보장되는 재산권일 뿐만 아니라, 그 배상청구권의 실현이 무자비하고 불법적인 일본의 침략전쟁 수행과정에서 도구화되고 피폭 후에도 인간 이하의 극심한 차별을 받음으로써 침해된 인간으로서의 존엄과 가치를 사후적으로 회복한다는 의미를 가지는 것이므로, 침해되는 기본권이 매우 중대하다(헌재 2011.8.30. 2008헌마648).

❹ [X] 이처럼 경과실이 있는 공무원이 피해자에 대하여 손해배상책임을 부담하지 아니함에도 피해자에게 손해를 배상하였다면 그것은 채무자 아닌 사람이 타인의 채무를 변제한 경우에 해당하고, 이는 민법 제469조의 '제3자의 변제' 또는 민법 제744조의 '도의관념에 적합한 비채변제'에 해당하여 피해자는 공무원에 대하여 이를 반환할 의무가 없고, 그에 따라 피해자의 국가에 대한 손해배상청구권이 소멸하여 국가는 자신의 출연 없이 채무를 면하게 되므로, 피해자에게 손해를 직접 배상한 경과실이 있는 공무원은 특별한 사정이 없는 한 국가에 대하여 국가의 피해자에 대한 손해배상책임의 범위 내에서 공무원이 변제한 금액에 관하여 구상권을 취득한다고 봄이 타당하다(대판 2014.8.20. 2012다54478).

**19** 정답 ①

❶ [X] 장애인의 복지를 향상해야 할 국가의 의무가 다른 다양한 국가과제에 대하여 최우선적인 배려를 요청할 수 없을 뿐 아니라, 나아가 헌법의 규범으로부터는 '장애인을 위한 저상버스의 도입'과 같은 구체적인 국가의 행위의무를 도출할 수 없는 것이다. 국가에게 헌법 제34조에 의하여 장애인의 복지를 위하여 노력을 해야 할 의무가 있다는 것은, 장애인도 인간다운 생활을 누릴 수 있는 정의로운 사회질서를 형성해야 할 국가의

일반적인 의무를 뜻하는 것이지, 장애인을 위하여 저상버스를 도입해야 한다는 구체적 내용의 의무가 헌법으로부터 나오는 것은 아니다(헌재 2002.12.18. 2002헌마52). 16. 5급승진

② [O] 헌법 제34조 제2항 및 제6항의 국가의 사회보장·사회복지 증진의무나 재해예방노력의무 등의 성질에 비추어 국가가 어떠한 내용의 산재보험을 어떠한 범위와 방법으로 시행할지 여부는 입법자의 재량영역에 속하는 문제이고, 산재피해근로자에게 인정되는 산재보험수급권도 그와 같은 입법재량권의 행사에 의하여 제정된 산업재해보상보험법에 의하여 비로소 구체화되는 '법률상의 권리'이며, 개인에게 국가에 대한 사회보장·사회복지 또는 재해예방 등과 관련된 적극적 급부청구권은 인정하고 있지 않다(헌재 2005.7.21. 2004헌바2). 12. 변호사시험

③ [O] 법률에 의하여 구체적으로 형성된 의료보험수급권에 대하여 헌법재판소는 이를 재산권의 보장을 받는 공법상의 권리로서 헌법상의 사회적 기본권의 성격과 재산권의 성격을 아울러 지니고 있다고 보므로 보험급여를 받을 수 있는 가입자가 만일 계쟁조항에 의하여 보험급여를 받을 수 없게 된다면 이것은 헌법상의 재산권과 사회적 기본권에 대한 제한이 된다(헌재 2003.12.18. 2002헌바1). 21. 비상업무

④ [O] 법 시행일 이후에 이행기가 도래하는 퇴직연금에 대하여 소득과 연계하여 그 일부의 지급을 정지할 수 있도록 한 공무원연금법 제47조 제2항은 이미 발생하여 이행기에 도달한 퇴직연금수급권의 내용을 변경함이 없이 법 시행일 이후의 법률관계, 다시 말해 장래 이행기가 도래하는 퇴직연금수급권의 내용을 변경함에 불과하고, 이미 종료된 과거의 사실관계 또는 법률관계에 새로운 법률이 소급적으로 적용되어 과거를 법적으로 새로이 평가하는 진정소급입법에는 해당하지 아니하므로 소급입법에 의한 재산권 침해는 문제될 여지가 없다(헌재 2008.2.28. 2005헌마872 ; 대판 2014.4.24. 2013두26552). 07. 사법고시

**20** 정답 ④

① [X] 헌법상 근로의 권리는 '일할 자리에 관한 권리'만이 아니라 '일할 환경에 관한 권리'도 의미하는데, '일할 환경에 관한 권리'는 인간의 존엄성에 대한 침해를 방어하기 위한 권리로서 외국인에게도 인정되며, 건강한 작업환경, 일에 대한 정당한 보수, 합리적인 근로조건의 보장 등을 요구할 수 있는 권리 등을 포함한다. 여기서의 근로조건은 임금과 그 지불방법, 취업시간과 휴식시간 등 근로계약에 의하여 근로자가 근로를 제공하고 임금을 수령하는 데 관한 조건들이고, 이 사건 출국만기보험금은 퇴직금의 성질을 가지고 있어서 그 지급시기에 관한 것은 근로조건의 문제이므로 외국인인 청구인들에게도 기본권 주체성이 인정된다(헌재 2016.3.31. 2014헌마367).

② [X] 교육공무원인 대학 교원에 대하여 보더라도, 교육공무원의 직무수행의 특성과 헌법 제33조 제1항 및 제2항의 정신을 종합해 볼 때, 교육공무원에게 근로3권을 일체 허용하지 않고 전면적으로 부정하는 것은 합리성을 상실한 과도한 것으로서 입법형성권의 범위를 벗어나 헌법에 위반된다(헌재 2018.8.30. 2015헌가38).

③ [X] 헌법 제33조 제2항이 직접 '법률이 정하는 자'만이 노동3권을 향유할 수 있다고 규정하고 있어서 '법률이 정하는 자' 이외의 공무원은 노동3권의 주체가 되지 못하므로, '법률이 정하는

자' 이외의 공무원에 대해서도 노동3권이 인정됨을 전제로 하여 헌법 제37조 제2항의 과잉금지원칙을 적용할 수는 없는 것이다(헌재 2007.8.30. 2003헌바51 등).

❹ [O] 우리 헌법은 제33조 제1항에서 근로자의 자주적인 노동3권을 보장하고 있으면서도, 같은 조 제2항에서 공무원인 근로자에 대하여는 법률에 의한 제한을 예정하고 있는바, 이는 공무원의 국민 전체에 대한 봉사자로서의 지위 및 그 직무상의 공공성을 고려하여 합리적인 공무원제도의 보장과 이와 관련된 주권자의 권익을 공공복리의 목적 아래 통합 조정하려는 것이다. 따라서 국회는 헌법 제33조 제2항에 따라 공무원인 근로자에게 단결권·단체교섭권·단체행동권을 인정할 것인가의 여부, 어떤 형태의 행위를 어느 범위에서 인정할 것인가 등에 대하여 광범위한 입법형성의 자유를 가진다(헌재 2008.12.26. 2005헌마971).

## 정답

p.56

| 01 | ③ | 02 | ② | 03 | ① | 04 | ④ | 05 | ② |
|----|---|----|---|----|---|----|---|----|---|
| 06 | ② | 07 | ③ | 08 | ④ | 09 | ③ | 10 | ① |
| 11 | ③ | 12 | ④ | 13 | ② | 14 | ② | 15 | ① |
| 16 | ② | 17 | ② | 18 | ② | 19 | ④ | 20 | ② |

### 01
정답 ③

① [O] 지문은 합헌적 법률해석의 의의이다.
② [O] 합헌적 법률해석의 근거로서 권력분립과 입법권 존중이 제기된다.
❸ [X] 헌법해석의 방법에는 고전적 해석방법과 헌법의 고유한 해석방법이 있다. 따라서 헌법해석의 최종단계가 목적론적·가치론적 해석이라고 할 수는 없다.
④ [O] 헌법해석은 문리적 해석을 원칙으로 하여 헌법체계적, 체계목적적 해석과 법학적 관점으로 보충해야 한다.

### 02
정답 ②

㉠ [X] 이 사건 조약은 그 명칭이 '협정'으로 되어 있어 국회의 관여 없이 체결되는 행정협정처럼 보이기도 하나 우리나라의 입장에서 볼 때에는 외국군대의 지위에 관한 것이고, 국가에게 재정적 부담을 지우는 내용과 입법사항을 포함하고 있으므로 국회의 동의를 요하는 조약으로 취급되어야 한다(헌재 1999.4.29. 97헌가14).
㉡ [O] '한미동맹 동반자관계를 위한 전략대화 출범에 관한 공동성명'은 국회의 동의를 받아야 할 조약이 아니다(헌재 2008.3.27. 2006헌라4).
㉢ [O] 이 사건 합의는 양국 외교장관의 공동발표와 정상의 추인을 거친 공식적인 약속이지만, 서면으로 이루어지지 않았고, 통상적으로 조약에 부여되는 명칭이나 주로 쓰이는 조문 형식을 사용하지 않았으며, 헌법이 규정한 조약체결절차를 거치지 않았다. 또한 합의 내용상 합의의 효력에 관한 양 당사자의 의사가 표시되어 있지 않을 뿐만 아니라, 구체적인 법적 권리·의무를 창설하는 내용을 포함하고 있지도 않다. 이 사건 합의를 통해 일본군 위안부 피해자들의 권리가 처분되었다거나 대한민국 정부의 외교적 보호권한이 소멸하였다고 볼 수 없는 이상 이 사건 합의가 일본군 위안부 피해자들의 법적 지위에 영향을 미친다고 볼 수 없으므로 위 피해자들의 배상청구권 등 기본권을 침해할 가능성이 있다고 보기 어렵고, 따라서 이 사건 합의를 대상으로 한 헌법소원심판청구는 허용되지 않는다(헌재 2019.12.27. 2016헌마253).

㉣ [X] 조약과 비구속적 합의를 구분함에 있어서는 합의의 명칭, 합의가 서면으로 이루어졌는지 여부, 국내법상 요구되는 절차를 거쳤는지 여부와 같은 형식적 측면 외에도 합의의 과정과 내용·표현에 비추어 법적 구속력을 부여하려는 당사자의 의도가 인정되는지 여부, 법적 효력을 부여할 수 있는 구체적인 권리·의무를 창설하는지 여부 등 실체적 측면을 종합적으로 고려하여야 한다(헌재 2019.12.27. 2016헌마253).

### 03
정답 ①

❶ [O] 침해의 최소성의 관점에서 우선 기본권을 적게 제한하는 **기본권 행사의 방법**에 관한 규제로써 공익을 실현할 수 있는가를 시도하고 이러한 방법으로는 공익의 달성이 어렵다고 판단되는 경우에 비로소 그 다음 단계인 **기본권 행사 여부에 관한 규제**를 선택해야 한다(헌재 1998.5.28. 96헌가5).
② [X] 입법목적을 달성하기 위하여 가능한 여러 수단들 가운데 구체적으로 어느 것을 선택할 것인가의 문제가 기본적으로 입법재량에 속하는 것이기는 하다. 그러나 위 입법재량이라는 것도 자유재량을 말하는 것이 아니므로 입법목적을 달성하기 위한 수단으로서 반드시 **가장 합리적이며 효율적인 수단을 선택하여야 하는 것은 아니라고 할지라도** 적어도 현저하게 불합리하고 불공정한 수단의 선택은 피하여야 할 것이다(헌재 1996.4.25. 92헌바47).
③ [X] 입법자의 형성의 자유안에서 어떠한 기본권 제한수단을 선택하는가는 입법자의 재량이므로 가장 완화된 수단이 선택되지 않은 것이 언제나 최소침해성의 원칙에 반하는 것은 아니다.
④ [X] 법익균형성원칙은 입법자가 기본권 제한을 통해 실현하려는 공익과 제한되는 기본권의 법익 간에 균형이 이루어져야 한다는 원칙이다. 즉, 달성하려는 공익이 제한되는 사익(기본권)보다 커야 한다는 원칙이다.

㉠ [O] 미결수용자가 가족과 접견하는 것이 헌법 제10조가 보장하고 있는 인간으로서의 존엄과 가치 및 행복추구권 가운데 포함되는 헌법상의 기본권인 것과 마찬가지로 미결수용자의 가족이 미결수용자와 접견하는 것 역시 헌법 제10조가 보장하고 있는 인간으로서의 존엄과 가치 및 행복추구권 가운데 포함되는 헌법상의 기본권이라고 보아야 할 것이다(헌재 2021.11.25. 2018헌마598).

㉡ [X] 미결수용자는 적법하게 구속되어 외부와의 접촉이 차단된 상태이므로 미결수용자의 가족이 접견교통권을 행사하려면 국가가 별도로 접견교통의 수단과 절차를 마련해 주어야 한다. 그런데 입법자는 '형의 집행 및 수용자의 처우에 관한 법률'에 대면(제41조), 편지수수(제43조), 전화통화(제44조)만을 접견교통의 수단으로 규정하였을 뿐이고, 미결수용자의 가족이 인터넷화상접견이나 스마트접견과 같이 영상통화를 이용하여 접견할 권리가 접견교통권의 핵심적 내용에 해당되어 헌법에 의해 직접 보장된다고 보기도 어렵다. 이와 같이 영상통화를 이용한 접견이 접견교통권의 보호영역에 포함되지 않는 이상, 인터넷화상접견대상자 지침조항 및 스마트접견대상자 지침조항에 의한 접견교통권 제한이나 행복추구권 또는 일반적 행동자유권의 제한 역시 인정하기 어렵다(헌재 2021.11.25. 2018헌마598).

㉢ [O] 입법자는 '형의 집행 및 수용자의 처우에 관한 법률'에 대면(제41조), 편지수수(제43조), 전화통화(제44조)만을 접견교통의 수단으로 규정하였을 뿐이고, 미결수용자의 가족이 인터넷화상접견이나 스마트접견과 같이 영상통화를 이용하여 접견할 권리가 접견교통권의 핵심적 내용에 해당되어 헌법에 의해 직접 보장된다고 보기도 어렵다. 이와 같이 영상통화를 이용한 접견이 접견교통권의 보호영역에 포함되지 않는 이상, 인터넷화상접견대상자 지침조항 및 스마트접견대상자 지침조항에 의한 접견교통권 제한이나 행복추구권 또는 일반적 행동자유권의 제한 역시 인정하기 어렵다(헌재 2021.11.25. 2018헌마598).

㉣ [X] 법무부장관이 법무부훈령인 '수용관리 및 계호업무 등에 관한 지침'을 제정하여 수형자에 한하여 인터넷화상접견과 스마트접견제도를 도입하였으므로, 인터넷화상접견대상자 지침조항과 스마트접견대상자 지침조항에 의하여 미결수용자의 배우자와 수형자의 배우자와의 사이에 차별이 발생한다. 이러한 차별은 인터넷화상접견대상자 지침조항 및 스마트접견대상자 지침조항이라는 법적 근거에 의해 발생한 것이고, 영상통화가 과거에 비해 상당히 보편화된 상황에서 인터넷화상접견이나 스마트접견이 실시된 지도 약 6년 내지 9년이 경과하였으며, 코로나바이러스 확산 등으로 인하여 비대면 접견의 수요가 증가한 실정 등을 종합해 보면, 위와 같은 차별은 단순히 사실상의 이익의 차별이라기보다는 법으로 보호할 가치가 있는 이익의 차별에 해당된다. 따라서 인터넷화상접견대상자 지침조항 및 스마트접견대상자 지침조항에 의해 청구인의 평등권이 제한된다(헌재 2021.11.25. 2018헌마598).

① [X] 사용하기 위해서는 법률에 명시하는 것이 일반적 입법례인데, 우리의 경우에는 구 형법의 공무원 개념규정을 형법 제정 당시 두지 않았고, 국가공무원법·지방공무원법에 의한 공무원이 아니라고 하더라도 국가나 지방자치단체의 사무에 관여되거나 공공성이 높은 직무를 담당하여 청렴성과 직무의 불가매수성이 요구되는 경우에, 개별 법률에 '공무원 의제'조항을 두어 공무원과 마찬가지로 뇌물죄로 처벌하거나, 특별규정을 두어 처벌하고 있다. 그런데 국가공무원법·지방공무원법에 따른 공무원이 아님에도 법령에 기하여 공무에 종사한다는 이유로 공무원 의제규정이 없는 사인(私人)을 이 사건 법률조항의 '공무원'에 포함된다고 해석하는 것은 처벌의 필요성만을 지나치게 강조하여 범죄와 형벌에 대한 규정이 없음에도 구성요건을 확대한 것으로서 죄형법정주의와 조화될 수 없다. 따라서 이 사건 **법률조항의 '공무원'에 국가공무원법·지방공무원법에 따른 공무원이 아니고 공무원으로 간주되는 사람도 아닌 제주자치도 위촉위원이 포함된다고 해석하는 것은 법률해석의 한계를 넘은 것으로서 죄형법정주의에 위배된다**(헌재 2012.12.27. 2011헌바117).

❷ [O] "법률이 없으면 범죄도 없고 형벌도 없다."라는 말로 표현되는 죄형법정주의는 법치주의, 국민주권 및 권력분립의 원리에 입각한 것으로서, 일차적으로 무엇이 범죄이며 그에 대한 형벌이 어떠한 것인가는 반드시 국민의 대표로 구성된 입법부가 제정한 성문의 법률로써 정하여야 한다는 원칙이다. 헌법 제12조 제1항은 "법률과 적법한 절차에 의하지 아니하고는 처벌을 받지 아니한다."라고 규정하여 죄형법정주의를 천명하고 있다. 여기서 말하는 '법률'이란 입법부에서 제정한 형식적 의미의 법률을 의미한다(헌재 2019.5.30. 2018헌가12).

③ [X] 마라케쉬협정도 적법하게 체결되어 공포된 조약이므로 국내법과 같은 효력을 갖는 것이어서 그로 인하여 새로운 범죄를 구성하거나 범죄자에 대한 처벌이 가중된다고 하더라도 이것은 국내법에 의하여 형사처벌을 가중한 것과 같은 효력을 갖게 되는 것이다. 따라서 마라케쉬협정에 의하여 관세법 위반자의 처벌이 가중된다고 하더라도 이를 들어 법률에 의하지 아니한 형사처벌이라거나 행위시의 법률에 의하지 아니한 형사처벌이라고 할 수 없다(헌재 1998.11.26. 97헌바65).

④ [X] 이 사건 법률조항은 형벌의 구성요건을 규정한 것이고 청구인의 정치적 표현의 자유 및 결사의 자유를 제한하므로, 엄격한 기준의 명확성원칙에 부합하여야 한다. 민주주의 국가에서 국가 구성원의 모든 사회적 활동은 '정치'와 관련되고, 단체는 국가 정책에 찬성·반대하거나, 특정 정당이나 후보자의 주장과 우연히 일치하기만 하여도 정치적인 성격을 가진다고 볼 여지가 있다. '그 밖의 정치단체'는 문언상 '정당'에 준하는 정치단체만을 의미하는 것이 아니고, 단체의 목적이나 활동에 관한 어떠한 제한도 규정하고 있지 않으며, '정치적 중립성'이라는 입법목적 자체가 매우 추상적인 개념이어서, 이로부터 '정치단체'와 '비정치단체'를 구별할 수 있는 기준을 도출할 수 없다. 이 사건 **법률조항은 '정치적 목적을 지닌 행위'의 의미를 개별화·유형화하지 않으며, '그 밖의 정치단체'의 의미가 불명확하므로 이를 예시로 규정하여도 '정치적 목적을 지닌 행위'의 불명확성은 해소되지 않는다. 따라서 위 부분은 명확성원칙에 위배된다**(헌재 2021.11.25. 2019헌마534).

재판관 이선애, 이은애, 이종석의 '그 밖의 정치단체에 가입하는 등 정치적 목적을 지닌 행위'에 대한 부분에 관한 반대의견: 정치는 사전적으로 '나라를 다스리는 일, 국가의 권력을 획득하고 유지하며 행사하는 활동'이라고 정의되고, 일상적으로 정당이나 정파와 관련하여 국가의 권력을 차지하고 유지하기 위한 활동을 가리키는 단어로 통용된다. 입법자가 위 부분에 의하여 규율하려는 대상은 정파성·당파성을 지닌 행위이고, 그 전형적·구체적인 사례가 바로 앞서 열거된 '정당이나 그 밖의 정치단체에 가입'하는 것이다. 공무원의 정치적 중립성을 선언한 헌법의 취지, 사회복무요원의 공무원에 준하는 공적 지위, 이 사건 법률조항의 입법목적 등을 종합적으로 고려하면, '정치단체'는 '특정 정당이나 특정 정치인을 지지·반대하는 단체로서 이에 가입하는 경우 사회복무요원의 정치적 중립성을 훼손할 가능성이 높은 단체'로, '정치적 목적을 지닌 행위'는 '특정 정당, 정치인을 지지·반대하거나 공직선거에 있어서 특정 후보자를 당선·낙선하게 하는 등 그 정파성·당파성에 비추어 정치적 중립성을 훼손할 가능성이 높은 행위'로 한정하여 해석된다. 따라서 이 사건 법률조항 중 위 부분은 **명확성원칙에 위배되지 않는다.**

## 06 정답 ②

① [O] 요양기관명을 포함한 총 38회의 요양급여내역은 건강에 관한 정보로서 '개인정보 보호법' 제23조 제1항이 규정한 민감정보에 해당한다(헌재 2018.8.30. 2014헌마368).

❷ [×] 이 사건 법령조항은 근로소득자들의 연말정산 간소화라는 공익을 달성하기 위하여 그에 필요한 **의료비내역을** 국세청장에게 제출하도록 하는 것으로서, 환자의 민감한 정보가 아니고, 과세관청이 소득세 공제액을 산정하기 위한 필요최소한의 내용이다. 따라서 이 사건 법령조항은 헌법에 위반되지 아니한다(헌재 2008.10.30. 2006헌마1401).

③ [O] **디엔에이신원확인정보는** 개인식별을 위한 최소한의 정보인 단순한 숫자에 불과하여 이로부터 개인의 유전정보를 확인할 수 없는 것이어서 개인의 존엄과 인격권에 심대한 영향을 미칠 수 있는 민감한 정보라고 보기 어렵고, 디엔에이신원확인정보를 범죄수사 등에 이용함으로써 달성할 수 있는 공익의 중요성에 비하여 청구인의 불이익이 크다고 보기 어려워 법익균형성도 갖추었다. 따라서 이 사건 삭제조항이 과도하게 개인정보자기결정권을 침해한다고 볼 수 없다(헌재 2014.8.28. 2011헌마28).

④ [O] **전과기록은** 형의 선고 및 재판의 확정이 있었다는 것에 관한 개인정보로서 그 보관주체는 국가이다. 이러한 전과기록은 내밀한 사적 영역에 근접하는 **민감한 개인정보에** 해당한다고 할 수 있으므로 그 제한의 허용성은 엄격히 검증되어야 한다(헌재 2005.7.21. 2003헌마282).

## 07 정답 ③

㉠ [O] 헌법 제21조 제2항은, 집회에 대한 허가제는 집회에 대한 검열제와 마찬가지이므로 이를 절대적으로 금지하겠다는 헌법개정권력자인 국민들의 헌법가치적 합의이며 헌법적 결단이다. 또

한 위 조항은 헌법 자체에서 직접 집회의 자유에 대한 제한의 한계를 명시한 것이므로 기본권 제한에 관한 일반적 법률유보 조항인 헌법 제37조 제2항에 앞서서, **우선적이고 제1차적인 위헌심사기준이 되어야 한다**(헌재 2009.9.24. 2008헌가25).

㉡ [O] **헌법 제21조 제2항은, 집회에 대한 허가제는 집회에 대한 검열제와 마찬가지이므로 이를 절대적으로 금지하겠다는 헌법개정권력자인 국민들의 헌법가치적 합의이며 헌법적 결단이다**(헌재 2009.9.24. 2008헌가25).

㉢ [O] '행정청이 주체가 되어 집회의 허용 여부를 사전에 결정하는 것'으로서 행정청에 의한 사전허가는 헌법상 금지되지만, 입법자가 법률로써 일반적으로 집회를 제한하는 것은 헌법상 '사전허가금지'에 해당하지 않는다(헌재 2009.9.24. 2008헌가25).

㉣ [×] 헌법규정에서 금지하고 있는 '허가'제는 집회의 자유에 대한 일반적 금지가 원칙이고 예외적으로 행정권의 허가가 있을 때에만 이를 허용한다는 점에서, **집회의 자유가 원칙이고 금지가 예외인 집회에 대한 신고제와는** 집회의 자유에 대한 이해와 접근방법의 출발점을 달리 하고 있는 것이다(헌재 2009.9.24. 2008헌가25).

㉤ [×] 헌법 제21조 제2항은 "언론·출판에 대한 허가나 검열과 집회·결사에 대한 허가는 인정되지 아니한다."라고 규정함으로써 언론·출판에 대한 허가나 검열의 금지와 더불어 집회에 대한 허가금지를 명시하고 있다. 이는 집회의 자유에 있어서는 '집회의 일반적 금지, 행정권이 주체가 되는 예외적 허가'의 방식에 의한 제한을 허용하지 아니하겠다는 헌법적 결단을 분명히 밝힌 것이다(헌재 2009.9.24. 2008헌가25 참조).

## 08 정답 ④

① [×]
> **정당법 제41조【유사명칭 등의 사용금지】** ③ 창당준비위원회 및 정당의 명칭(약칭을 포함한다)은 이미 신고된 창당준비위원회 및 등록된 정당이 사용 중인 명칭과 뚜렷이 구별되어야 한다.

② [×]
> **정당법 제41조【유사명칭 등의 사용금지】** ② 헌법재판소의 결정에 의하여 해산된 정당의 명칭과 같은 명칭은 정당의 명칭으로 다시 사용하지 못한다.

③ [×]
> **정당법 제41조【유사명칭 등의 사용금지】** ④ 제44조(등록의 취소) 제1항의 규정에 의하여 등록취소된 정당의 명칭과 같은 명칭은 **등록취소된 날부터 최초로 실시하는 임기만료에 의한 국회의원선거의 선거일까지 정당의 명칭으로 사용할 수 없다.**

❹ [O]
> **정당법 제40조【대체정당의 금지】** 정당이 헌법재판소의 결정으로 해산된 때에는 해산된 정당의 강령(또는 기본정책)과 동일하거나 유사한 것으로 정당을 창당하지 못한다.

① [O] 공정한 재판을 받을 권리는 원칙적으로 당사자주의와 구두변론주의가 보장되어 소송의 당사자에게 공격·방어권을 충분히 행사할 기회를 부여하는 것을 주된 내용으로 한다. 공정한 재판을 받을 권리는 변론과정에서뿐만 아니라, 증거의 판단, 법률의 적용 등 소송 전 과정에서 적용된다. 어떠한 요증사실의 존부가 확정되지 않았을 때 그 사실이 존재하지 않는 것으로 취급되어 법률판단을 받게 되는 불이익인 증명책임의 분배 문제도 공정한 재판을 받을 권리의 보호범위에 해당한다(헌재 2013.9.26. 2012헌바23).

② [O] 헌법에 '공정한 재판'에 관한 명문의 규정은 없지만 재판청구권이 국민에게 효율적인 권리보호를 제공하기 위해서는, 법원에 의한 재판이 공정하여야만 할 것은 **당연한 전제**이므로 '공정한 재판을 받을 권리'는 헌법 제27조의 재판청구권에 의하여 함께 보장된다. 그리고 헌법 제27조 제1항에서 명시적으로 규정하고 있는 바와 같이, 헌법상 재판을 받을 권리라 함은 '법관에 의하여' 재판을 받을 권리를 의미한다(헌재 2013.3.21. 2011헌바219).

❸ [×] 법원은 민사소송법 제184조에서 정하는 기간 내에 판결을 선고하도록 노력해야 하겠지만, 이 기간 내에 반드시 판결을 선고해야 할 법률상의 의무가 발생한다고 볼 수 없으며, 헌법 제27조 제3항 제1문에 의거한 신속한 재판을 받을 권리의 실현을 위해서는 구체적인 입법형성이 필요하고, 신속한 재판을 위한 어떤 직접적이고 구체적인 청구권이 이 헌법규정으로부터 직접 발생하지 아니하므로, 보안관찰처분들의 취소청구에 대해서 법원이 그 처분들의 효력이 만료되기 전까지 신속하게 판결을 선고해야 할 헌법이나 법률상의 작위의무가 존재하지 아니한다. 직접 발생하지 아니하므로, 보안관찰처분들의 취소청구에 대해서 법원이 그 처분들의 효력이 만료되기 전까지 신속하게 판결을 선고해야 할 헌법이나 법률상의 작위의무가 존재하지 아니한다(헌재 1999.9.16. 98헌마75).

④ [O] 헌법 제27조 제3항 전단은 신속한 재판을 받을 권리를 국민의 기본권으로 규정하고 있으므로 신속한 재판의 요청은 단순히 헌법 제27조 제1항이 정한 재판청구권의 제한의 원리에 그치는 것이 아니라 재판청구권과 관련되어 있으면서 독자적인 헌법적 가치를 갖는 것으로 파악되어야 한다(헌재 2018.7.26. 2016헌바159).

❶ [×] 종합부동산세법은 공시가격을 기준으로 주택분의 경우에는 6억 내지 9억 원, 종합합산 토지분의 경우에는 3억 내지 6억 원을 초과하여 보유한 자를 납세의무자로 하고 있는바, 위 과세대상 주택 등의 가액에 비추어 보면, 종합부동산세의 납세의무자는 인간의 존엄에 상응하는 최소한의 물질적인 생활을 유지할 수 있는 지위에 있다 할 것이므로, 주택분 종합부동산세의 납세의무자와 과세표준, 세율 및 세액을 규정한 구 종합부동산세법 제7조 제1항 전문 중 괄호 부분을 제외한 부분, 제8조 제1항, 제9조 제항, 제2항 및 종합합산과세 대상 토지분 종합부동산세의 납세의무자와 과세표준, 세율 및 세액을 규정한 구 종합부동산세법으로 인하여 납세의무자의 생존권이나 인간다운 생활을 할 권리를 제한하거나 침해한다고 보기 어렵다 할 것이다(헌재 2008.11.13. 2006헌바12).

② [O] 모든 국민은 인간다운 생활을 할 권리를 가지며 국가는 생활능력 없는 국민을 보호할 의무가 있다는 헌법의 규정은 입법부와 행정부에 대하여는 국민소득, 국가의 재정능력과 정책 등을 고려하여 가능한 범위 안에서 최대한으로 모든 국민이 물질적인 최저생활을 넘어서 인간의 존엄성에 맞는 건강하고 문화적인 생활을 누릴 수 있도록 하여야 한다는 행위의 지침, 즉 행위규범으로서 작용하지만, 헌법재판에 있어서는 다른 국가기관, 즉 입법부나 행정부가 국민으로 하여금 인간다운 생활을 영위하도록 하기 위하여 객관적으로 필요한 최소한의 조치를 취할 의무를 다하였는지의 여부를 기준으로 국가기관의 행위의 합헌성을 심사하여야 한다는 통제규범으로 작용하는 것이다. 그러므로 국가가 인간다운 생활을 보장하기 위한 헌법적인 의무를 다하였는지의 여부가 사법적 심사의 대상이 된 경우에는, 국가가 생계보호에 관한 입법을 전혀 하지 아니하였다든가 그 내용이 현저히 불합리하여 헌법상 용인될 수 있는 재량의 범위를 명백히 일탈한 경우에 한하여 헌법에 위반된다고 할 수 있다(헌재 1997.5.29. 94헌마33).

③ [O] '인간다운 생활을 할 권리'를 규정한 헌법 제34조 제1항은 사회보장에 관한 것으로, 입법부와 행정부에 대하여는 국민소득, 국가의 재정능력과 정책 등을 고려하여 가능한 범위 안에서 최대한으로 모든 국민이 물질적인 최저생활을 넘어서 인간의 존엄성에 맞는 건강하고 문화적인 생활을 누릴 수 있도록 하여야 한다는 행위의 지침, 즉 행위규범으로서 작용하고, 헌법재판에 있어서는 다른 국가기관, 즉 입법부나 행정부가 국민으로 하여금 인간다운 생활을 영위하도록 하기 위하여 객관적으로 필요한 최소한의 조치를 취할 의무를 다하였는지의 여부를 기준으로 국가기관의 행위의 합헌성을 심사하여야 한다는 통제규범으로 작용하는 기능을 갖는 것이므로, 선거운동과정에서 자신의 인격과 명예를 보호하기 위한 해명행위는 이 규정에 의한 보호대상이 아니다(헌재 2001.8.30. 99헌바92).

④ [O] 공무원연금법상의 연금수급권과 같은 사회보장수급권은 헌법 제34조의 규정으로부터 도출되는 사회적 기본권의 하나이며 따라서 국가에 대하여 적극적으로 급부를 요구하는 것이므로 헌법규정만으로는 이를 실현할 수 없고, 법률에 의한 형성을 필요로 한다. 연금수급권과 같은 사회적 기본권을 법률로 형성함에 있어 입법자는 광범위한 형성의 자유를 누린다. 국가의 재정능력, 국민 전체의 소득 및 생활수준, 기타 여러 가지 사회적·경제적 여건 등을 종합하여 합리적인 수준에서 결정할 수 있고, 그 결정이 현저히 자의적이거나, 사회적 기본권의 최소한도의 내용마저 보장하지 않은 경우에 한하여 헌법에 위반된다고 할 것이다. 이 법상의 연금수급권은 사회보장수급권과 재산권이라는 양 권리의 성격이 불가분적으로 혼재되어 있다. 그러므로 비록 연금수급권에 재산권의 성격이 일부 있다 하더라도 그것은 이미 사회보장법리의 강한 영향을 받지 않을 수 없고, 또한 사회보장수급권과 재산권의 두 요소가 불가분적으로 혼재되어 있다면 입법자로서는 연금수급권의 구체적 내용을 정함에 있어 이를 하나의 전체로서 파악하여 어느 한 쪽의 요소에 보다 중점을 둘 수도 있다 할 것이다. 연금수급권의 구체적 내용을 형성함에 있어서 입법자는 이 법의 입법목적 달성에 알맞도록 독자적으로 규율할 수 있고, 여기에 필요한 정책판단·결정에 관하여는 일차적으로 입법자의 재량에 맡겨져 있다(헌재 1999.4.29. 97헌마333).

## 11
정답 ③

① [×]
> **국적법 제22조【국적심의위원회】** ① 국적에 관한 다음 각 호의 사항을 심의하기 위하여 법무부장관 소속으로 국적심의위원회(이하 '위원회'라 한다)를 둔다.
> 1. 제7조 제1항 제3호에 해당하는 특별귀화 허가에 관한 사항
> 2. 제14조의2에 따른 대한민국 국적의 이탈 허가에 관한 사항
> 3. 제14조의4에 따른 대한민국 국적의 상실 결정에 관한 사항
> 4. 그 밖에 국적업무와 관련하여 법무부장관이 심의를 요청하는 사항

② [×]
> **국적법 제23조【위원회의 구성 및 운영】** ① 위원회는 위원장 1명을 포함하여 30명 이내의 위원으로 구성한다.
> ② 위원장은 법무부차관으로 하고, 위원은 다음 각 호의 사람으로 한다.
> 1. 법무부 소속 고위공무원단에 속하는 공무원으로서 법무부장관이 지명하는 사람 1명
> 2. 대통령령으로 정하는 관계 행정기관의 국장급 또는 이에 상당하는 공무원 중에서 법무부장관이 지명하는 사람
> 3. 국적업무와 관련하여 학식과 경험이 풍부한 사람으로서 법무부장관이 위촉하는 사람

❸ [O]
> **국적법 제14조의2【대한민국 국적의 이탈에 관한 특례】** ① 제12조 제2항 본문 및 제14조 제1항 단서에도 불구하고 다음 각 호의 요건을 모두 충족하는 복수국적자는 병역법 제8조에 따라 병역준비역에 편입된 때부터 3개월 이내에 대한민국 국적을 이탈한다는 뜻을 신고하지 못한 경우 법무부장관에게 대한민국 국적의 이탈 허가를 신청할 수 있다.
> 1. 다음 각 목의 어느 하나에 해당하는 사람일 것
>   가. 외국에서 출생한 사람(직계존속이 외국에서 영주할 목적 없이 체류한 상태에서 출생한 사람은 제외한다)으로서 출생 이후 계속하여 외국에 주된 생활의 근거를 두고 있는 사람
>   나. 6세 미만의 아동일 때 외국으로 이주한 이후 계속하여 외국에 주된 생활의 근거를 두고 있는 사람

④ [×]
> **국적법 제11조의2【복수국적자의 법적 지위 등】** ① 출생이나 그 밖에 이 법에 따라 대한민국 국적과 외국 국적을 함께 가지게 된 사람으로서 대통령령으로 정하는 사람(이하 '복수국적자'라 한다)은 대한민국의 법령 적용에서 대한민국 국민으로만 처우한다.

## 12
정답 ④

① [O] 청구인들이 불법체류 중인 외국인들이라 하더라도, 불법체류라는 것은 관련 법령에 의하여 체류자격이 인정되지 않는다는 것일 뿐이므로, '인간의 권리'로서 외국인에게도 주체성이 인정되는 일정한 기본권에 관하여 불법체류 여부에 따라 그 인정 여부가 달라지는 것은 아니다(헌재 2012.8.23. 2008헌마430).

② [O] 청구인들이 불법체류 중인 외국인들이라 하더라도, 불법체류라는 것은 관련 법령에 의하여 체류자격이 인정되지 않는다는 것일 뿐이므로, '인간의 권리'로서 외국인에게도 주체성이 인정되는 일정한 기본권에 관하여 불법체류 여부에 따라 그 인정 여부가 달라지는 것은 아니다. 청구인들이 침해받았다고 주장하고 있는 신체의 자유, 주거의 자유, 변호인의 조력을 받을 권리, 재판청구권 등은 성질상 인간의 권리에 해당한다고 볼 수 있으므로, 위 기본권들에 관하여는 청구인들의 기본권 주체성이 인정된다. 그러나 '국가인권위원회의 공정한 조사를 받을 권리'는 헌법상 인정되는 기본권이라고 하기 어렵고, 이 사건 보호 및 강제퇴거가 청구인들의 노동3권을 직접 제한하거나 침해한 바 없음이 명백하므로, 위 기본권들에 대하여는 본안판단에 나아가지 아니한다(헌재 2012.8.23. 2008헌마430).

③ [O] 신체의 자유, 주거의 자유, 변호인의 조력을 받을 권리, 재판청구권 등은 성질상 인간의 권리에 해당한다고 볼 수 있으므로, 위 기본권들에 관하여는 청구인들의 기본권 주체성이 인정된다. 그러나 '국가인권위원회의 공정한 조사를 받을 권리'는 헌법상 인정되는 기본권이라고 하기 어렵고, 이 사건 보호 및 강제퇴거가 청구인들의 노동3권을 직접 제한하거나 침해한 바 없음이 명백하므로, 위 기본권들에 대하여는 본안판단에 나아가지 아니한다(헌재 2012.8.23. 2008헌마430).

❹ [×] 소수견해이다. 헌법재판소는 외국인의 기본권 주체성을 인정한다.

## 13
정답 ②

① [O] 자기낙태죄 조항은 "부녀가 약물 기타 방법으로 낙태한 때에는 1년 이하의 징역 또는 200만 원 이하의 벌금에 처한다."라고 규정함으로써, 태아의 생명을 보호하기 위하여 태아의 발달단계나 독자적 생존능력과 무관하게 임부의 낙태를 원칙적으로 금지하고 이를 형사처벌하고 있으므로, 헌법 제10조에서 도출되는 임부의 자기결정권, 즉 낙태의 자유를 제한하고 있다(헌재 2012.8.23. 2010헌바402).

❷ [×] 형법 제304조 중 '혼인을 빙자하여 음행의 상습 없는 부녀를 기망하여 간음한 자' 부분이 헌법 제37조 제2항의 과잉금지원칙을 위반하여 남성의 성적 자기결정권 및 사생활의 비밀과 자유를 침해하는지 여부(적극): 이 사건 법률조항이 혼인빙자간음행위를 형사처벌함으로써 남성의 성적 자기결정권을 제한하는 것임은 틀림없고, 나아가 이 사건 법률조항은 남성의 성생활이라는 내밀한 사적 생활영역에서의 행위를 제한하므로 우리 헌법 제17조가 보장하는 사생활의 비밀과 자유 역시 제한하는 것으로 보인다(헌재 2009.11.26. 2008헌바58).

③ [O] 개인의 인격권, 행복추구권에는 개인의 자기운명결정권이 전제되는 것이고, 이 자기운명결정권에는 성행위 여부 및 그 상대방을 결정할 수 있는 성적 자기결정권이 또한 포함되어 있으며, 간통죄의 규정이 개인의 성적 자기결정권을 제한하는 것임은 틀림없다(헌재 1990.9.10. 89헌마82).

④ [O] 구입명령제도는 소주판매업자의 직업의 자유는 물론 소주제조업자의 경쟁 및 기업의 자유, 즉 직업의 자유와 소비자의 행복추구권에서 파생된 자기결정권을 지나치게 침해하는 위헌적인 규정이다. 소주시장과 다른 상품시장, 소주판매업자와 다른 상품의 판매업자, 중소소주제조업자와 다른 상품의 중소제조업

자 사이의 차별을 정당화할 수 있는 합리적인 이유를 찾아 볼 수 없으므로 이 사건 법률조항은 평등원칙에도 위반된다. 지방 소주제업자는 신뢰보호를 근거로 하여 구입명령제도의 합헌성을 주장할 수는 없다 할 것이고, 다만 개인의 신뢰는 적절한 경과규정을 통하여 고려되기를 요구할 수 있는 데 지나지 않는다(헌재 1996.12.26. 96헌가18).

## 14                                    정답 ②

① [×] 헌법 제11조 제1항은 "모든 국민은 법 앞에 평등하다."라고 선언하면서, 이어서 "누구든지 성별·종교 또는 사회적 신분에 의하여 정치적·경제적·사회적·문화적 생활의 모든 영역에 있어서 차별을 받지 아니한다."라고 규정하고 있다. 그러나 헌법 제11조 제1항 후문의 위와 같은 규정은 불합리한 차별의 금지에 초점이 있고, 예시한 사유가 있는 경우에 절대적으로 차별을 금지할 것을 요구함으로써 입법자에게 인정되는 입법형성권을 제한하는 것은 아니다(헌재 2011.6.30. 2010헌마460).

❷ [○] 남성에 한해 병역의무를 부과하는 병역법이 헌법이 특별히 평등을 요구하는 경우나 관련 기본권에 중대한 제한을 초래하는 경우의 차별취급을 그 내용으로 하고 있다고 보기 어려운 점, 징집대상자의 범위결정에 관하여는 입법자의 광범위한 입법형성권이 인정되는 점에 비추어, 이 사건 법률조항이 평등권을 침해하는지 여부는 완화된 심사척도에 따라 자의금지원칙 위반 여부에 의하여 판단하기로 한다(헌재 2011.6.30. 2010헌마460).
   ✎ 성별에 의한 차별의 경우 엄격한 심사를 하는 경우(제대군인 가산점)도 있으나 완화된 심사를 하는 경우(남성에 한해 병역의무를 부과하는 병역법)도 있음.

③ [×] 사회적 신분은 선천적 신분과 후천적으로 장기간 점하는 지위(직업 등)이다. 따라서 전과자·귀화인·노동자·공무원 등도 사회적 신분에 해당한다. 다만, 누범에 대한 형의 가중처벌은 합리적인 이유가 있는 것으로서 위헌이 아니다.

④ [×] 의료법 처벌조항이 의료기기 관련 리베이트를 다른 영역에 비해 엄격하게 처벌하는 것은 의료기기의 특수성으로 인하여 그 유통 및 판매질서에 대한 공적인 규제의 필요성이 크다는 데 기인하는 것이지 수범자가 의료인이기 때문은 아니므로 이를 사회적 신분에 의한 차별이라고 할 수 없다(헌재 2018.1.25. 2016헌바201 등).

## 15                                    정답 ①

❶ [×] 청구인들은 2014.1.1.부터 치과의원에서 전문과목을 표시할 수 있게 되면 모든 전문과목의 진료를 할 수 있을 것이라고 신뢰하였다고 주장하나, 이와 같은 신뢰는 장래의 법적 상황을 청구인들이 미리 일정한 방향으로 예측 내지 기대한 것에 불과하므로 심판대상조항은 신뢰보호원칙에 위배되어 직업수행의 자유를 침해한다고 볼 수 없다(헌재 2015.5.28. 2013헌마799).
   ✎ 그러나 헌법재판소는 전문과목을 표시한 치과의원은 그 표시한 전문과목에 해당하는 환자만을 진료하여야 한다고 규정한 의료법 조항에 대하여 과잉금지원칙에 위배되어 청구인의 직업수행의 자유와 평등권을 침해한다고 하여 위헌결정을 하였음.

② [○] 사립유치원은 교육기본법, 초·중등교육법, 유아교육법에 따른 학교로서 이 사건 규칙 제정 당시부터 그 적용을 받아 왔고, 그 회계의 예산과목에 대하여 심판대상조항 신설 이전에도 별표 3, 별표 4의 적용을 받아왔는바, 사립유치원 설립자의 자율적인 경영 및 이윤추구가 가능하다는 신뢰가 형성되었다거나 그러한 신뢰가 보호할 만한 정도에 이르렀다고 보기는 어려우므로, 심판대상조항이 신뢰보호의 원칙에 위반된다고 볼 수 없다(헌재 2019.7.25. 2017헌마1038).

③ [○] 법 위반행위가 행해지고 아무리 오랜 시간이 경과하더라도 그 위반행위의 결과가 현존하는 한 이를 시정하거나 원상회복해야 할 공익상 필요는 중대하므로, 이 사건 부칙조항은 신뢰보호원칙에 위반되지 아니한다(헌재 2019.11.28. 2016헌바459).

④ [○] 청구인들이 신뢰한 개정 이전의 구 법원조직법 제42조 제2항에 의하더라도 판사임용자격을 가지는 자는 '사법시험에 합격하여 사법연수원의 소정 과정을 마친 자'로 되어 있었고, 청구인들이 사법시험에 합격하여 사법연수원에 입소하기 이전인 2011.7.18. 이미 법원조직법이 개정되어 판사임용자격에 일정 기간의 법조경력을 요구함에 따라 구 법원조직법이 제공한 신뢰가 변경 또는 소멸되었다. 그렇다면, 청구인들의 신뢰에 대한 보호가치가 크다고 볼 수 없고, 반면 충분한 사회적 경험과 연륜을 갖춘 판사로부터 재판을 받도록 하여 국민의 기본권을 보장하고 사법에 대한 국민의 신뢰를 보호하려는 공익은 매우 중대하다. 따라서 이 사건 심판대상조항이 신뢰보호원칙에 위반하여 청구인들의 공무담임권을 침해한다고 볼 수 없다(헌재 2014.5.29. 2013헌마127).

## 16                                    정답 ②

① [○] 종교단체가 설치·운영하고자 하는 납골시설이 금지되는 경우에는 종교의 자유에 대한 침해의 문제가 발생한다. 종교 의식 내지 종교적 행위와 밀접한 관련이 있는 시설의 설치와 운영은 종교의 자유를 보장하기 위한 전제에 해당되므로 종교적 행위의 자유에 포함된다고 할 것이다. 일반적으로 인간의 죽음과 종교는 분리할 수 없을 만큼 밀접하게 연관되어 있으며 종교의식과 종교시설도 인간의 죽음을 기리는 의식·시설과 관련하여 발달되어 왔다. 종교단체의 납골시설은 사자의 죽음을 추모하고 사후의 평안을 기원하는 종교적 행사를 하기 위한 시설이라고 할 수 있다. 따라서 종교단체가 종교적 행사를 위하여 종교집회장 내에 납골시설을 설치하여 운영하는 것은 종교행사의 자유와 관련된 것이라고 할 것이고, 그러한 납골시설의 설치를 금지하는 것은 종교행사의 자유를 제한하는 결과로 된다(헌재 2009.7.30. 2008헌가2).

❷ [×] 종교의 자유는 일반적으로 신앙의 자유, 종교적 행위의 자유 및 종교적 집회·결사의 자유로 구성된다. 신앙의 자유는 신과 피안 또는 내세에 대한 인간의 내적 확신에 대한 자유를 말하는 것으로서, 이러한 신앙의 자유는 그 자체가 내심의 자유의 핵심이기 때문에 법률로써도 이를 침해할 수 없다. 종교적 행위의 자유는 종교상의 의식·예배 등 종교적 행위를 각 개인이 임의로 할 수 있는 등 종교적인 확신에 따라 행동하고 교리에 따라 생활할 수 있는 자유와 소극적으로는 자신의 종교적인 확신에 반하는 행위를 강요당하지 않을 자유, 그리고 선교의 자유, 종교교육의 자유 등이 포함된다. 종교적 집회·결사

의 자유는 종교적 목적으로 같은 신자들이 집회하거나 종교단체를 결성할 자유를 말한다. 이러한 종교적 행위의 자유와 종교적 집회·결사의 자유는 신앙의 자유와는 달리 절대적 자유는 아니지만, 이를 제한할 경우에는 헌법 제37조 제2항의 과잉금지원칙을 준수하여야 한다(헌재 2016.6.30. 2015헌마46).

③ [O] 헌금하지 않는 신도는 하나님이 깍쟁이 하나님이므로 영생할 수 없다는 취지의 설교를 사실인 것처럼 계속하여 신도들을 기망하였음이 분명한 이상 이는 종교의 자유의 한계를 일탈한 것으로서, 원심 및 원심이 인용한 제1심판시와 같이 이에 기망당한 신도들로부터 헌금명목으로 고액의 금원을 교부받은 것을 형법상 사기죄에 해당한다고 하여 처단한 것이 헌법상 종교의 자유나 양심의 자유에 관한 법리를 잘못 오해한 데 기인한 것이라고 할 수 없다(대판 1995.4.28. 95도250).

④ [O] 청구인은 심판대상조항이 노인들의 거주·이전의 자유 및 인간다운 생활을 할 권리를 침해한다고 주장한다. 그러나 심판대상조항은 종교단체에서 운영하는 양로시설도 일정 규모 이상의 경우 신고하도록 한 규정일 뿐, 거주·이전의 자유나 인간다운 생활을 할 권리의 제한을 불러온다고 볼 수 없으므로 이에 대해서는 별도로 판단하지 아니한다. 청구인은 심판대상조항이 법인의 인격권 및 법인운영의 자유를 침해한다고 주장하나, 위에서 본 바와 같이 종교단체의 복지시설 운영은 종교의 자유의 영역이므로 종교의 자유를 침해하는지 여부에 대한 문제로 귀결된다. 심판대상조항에 의하여 제한되는 사익에 비하여 심판대상조항이 달성하려는 공익은 <u>양로시설에 입소한 노인들의 쾌적하고 안전한 주거환경을 보장하는 것으로 이는 매우 중대하다</u>. 따라서 심판대상조항이 과잉금지원칙에 위배되어 <u>종교의 자유를 침해한다고 볼 수 없다</u>(헌재 2016.6.30. 2015헌바46).

---

### 17 정답 ②

① [X] 대규모 자본을 가진 비안경사들이 법인의 형태로 안경시장을 장악하여 개인 안경업소들이 폐업하면 안경사와 소비자 간 신뢰관계 형성이 어려워지고, 독과점으로 인해 안경 구매비용이 상승할 수 있다. 반면 현행법에 의하더라도 안경사들은 협동조합, 가맹점 가입, 동업 등의 방법으로 법인의 안경업소 개설과 같은 조직화, 대형화 효과를 어느 정도 누릴 수 있다. 따라서 심판대상조항은 과잉금지원칙에 반하지 아니하여 자연인 안경사와 법인의 직업의 자유를 침해하지 아니한다(헌재 2021.6.24. 2017헌가31).

❷ [O] 청구인들은 본안 심판대상조항들이 근로의 권리를 침해한다고 주장하나, 근로의 권리를 구체화한 근로기준법이나 산업안전보건법 등 법령은 외국인근로자에게도 모두 적용되고, 사용자가 의무를 위반한 경우 외국인근로자가 그에 따른 법정구제절차를 이용하는 데 아무런 제한이 없다. 나아가 헌법상 근로의 권리에, 열악한 근로환경을 갖춘 사업장을 이탈하여 다른 사업장으로 이직함으로써 <u>사적(私的)으로 근로환경을 개선하거나 해결하는 방법을 보장하는 것까지 포함된다고 볼 수는 없다. 따라서 본안 심판대상조항들은 근로의 권리를 제한하지 않는다</u>. 이 사건 사유제한조항 및 이 사건 고시조항은 외국인근로자의 사업장 변경사유를 제한하고 있는바, 이로 인하여 외국인근로자는 일단 형성된 근로관계를 포기하고 직장을 이탈하는 데 있어 제한을 받게 되므로 이는 <u>직업선택의 자유 중 직장선</u>

---

<u>택의 자유를 제한하고 있다</u>(헌재 2021.12.23. 2020헌마395).

③ [X] 병역의무 이행을 이유로 수련기간에서 2개월이 제외되었다고 하여 어떠한 불이익한 처우를 받는 것도 아니므로, 이 사건에서 청구인들이 주장하는 취지의 '특정 시점부터 해당 직업을 선택하고 직업수행을 개시할 자유'가 직업선택의 자유와 직업수행의 자유의 내용으로 보호된다고 보기는 어렵다(헌재 2020.9.24. 2019헌마472).

④ [X] 무료 또는 부당한 염가의 수임료를 표방하거나 무료 또는 부당한 염가의 법률상담방식을 내세운 광고를 금지하는 것은, 무고한 법률 소비자들의 피해를 막고 정당한 수임료나 법률상담료를 제시하는 변호사들을 보호함으로써 공정한 수임질서를 확립하기 위한 것으로 그 공익은 매우 중대하다. 위와 같은 내용의 광고를 제외하고도 청구인들에게는 다양한 방법과 내용의 광고가 원칙적으로 허용되는 점과 위 조항들로 인한 제한은 변호사에게 법률사무 전반을 독점시키고 있음에 따라 발생하는 규제인 점 등을 고려하면, 위 조항으로 달성하고자 하는 공익은 제한되는 사익보다 크다고 할 것이므로, 위 규정들은 법익의 균형성도 갖추었다. 따라서 위 규정들은 과잉금지원칙에 위배되지 아니한다(헌재 2022.5.26. 2021헌마619).

---

### 18 정답 ②

① [X] 이 사건 법률조항이 그가 선고받은 1년 이상의 징역의 형 외에 별도로 선거권을 박탈하는 것은 그 자신을 포함하여 일반 국민으로 하여금 시민으로서의 책임성을 함양하고 법치주의에 대한 존중의식을 제고하는 데에도 기여할 수 있다. 이 사건 법률조항이 담고 있는 이러한 목적은 정당하고, 1년 이상의 징역의 형의 선고를 받고 그 집행이 종료되지 아니한 사람에 대하여 선거권을 제한하는 것은 이를 달성하기 위한 적합한 방법이다(헌재 2017.5.25. 2016헌마292).

❷ [O] 형 집행 중에 가석방을 받았다고 하여, 형의 선고 당시 법관에 의하여 인정된 범죄의 중대성이 감쇄되었다고 보기 어려운 점을 고려하면, 입법자가 가석방처분을 받았다는 후발적 사유를 고려하지 아니하고 1년 이상 징역의 형을 선고받은 사람의 선거권을 일률적으로 제한하였다고 하여 불필요한 제한이라고 보기는 어렵다(헌재 2017.5.25. 2016헌마292).

③ [X] 심판대상을 위헌으로 본 반대의견의 논지이다. 헌법재판소는 선거권 제한의 목적이 정당하다고 보고 합헌결정을 하였다.

④ [X] 이 사건 법률조항은 1년 이상의 징역의 형을 선고받는지 여부만을 기준으로 할 뿐, 과실범과 고의범 등 범죄의 종류를 불문하고, 범죄로 인하여 침해된 법익이 국가적 법익인지, 사회적 법익인지, 개인적 법익인지 그 내용 또한 불문한다. 그러나 재판을 통하여 1년 이상의 징역의 형을 선고받았다면, 범죄자의 사회적·법률적 비난가능성이 결코 작지 아니함은 앞서 본 바와 같으며, 이러한 사정은 당해 범죄자가 저지른 범죄행위가 과실에 의한 것이라거나 국가적·사회적 법익이 아닌 개인적 법익을 침해하는 것이라도 마찬가지이다(헌재 2017.5.25. 2016헌마292).

---

**19** 정답 ④

㉠ [×]
> **형사보상 및 명예회복에 관한 법률 제7조【관할 법원】** 보상청구는 무죄재판을 한 법원에 대하여 하여야 한다.
>
> **제28조【피의자보상의 청구 등】** ① 피의자보상을 청구하려는 자는 불기소처분을 한 검사가 소속된 지방검찰청(지방검찰청 지청의 검사가 불기소처분을 한 경우에는 그 지청이 소속하는 지방검찰청을 말한다) 또는 불송치결정을 한 사법경찰관이 소속된 경찰관서에 대응하는 지방검찰청의 심의회에 보상을 청구하여야 한다.

㉡ [×]
> **형사보상 및 명예회복에 관한 법률 제8조【보상청구의 기간】** 보상청구는 무죄재판이 확정된 사실을 안 날부터 3년, 무죄재판이 확정된 때부터 5년 이내에 하여야 한다.
>
> **제28조【피의자보상의 청구 등】** ③ 피의자보상의 청구는 불기소처분 또는 불송치결정의 고지 또는 통지를 받은 날부터 3년 이내에 하여야 한다.

㉢ [×]
> **형사보상 및 명예회복에 관한 법률 제20조【불복신청】** ① 제17조 제1항에 따른 보상결정에 대하여는 1주일 이내에 즉시항고를 할 수 있다.
> ② 제17조 제2항에 따른 청구기각결정에 대하여는 즉시항고를 할 수 있다.

㉣ [O]
> **형사보상 및 명예회복에 관한 법률 제21조【보상금 지급청구】** ③ 보상결정이 송달된 후 2년 이내에 보상금 지급청구를 하지 아니할 때에는 권리를 상실한다.

㉤ [O]
> **형사보상 및 명예회복에 관한 법률 제23조【보상청구권의 양도 및 압류의 금지】** 보상청구권은 양도하거나 압류할 수 없다. 보상금 지급청구권도 또한 같다.

**20** 정답 ②

㉠ [O] 소집으로 입영한 예비역에게 군형법이 적용되도록 군형법 제1조 제3항 제3호에서 소집되어 실역에 복무 중인 예비역인 군인에 대하여 현역군인에 준하여 군형법을 적용토록 하고 있는 바, 비록 직장을 가지고 사회활동을 영위하고 있는 예비역이라 할지라도 병력동원훈련소집 등으로 입영하게 되면 군대라는 특수사회의 일원이 되고, 현역군인과 합동으로 전투훈련에 참여하는 등 동일한 지휘체계하에서 현역군인과 함께 복무하게 된다. 따라서 소집기간 중 군의 질서를 유지하고 일사불란한 지휘권을 확립하려면 소집기간 중에 있는 예비역들을 현역군인과 동일한 지휘 및 복무체계에 복속시킬 필요가 있다. 그렇다면 이는 헌법 제39조 제1항에 근거한 것으로서 예비역들에게 부과된 병역의무의 이행을 실효성 있게 확보하기 위하여 필요한 것이라 할 것이므로 헌법에 위반된다고 할 수 없다(헌재 1999.2.25. 97헌바3).

㉡ [O] 병도 군인이자 공무원이므로 정치적 중립의무가 있다. 특히, 병의 경우에는 다수가 공동생활을 하므로 어느 병의 일정한 정치적 의사표현이 다른 병의 정치적 의사에 큰 영향을 미칠 수 있

는 점, 군인의 약 70%에 이르는 병이 집단 의사표현을 하거나 적어도 일정한 경향성을 가질 경우 국군 전체의 정치적 중립에도 영향을 줄 수 있고 외부에서 볼 때 그것이 국군 전체의 의사로 오도될 가능성이 있는 점 등을 고려하면 의무복무하는 병의 정치적 중립은 반드시 필요하다.(헌재 2018.4.26. 2016헌마611).

㉢ [×] **제대군인이 공무원채용시험 등에 응시한 때에 5% 이내의 범위 내에서 가점을 주도록 한 구 '국가유공자 예우 등에 관한 법률' 제70조 등이 헌법 제39조제2항에 근거를 둔 것인지 여부:** 헌법 제39조 제1항에서 국방의 의무를 국민에게 부과하고 있는 이상 병역법에 따라 군복무를 하는 것은 국민이 마땅히 하여야 할 이른바 신성한 의무를 다 하는 것일 뿐, 그러한 의무를 이행하였다고 하여 이를 특별한 희생으로 보아 일일이 보상하여야 한다고 할 수는 없는 것이므로, 헌법 제39조 제2항은 병역의무를 이행한 사람에게 보상조치를 취하거나 특혜를 부여할 의무를 국가에게 지우는 것이 아니라, 법문 그대로 병역의무의 이행을 이유로 불이익한 처우를 하는 것을 금지하고 있을 뿐인데, 구 '국가유공자 예우 등에 관한 법률' 제70조(1988.12.31. 법률 제4072호로 개정되고, 1997.12.31. 법률 제5482호로 제정된 '제대군인지원에 관한 법률' 부칙 제3조 제1항에 의하여 삭제되기 전의 것), '제대군인지원에 관한 법률' 제8조 제1항 및 제3항, 동법 시행령 제9조에 의한 가산점제도는 이러한 헌법 제39조 제2항의 범위를 넘어 제대군인에게 일종의 적극적 보상조치를 취하는 제도라고 할 것이므로 이를 헌법 제39조 제2항에 근거한 제도라고 할 수 없고, 제대군인은 헌법 제32조 제6항에 규정된 '국가유공자·상이군경 및 전몰군경의 유가족'에 해당하지 아니하므로 이 헌법조항도 가산점제도의 근거가 될 수 없으며, 달리 헌법상의 근거를 찾아볼 수 없다(헌재 1999.12.23. 98헌바33).

㉣ [O] 의무 위반에 대한 책임의 추궁에 있어서는 의무 위반의 정도와 부과되는 제재 사이에 적정한 비례관계가 유지되어야 하므로, 조세의 형식으로 부과되는 금전적 제재인 가산세 역시 의무 위반의 정도에 비례하는 결과를 이끌어내는 그러한 비율에 의하여 산출되어야 하고, 그렇지 못한 경우에는 비례의 원칙에 어긋나서 재산권에 대한 침해가 된다(헌재 2005.2.24. 2004헌바26).

## 정답

p.64

| 01 | ④ | 02 | ④ | 03 | ① | 04 | ① | 05 | ③ |
|----|----|----|----|----|----|----|----|----|----|
| 06 | ① | 07 | ④ | 08 | ③ | 09 | ④ | 10 | ① |
| 11 | ④ | 12 | ④ | 13 | ④ | 14 | ① | 15 | ③ |
| 16 | ③ | 17 | ① | 18 | ① | 19 | ① | 20 | ② |

### 01
정답 ④

① [×] 국민의 합의는 관습헌법의 성립요건이자 효력유지요건이라는 것은 타당한 내용이다. 그러나 관습헌법의 성립에 국민투표가 필요한 것은 아니다.

② [×] 관습헌법 변경은 헌법개정에 의해야 하고 헌법개정은 헌법 제130조의 국민투표로 확정된다. 따라서 관습헌법을 변경하는 '신행정수도의 건설의 위한 특별조치법'은 헌법 제130조의 국민투표권을 침해한다는 것이 헌법재판소의 법정의견이다. 다만, 재판관 김영일은 소수의견인 별개의견에서 제72조의 국민투표권을 침해한다는 주장을 하였다(헌재 2004.10.21. 2004헌마554 등).

③ [×] 관습헌법은 성문헌법과 동일한 효력을 가지므로 헌법개정에 의해서만 개정될 수 있다. 그러나 관습헌법의 효력 상실은 헌법개정뿐만 아니라 국민의 합의의 소멸로도 이루어진다.

❹ [O] 수도 서울의 관습헌법 여부 관습헌법이 성립하기 위해서는 관습이 성립하는 사항이 헌법적으로 중요한 기본적 사항이어야 하고 어떤 사항이 헌법에 기본적 사항이냐의 여부는 일반적·추상적 기준으로 재단할 수 없고, 헌법적 원칙성과 중요성 및 헌법원리를 통하여 평가하는 구체적 판단에 의해서 확정되어야 한다. 수도 서울은 국민의 승인을 얻은 국가생활의 기본사항이므로 관습헌법이라 할 수 있다(헌재 2004.10.21. 2004헌마554 등).

### 02
정답 ④

① [O] 우리 헌법 전문은 자율과 조화를 바탕으로 자유민주적 기본질서를 더욱 확고히 하여 정치·경제·사회·문화의 모든 영역에 있어서 각인의 기회를 균등히 함으로써 국민생활의 균등한 향상을 기하는 것이 국가의 기본운영원리임을 밝히고 있다. 그에 따라 헌법 제119조는 제1항에서 "대한민국의 경제질서는 개인과 기업의 경제상의 자유와 창의를 존중함을 기본으로 한다."라고 천명하는 한편, 제2항에서 "국가는 균형있는 국민경제의 성장 및 안정과 적정한 소득의 분배를 유지하고, 시장의 지배와 경제력의 남용을 방지하며, 경제주체 간의 조화를 통한 경제의 민주화를 위하여 경제에 관한 규제와 조정을 할 수 있다."라고 규정하고 있다. 위와 같이 우리 헌법상 경제질서는 '개인과 기업의 경제상의 자유와 창의의 존중'이라는 기본원칙과 '경제의 민주화 등 헌법이 직접 규정하는 특정 목적을 위한 국가의 규제와 조정의 허용'이라는 실천원리로 구성되고, 어느 한쪽이 우월한 가치를 지닌다고 할 수는 없다. 따라서 헌법 제119조 제2항에 따라 이루어진 경제규제에 관한 입법의 해석과 적용에 관하여도, 위와 같은 기본원칙이 훼손되지 않고 실천원리가 그 한계를 벗어나지 않으면서도 기능을 발휘할 수 있도록 하여야 한다(대판 2015.11.19. 2015두295).

② [O] 항의전화 횟수, 그와 더불어 행해진 홈페이지 글남기기 등과 어울려 조직적으로 계획된 비정상적인 전화공세는, 그 내용의 정당성 여부를 떠나서 계속해서 걸려오는 전화 그 자체만으로도 심리적 압박과 두려움을 느낄 정도의 물리력 행사로서 사회통념의 허용한도를 벗어난 피해자의 자유의사를 제압하기에 족한 '위력'이 될 수도 있기 때문이다(헌재 2011.12.29. 2010헌바54).

③ [O] 소비자가 구매력을 무기로 상품이나 용역에 대한 자신들의 선호를 시장에 실질적으로 반영하기 위한 집단적 시도인 소비자불매운동은 본래 '공정한 가격으로 양질의 상품 또는 용역을 적절한 유통구조를 통해 적절한 시기에 안전하게 구입하거나 사용할 소비자의 제반 권익을 증진할 목적'에서 행해지는 소비자보호운동의 일환으로서 헌법 제124조를 통하여 제도로서 보장되나, 그와는 다른 측면에서 일반 시민들이 특정한 사회, 경제적 또는 정치적 대의나 가치를 주장·옹호하거나 이를 진작시키기 위한 수단으로서 소비자불매운동을 선택하는 경우도 있을 수 있다(대판 2013.3.14. 2010도410).

❹ [×] 심판대상조항에 따라 허가받은 지역 밖에서 이송업을 하는 것이 제한되므로 청구인 회사의 직업수행의 자유가 제한된다. 청구인 회사는 영업의 자유와 일반적 행동의 자유도 침해되고 헌법상 경제질서에도 위배된다고 주장하지만, 심판대상조항과 가장 밀접한 관계에 있는 직업수행의 자유 침해 여부를 판단하는 이상 이 부분 주장에 대해서는 별도로 판단하지 아니한다(헌재 2018.2.22. 2016헌바100).

## 03

❶ [×] 반론권은 보도기관이 사실에 대한 보도과정에서 타인의 인격권 및 사생활의 비밀과 사유에 대한 중대한 침해가 될 직접적 위험을 초래하게 되는 경우 이러한 법익을 보호하기 위한 적극적 요청에 의하여 마련된 제도인 것이지 언론의 자유를 제한하기 위한 소극적 필요에서 마련된 것은 아니기 때문에 이에 따른 보도기관이 누리는 언론의 자유에 대한 제약의 문제는 결국 피해자의 반론권과 서로 충돌하는 관계에 있는 것으로 보아야 할 것이다(헌재 1991.9.16. 89헌마165). 07. 사법고시

② [○] 언론의 자유와 인격권이 서로 충돌할 때 헌법의 통일성을 유지하기 위하여 기본권 모두가 최대한으로 그 기능과 효력을 발휘할 수 있도록 하는 조화로운 방법이 모색되어야 할 것인데, 현행의 정정보도청구권은 언론의 자유를 일부 제약하는 성질을 가지면서도 반론의 범위를 필요최소한으로 제한함으로써 양쪽의 법익 사이의 균형을 도모하고 있다 할 것이다(헌재 1991.9.16. 89헌마165). 15. 국회직 8급

③ [○] 종교행사와 종교과목 수업을 실시하면서 참가 거부가 사실상 불가능한 분위기를 조성하고 대체과목을 개설하지 않는 등 신앙을 갖지 않거나 학교와 다른 신앙을 가진 학생의 기본권을 고려하지 않은 것은, 우리 사회의 건전한 상식과 법감정에 비추어 용인될 수 있는 한계를 벗어나 <u>학생의 종교에 관한 인격적 법익을 침해하는 위법한 행위이고</u>, 그로 인하여 인격적 법익을 침해받는 학생이 있을 것임이 충분히 예견 가능하고 그 침해가 회피 가능하므로 과실 역시 인정된다(대판 2010.4.22. 2008다38288). 17. 법무사

④ [○] 친양자가 될 자의 헌법 제36조 제1항 및 헌법 제10조에 의한 가족생활에서의 기본권을 보장하기 위해 친생부모의 동의를 무시하고 친양자 입양을 성립시키는 경우에는 친생부모의 기본권이 제한되게 되고, 친생부모의 친족관계 유지에 대한 기본권을 보장하기 위해 친생부모가 동의하지 않는 이상 무조건 친양자 입양이 성립되지 않는다고 보는 경우에는 친양자가 될 자의 기본권이 제한될 가능성이 발생한다. 결국 친양자 입양은 친생부모의 기본권과 친양자가 될 자의 기본권이 서로 대립·충돌하는 관계라고 볼 수 있다(헌재 2012.5.31. 2010헌바87). 20. 경찰채용

## 04

❶ [×] 미결수용자는 수사나 재판절차가 진행 중이므로 증거인멸 시도 등 접견제도를 남용할 위험이 수형자에 비해 상대적으로 크고, 미결수용자의 배우자도 거주지 인근 교정시설을 방문하여 그 곳에 설치된 영상통화 설비를 이용하여 실시하는 화상접견은 할 수 있다. 수형자의 배우자와 미결수용자의 배우자 사이에 차별을 둔 데에는 합리적인 이유가 있으므로, 이 사건 지침조항들은 청구인의 평등권을 침해하지 않는다(헌재 2021.11.25. 2018헌마598).

② [○] <u>재산권의 청구가 공법상 법률관계를 전제로 한다는 점만으로 국가를 상대로 하는 당사자소송에서 국가를 우대할 합리적인 이유가 있다고 할 수 없고, 집행가능성 여부에 있어서도 국가와 지방자치단체 등이 실질적인 차이가 있다고 보기 어렵다는 점에서, 심판대상조항은 국가가 당사자소송의 피고인 경우 가</u>

집행의 선고를 제한하여, 국가가 아닌 공공단체 그 밖의 권리주체가 피고인 경우에 비하여 합리적인 이유 없이 차별하고 있으므로 평등원칙에 반한다(헌재 2022.2.24. 2020헌가12). 🖉 위헌결정

③ [○] 보건복지부장관이 민간어린이집, 가정어린이집에 대하여 국공립어린이집 등과 같은 기준으로 인건비 지원을 하는 대신 기관보육료를 지원하는 것은 전체 어린이집 수, 어린이집 이용 아동수를 기준으로 할 때 민간어린이집, 가정어린이집의 비율이 여전히 높고 보육예산이 한정되어 있는 상황에서 이들에 대한 지원을 국공립어린이집 등과 같은 수준으로 당장 확대하기 어렵기 때문이다. 이와 같은 어린이집에 대한 이원적 지원 체계는 기존의 민간어린이집을 공적 보육체계에 포섭하면서도 나머지 민간어린이집은 기관보육료를 지원하여 보육의 공공성을 확대하는 방향으로 단계적 개선을 이루어나가고 있다. 이상을 종합하여 보면, 심판대상조항이 합리적 근거 없이 민간어린이집을 운영하는 청구인을 차별하여 청구인의 평등권을 침해하였다고 볼 수 없다(헌재 2022.2.24. 2020헌마177).

④ [○] 심판대상조항 각목의 취지는 유족 간 형평을 고려하여 예외적으로 손자녀에게 보상금 지급의 기회를 열어주고자 하는 것으로서 합리적 이유가 있다. 따라서 심판대상조항이 1945.8.15. 이후에 사망한 독립유공자의 손자녀에 대하여 최초 등록시 독립유공자 자녀의 사망 여부 또는 보상금 수령 여부를 기준으로 보상금 지급 여부를 달리 취급하는 것은 평등권을 침해하지 않는다(헌재 2022.1.27. 2020헌마594).

## 05

① [×] <u>심판대상조항에 따라 추징판결을 집행함에 있어서 형사소송절차와 같은 엄격한 절차가 요구된다고 보기는 어렵다. 심판대상조항에 따른 추징판결의 집행은 그 성질상 신속성과 밀행성을 요구하는데, 제3자에게 추징판결의 집행사실을 사전에 통지하거나 의견 제출의 기회를 주게 되면 제3자가 또다시 불법재산 등을 처분하는 등으로 인하여 집행의 목적을 달성할 수 없게 될 가능성이 높다.</u> 따라서 심판대상조항이 제3자에 대하여 특정 공무원범죄를 범한 범인에 대한 추징판결을 집행하기에 앞서 제3자에게 통지하거나 의견을 진술할 기회를 부여하지 않은 데에는 합리적인 이유가 있다. 나아가 제3자는 심판대상조항에 의한 집행에 관한 검사의 처분이 부당함을 이유로 재판을 선고한 법원에 재판의 집행에 관한 이의신청을 할 수 있다(형사소송법 제489조). 또한 제3자는 각 집행절차에서 소송을 통해 불복하는 등 사후적으로 심판대상조항에 의한 집행에 대하여 다툴 수 있다. 따라서 심판대상조항은 적법절차원칙에 위배된다고 볼 수 없다(헌재 2020.2.27. 2015헌가4).

② [×] 우리 헌법이 채택하여 온 영장주의는 형사절차와 관련하여 체포·구속·압수·수색 등의 강제처분을 함에 있어서는 사법권 독립에 의하여 신분이 보장되는 법관이 발부한 영장에 의하지 않으면 아니 된다는 원칙이다. 따라서 헌법상 영장주의의 본질은 체포·구속·압수·수색 등 기본권을 제한하는 강제처분을 함에 있어서는 중립적인 법관의 구체적 판단을 거쳐야 한다는 데에 있다. 심판대상조항에 의한 자료제출요구는 행정조사의 성격을 가지는 것으로 수사기관의 수사와 근본적으로 그 성격을 달리하며, 청구인에 대하여 직접적으로 어떠한 물리적 강제

력을 행사하는 강제처분을 수반하는 것이 아니므로 영장주의의 적용대상이 아니다(헌재 2019.9.26. 2016헌바381).

❸ [O] 헌법재판소는 2021.1.28. 2020헌마264 등 결정에서, 아래와 같은 판시를 통해 '헌법 제12조 제3항 및 제16조에서의 검사'는 '검찰권을 행사하는 국가기관'으로서 일반적 의미의 검사(검찰청법상 검사, 군검사, 특별검사 등)를 의미하는 것이므로 '검찰청법상 검사'와 동일한 것은 아님을 확인한 바 있다. 이와 같이 '검사'는 헌법 제4장(정부)에서 명시적으로 그 설치가 규정되어 있지 아니하고, 헌법에 규정된 영장신청권자로서의 검사는 '검찰권을 행사하는 국가기관'으로서 일반적 의미의 검사를 의미하므로 '검찰청법상 검사'와 일치하는 것이 아닌 점을 고려하면, 검찰청법상 검사인 청구인은 당사자능력 인정의 전제인 '헌법에 의해 설치된 국가기관'에 해당되지 않는다고 판단할 여지도 있다(헌재 2023.3.23. 2022헌라4).

④ [×] 수사권 및 소추권이 본질적으로 '대통령을 수반으로 하는 행정부'에 부여된 헌법상 권한이고(제66조 제4항), 영장신청권이 '검사'에 부여된 헌법상 권한임은 다툼의 여지가 없으나(제12조 제3항, 제16조), 이를 바탕으로 헌법이 수사권을 (검찰청법상) 검사에게 부여한 것으로 해석하기는 어렵다. 헌법이 행정부에 속하는 국가기관 중 어느 기관에 수사권을 부여할 것인지에 대해 침묵하는 이상, 행정부 내에서 수사권의 구체적인 조정·배분의 문제는 헌법사항이 아닌 입법사항이고, 입법권은 국회에 속하므로(제40조), 특정 범죄에 대한 수사권을 반드시 특정 기관에 전속시켜야 한다는 헌법적 근거나 논리적 당위성은 없기 때문이다. 헌법상 영장신청권이 수사과정에서 남용될 수 있는 강제수사를 '법률전문가이자 인권옹호기관'인 검사가 합리적으로 '통제'하기 위한 연혁과 취지에서 도입된 것임을 고려할 때, **검사에 대한 영장신청권 부여조항으로부터 검사에 대한 수사권 부여까지 헌법상 도출된다고 볼 수도 없다**(헌재 2023.3.23. 2022헌라4).

---

❶ [O] 헌재 2019.11.28. 2017헌마356

② [×] 이 사건 시기제한조항은 선거일 전 90일부터 선거일까지 후보자 명의의 칼럼 등을 게재하는 인터넷 선거보도가 불공정하다고 볼 수 있는지에 대해 구체적으로 판단하지 않고 이를 불공정한 선거보도로 간주하여 선거의 공정성을 해치지 않는 보도까지 광범위하게 제한한다. 공직선거법상 인터넷 선거보도 심의의 대상이 되는 인터넷언론사의 개념은 매우 광범위한데, 이 사건 시기제한조항이 정하고 있는 일률적인 규제와 결합될 경우 이로 인해 발생할 수 있는 표현의 자유 제한이 작다고 할 수 없다. 인터넷언론의 특성과 그에 따른 언론시장에서의 영향력 확대에 비추어 볼 때, 인터넷언론에 대하여는 자율성을 최대한 보장하고 언론의 자유에 대한 제한을 최소화하는 것이 바람직하고, 계속 변화하는 이 분야에서 규제수단 또한 헌법의 틀 안에서 다채롭고 새롭게 강구되어야 한다. 이 사건 시기제한조항의 입법목적을 달성할 수 있는 덜 제약적인 다른 방법들이 이 사건 심의기준 규정과 공직선거법에 이미 충분히 존재한다. 따라서 이 사건 시기제한조항은 과잉금지원칙에 반하여 청구인의 표현의 자유를 침해한다(헌재 2019.11.28. 2016헌마90).

③ [×] 헌법 제21조 제4항 전문은 "언론·출판은 타인의 명예나 권리 또는 공중도덕이나 사회윤리를 침해하여서는 아니 된다."라고 규정한다. 이는 언론·출판의 자유에 따르는 책임과 의무를 강조하는 동시에 언론·출판의 자유에 대한 **제한의 요건을 명시한 규정일 뿐, 헌법상 표현의 자유의 보호영역에 대한 한계를 설정한 것이라고 볼 수는 없으므로 공연한 사실의 적시를 통한 명예훼손적 표현 역시 표현의 자유의 보호영역에 해당한다**(헌재 2021.2.25. 2017헌마113).

④ [×] 방송의 자유는 민주주의의 원활한 작동을 위한 기초인바, 국가권력은 물론 정당, 노동조합, 광고주 등 사회의 여러 세력이 법률에 정해진 절차에 의하지 아니하고 방송편성에 개입한다면 국민 의사가 왜곡되고 민주주의에 중대한 위해가 발생하게 된다. 심판대상조항은 방송편성의 자유와 독립을 보장하기 위하여 방송에 개입하여 부당하게 영향력을 행사하는 '간섭'에 이르는 행위만을 금지하고 처벌할 뿐이고, 방송법과 다른 법률들은 방송 보도에 대한 의견 개진 내지 비판의 통로를 충분히 마련하고 있다. 따라서 심판대상조항이 과잉금지원칙에 반하여 표현의 자유를 침해한다고 볼 수 없다(헌재 2021.8.31. 2019헌바439).

---

㉠ [×] 헌법 제15조는 "모든 국민은 직업선택의 자유를 가진다."라고 규정하여 개인이 원하는 직업을 자유롭게 선택하는 '좁은 의미의 직업선택의 자유'와 그가 선택한 직업을 자기가 원하는 방식으로 자유롭게 수행할 수 있는 '직업수행의 자유'를 보장하고 있다. 이 사건 법률조항은 종전과 달리 변호사의 자격이 있는 사람으로 하여금 '세무사로서' 세무대리업무를 수행하기 위해서는 별도로 세무사 자격시험에 합격할 것을 요구하여 세무사라는 직업을 선택할 수 있는 자유를 제한한다(헌재 2021.7.15. 2018헌마27).

㉡ [×] 단계이론이란 직업의 자유를 제한함에 있어, 과잉금지원칙 중 특히 침해의 최소성원칙을 구체화한 것으로 가장 적은 침해를 가져오는 단계에서부터 제한하여야 함을 의미한다. 직업의 자유의 제한은 제한의 정도가 낮은 단계부터 직업행사의 자유의 제한(1단계), 주관적 사유에 의한 직업결정의 자유의 제한(2단계), 객관적 사유에 의한 직업결정의 자유의 제한(3단계)으로 이루어져야 한다.

㉢ [O] 공인회계사시험에 합격한 사람에 한하여 공인회계사 자격을 취득할 수 있는데, 위 조항에 의한 학점이수요건을 갖추지 못할 경우 공인회계사시험에 응시할 수 없으므로, 위 조항은 학점이수요건을 갖추지 아니한 상태에서 공인회계사를 직업으로 선택하고자 하는 청구인의 직업선택의 자유를 제한한다(헌재 2012.11.29. 2011헌마801).

㉣ [×] 청구인들은 위 조항이 변호사시험 합격자들이 공정한 경쟁을 통하여 직업을 선택할 기회를 배제함으로써 직업의 자유를 침해한다고 주장하나, 위 조항은 변호사시험 합격자에 대하여 그 성적을 공개하지 않도록 규정하고 있을 뿐이고, 이러한 시험 성적의 비공개가 청구인들의 법조인으로서의 직역선택이나 직업수행에 있어서 어떠한 제한을 두고 있는 것은 아니므로 **청구인들의 직업선택의 자유를 제한하고 있다고 볼 수 없다**(헌재 2015.6.25. 2011헌마769).

① [✕] 헌법 제89조에 따라 정부에 제출 또는 회부된 정부의 정책에 관계되는 청원의 심사는 국무회의의 심의를 거쳐야 한다.

② [✕] 헌법상 보장된 청원권은 공권력과의 관계에서 일어나는 여러 가지 이해관계, 의견, 희망 등에 관하여 적법한 청원을 한 모든 당사자에게 국가기관이 청원을 수리할 뿐만 아니라 이를 심사하여 청원자에게 그 처리결과를 통지할 것을 요구할 수 있는 권리를 말하나, 청원사항의 처리결과에 심판서나 재결서에 준하여 이유를 명시할 것까지를 요구하는 것은 청원권의 보호범위에 포함되지 아니하므로 청원 소관 관서는 청원법이 정하는 절차와 범위 내에서 청원사항을 성실·공정·신속히 심사하고 청원인에게 그 청원을 어떻게 처리하였거나 처리하려고 하는지를 알 수 있는 정도로 결과통지함으로써 충분하고, 비록 그 처리 내용이 청원인이 기대하는 바에 미치지 않는다고 하더라도 헌법소원의 대상이 되는 공권력의 행사 내지 '불행사라고는 볼 수 없다(헌재 1997.7.16. 93헌마239).

❸ [○] 청원권은 국민적 관심사를 국가기관에 표명할 수 있는 수단으로서의 성격을 가진 기본권으로 국민은 누구나 형식에 구애됨이 없이 그 관심사를 국가기관에 표명할 수 있다. 우리 헌법은 제26조에서 "모든 국민은 법률이 정하는 바에 의하여 국가기관에 문서로 청원할 권리를 가진다. 국가는 청원에 대하여 심사할 의무를 진다."라고 하여 청원권을 기본권으로 보장하고 있다. 따라서 모든 국민은 공권력과의 관계에서 일어나는 여러 가지 이해관계 또는 국정에 관해서 자신의 의견이나 희망을 해당 기관에 진술할 수 있으며, 청원을 수리한 국가기관은 청원에 대하여 심사하여야 할 의무를 지게 된다. 한편, 이러한 청원권의 행사는 자신이 직접 하든 아니면 제3자인 중개인이나 대리인을 통해서 하든 청원권으로서 보호된다. 우리 헌법은 문서로 청원을 하도록 한 것 이외에 그 형식을 제한하고 있지 않으며, 청원권의 행사방법이나 그 절차를 구체화하고 있는 청원법도 제3자를 통해 하는 방식의 청원을 금지하고 있지 않다. 따라서 국민이 여러 가지 이해관계 또는 국정에 관해서 자신의 의견이나 희망을 해당 기관에 직접 진술하는 외에 그 본인을 대리하거나 중개하는 제3자를 통해 진술하더라도 이는 청원권으로서 보호될 것이다(헌재 2005.11.24. 2003헌바108).

④ [✕] 국민동의법령조항들은 의원소개조항에 더하여 추가적으로 국민의 동의를 받는 방식으로 국회에 청원하는 방법을 허용하면서 그 구체적인 요건과 절차를 규정하고 있는 것으로, 청원권의 구체적인 입법형성에 해당한다. 국민동의법령조항들이 청원서의 일반인에 대한 공개를 위해 30일 이내에 100명 이상의 찬성을 받도록 한 것은 일종의 사전동의제도로서, 중복게시물을 방지하고 비방, 욕설, 혐오표현, 명예훼손 등 부적절한 청원을 줄이며 국민의 목소리를 효율적으로 담아내고자 함에 그 취지가 있다. 다음으로, 청원서가 일반인에게 공개되면 그로부터 30일 이내에 10만 명 이상의 동의를 받도록 한 것은 국회의 한정된 심의 역량과 자원의 효율적 배분을 고려함과 동시에, 일정 수준 이상의 인원에 해당하는 국민 다수가 관심을 갖고 동의하는 의제가 논의대상이 되도록 하기 위한 것이다. 국회에 대한 청원은 법률안 등과 같이 의안에 준하여 위원회 심사를 거쳐 처리되고, 다른 행정부 등 국가기관과 달리 국회는 합의제 기관이라는 점에서 청원심사의 실효성을 확보할 필요성 또한 크다. 이와 같은 점에서 국민동의법령조항들이 설정하

고 있는 청원찬성·동의를 구하는 기간 및 그 인원수는 불합리하다고 보기 어렵다. 따라서 국민동의법령조항들은 입법재량을 일탈하여 청원권을 침해하였다고 볼 수 없다(헌재 2023. 3.23. 2018헌마460).

① [✕] 대법원은 "국가 또는 지방자치단체라도 사경제의 주체로 활동하였을 때에는 손해배상책임에 있어 국가배상법이 적용될 수 없다."라고 판시하였다(대판 1969.4.22. 66다2225). 즉, 헌법 제29조 제1항을 구체화시키는 법률로서 국가배상법은 공법에 해당하고 국가배상청구권은 공권에 해당하므로 공무원의 사법상 행위에는 공법인 국가배상법이 적용될 수 없다고 보는 것이 타당하다. 공무원의 사법상 작용에 의한 손해는 민법의 손해배상규정에 따라 해결하면 된다. 09. 법무사

② [✕] 본조 제1항에서 말하는 '직무를 행함에 당하여'라는 취지는 공무원의 행위의 외관을 객관적으로 관찰하여 공무원의 직무행위로 보여질 때에는 비록 그것이 실질적으로 직무행위이거나 아니거나 또는 **행위자의 주관적 의사에 관계없이 그 행위는 공무원의 직무집행행위로 볼 것이요.** 이러한 행위가 실질적으로 공무집행행위가 아니라는 사정을 피해자가 알았다 하더라도 그것을 '직무를 행함에 당하여'라고 단정하는 데 아무런 영향을 미치는 것이 아니다(대판 1966.6.28. 66다781). 18. 서울시 7급

③ [✕] 국가배상법 제2조 소정의 '공무원'이라 함은 국가공무원법이나 지방공무원법에 의하여 공무원으로서의 신분을 가진 자에 국한하지 않고, 널리 공무를 위탁받아 실질적으로 공무에 종사하고 있는 일체의 자를 가리키는 것으로서, 공무의 위탁이 일시적이고 한정적인 사항에 관한 활동을 위한 것이어도 달리 볼 것은 아니다(대판 2001.1.5. 98다39060). 18. 서울시 7급

❹ [○] 헌법 제29조 제1항 단서는 공무원이 한 직무상 불법행위로 인하여 국가 등이 배상책임을 진다고 할지라도 그 때문에 공무원 자신의 민·형사책임이나 징계책임이 면제되지 아니한다는 원칙을 규정한 것이나, 그 조항 자체로 공무원 개인의 구체적인 손해배상책임의 범위까지 규정한 것으로 보기는 어렵다(대판 1996.2.15. 95다38677). 10. 법원행시

❶ [○] 이 사건 급여지원금지조항으로 인하여 초래되는 사용자의 기업의 자유의 제한은 근로시간 면제제도로 인하여 상당히 완화되는 반면에, 이 사건 급여지원금지조항은 노동조합의 자주성과 독립성 확보, 안정적인 노사관계의 유지와 산업 평화를 도모하기 위한 것으로서 그 공익은 중대하므로 법익의 균형성도 인정된다. 따라서 이 사건 급여지원금지조항은 과잉금지원칙에 위배되지 아니한다(헌재 2022.5.26. 2019헌바341).

② [✕] 심판대상조항은 사용자가 예측하지 못한 시기에 전격적으로 이루어져 사용자의 사업운영에 심대한 혼란이나 막대한 손해를 초래하여 사용자의 사업계속에 관한 자유의사를 제압·혼란시켰다고 평가할 수 있는 집단적 노무제공 거부를 형사처벌의 대상으로 삼고 있다. 이러한 단체행동권의 행사를 금지함으로써 근로자 집단이 받은 불이익은 단체행동권 행사의 시기·

방법적 제약으로서 사용자 및 제3자의 기본권 보장이나 거래 질서유지의 공익보다 중대한 것이라 단언하기는 어렵다. 따라서 심판대상조항은 법익균형성요건도 갖추었다. 그러므로 심판대상조항은 과잉금지원칙을 위배하여 단체행동권을 침해하지 아니한다(헌재 2022.5.26. 2012헌바66).

③ [×] 헌법상 보장된 근로자의 단결권은 단결할 자유만을 가리킬 뿐이고, 단결하지 아니할 자유 이른바 소극적 단결권은 이에 포함되지 않는다고 보는 것이 우리 재판소의 선례라고 할 것이다. 그렇다면 근로자가 노동조합을 결성하지 아니할 자유나 노동조합에 가입을 강제당하지 아니할 자유, 그리고 가입한 노동조합을 탈퇴할 자유는 근로자에게 보장된 단결권의 내용에 포섭되는 권리로서가 아니라 헌법 제10조의 행복추구권에서 파생되는 일반적 행동의 자유 또는 제21조 제1항의 결사의 자유에서 그 근거를 찾을 수 있다(헌재 2005.11.24. 2002헌바95 등).

④ [×] 교원노조는 교원을 대표하여 단체교섭권을 행사하는 등 교원의 근로조건에 직접적이고 중대한 영향력을 행사하고, 교원의 근로조건의 대부분은 법령이나 조례 등으로 정해지므로 교원의 근로조건과 직접 관련이 없는 교원이 아닌 사람을 교원노조의 조합원 자격에서 배제하는 것이 단결권의 지나친 제한이라고 볼 수 없고, 교원으로 취업하기를 희망하는 사람들이 '노동조합 및 노동관계조정법'에 따라 노동조합을 설립하거나 그에 가입하는 데에는 아무런 제한이 없으므로 이들의 단결권이 박탈되는 것도 아니다(헌재 2015.5.28. 2013헌마671 등).

① [O] 권력은 가분적이고 위임 가능하나 주권은 양도할 수 없고 가분성도 인정되지 않는다. 주권은 오직 국민만이 가질 수 있기 때문에 그러하다.

② [O] 통일정신, 국민주권원리 등은 우리나라 헌법의 연혁적·이념적 기초로서 헌법이나 법률해석에서의 해석기준으로 작용한다고 할 수 있지만 그에 기하여 곧바로 국민의 개별적 기본권성을 도출해내기는 어려우며, 헌법전문에 기재된 대한민국임시정부의 법통을 계승하는 부분에 위배된다는 점이 청구인들의 법적지위에 현실적이고 구체적인 영향을 미친다고 볼 수도 없다(헌재 2008.11.27. 2008헌마517).

③ [O] 지역농협 임원선거는, 헌법에 규정된 국민주권 내지 대의민주주의 원리의 구현 및 지방자치제도의 실현이라는 이념과 직접적인 관계를 맺고 있는 공직선거법상 선거와 달리, 자율적인 단체 내부의 조직구성에 관한 것으로서 공익을 위하여 그 선거과정에서 표현의 자유를 상대적으로 폭넓게 제한하는 것이 허용된다. 공적인 역할을 수행하는 결사 또는 그 구성원들이 기본권의 침해를 주장하는 경우에 과잉금지원칙 위배 여부를 판단할 때에는, 순수한 사적인 임의결사의 기본권이 제한되는 경우의 심사에 비해서는 완화된 기준을 적용할 수 있다(헌재 2012.12.27. 2011헌마562).

❹ [×] 헌법 제41조 제1항에 의한 선거원칙은 보통·평등·직접·비밀·자유선거인데 공직선거법 제188조의 규정처럼 유효투표의 다수를 얻은 자를 당선인으로 결정하도록 하는 것이 헌법에서 선언된 위와 같은 선거원칙에 위반된다고 할 근거는 찾아볼 수 없다. 선거의 대표성 확보는 모든 선거권자들에게 차등 없이 투표참여의 기회를 부여하고, 그 투표에 참여한 선거

권자들의 표를 동등한 가치로 평가하여 유효투표 중 다수의 득표를 얻은 자를 당선인으로 결정하는 현행 방식에 의해 충분히 구현된다고 해야 하는 것이다. 그리고 차등 없이 투표참여의 기회를 부여했음에도 불구하고 자발적으로 투표에 참가하지 않은 선거권자들의 의사도 존중해야 할 필요가 있다. 따라서 유효투표의 다수를 얻은 후보자를 당선인으로 결정하게 한 공직선거법 규정도 선거의 대표성의 본질이나 국민주권원리를 침해하는 것이 아니다(헌재 2003.11.27. 2003헌마259).

① [×] 대의민주주의 아래에서 대표자에 대한 선출과 신임은 선거의 형태로 이루어지는 것이 바람직하고, 주민소환은 대표자에 대한 신임을 묻는 것으로서 그 속성은 재선거와 다를 바 없으므로 선거와 마찬가지로 그 사유를 묻지 않는 것이 제도의 취지에 부합한다. 또한 주민소환제는 역사적으로도 위법·탈법행위에 대한 규제보다 비민주적·독선적행위에 대한 광범위한 통제의 필요성이 강조되어 왔으므로 주민소환의 청구사유에 제한을 둘 필요가 없고, 또 업무의 광범위성이나 입법기술적 측면에서 소환사유를 구체적으로 적시하는 것도 쉽지 않다. 다만, 청구사유에 제한을 두지 않음으로써 주민소환제가 남용될 소지는 있으나, 법에서 기본권 규정은 그 성질상 사법관계에 직접 적용될 수 있는 예외적인 것을 제외하고는 사법상의 일반 원칙을 규정한 민법 제2조, 제103조, 제750조, 제751조 등의 내용을 형성하고 그 해석기준이 되어 간접적으로 사법관계에 효력을 미치게 된다. 그 남용의 가능성을 제도적으로 방지하고 있을 뿐만 아니라, 현실적으로도 시민의식 또한 성장하여 남용의 위험성은 점차 줄어들 것으로 예상할 수 있다(헌재 2011.3.31. 2008헌마355). 21. 경찰채용

② [×] '주민소환에 관한 법률'에 주민소환의 청구사유를 두지 않은 것은 입법자가 주민소환을 기본적으로 정치적인 절차로 설정한 것으로 볼 수 있고, 외국의 입법례도 청구사유에 제한을 두지 않는 경우가 많다는 점을 고려할 때 우리의 주민소환제는 기본적으로 정치적인 절차로서의 성격이 강한 것으로 평가될 수 있다 할 것이다(헌재 2009.3.26. 2007헌마843). 14. 법원행시

③ [×]
> **지방자치법 제25조【주민소환】** ① 주민은 그 지방자치단체의 장 및 지방의회의원(비례대표지방의회의원은 제외한다)을 소환할 권리를 가진다. 19. 경찰승진, 18. 행정고시

❹ [O]
> **주민소환에 관한 법률 제3조【주민소환투표권】** ① 제4조 제1항의 규정에 의한 주민소환투표인명부 작성기준일 현재 다음 각 호의 어느 하나에 해당하는 자는 주민소환투표권이 있다.
> 1. 19세 이상의 주민으로서 당해 지방자치단체 관할 구역에 주민등록이 되어 있는 자(공직선거법 제18조의 규정에 의하여 선거권이 없는 자를 제외한다)
> 2. 19세 이상의 외국인으로서 출입국관리법 제10조의 규정에 따른 영주의 체류자격 취득일 후 3년이 경과한 자 중 같은 법 제34조의 규정에 따라 당해 지방자치단체 관할 구역의 외국인등록대장에 등재된 자 14·09. 사법고시

① [×] 국제전범재판에 관한 국제법적 원칙, 우리 헌법 전문, 제5조 제1항, 제6조의 문언 등을 종합하면, 국내의 모든 국가기관은 헌법과 법률에 근거하여 국제전범재판소의 국제법적 지위와 판결의 효력을 존중하여야 한다. 따라서 한국인 BC급 전범들이 국제전범재판에 따른 처벌로 입은 피해와 관련하여 피청구인에게 이 사건 협정 제3조에 따른 분쟁해결절차에 나아가야 할 구체적 작위의무가 인정된다고 보기 어렵다. 한국인 BC급 전범들이 일제의 강제동원으로 인하여 입은 피해의 경우에는 일본의 책임과 관련하여 이 사건 협정의 해석에 관한 한·일 양국 간의 분쟁이 현실적으로 존재하는지 여부가 분명하지 않으므로, 피청구인에게 이 사건 협정 제3조에 따른 분쟁해결절차로 나아갈 작위의무가 인정된다고 보기 어렵다. 설령 한국과 일본 사이에 이 사건 협정의 해석상의 분쟁이 존재한다고 보더라도, 피청구인이 그동안 외교적 경로를 통하여 한국인 BC급 전범 문제에 관한 전반적인 해결 및 보상 등을 일본 측에 지속적으로 요구하여 온 이상, 피청구인은 이 사건 협정 제3조에 따른 자신의 작위의무를 불이행하였다고 보기 어렵다(헌재 2021.8.31. 2014헌마888).

② [×] 이 사건 이용아동규정의 취지는 지역아동센터 이용에 있어서 돌봄취약아동과 일반 아동을 분리하려는 것이 아니라 돌봄취약아동에게 우선권을 부여하려는 것이다. 돌봄취약아동이 일반 아동과 함께 초·중등학교를 다니고 방과 후에도 다른 돌봄기관을 이용할 선택권이 보장되고 있는 이상, 설령 이 사건 이용아동규정에 따라 돌봄취약아동이 일반 아동과 교류할 기회가 다소 제한된다고 하더라도 그것만으로 청구인 아동들의 인격 형성에 중대한 영향을 미친다고 보기는 어렵다. 이 사건 이용아동규정은 과잉금지원칙에 위반하여 청구인 운영자들의 직업수행의 자유 및 청구인 아동들의 인격권을 침해하지 않는다(헌재 2022.1.27. 2019헌마583).

③ [×] 부정취득한 운전면허는 그 요건이 처음부터 갖추어지지 못한 것으로서 해당 면허를 박탈하더라도 기본권이 추가적으로 제한된다고 보기 어려워, 법익의 균형성원칙에도 위배되지 않는다(헌재 2020.6.25. 2019헌가9 등). 다만, 모든 면허취소는 거짓이나 그 밖의 부정한 수단이 아닌 적법하게 취득한 면허까지 취소하는 것은 과잉금지원칙 위반이다.

❹ [O] 심판대상조항의 입법목적, '못된 장난'의 사전적 의미, '경범죄 처벌법'의 예방적·보충적·도덕적 성격 등을 종합하면, 심판대상조항의 '못된 장난 등'은 타인의 업무에 방해가 될 수 있을 만큼 남을 괴롭고 귀찮게 하는 행동으로 일반적인 수인한도를 넘어 비난가능성이 있으나 형법상 업무방해죄, 공무집행방해죄에 이르지 않을 정도의 불법성을 가진 행위를 의미한다고 할 것이다. 형법상 업무방해죄, 공무집행방해죄에 이르지 아니하나 업무나 공무를 방해하거나 그러한 위험이 있는 행위의 유형은 매우 다양하므로 심판대상조항에서는 '못된 장난 등'이라는 다소 포괄적인 규정으로 개별 사안에서 법관이 그 적용 여부를 판단할 수 있도록 하고 있으나, '경범죄 처벌법'은 제2조에서 남용금지 규정을 둠으로써 심판대상조항이 광범위하게 자의적으로 적용될 수 있는 가능성을 차단하고 있다. 따라서 심판대상조항은 죄형법정주의의 명확성원칙을 위반하여 청구인의 일반적 행동자유권을 침해하지 않는다(헌재 2022.11.24. 2021헌마426).

㉠ [O] 심판대상조항의 문언, 입법목적과 연혁, 관련 규정과의 관계 및 법원의 해석 등을 종합하여 볼 때, 심판대상조항에서 '제44조 제1항을 2회 이상 위반한 사람'이란 '2006.6.1. 이후 도로교통법 제44조 제1항을 위반하여 술에 취한 상태에서 운전을 하였던 사실이 인정되는 사람으로서, 다시 같은 조 제1항을 위반하여 술에 취한 상태에서 운전한 사람'을 의미함을 충분히 알 수 있으므로, 심판대상조항은 죄형법정주의의 명확성원칙에 위반된다고 할 수 없다(헌재 2021.11.25. 2019헌바446).

㉡ [O] 형벌불소급원칙이 적용되는 '처벌'의 범위를 형법이 정한 형벌의 종류에만 한정되는 것으로 보게 되면, 형법이 정한 형벌 외의 형태로 가해질 수 있는 형사적 제재나 불이익은 소급적용이 허용되는 결과가 되어, 법적 안정성과 예측가능성을 보장하여 자의적 처벌로부터 국민을 보호하고자 하는 형벌불소급원칙의 취지가 몰각될 수 있다. 형벌불소급원칙에서 의미하는 '처벌'은 단지 형법에 규정되어 있는 형식적 의미의 형벌유형에 국한되지 않는다(헌재 2017.10.26. 2015헌바239 등).

㉢ [O] 심판대상조항은 알몸을 '지나치게 내놓는' 것이 무엇인지 그 판단 기준을 제시하지 않아 무엇이 지나친 알몸노출행위인지 판단하기 쉽지 않고, '가려야 할 곳'의 의미도 알기 어렵다. 심판대상조항 중 '부끄러운 느낌이나 불쾌감'은 사람마다 달리 평가될 수밖에 없고, 노출되었을 때 부끄러운 느낌이나 불쾌감을 주는 신체 부위도 사람마다 달라 '부끄러운 느낌이나 불쾌감'을 통하여 '지나치게'와 '가려야 할 곳' 의미를 확정하기도 곤란하다. 심판대상조항은 '선량한 성도덕과 성풍속'을 보호하기 위한 규정인데, 이러한 성도덕과 성풍속이 무엇인지 대단히 불분명하므로, 심판대상조항의 의미를 그 입법목적을 고려하여 밝히는 것에도 한계가 있다. 대법원은 "신체노출행위가 단순히 다른 사람에게 부끄러운 느낌이나 불쾌감을 주는 정도에 불과한 경우 심판대상조항에 해당한다."라고 판시하나, 이를 통해서도 '가려야 할 곳', '지나치게'의 의미를 구체화 할 수 없다. 심판대상조항의 불명확성을 해소하기 위해 노출이 허용되지 않는 신체부위를 예시적으로 열거하거나 구체적으로 특정하여 분명하게 규정하는 것이 입법기술상 불가능하거나 현저히 곤란하지도 않다. 예컨대 이른바 '바바리맨'의 성기노출행위를 규제할 필요가 있다면 노출이 금지되는 신체부위를 '성기'로 명확히 특정하면 될 것이다. 따라서 심판대상조항은 죄형법정주의의 명확성원칙에 위배된다(헌재 2016.11.24. 2016헌가3).

㉣ [×] 헌법 제40조, 제75조, 제95조의 의미를 살펴보면, 국회가 입법으로 행정기관에게 구체적인 범위를 정하여 위임한 사항에 관하여는 당해 행정기관이 법 정립의 권한을 갖게 되고, 이때 입법자는 그 규율의 형식도 선택할 수 있으므로, 헌법이 인정하고 있는 위임입법의 형식은 예시적인 것으로 보아야 한다. 법률이 일정한 사항을 행정규칙에 위임하더라도 그 행정규칙은 위임된 사항만을 규율할 수 있고, 이는 국회입법의 원칙과 상치되지 않는다. 다만, 행정규칙은 법규명령과 같은 엄격한 제정 및 개정절차를 필요로 하지 아니하므로, 기본권을 제한하는 내용의 입법을 위임할 때에는 법규명령에 위임하는 것이 원칙이고, 고시와 같은 형식으로 입법위임을 할 때에는 법령이 전문적·기술적 사항이나 경미한 사항으로서 업무의 성질상 위임이 불가피한 사항에 한정된다(헌재 2021.2.25. 2017헌바222).

ⓜ [×] 수형자는 원칙적으로 변호인의 조력을 받을 권리의 주체가 될 수 없다고 하더라도(헌재 2013.9.26. 2011헌마398 참조), 예외적으로 교정시설 수용 중 새로 기소된 '형사사건'에 있어서는 헌법상 변호인의 조력을 받을 권리의 주체가 될 수 있다. 따라서 청구인이 교정시설 수용 중 새로 기소된 형사사건에 있어 변호인이 청구인에게 보낸 서신을 피청구인이 개봉한 행위는 변호인과의 자유로운 접견·교통을 제한하는바, 이 사건 서신개봉행위는 헌법 제12조 제4항에서 정하는 변호인의 조력을 받을 권리를 제한한다. 청인은 이 사건 서신개봉행위가 통신비밀의 자유를 침해한다고도 주장한다. 그러나 그 내용을 살펴보면 청구인은 미결수용자의 일반 서신 개봉 점으로 하고 있다. 변호인의 조력을 받을 권리의 주요내용은 신체구속을 당한 사람과 변호인 사이의 충분한 접견교통을 허용하여야 한다는 것으로, 이는 교통 내용에 대한 비밀보장과 부당한 간섭의 배제를 포괄하며, 청구인의 주장은 위와 같은 의미의 변호인의 조력을 받을 권리 침해에 관한 것이라고 볼 수 있으므로 통신비밀의 자유 침해 여부에 대하여는 별도로 판단하지 아니한다 (헌재 2021.10.28. 2019헌마973).

## 15                    정답 ③

①④ [○] 미결수용자와 변호인 사이의 서신으로서 그 비밀을 보장받기 위하여는, 첫째, 교도소 측에서 상대방이 변호인이라는 사실을 확인할 수 있어야 하고, 둘째, 서신을 통하여 마약 등 소지금지품의 반입을 도모한다든가 그 내용에 도주·증거인멸·수용시설의 규율과 질서의 파괴·기타 형벌법령에 저촉되는 내용이 기재되어 있다고 의심할 만한 합리적인 이유가 있는 경우가 아니어야 한다(헌재 1995.7.21. 92헌마144).

② [○] X-ray 물품검색기나 변호인접견실에 설치된 비상벨만으로는 교정사고를 방지하거나 금지물품을 적발하는 데 한계가 있으므로 CCTV 관찰행위는 그 목적을 달성하기 위하여 필요한 범위 내의 제한이다. 따라서 CCTV 관찰행위는 청구인의 변호인의 조력을 받을 권리를 침해한다고 할 수 없다(헌재 2016.4.28. 2015헌마243).

❸ [×] 발신자가 변호사로 표시되어 있다고 하더라도 실제 변호사인지 여부 및 수용자의 변호인에 해당하는지 여부를 확인하는 것은 불가능하거나 지나친 행정적 부담을 초래한다. 미결수용자와 같은 지위에 있는 수형자는 서신 이외에도 접견 또는 전화통화에 의해서도 변호사와 접촉하여 형사소송을 준비할 수 있다. 이 사건 서신개봉행위와 같이 금지물품이 들어 있는지를 확인하기 위하여 서신을 개봉하는 것만으로는 미결수용자와 같은 지위에 있는 수형자가 변호인의 조력을 받을 권리를 침해하지 아니한다(헌재 2021.10.28. 2019헌마973).

## 16                    정답 ③

① [×] 헌법 제18조로 보장되는 기본권인 통신의 자유란 통신수단을 자유로이 이용하여 의사소통할 권리이다. '통신수단의 자유로운 이용'에는 자신의 인적 사항을 누구에게도 밝히지 않는 상태로 통신수단을 이용할 자유, 즉 통신수단의 익명성 보장도 포함된다. 심판대상조항은 휴대전화를 통한 문자·전화·모바

일 인터넷 등 통신기능을 사용하고자 하는 자에게 반드시 사전에 본인확인절차를 거치는 데 동의해야만 이를 사용할 수 있도록 하므로, 익명으로 통신하고자 하는 청구인들의 통신의 자유를 제한한다(헌재 2019.9.26. 2017헌마1209).

② [×] 심판대상조항이 통신의 비밀을 제한하는 것은 아니다. 가입자의 인적 사항이라는 정보는 통신의 내용·상황과 관계없는 '비내용적 정보'이며 휴대전화 통신계약 체결단계에서는 아직 통신수단을 통하여 어떠한 의사소통이 이루어지는 것이 아니므로 통신의 비밀에 대한 제한이 이루어진다고 보기는 어렵기 때문이다(헌재 2019.9.26. 2017헌마1209).

❸ [○] 개인정보자기결정권, 통신의 자유가 제한되는 불이익과 비교했을 때, 명의도용피해를 막고, 차명휴대전화의 생성을 억제하여 보이스피싱 등 범죄의 범행도구로 악용될 가능성을 방지함으로써 잠재적 범죄피해방지 및 통신망 질서유지라는 더욱 중대한 공익의 달성효과가 인정된다. 따라서 심판대상조항은 청구인들의 개인정보자기결정권 및 통신의 자유를 침해하지 않는다(헌재 2019.9.26. 2017헌마1209).

④ [×] 인터넷 게시판에 글을 작성하기 위해 실명확인절차를 거치는 제도(인터넷실명제)가 익명에 의한 표현 자체를 제한하는 효과가 중대한 반면(헌재 2012.8.23. 2010헌마47 등 참조), 휴대전화 가입 본인확인제가 이동통신서비스 이용 여부 자체를 진지하게 고려하게 할 정도라거나, 휴대전화를 통한 개개의 통신내용과 이용상황에 기한 처벌을 두려워해 통신 자체를 가로막을 정도라고 할 수 없다. 휴대전화 가입 본인확인제로 인하여 통신의 자유에 끼치는 위축효과가 인터넷실명제와 같은 정도로 심각하다고 볼 근거가 희박하다(헌재 2019.9.26. 2017헌마1209).

## 17                    정답 ①

❶ [×] '사립학교교직원 연금법'상 퇴직급여 및 퇴직수당을 받을 권리는 사회적 기본권의 하나인 사회보장수급권인 동시에 경제적 가치가 있는 권리로서 헌법 제23조에 의하여 보장되는 재산권이다(헌재 2010.7.29. 2008헌가15).

② [○] 우리 헌법이 보장하고 있는 재산권은 경제적 가치가 있는 모든 공법상·사법상의 권리를 뜻한다. 이러한 재산권의 범위에는 동산·부동산에 대한 모든 종류의 물권은 물론, 재산가치 있는 모든 사법상의 채권과 특별법상의 권리 및 재산가치 있는 공법상의 권리 등이 포함되나, 단순한 기대이익·반사적 이익 또는 경제적인 기회 등은 재산권에 속하지 않는다고 보아야 한다(헌재 1998.7.16. 96헌마246).

③ [○] 영리획득의 단순한 기회나 기업활동의 사실적·법적 여건은 그것이 청구인과 같은 기업에게는 중요한 의미를 갖는다고 하더라도 재산권 보장의 대상이 아니다(헌재 1996.8.29. 95헌바36).

④ [○] 재산권에 관계되는 시혜적 입법의 시혜대상에서 제외되었다는 이유만으로 재산권 침해가 생기는 것은 아니고, 시혜적 입법의 시혜대상이 될 경우 얻을 수 있는 재산상 이익의 기대가 성취되지 않았다고 하여도 그러한 단순한 재산상 이익의 기대는 헌법이 보호하는 재산권의 영역에 포함되지 않는다(헌재 2002.12.18. 2001헌바55).

❶ [○] 국민투표권자의 범위는 대통령선거권자·국회의원선거권자와 일치되어야 한다. 따라서 국민투표는 선거와 달리 국민이 직접 국가의 정치에 참여하는 절차이므로, 국민투표권은 대한민국 국민의 자격이 있는 사람에게 반드시 인정되어야 하는 권리이다. 따라서 재외선거인의 국민투표권을 인정하지 않은 국민투표법 조항은 재외선거인의 국민투표권을 침해한다(헌재 2014. 7.24. 2009헌마256 등). 19. 5급승진

② [×] 대통령이 위헌적인 재신임 국민투표를 단지 제안만 하였을 뿐 강행하지는 않았으나, 헌법상 허용되지 않는 재신임 국민투표를 국민들에게 제안한 것은 그 자체로서 헌법 제72조에 반하는 것으로 헌법을 실현하고 수호해야 할 대통령의 의무를 위반한 것이다(헌재 2004.5.14. 2004헌나1). 09. 사법고시

③ [×] 국민투표는 직접민주주의를 실현하기 위한 수단으로서 '사안에 대한 결정', 즉 특정한 국가정책이나 법안을 그 대상으로 한다. 따라서 국민투표의 본질상 '대표자에 대한 신임'은 국민투표의 대상이 될 수 없으며, 우리 헌법에서 대표자의 선출과 그에 대한 신임은 단지 선거의 형태로써 이루어져야 한다. 자신에 대한 재신임을 국민투표의 형태로 묻고자 하는 것은 헌법 제72조에 의하여 부여받은 국민투표부의권을 위헌적으로 행사하는 경우에 해당하는 것으로, 국민투표제도를 자신의 정치적 입지를 강화하기 위한 정치적 도구로 남용해서는 안 된다는 헌법적 의무를 위반한 것이다. 물론, 대통령이 위헌적인 재신임 국민투표를 단지 제안만 하였을 뿐 강행하지는 않았으나, 헌법상 허용되지 않는 재신임 국민투표를 국민들에게 제안한 것은 그 자체로서 헌법 제72조에 반하는 것으로 헌법을 실현하고 수호해야 할 대통령의 의무를 위반한 것이다(헌재 2004. 5.14. 2004헌나1). 09. 사법고시

④ [×] 헌법 제72조에 의한 국민투표는, 헌법개정안에 대한 국민투표의 경우와는 달리 국민투표 결과의 확정방법에 대해 헌법에 규정을 두고 있지 않으며 국민투표법에도 관련 법규정이 없다. 다만, 국민의사의 확인이라는 점에서 정책국민투표나 헌법개정국민투표는 차이가 없다는 이유로 헌법개정국민투표의 의결정족수규정을 유추적용하자는 견해가 있다(권영성 교수 등). 14. 법원행시

㉠ [○] 지방공무원법은 임용권자가 직권으로 면직처분을 할 수 있는 사유를 구체적으로 규정하고 있고, 면직처분을 하는 경우 당해 공무원에게 그 처분사유를 적은 설명서를 교부하도록 하고 있으므로, 당해 처분의 당사자로서는 그 설명서를 받는 즉시 면직처분을 받은 이유를 상세히 알 수 있고, 30일이면 그 면직처분을 소청심사 등을 통해 다툴지 여부를 충분히 숙고할 수 있다고 할 것이다. 따라서 이 사건 청구기간조항은 청구인의 재판청구권을 침해하거나 평등원칙에 위반된다고 볼 수 없다(헌재 2015.3.26. 2013헌바186).

㉡ [○] 심판대상조항은 형사재판절차에서 피고인의 방어권 남용을 방지하는 측면이 있고, 법원은 피고인의 방어권 행사의 적정성, 경제적 능력 등을 종합적으로 고려하여 피고인에 대한 소송비용 부담 여부 및 그 정도를 재량으로 정함으로써 사법제도의 적절한 운영을 도모할 수 있다. 소송비용의 범위도 '형사소송

비용 등에 관한 법률'에서 정한 증인·감정인·통역인 또는 번역인과 관련된 비용 등으로 제한되어 있고 피고인은 소송비용 부담 재판에 대해 불복할 수 있으며 빈곤을 이유로 추후 집행 면제를 신청할 수도 있다. 따라서 심판대상조항은 피고인의 재판청구권을 침해하지 아니한다(헌재 2021.2.25. 2018헌바224).

㉢ [×] 헌법 제27조는 국민의 재판청구권을 보장하고 있는데, 여기에는 공정한 재판을 받을 권리가 포함되어 있다. 그런데 재판청구권에는 민사재판, 형사재판, 행정재판뿐만 아니라 헌법재판을 받을 권리도 포함되므로, 헌법상 보장되는 기본권인 '공정한 재판을 받을 권리'에는 '공정한 헌법재판을 받을 권리'도 포함된다(헌재 2014.4.24. 2012헌마2).

㉣ [×]

> 헌법 제109조 재판의 심리와 판결은 공개한다. 다만, 심리는 국가의 안전보장 또는 안녕질서를 방해하거나 선량한 풍속을 해할 염려가 있을 때에는 **법원의 결정으로 공개하지 아니할 수 있다.**

① [○] 헌법재판에 있어서는 다른 국가기관, 즉 입법부나 행정부가 국민으로 하여금 인간다운 생활을 영위하도록 하기 위하여 객관적으로 필요한 최소한의 조치를 취할 의무를 다하였는지의 여부를 기준으로 국가기관의 행위의 합헌성을 심사하여야 한다는 통제규범으로 작용하는 것이다(헌재 1997.5.29. 94헌마33).

❷ [×] 헌법재판소에게는 통제규범이나, 입법부나 행정부에게는 인간다운 생활을 할 권리를 누릴 수 있게 해야 한다는 행위규범이다.

③ [○] ☑ **사회보험과 공공부조**

| 사회보험 | 공공부조 |
|---|---|
| 자기기여 | 국가부담 |
| 예산에서 일부 지원 | 예산에서 전액 부담 |
| 국민연금, 의료보험 | 생계급여, 주거급여 |
| 국민연금법 | 국민기초생활 보장법 |
| 1차 | 보충 |

④ [○] 군인연금법상의 유족급여수급권은 단순한 사실상의 이익이나 국가가 일방적으로 베푸는 시혜적인 급부를 요구할 수 있는 것에 그치지 아니하고 기본적으로는 헌법상 보장된 사회적 기본권의 성격을 가진 것이므로, 만일 입법자가 유족급여수급권자의 범위를 정함에 있어 어느 집단을 합리적 이유 없이 포함시키지 아니하거나 연금수혜의 대상에서 제외하는 등 불완전하거나 불충분한 입법형성을 함으로써 입법재량의 한계를 일탈한 경우에는 그러한 흠결을 가진 입법 자체에 의하여 청구인의 사회적 기본권이나 평등권이 침해될 수 있다(헌재 2012. 6.27. 2011헌바115).

## 01
정답 ②

㉠ [O]

> **개인정보 보호법 제2조 【정의】** 이 법에서 사용하는 용어의
> 뜻은 다음과 같다.
> 1. '개인정보'란 살아 있는 개인에 관한 정보로서 다음 각
> 목의 어느 하나에 해당하는 정보를 말한다.
> 〈각 목 생략〉

㉡ [×]

> **개인정보 보호법 제2조 【정의】** 이 법에서 사용하는 용어의
> 뜻은 다음과 같다.
> 5. '개인정보처리자'란 업무를 목적으로 개인정보파일을 운
> 용하기 위하여 스스로 또는 다른 사람을 통하여 개인정보
> 를 처리하는 공공기관, 법인, 단체 및 개인 등을 말한다.

㉢ [O]

> **개인정보 보호법 제7조 【개인정보 보호위원회】** ① 개인정보
> 보호에 관한 사무를 독립적으로 수행하기 위하여 국무총
> 리 소속으로 개인정보 보호위원회(이하 '보호위원회'라 한
> 다)를 둔다.

㉣ [×]

> **개인정보 보호법 제23조 【민감정보의 처리 제한】** ① 개인정
> 보처리자는 사상·신념, 노동조합·정당의 가입·탈퇴,
> 정치적 견해, 건강, 성생활 등에 관한 정보, 그 밖에 정보
> 주체의 사생활을 현저히 침해할 우려가 있는 개인정보로
> 서 대통령령으로 정하는 정보(이하 '민감정보'라 한다)를
> 처리하여서는 아니 된다. 다만, 다음 각 호의 어느 하나에
> 해당하는 경우에는 그러하지 아니하다.
> 1. 정보주체에게 제15조 제2항 각 호 또는 제17조 제2항
> 각 호의 사항을 알리고 다른 개인정보의 처리에 대한
> 동의와 별도로 동의를 받은 경우
> 2. 법령에서 민감정보의 처리를 요구하거나 허용하는 경우

㉤ [×]

> **개인정보 보호법 제39조 【손해배상책임】** ① 정보주체는 개인
> 정보처리자가 이 법을 위반한 행위로 손해를 입으면 개인
> 정보처리자에게 손해배상을 청구할 수 있다. 이 경우 그
> **개인정보처리자는** 고의 또는 과실이 없음을 입증하지 아
> 니하면 책임을 면할 수 없다.

## 02
정답 ①

❶ [×] 구 '집회 및 시위에 관한 법률' 제6조 제1항은, 옥외집회·시위를
주최하려는 자는 그에 관한 신고서를 옥외집회·시위를 시작하
기 720시간 전부터 48시간 전에 관할 경찰서장에게 제출하도록
하고 있다. 이러한 사전신고는 경찰관청 등 행정관청으로 하여
금 집회의 순조로운 개최와 공공의 안전보호를 위하여 필요한
준비를 할 수 있는 시간적 여유를 주기 위한 것으로서, 협력의무
로서의 신고이다. 결국 구 '집회 및 시위에 관한 법률' 전체의
규정 체제에서 보면 법은 일정한 신고절차만 밟으면 일반적·원
칙적으로 옥외집회 및 시위를 할 수 있도록 보장하고 있으므로,
집회에 대한 사전신고제도는 헌법 제21조 제2항의 사전허가금
지에 위배되지 않는다(헌재 2014.1.28. 2012헌바39).

② [O] 구 '집회 및 시위에 관한 법률'의 관련 조항 등에 의하면, 옥외
집회 또는 시위를 신고한 주최자가 그 주도 아래 행사를 진행하
는 과정에서 신고한 목적·일시·장소·방법 등의 범위를 현저
히 일탈하는 행위에 이르렀다고 하더라도, 이를 신고 없이 옥외
집회 또는 시위를 주최한 행위로 볼 수는 없다(대판 2008.7.10.
2006도9471).

③ [O] 구 '집회 및 시위에 관한 법률' 제6조 제1항은, 옥외집회·시위
를 주최하려는 자는 그에 관한 신고서를 옥외집회·시위를 시
작하기 720시간 전부터 48시간 전에 관할 경찰서장에게 제출
하도록 하고 있다. 이러한 사전신고는 경찰관청 등 행정관청으
로 하여금 집회의 순조로운 개최와 공공의 안전보호를 위하여
필요한 준비를 할 수 있는 시간적 여유를 주기 위한 것으로서,
협력의무로서의 신고이다(헌재 2014.1.28. 2012헌바39).

④ [O]

> **집회 및 시위에 관한 법률 제5조 【집회 및 시위의 금지】** ① 누
> 구든지 다음 각 호의 어느 하나에 해당하는 집회나 시위를
> 주최하여서는 아니 된다.
> ✎ 옥내·옥외집회 모두 금지됨.
> 1. 헌법재판소의 결정에 따라 해산된 정당의 목적을 달성
> 하기 위한 집회 또는 시위

㉠ [O]
> 정당법 제32조 【서면결의의 금지】 ① 대의기관의 결의와 소속 국회의원의 제명에 관한 결의는 서면이나 대리인에 의하여 의결할 수 없다.

㉡ [O]
> 정당법 제22조 【발기인 및 당원의 자격】 ① 16세 이상의 국민은 공무원 그 밖에 그 신분을 이유로 정당가입이나 정치활동을 금지하는 다른 법령의 규정에 불구하고 누구든지 정당의 발기인 및 당원이 될 수 있다. 다만, 다음 각 호의 어느 하나에 해당하는 자는 그러하지 아니하다.
>   2. 고등교육법 제14조 제1항·제2항에 따른 교원을 제외한 사립학교의 교원
>
> 공직선거법 제53조 【공무원 등의 입후보】 ① 다음 각 호의 어느 하나에 해당하는 사람으로서 후보자가 되려는 사람은 선거일 전 90일까지 그 직을 그만두어야 한다. 다만, 대통령선거와 국회의원선거에 있어서 국회의원이 그 직을 가지고 입후보하는 경우와 지방의회의원선거와 지방자치단체의 장의 선거에 있어서 당해 지방자치단체의 의회의원이나 장이 그 직을 가지고 입후보하는 경우에는 그러하지 아니하다.
>   7. 정당법 제22조 제1항 제2호의 규정에 의하여 정당의 당원이 될 수 없는 사립학교교원
>
> 제60조 【선거운동을 할 수 없는 자】 ① 다음 각 호의 어느 하나에 해당하는 사람은 선거운동을 할 수 없다. 〈단서 생략〉
>   5. 제53조(공무원 등의 입후보) 제1항 제2호 내지 제7호에 해당하는 자(제5호 및 제6호의 경우에는 그 상근직원을 포함한다)
>
> 국민투표법 제28조 【운동을 할 수 없는 자】 ① 정당법상의 당원의 자격이 없는 자는 운동을 할 수 없다.

㉢ [X] 헌법재판소법에서는 권한쟁의심판(제65조)과 함께 정당해산심판에서 별도의 가처분규정을 두고 있으며(제57조, 가처분조항), 헌법재판소법 제40조 제1항에 따라 행정소송법과 민사소송법 등을 준용하여 헌법소원심판에서도 가처분을 인정해 오고 있다(헌재 2014.2.27. 2014헌마7).
　🖊 별도의 가처분규정을 두고 있지 않다고 해서 오답인 지문임. 정당해산심판은 민사소송법만 준용하고 있음.

㉣ [X] 청구인은 등록이 취소된 이후에도 '등록정당'에 준하는 '권리능력 없는 사단'으로서의 실질을 유지하고 있다고 볼 수 있으므로 이 사건 헌법소원의 청구인능력을 인정할 수 있다. 또한 정당설립의 자유는 그 성질상 등록된 정당에게만 인정되는 기본권이 아니라 청구인과 같이 등록정당은 아니지만 권리능력 없는 사단의 실체를 가지고 있는 정당에게도 인정되는 기본권이라고 할 수 있고, 청구인이 등록정당으로서의 지위를 갖추지 못한 것은 결국 이 사건 법률조항 및 같은 내용의 현행 정당법(제17조, 제18조)의 정당등록요건규정 때문이고, 장래에도 이 사건 법률조항과 같은 내용의 현행 정당법 규정에 따라 기본권제한이 반복될 위험이 있으므로, 심판청구의 이익을 인정할 수 있다(헌재 2006.3.30. 2004헌마246).

㉤ [O] 정당은 국민과 국가의 중개자로서 정치적 도관(導管)의 기능을 수행하여 주체적·능동적으로 국민의 다원적 정치의사를 유도·통합함으로써 국가정책의 결정에 직접 영향을 미칠 수 있는 규모의 정치적 의사를 형성하고 있다. 오늘날 대의민주주의에서 차지하는 정당의 이러한 의의와 기능을 고려하여, 헌법 제8조 제1항은 국민 누구나가 원칙적으로 국가의 간섭을 받지 아니하고 정당을 설립할 권리를 기본권으로 보장함과 아울러 복수정당제를 제도적으로 보장하고 있다. 따라서 입법자는 정당설립의 자유를 최대한 보장하는 방향으로 입법하여야 하고, 헌법재판소는 정당설립의 자유를 제한하는 법률의 합헌성을 심사할 때에 헌법 제37조 제2항에 따라 엄격한 비례심사를 하여야 한다(헌재 2014.1.28. 2012헌마431).

❶ [O] 만일 피의사건을 수사한 결과 공소를 제기하기에 충분한 범죄혐의가 없거나 소송조건이 구비되어 있지 아니하여 협의의 불기소처분으로 수사절차를 종결해야 하는 사안임에도 검사가 자의적으로 이를 인정하고 기소유예처분을 한 경우 이에 의하여 평등권과 행복추구권이 침해될 수 있다. 이러한 경우에 헌법재판소법 제68조 제1항에 의한 헌법소원심판절차가 마련되어 기소유예처분의 사실관계나 법령해석에 관한 불복사유의 심리를 통하여 그 구제가 이루어지고 있는 이상, 헌법 제27조 제1항이 규정한 재판청구권이나 헌법 제12조 제1항에 규정된 적법절차원칙이 입법자에게 반드시 기소유예처분을 받은 피의자가 무죄를 주장하여 일반 법원에서 법관에 의한 재판을 받을 수 있는 절차를 마련해야 할 입법자의 행위의무 내지 보호의무를 부여한다고 볼 수 없다(헌재 2013.9.26. 2011헌마472).

② [X] 민사소송법 제184조에서 정하는 기간 내에 판결을 선고하도록 노력해야 하겠지만, 이 기간 내에 반드시 판결을 선고해야 할 법률상의 의무가 발생한다고는 볼 수 없다. 신속한 재판을 받을 권리의 실현을 위해서는 구체적인 입법형성이 필요하며, 법률에 의한 구체적 형성 없이는 신속한 재판을 위한 어떤 직접적이고 구체적인 청구권이 발생하지 아니한다(헌재 1999.9.16. 98헌마75).

③ [X] '민주화운동관련자 명예회복 및 보상 등에 관한 법률'은 관련 규정을 통하여 보상금 등을 심의·결정하는 위원회의 중립성과 독립성을 보장하고 있고, 심의절차의 전문성과 공정성을 제고하기 위한 장치를 마련하고 있으며, 신청인으로 하여금 위원회의 지급결정에 대한 동의 여부를 자유롭게 선택하도록 정하고 있다. 따라서 심판대상조항은 관련자 및 유족의 재판청구권을 침해하지 아니한다(헌재 2018.8.30. 2014헌바180 등).
　🖊 정신적 손해에 대한 배상청구권은 침해임.

④ [X] 심급제도가 몇 개의 심급으로 형성되어야 하는가에 관하여 헌법이 전혀 규정하는 바가 없으므로, 이는 입법자의 광범위한 형성권에 맡겨져 있는 것이며, 모든 구제절차나 법적 분쟁에서 반드시 보장되는 것은 아니다(헌재 2005.3.31. 2003헌바34).

① [X] 모든 국민은 인간다운 생활을 할 권리를 가지며 국가는 생활능력 없는 국민을 보호할 의무가 있다는 헌법의 규정은 모든 국가기관을 기속하지만, 그 기속의 의미는 적극적·형성적 활동을 하는 입법부 또는 행정부의 경우와 헌법재판에 의한 사

법적 통제기능을 하는 헌법재판소에 있어서 동일하지 아니하다(헌재 1997.5.29. 94헌마33).

② [×] 입법부와 행정부에 대하여는 국민소득, 국가의 재정능력과 정책 등을 고려하여 가능한 범위 안에서 <u>최대한으로</u> 모든 국민이 물질적인 최저생활을 넘어서 인간의 존엄성에 맞는 건강하고 문화적인 최저생활을 누릴 수 있도록 하여야 한다는 <u>행위의 지침 및 행위규범으로서 작용하지만, 헌법재판에 있어서는</u> 다른 국가기관, 즉 입법부나 행정부가 국민으로 하여금 인간다운 생활을 영위하도록 하기 위하여 객관적으로 필요한 <u>최소한의 조치를 취할 의무를 다하였는지의 여부를 기준으로 국가기관의 행위의 합헌성을 심사하여야 한다는 통제규범으로 작용</u>하는 것이다(헌재 1997.5.29. 94헌마33).

③ [×] 국가가 인간다운 생활을 보장하기 위한 헌법적인 의무를 다하였는지의 여부가 사법적 심사의 대상이 된 경우에는, 국가가 생계보호에 관한 입법을 전혀 하지 아니하였다든가 그 내용이 현저히 불합리하여 헌법상 용인될 수 있는 재량의 범위를 명백히 일탈한 경우에 한하여 헌법에 위반된다고 할 수 있다(헌재 1997.5.29. 94헌마33).

❹ [○] 국가가 행하는 생계보호의 수준이 그 재량의 범위를 명백히 일탈하였는지의 여부, 즉 인간다운 생활을 보장하기 위한 객관적 내용의 최소한을 보장하고 있는지의 여부는 생활보호법(현행법: 국민기초생활 보장법)에 의한 <u>생계보호급여만을 가지고 판단하여서는 아니 되며 그 외의 법령에 의거하여 국가가 생계보호를 위하여 지급하는 각종 급여나 각종 부담의 감면 등을 총괄한 수준을 가지고 판단하여야 하는바,</u> 비록 위와 같은 생계보호의 수준이 일반 최저생계비에 못 미친다고 하더라도 그 사실만으로 곧 그것이 헌법에 위반된다거나 청구인들의 행복추구권이나 인간다운 생활을 할 권리를 침해한 것이라고는 볼 수 없다(헌재 1997.5.29. 94헌마33).

## 06
정답 ②

① [○] 어떤 의식, 행사, 유형물 등이 비록 종교적인 의식, 행사 또는 상징에서 유래되었다고 하더라도 그것이 이미 우리 사회공동체 구성원들 사이에서 <u>관습화된 문화요소로 인식되고 받아들여질 정도에 이르렀다면,</u> 이는 정교분리원칙이 적용되는 종교의 영역이 아니라 헌법적 보호가치를 지닌 문화의 의미를 갖게 된다. 그러므로 이와 같이 이미 문화적 가치로 성숙한 종교적인 의식, 행사, 유형물에 대한 국가 등의 지원은 일정 범위 내에서 전통문화의 계승·발전이라는 문화국가원리에 부합하며 정교분리원칙에 위배되지 않는다(대판 2009.5.28. 2008두16933).

❷ [×] 학교나 학원설립에 인가나 등록주의를 취했다고 하여 감독청의 지도·감독하에서만 성직자와 종교지도자를 양성하라고 하는 것이 되거나, 정부가 성직자 양성을 직접 관장하는 것이 된다고 할 수 없고, 또 특정 종교를 우대하는 것도 아니므로 이는 더 나아가 살펴볼 필요 없이 헌법 제20조 제2항이 정한 국교금지 내지 정교분리의 원칙을 위반한 것이라 할 수 없다(헌재 2000.3.30. 99헌바14). 10. 법무사

③ [○] 종교인에 한해 공무원이 될 수 있다는 특혜를 베푸는 것은 무신자의 평등권을 침해한다.

④ [○] 조세평등주의의 이념에 비추어 볼 때, 비록 위 면제제도가 선교활동의 촉진을 통한 국민의 정신생활의 성숙이라는 정책적 목적을 실현함에 있어서 필요하다고 하더라도, 특히 정책목표 달성이 필요한 경우에 그 면제혜택을 받는 자의 요건을 엄격히 하여 극히 한정된 범위 내에서 예외적으로 허용되어야 하는 것이다. 그러므로 면제신청 외 다른 특별부가세요건을 갖춘 종교법인이 특별부가세를 면제받은 종교법인에 비하여 합리적 이유 없이 차별취급을 받은 것으로는 볼 수 없다(헌재 2000. 1.27. 98헌바6).

## 07
정답 ③

㉠ [○] 경비업법상 '집단민원현장'으로 분류된, 이해당사자 간 갈등이 표출될 가능성이 큰 성격의 장소들에 경비원을 배치함으로 인하여 발생할 수 있는 폭력사태를 억제하고 그러한 위험성을 관리하기 위해서는 관할 경찰관서장이 배치할 경비원의 결격 사유 해당 여부, 교육 이수 여부, 배치할 집단민원현장에서의 이해당사자 간의 갈등 정도 및 폭력 발생의 가능성을 비롯한 다양한 요소를 종합적으로 검토하여 충분한 시간을 갖고 경비원 배치허가 여부를 결정할 필요가 있다. 배치허가 신청기한에 예외를 두거나 사후신고를 할 수 있도록 하는 경우에는 자격 미달의 경비원을 기습 배치하는 등 악용의 소지가 있다. 따라서 심판대상조항이 일률적으로 경비업자에게 집단민원현장에 경비원을 배치하는 시점을 기준으로 48시간 전까지 배치허가를 신청하도록 한 것은 과도하지 않으며, 심판대상조항을 통해 달성되는 공익인 국민의 생명과 안전 및 재산은 제한되는 경비업자의 사익보다 월등히 크므로, **심판대상조항은 과잉금지원칙을 위반하여 경비업자의 직업수행의 자유를 침해하지 않는다**(헌재 2023.2.23. 2018헌마246).

㉡ [×] 이 사건 법률조항은 의료인으로 하여금 하나의 의료기관에서 책임 있는 의료행위를 하게 하여 의료행위의 질을 유지하고, 지나친 영리추구로 인한 의료의 공공성 훼손 및 의료서비스 수급의 불균형을 방지하며, 소수의 의료인에 의한 의료시장의 독과점 및 의료시장의 양극화를 방지하기 위한 것이다. 국가가 국민의 건강을 보호하고 적정한 의료급여를 보장해야 하는 사회국가적 의무 등을 종합하여 볼 때, 이 사건 법률조항은 과잉금지원칙에 반한다고 할 수 없다(헌재 2019.8.29. 2014헌바212).

㉢ [○] 세무사로서 세무대리를 일체 할 수 없게 됨으로써 세무사 자격 보유 변호사가 받게 되는 불이익이 심판대상조항으로 달성하려는 공익보다 경미하다고 보기 어려우므로, 심판대상조항은 법익의 균형성도 갖추지 못하였다. 그렇다면 심판대상조항은 과잉금지원칙을 위반하여 세무사 자격 보유 변호사의 직업선택의 자유를 침해하므로 헌법에 위반된다(헌재 2018.4.26. 2015헌가19).

㉣ [×] 법무법인이 변호사 직무와 구분되는 영리행위는 할 수 없도록 함으로써 법무법인이 단순한 영리추구 기업으로 변질되는 것을 방지하기 위한 것으로 과잉금지원칙에 위반되지 않는다(헌재 2020.7.16. 2018헌바195).

㉤ [×] 청구인이 공중보건의사에 편입되어 공중보건의사로 복무하는 것은 병역의 종류의 하나인 보충역으로서 병역의무를 이행하기 위한 것이므로, 직업선택의 자유의 보호대상이 되는 '직업'

개념에 포함된다고 보기 어렵다. 따라서 직업선택의 자유 침해 여부는 문제되지 않는다(헌재 2020.9.24. 2017헌마643).

## 08

정답 ①

❶ [○]
> 공직선거법 제222조【선거소송】① 대통령선거 및 국회의원선거에 있어서 선거의 효력에 관하여 이의가 있는 선거인·정당(후보자를 추천한 정당에 한한다) 또는 후보자는 선거일부터 30일 이내에 당해 선거구선거관리위원회 위원장을 피고로 하여 대법원에 소를 제기할 수 있다. 01. 사법고시

② [×] 정당의 경우 후보자를 추천한 정당에 한한다.
> 공직선거법 제222조【선거소송】① 대통령선거 및 국회의원선거에 있어서 선거의 효력에 관하여 이의가 있는 선거인·정당(**후보자를 추천한 정당에 한한다**) 또는 후보자는 선거일부터 30일 이내에 당해 선거구선거관리위원회 위원장을 피고로 하여 대법원에 소를 제기할 수 있다. 17. 법원행시

③ [×]
> 공직선거법 제222조【선거소송】① 대통령선거 및 국회의원선거에 있어서 선거의 효력에 관하여 이의가 있는 선거인·정당(후보자를 추천한 정당에 한한다) 또는 후보자는 선거일부터 **30일 이내**에 당해 선거구선거관리위원회 위원장을 피고로 하여 **대법원**에 소를 제기할 수 있다. 21. 경찰승진

④ [×]
> 공직선거법 제222조【선거소송】① 대통령선거 및 국회의원선거에 있어서 선거의 효력에 관하여 이의가 있는 선거인·정당(후보자를 추천한 정당에 한한다) 또는 후보자는 선거일부터 30일 이내에 **당해 선거구선거관리위원회 위원장**을 피고로 하여 대법원에 소를 제기할 수 있다. 12. 법무사

## 09

정답 ③

① [×] 국가배상과는 그 취지 자체가 상이하므로 형사보상절차로서 인과관계 있는 모든 손해를 보상하지 않는다고 하여 반드시 부당하다고 할 수는 없다(헌재 2010.10.28. 2008헌마514 등).

② [×] 형사보상청구권은 헌법 제28조에 따라 '법률이 정하는 바에 의하여' 행사되므로 그 내용은 법률에 의해 정해지는바, 형사보상의 구체적 내용과 금액 및 절차에 관한 사항은 입법자가 정하여야 할 사항이다. 이 사건 보상금조항 및 이 사건 보상금 시행령조항은 보상금을 일정한 범위 내로 한정하고 있는데, 형사보상은 형사사법절차에 내재하는 불가피한 위험으로 인한 피해에 대한 보상으로서 국가의 위법·부당한 행위를 전제로 하는 국가배상과는 그 취지 자체가 상이하므로 형사보상절차로서 인과관계 있는 모든 손해를 보상하지 않는다고 하여 반드시 부당하다고 할 수는 없으며, 보상금액의 구체화·개별화를 추구할 경우에는 개별적인 보상금액을 산정하는 데 상당한 기간의 소요 및 절차의 지연을 초래하여 형사보상제도의 취지에 반하는 결과가 될 위험이 크고 나아가 그로 인하여 형사보상금의 액수에 지나친 차등이 발생하여 오히려 공평의 관념을 저해할 우려가 있는바, 이 사건 보상금조항 및 이 사건 보상금

시행령조항은 청구인들의 형사보상청구권을 침해한다고 볼 수 없다(헌재 2010.10.28. 2008헌마514).

❸ [○] 헌법 제28조에서 규정하는 '정당한 보상'은 헌법 제23조 제3항에서 재산권의 침해에 대하여 규정하는 '정당한 보상'과는 차이가 있다 할 것이다. 헌법 제23조 제3항에서 규정하는 '정당한 보상'이란 원칙적으로 피수용재산의 객관적 재산가치를 완전하게 보상하는 것이어야 하는바, 토지수용 등과 같은 재산권의 제한은 물질적 가치에 대한 제한이므로 제한되는 가치의 범위가 객관적으로 산정될 수 있어 이에 대한 완전한 보상이 가능하다. 그런데 헌법 제28조에서 문제되는 신체의 자유에 대한 제한인 구금으로 인하여 침해되는 가치는 객관적으로 산정할 수 없으므로, 일단 침해된 신체의 자유에 대하여 어느 정도의 보상을 하여야 완전한 보상을 하였다고 할 것인지 단언하기 어렵다(헌재 2010.10.28. 2008헌마514).

④ [×] 형사보상청구권은 헌법 제28조에 따라 '법률이 정하는 바에 의하여' 행사되므로 그 내용은 법률에 의해 정해지는바, 형사보상의 구체적 내용과 금액 및 절차에 관한 사항은 입법자가 정하여야 할 사항이다. 이 사건 보상금조항 및 이 사건 보상금 시행령조항은 보상금을 일정한 범위 내로 한정하고 있는데, 형사보상은 형사사법절차에 내재하는 불가피한 위험으로 인한 피해에 대한 보상으로서 국가의 위법·부당한 행위를 전제로 하는 국가배상과는 그 취지 자체가 상이하므로 형사보상절차로서 인과관계 있는 모든 손해를 보상하지 않는다고 하여 반드시 부당하다고 할 수는 없으며, 보상금액의 구체화·개별화를 추구할 경우에는 개별적인 보상금액을 산정하는 데 상당한 기간의 소요 및 절차의 지연을 초래하여 형사보상제도의 취지에 반하는 결과가 될 위험이 크고 나아가 그로 인하여 형사보상금의 액수에 지나친 차등이 발생하여 오히려 공평의 관념을 저해할 우려가 있는바, 이 사건 보상금조항 및 이 사건 보상금 시행령조항은 청구인들의 형사보상청구권을 침해한다고 볼 수 없다(헌재 2010.10.28. 2008헌마514).

정답 ③

① [○] 자녀의 양육과 교육은 일차적으로 부모의 천부적인 권리인 동시에 부모에게 부과된 의무이기도 하다. '부모의 자녀에 대한 교육권'은 비록 헌법에 명문으로 규정되어 있지는 아니하지만, 이는 모든 인간이 누리는 불가침의 인권으로서 혼인과 가족생활을 보장하는 헌법 제36조 제1항, 행복추구권을 보장하는 헌법 제10조 및 "국민의 자유와 권리는 헌법에 열거되지 아니한 이유로 경시되지 아니한다."라고 규정하는 헌법 제37조 제1항에서 나오는 중요한 기본권이다. 부모는 자녀의 교육에 관하여 전반적인 계획을 세우고 자신의 인생관·사회관·교육관에 따라 자녀의 교육을 자유롭게 형성할 권리를 가지며, 부모의 교육권은 다른 교육의 주체와의 관계에서 원칙적인 우위를 가진다(헌재 2000.4.27. 98헌가16).

② [○] 자녀의 양육과 교육은 일차적으로 부모의 천부적인 권리인 동시에 부모에게 부과된 의무이기도 하다. '부모의 자녀에 대한 교육권'은 비록 헌법에 명문으로 규정되어 있지는 아니하지만, 이는 모든 인간이 누리는 불가침의 인권으로서 혼인과 가족생활을 보장하는 헌법 제36조 제1항, 행복추구권을 보장하는 헌법 제10조 및 "국민의 자유와 권리는 헌법에 열거되지 아니한

이유로 경시되지 아니한다."라고 규정하는 헌법 제37조 제1항에서 나오는 중요한 기본권이다(헌재 2000.4.27. 98헌가16 등).

❸ [ x ] 부모의 자녀교육권은 다른 기본권과는 달리, 기본권의 주체인 부모의 자기결정권이라는 의미에서 보장되는 자유가 아니라, 자녀의 보호와 인격발현을 위하여 부여되는 기본권이다. 다시 말하면, 부모의 자녀교육권은 자녀의 행복이란 관점에서 보장되는 것이며, 자녀의 행복이 부모의 교육에 있어서 그 방향을 결정하는 지침이 된다(헌재 2000.4.27. 98헌가16).

④ [ O ] 헌법 제31조가 보호하는 교육의 자주성·전문성·정치적 중립성은 국가의 안정적인 성장 발전을 도모하기 위하여서는 교육이 외부세력의 부당한 간섭에 영향받지 않도록 교육자 내지 교육전문가에 의하여 주도되고 관할되어야 할 필요가 있다는 데서 비롯된 것인바, 비록 심판대상조항에 의하여 사립학교 교육의 자주성·전문성이 어느 정도 제한된다고 하더라도, 그 입법취지 및 학교운영위원회의 구성과 성격 등을 볼 때, 사립학교 학교운영위원회제도가 현저히 자의적이거나 비합리적으로 사립학교의 공공성만을 강조하고 사립학교의 자율성을 제한한 것이라 보기 어렵다(헌재 2001.11.29. 2000헌마278).

## 11 정답 ②

① [ x ] 법의 목적을 벗어나 법률을 해석한다면 입법행위를 하는 것이므로 입법권의 본질을 침해하게 된다.

❷ [ O ] 문의적 한계는 합헌적 법률해석의 한계이다. 조약도 문의적 한계를 넘어서 해석해서는 안 된다.

③ [ x ] 헌법수용적 한계를 넘어 헌법을 확대해석한 후 법률의 효력을 존속시키는 것은 헌법을 법률에 맞추어 해석하는 것으로서 허용되어서는 안 된다.

④ [ x ] 법률 또는 법률의 위 조항은 원칙적으로 가능한 범위 안에서 합헌적으로 해석함이 마땅하나 그 해석은 법의 문구와 목적에 따른 한계가 있다. 즉, 법률의 조항의 문구가 간직하고 있는 말의 뜻을 넘어서 말의 뜻이 완전히 다른 의미로 변질되지 아니하는 범위 내이어야 한다는 문의적 한계와 입법권자가 그 법률의 제정으로써 추구하고자 하는 입법자의 명백한 의지와 입법의 목적을 헛되게 하는 내용으로 해석할 수 없다는 법목적에 따른 한계가 바로 그것이다(헌재 1989.7.14. 88헌가5 등).

## 12 정답 ①

❶ [ O ] 구법질서가 더 이상 적절하지 아니하다는 입법자의 정책적인 판단에 의한 이 사건 법률조항의 입법으로 말미암아 청구인들이 구법질서에서 누리던 신뢰가 손상되었다 하더라도 이를 일컬어 헌법적 한계를 넘는 위헌적인 공권력 행사라고는 평가할 수 없다(헌재 2001.6.28. 2001헌마32). 08. 국회직 8급

② [ x ] 사회환경이나 경제여건의 변화에 따른 필요성에 의하여 법률은 신축적으로 변할 수밖에 없고, 변경된 새로운 법질서와 기존의 법질서 사이에는 이해관계의 상충이 불가피하다. 따라서 국민이 가지는 모든 기대 내지 신뢰가 헌법상 권리로서 보호될 것은 아니고, 신뢰의 근거 및 종류, 상실된 이익의 중요성, 침해의 방법 등에 비추어 종전 법규·제도의 존속에 대한 개인의 신뢰가 합리적이어서 권리로서 보호될 필요성이 있다고 인정되어야 한다(헌재 2015.2.26. 2012헌마400). 16. 변호사시험

③ [ x ] 입법자는 새로운 인식을 수용하고 변화한 현실에 적절하게 대처해야 하기 때문에, 국민은 현재의 법적 상태가 항상 지속되리라는 것을 원칙적으로 신뢰할 수 없다. 법률의 존속에 대한 개인의 신뢰는 법적 상태의 변화를 예측할 수 있는 정도에 따라서 달라지므로, 신뢰보호가치의 정도는 개인이 어느 정도로 법률개정을 예측할 수 있었는가에 따라서 결정된다(헌재 2003.10.30. 2001헌마700). 19. 경찰승진 변형

④ [ x ] 신뢰보호원칙은 법률의 개정에도 적용된다.

> **관련판례**
>
> 심판대상 법률조항은 종전의 규정에 의한 폐기물재생처리신고업자의 사업이 개정규정에 의한 폐기물중간처리업에 해당하는 경우에 영업을 계속하기 위하여는 법 시행일부터 1년 이내에 개정규정에 의한 폐기물중간처리업의 허가를 받도록 함으로써 법률개정을 통하여 신고제에서 허가제로 직업요건을 강화하는 과정에서 신뢰보호를 위한 경과조치를 규정하고 있다. 위 법률조항은 종전의 규정에 의한 폐기물재생처리신고업자가 법개정으로 인한 상황변화에 적절히 대처할 수 있도록 상당한 유예기간을 두고 있고, 그 기간은 2000.7.1. 대통령령 제16891호로 개정된 도시계획법 시행령 부칙 제3조에 의하여 도시계획결정에 관한 새로운 유예기간이 추가된 점에 비추어 볼 때 지나치게 짧은 것이라고 할 수 없으므로, 위 법률조항은 종전의 규정에 의한 폐기물재생처리신고업자의 신뢰이익을 충분히 보호하고 있는 것으로서 과잉금지의 원칙에 위반하여 청구인들의 직업결정의 자유를 침해하는 것이라고 볼 수 없다(헌재 2000.7.20. 99헌마452). 17. 법원행시

## 13 정답 ①

❶ [ x ] 재개발조합의 공공성과 '도시 및 주거환경정비법'에서 위 조합에 행정처분을 할 수 있는 권한을 부여한 취지 등을 종합하여 볼 때, 재개발조합이 공법인의 지위에서 행정처분의 주체가 되는 경우에 있어서는, 위 조합은 재개발사업에 관한 국가의 기능을 대신하여 수행하는 공권력 행사자 내지 기본권 수범자의 지위에 있다. 따라서 재개발조합이 기본권의 수범자로 기능하면서 행정심판의 피청구인이 된 경우에 적용되는 심판대상조항의 위헌성을 다투는 이 사건에 있어, 재개발조합인 청구인은 기본권의 주체가 된다고 볼 수 없다(헌재 2022.7.21. 2019헌바543).

② [ O ] 공제회는 '학교안전사고 예방 및 보상에 관한 법률'에 의하여 설립된 공공단체로서, 국가로부터 존립목적을 부여받아 행정목적을 수행하는 공법인적 특성을 갖고 있다. 반면, 공제회는 민법이 적용되던 과거 학교안전공제회와 동일한 성격의 단체일 뿐, 행정관청 또는 그로부터 행정권한을 위임받은 단체로 보기 어렵다. 이처럼 공제회는 공법인적 성격과 사법인적 성격을 겸유하고 있는데, 공제회가 일부 공법인적 성격을 갖고 있다고 하더라도 공무를 수행하거나 고권적 행위를 하는 경우가 아닌 사경제주체로서 활동하는 경우나 조직법상 국가로부터 독립한 고유업무를 수행하는 경우, 그리고 다른 공권력주체와의 관계에서 지배복종관계가 성립되어 일반 사인처럼 그 지배하에 있는 경우 등에는 기본권 주체가 될 수 있다(헌재 2015.7.30. 2014헌가7).

③ [○] 청구인은 공법상 재단법인인 방송문화진흥회가 최다출자자인 방송사업자로서 방송법 등 관련 규정에 의하여 공법상의 의무를 부담하고 있지만, 그 설립목적이 언론의 자유의 핵심영역인 방송사업이므로 이러한 업무수행과 관련해서는 기본권 주체가 될 수 있고, 그 운영을 광고수익에 전적으로 의존하고 있는 만큼 이를 위해 사경제주체로서 활동하는 경우에도 기본권 주체가 될 수 있다. 이 사건 심판청구는 청구인이 그 운영을 위한 영업활동의 일환으로 방송광고를 판매하는 지위에서 그 제한과 관련하여 이루어진 것이므로 그 기본권 주체성이 인정된다(헌재 2013.9.26. 2012헌마271).

④ [○] 헌법상 기본권의 주체가 될 수 있는 법인은 원칙적으로 사법인에 한하는 것이고, 공법인은 헌법의 수범자이지 기본권의 주체가 될 수 없다. 또한 예외적으로 공법인적 성질을 가지는 법인이 기본권의 주체가 되는 경우에도 그 공법인적 성격으로 인한 제한을 받지 않을 수 없다(헌재 2000.6.1. 99헌마553).

국가권력의 간섭 없이 자유롭게 할 수 있다는 포괄적인 의미의 자유권으로서의 성격을 가지므로, 사회보험의 일종인 국민건강보험법에 의하여 요양급여를 요구하는 것이 자유권의 영역에 속한다고 볼 수 없는 이상, <u>이를 요구할 권리가 포괄적 자유권인 행복추구권의 내용에 포함된다고 할 수 없어서 A형 혈우병 환자에 대한 유전자재조합제제의 요양급여 여부를 결정하고 있는 이 사건 고시조항이 행복추구권을 침해한다고 보기는 어렵다</u>(헌재 2012.6.27. 2010헌마716).

④ [×] 헌법 제10조의 행복추구권은 국민이 행복을 추구하기 위하여 필요한 급부를 국가에 적극적으로 요구할 수 있는 것을 내용으로 하는 것이 아니라, 국민이 행복을 추구하기 위한 활동을 국가권력의 간섭 없이 자유롭게 할 수 있다는 포괄적인 의미의 자유권으로서의 성격을 가진다고 할 것이므로 자유권이나 자유권의 제한영역에 관한 규정이 아닌 이 사건 심판대상조항은 청구인들의 행복추구권을 침해하는 규정이라고 할 수는 없다(헌재 2008.10.30. 2006헌바35).

## 14

① [×] 청구인들은 시민이 공물을 이용할 수 있는 요건을 갖추는 한 공물을 사용·이용하게 해달라고 국가에 대하여 청구할 수 있는 권리, 즉 공물이용권이 행복추구권에 포함되는 청구권적 기본권이라고 주장한다. 그러나 <u>헌법 제10조의 행복추구권은 국민이 행복을 추구하기 위한 활동을 국가권력의 간섭 없이 자유롭게 할 수 있다는 포괄적인 의미의 자유권으로서의 성격을 갖는 것인바, 청구인들이 주장하는 공물을 사용·이용하게 해 달라고 청구할 수 있는 권리는 청구인들의 주장 자체에 의하더라도 청구권의 영역에 속하는 것이므로 이러한 권리가 포괄적인 자유권인 행복추구권에 포함된다고 할 수 없다.</u> 그러나 일반 공중의 사용에 제공된 공공용물을 그 제공목적대로 이용하는 것은 일반 사용 내지 보통 사용에 해당하는 것으로 따로 행정주체의 허가를 받을 필요가 없는 행위이고, 구 '서울특별시 서울광장의 사용 및 관리에 관한 조례'도 사용허가를 받아야 하는 광장의 사용은 불특정 다수 시민의 자유로운 광장 이용을 제한하는 경우로 정하여(위 조례 제2조 제1호) 개별적으로 서울광장을 통행하거나 서울광장에서 여가활동이나 문화활동을 하는 것은 아무런 제한 없이 허용하고 있다. 이처럼 일반 공중에게 개방된 장소인 서울광장을 개별적으로 통행하거나 서울광장에서 여가활동이나 문화활동을 하는 것은 일반적 행동자유권의 내용으로 보장됨에도 불구하고, 피청구인이 이 사건 통행제지행위에 의하여 청구인들의 이와 같은 행위를 할 수 없게 하였으므로 청구인들의 일반적 행동자유권의 침해 여부가 문제된다(헌재 2011.6.30. 2009헌마406).

❷ [○] 계약자유의 원칙이란 계약을 체결할 것인가의 여부, 체결한다면 어떠한 내용의, 어떠한 상대방과의 관계에서, 어떠한 방식으로 계약을 체결하느냐 하는 것도 당사자 자신이 자기의사로 결정하는 자유뿐만 아니라, 원치 않으면 계약을 체결하지 않을 자유를 말하여, 이는 헌법상의 행복추구권 속에 함축된 일반적 행동자유권으로부터 파생되는 것이라 할 것이다(헌재 1991.6.3. 89헌마204).

③ [×] 헌법 제10조의 행복추구권은 국민이 행복을 추구하기 위하여 필요한 급부를 국가에 적극적으로 요구할 수 있는 것을 내용으로 하는 것이 아니라, 국민이 행복을 추구하기 위한 활동을

## 15
정답 ②

① [×] '부득이'의 사전적 의미는 '마지못하여 하는 수 없이'로, 자동차가 고속도로 등을 통행하는 중에는 다양한 상황이 발생할 수 있으므로, 법률에 구체적이고 일의적인 기준이 제시될 경우 갓길 통행이 불가피한 예외적인 사정이 포섭되지 않는 등으로 인하여 오히려 비상상황에서 적절한 대처를 할 수 없게 될 가능성을 배제하기 어렵다. 결국 금지조항이 규정한 '부득이한 사정'이란 사회통념상 차로의 통행을 기대하기 어려운 특별한 사정을 의미한다고 해석된다. 건전한 상식과 통상적인 법감정을 가진 수범자는 금지조항이 규정한 부득이한 사정이 어떠한 것인지 충분히 알 수 있고, 법관의 보충적인 해석을 통하여 그 의미가 확정될 수 있다. 그러므로 금지조항 중 <u>'부득이한 사정' 부분은 죄형법정주의의 명확성원칙에 위배되지 않는다</u>(헌재 2021.8.31. 2020헌바100).

❷ [○] '시정'과 '변경'의 사전적인 의미, 심판대상조항은 영유아보육법 제38조 위반에 대한 제재규정이라는 점, 영유아보육법 제38조 위반행위의 대표적인 모습은 어린이집이 보호자로부터 관할 시·도지사가 정한 한도액을 초과하여 보호자로부터 필요경비를 수납하는 것이라는 점을 종합적으로 고려하면, 심판대상조항이 규정하고 있는 '시정 또는 변경'명령은 '영유아보육법 제38조 위반행위에 대하여 그 위법사실을 시정하도록 함으로써 정상적인 법질서를 회복하는 것을 목적으로 행해지는 행정작용'으로, 여기에는 과거의 위반행위로 인하여 취득한 필요경비 한도 초과액에 대한 환불명령도 포함됨을 어렵지 않게 예측할 수 있다. 따라서 심판대상조항은 명확성원칙에 위배되지 않는다(헌재 2017.12.28. 2016헌바249).

③ [×] <u>기본권 제한입법이라 하더라도 규율대상이 지극히 다양하거나 수시로 변화하는 성질의 것이어서 입법기술상 일의적으로 규정할 수 없는 경우에는 명확성의 요건이 완화</u>되어야 할 것이다. 또한 당해 규정이 명확한지 여부는 그 규정의 문언만으로 판단할 것이 아니라 관련 조항을 유기적·체계적으로 종합하여 판단하여야 할 것이다(헌재 1999.9.16. 97헌바73).

④ [×] 영업의 일반적 의미와 '응급의료에 관한 법률'의 관련 규정을 유기적·체계적으로 종합하여 보면, <u>심판대상조항의 수범자인</u>

이송업자는 처벌조항이 처벌하고자 하는 행위가 무엇이고 그에 대한 형벌이 어떤 것인지 예견할 수 있으며, 심판대상조항의 합리적인 해석이 가능하므로, 심판대상조항은 죄형법정주의의 명확성원칙에 위배되지 아니한다(헌재 2018.2.22. 2016헌바100).

## 16 정답 ①

❶ [O]

> **국적법 제11조의2【복수국적자의 법적 지위 등】** ① 출생이나 그 밖에 이 법에 따라 대한민국 국적과 외국 국적을 함께 가지게 된 사람으로서 대통령령으로 정하는 사람(이하 '복수국적자'라 한다)는 대한민국의 법령 적용에서 대한민국 국민으로만 처우한다.
> ③ 중앙행정기관의 장이 복수국적자를 외국인과 동일하게 처우하는 내용으로 법령을 제정 또는 개정하려는 경우에는 미리 법무부장관과 협의하여야 한다.

② [X]

> **국적법 제11조의2【복수국적자의 법적 지위 등】** ③ 중앙행정기관의 장이 복수국적자를 외국인과 동일하게 처우하는 내용으로 법령을 제정 또는 개정하려는 경우에는 미리 법무부장관과 협의하여야 한다.

③ [X]

> **국적법 제18조【국적상실자의 권리 변동】** ① 대한민국 국적을 상실한 자는 국적을 상실한 때부터 대한민국의 국민만이 누릴 수 있는 권리를 누릴 수 없다.
> ② 제1항에 해당하는 권리 중 대한민국의 국민이었을 때 취득한 것으로서 양도할 수 있는 것은 그 권리와 관련된 법령에서 따로 정한 바가 없으면 3년 내에 대한민국의 국민에게 양도하여야 한다.

✎ 대한민국의 국민만이 누릴 수 있는 권리: 바로 상실
✎ 양도할 수 있는 권리: 3년

④ [X]

> **국적법 제14조【대한민국 국적의 이탈요건 및 절차】** ① 복수국적자로서 외국 국적을 선택하려는 자는 외국에 주소가 있는 경우에만 주소지 관할 재외공관의 장을 거쳐 법무부장관에게 대한민국 국적을 이탈한다는 뜻을 신고할 수 있다. 다만, 제12조 제2항 본문 또는 같은 조 제3항에 해당하는 자는 그 기간 이내에 또는 해당 사유가 발생한 때부터만 신고할 수 있다.

## 17 정답 ④

㉠ [O] 권한쟁의심판의 청구인은 청구인의 권한 침해만을 주장할 수 있도록 하고 있을 뿐, 국가기관의 부분 기관이 자신의 이름으로 소속 기관의 권한을 주장할 수 있는 '제3자 소송담당'의 가능성을 명시적으로 규정하고 있지 않은 현행법체계에서 국회의 구성원인 청구인들은 국회의 '예산 외에 국가의 부담이 될 계약'의 체결에 있어 동의권의 침해를 주장하는 권한쟁의심판을 청구할 수 없다(헌재 2008.1.17. 2005헌라10). 11. 법원행시, 08. 사법고시

㉡ [O] 피청구인(국회 상임위원회 위원장)이 청구인(소수당 소속 상임위원회 위원)들의 출입을 봉쇄한 상태에서 이 사건 회의를 개의하여 한미 FTA비준동의안을 상정한 행위 및 위 동의안을 법안심사 소위원회에 심사회부한 행위는 헌법 제49조의 다수결의 원리, 헌법 제50조 제1항의 의사공개의 원칙과 이를 구체적으로 구현하는 국회법 제54조, 제75조 제1항에 반하는 위헌·위법한 행위라 할 것이고, 그 결과 청구인들은 이 사건 동의안 심의과정(대체토론)에 참여하지 못하게 됨으로써, 이 사건 상정·회부행위로 인하여 헌법에 의하여 부여받은 이 사건 동의안의 심의권을 침해당하였다 할 것이다(헌재 2010.12.28. 2008헌라7). 17. 입법고시

㉢ [X] 국회의 동의권이 침해되었다고 하여 동시에 국회의원의 심의·표결권이 침해된다고 할 수 없고, 국회의원의 심의·표결권은 국회의 대내적인 관계에서 행사되고 침해될 수 있을 뿐 다른 국가기관과의 대외적인 관계에서는 침해될 수 없는 것이므로, 국회의원들 상호 간 또는 국회의원과 국회의장 사이와 같이 국회 내부적으로만 직접적인 법적 연관성을 발생시킬 수 있을 뿐이고, 대통령 등 국회 이외의 국가기관과의 사이에서는 권한 침해의 직접적인 법적 효과를 발생시키지 아니한다. 따라서 피청구인인 대통령이 국회의 동의 없이 조약을 체결·비준하였다 하더라도 국회의 조약 체결·비준에 대한 동의권이 침해될 수는 있어도 국회의원인 청구인들의 심의·표결권이 침해될 가능성은 없다(헌재 2011.8.30. 2011헌라2). 19. 소방간부

㉣ [X] 국회의원의 심의·표결권은 국회의 대내적인 관계에서 행사되고 침해될 수 있을 뿐 다른 국가기관과의 대외적인 관계에서는 침해될 수 없는 것이므로, 국회의원들 상호 간 또는 국회의원과 국회의장 사이와 같이 국회 내부적으로만 직접적인 법적 연관성을 발생시킬 수 있을 뿐이고 대통령 등 국회 이외의 국가기관과 사이에서는 권한 침해의 직접적인 법적 효과를 발생시키지 아니한다. 따라서 피청구인인 대통령이 국회의 동의 없이 조약을 체결·비준하였다 하더라도 국회의 조약 체결·비준에 대한 동의권이 침해될 수는 있어도 국회의원인 청구인들의 심의·표결권이 침해될 가능성은 없다(헌재 2007.7.26. 2005헌라8). 17. 법무사

## 18 정답 ③

① [X] 국가작용에 있어서 취해진 어떠한 조치나 선택된 수단은 그것이 달성하려는 사안의 목적에 적합하여야 함은 당연하지만 그 조치나 수단이 목적 달성을 위하여 유일무이한 것일 필요는 없는 것이다. 국가가 어떠한 목적을 달성함에 있어서는 어떠한 조치나 수단 하나만으로서 가능하다고 판단할 경우도 있고 다른 여러 가지의 조치나 수단을 병과하여야 가능하다고 판단하는 경우도 있을 수 있으므로 과잉금지의 원칙이라는 것이 목적달성에 필요한 유일의 수단선택을 요건으로 하는 것이라고 할 수는 없는 것이다(헌재 1989.12.22. 88헌가13). 15. 변호사시험

② [X] 침해의 최소성의 관점에서 우선 기본권을 적게 제한하는 기본권 행사의 방법에 관한 규제로써 공익을 실현할 수 있는가를 시도하고 이러한 방법으로는 공익의 달성이 어렵다고 판단되는 경우에 비로소 그 다음 단계인 기본권 행사 여부에 관한 규제를 선택해야 한다(헌재 1998.5.28. 96헌가5). 10. 국회직 8급

❸ [O] 입법자가 임의적 규정으로도 법의 목적을 실현할 수 있는 경우에 구체적 사안의 개별성과 특수성을 고려할 수 있는 가능성을 일체 배제하는 필요적 규정을 둔다면 이는 비례의 원칙의 한 요소인 '최소침해성의 원칙'에 위배된다(헌재 2004.7.15. 2003헌바35 등 ; 헌재 2006.12.28. 2005헌바87). 16. 소방간부

❹ [X] 최소침해성의 원칙의 적용을 배제할 수 없다. 헌법재판소는 과잉금지의 원칙 4가지 중 어느 하나라도 위반되면 헌법에 위반된다고 한다.

> **관련판례**
>
> 헌법의 기본정신(헌법 제37조 제2항의 규정은 기본권 제한입법의 수권규정인 성질과 아울러 기본권 제한입법의 한계규정의 성질을 지니고 있다)에 비추어 볼 때 기본권의 본질적인 내용의 침해가 설사 없다고 하더라도 과잉금지의 원칙에 위반되면 역시 위헌임을 면하지 못한다고 할 것인데, 과잉금지의 원칙은 국가작용의 한계를 명시하는 것인데 목적의 정당성, 방법의 적정성, 피해의 최소성, 법익의 균형성을 의미하는 것으로서 그 어느 하나에라도 저촉되면 위헌이 된다는 헌법상의 원칙이다(헌재 1989.12.22. 88헌가13).
> 09. 사법고시

## 19
정답 ④

① [X] 헌법에서 특별히 평등을 요구하고 있는 경우 엄격한 심사척도가 적용될 수 있다. 헌법이 스스로 차별의 근거로 삼아서는 아니 되는 기준을 제시하거나 차별을 특히 금지하고 있는 영역을 제시하고 있다면 그러한 기준을 근거로 한 차별이나 그러한 영역에서의 차별에 대하여 엄격하게 심사하는 것이 정당화된다. 다음으로 차별적 취급으로 인하여 관련 기본권에 대한 중대한 제한을 초래하게 된다면 입법형성권은 축소되어 보다 엄격한 심사척도가 적용되어야 할 것이다. … 엄격한 심사를 한다는 것은 자의금지원칙에 따른 심사, 즉 합리적 이유의 유무를 심사하는 것에 그치지 아니하고 비례성원칙에 따른 심사, 즉 차별취급의 목적과 수단 간에 엄격한 비례관계가 성립하는지를 기준으로 한 심사를 행함을 의미한다(헌재 1999.12.23. 98헌마363).

② [X] 자의심사의 경우에는 차별을 정당화하는 합리적인 이유가 있는지만을 심사하기 때문에 그에 해당하는 비교대상 간의 사실상의 차이나 입법목적(차별목적)의 발견·확인에 그치는 반면에, 비례심사의 경우에는 단순히 합리적인 이유의 존부 문제가 아니라 차별을 정당화하는 이유와 차별 간의 상관관계에 대한 심사, 즉 비교대상 간의 사실상의 차이의 성질과 비중 또는 입법목적(차별목적)의 비중과 차별의 정도에 적정한 균형관계가 이루어져 있는가를 심사한다(헌재 2001.2.22. 2000헌마25).

③ [X] 우리 헌법재판소는 독일연방헌법재판소의 2중 심사기준(자의금지원칙, 비례의 원칙)을 원칙적으로 수용하여, 제대군인가산점사건에서 남녀차별에 대해서 엄격한 심사를 하였다(헌재 1993.12.23. 98헌마363). 그러나 병역의무사건에서는 성별에 의한 차별임에도 자의심사를 하였다. 따라서 미국의 성별에 의한 차별심사기준인 중간심사를 하지 않았다.

❹ [O] 교육시설 중 '고등학교'의 진학이 문제되는바, 교육부의 2018년 교육기본통계에 의하면 2018년도 우리나라 전체 중학교 졸

업자의 약 99.7%가 고등학교 과정에 진학하였다. 비록 고등학교 교육이 의무교육은 아니지만 매우 보편화된 일반 교육임을 알 수 있다. 따라서 고등학교 진학기회의 제한은 대학 등 고등교육기관에 비하여 당사자에게 미치는 제한의 효과가 더욱 크므로 보다 더 엄격히 심사하여야 한다. 따라서 이 사건 중복지원금지조항의 차별목적과 차별의 정도가 비례원칙을 준수하는지 살펴본다(헌재 2019.4.11. 2018헌마221).

## 20
정답 ①

❶ [X] 변호사의 도움을 받을 권리를 제한하는 것이 아니라, 변호인의 도움을 받을 권리를 받을 권리를 제한하는 것이라 틀린 지문이다.

✎ 별개의견은 재판청구권 침해로 보았음.
변호인접견신청 거부는 현행법상 아무런 법률상 근거가 없이 청구인의 변호인의 조력을 받을 권리를 제한한 것이므로, 청구인의 변호인의 조력을 받을 권리를 침해한 것이다. 또한 청구인에게 변호인접견신청을 허용한다고 하여 국가안전보장, 질서유지, 공공복리에 어떠한 장애가 생긴다고 보기는 어렵고, 필요한 최소한의 범위 내에서 접견장소 등을 제한하는 방법을 취한다면 국가안전보장이나 환승구역의 질서유지 등에 별다른 지장을 주지 않으면서도 청구인의 변호인접견권을 제대로 보장할 수 있다. 따라서 이 사건 변호인접견신청 거부는 국가안전보장이나 질서유지, 공공복리를 위해 필요한 기본권 제한조치로 볼 수도 없다(헌재 2018.5.31. 2014헌마346).

② [O] 변호인 선임을 위하여 피의자·피고인(이하 '피의자 등'이라 한다)이 가지는 '변호인이 되려는 자'와의 접견교통권은 헌법상 기본권으로 보호되어야 하고, '변호인이 되려는 자'의 접견교통권은 피의자 등이 변호인을 선임하여 그로부터 조력을 받을 권리를 공고히 하기 위한 것으로서, 그것이 보장되지 않으면 피의자 등이 변호인 선임을 통하여 변호인으로부터 충분한 조력을 받는다는 것이 유명무실하게 될 수밖에 없다. 이와 같이 '변호인이 되려는 자'의 접견교통권은 피의자 등을 조력하기 위한 핵심적인 부분으로서, 피의자 등이 가지는 헌법상의 기본권인 '변호인이 되려는 자'와의 접견교통권과 표리의 관계에 있다. 따라서 피의자 등이 가지는 '변호인이 되려는 자'의 조력을 받을 권리가 실질적으로 확보되기 위해서는 '변호인이 되려는 자'의 접견교통권 역시 헌법상 기본권으로서 보장되어야 한다(헌재 2019.2.28. 2015헌마204).

③ [O] 수형자가 형사사건의 변호인이 아닌 민사사건, 행정사건, 헌법소원사건 등에서 변호사와 접견할 경우에는 원칙적으로 헌법상 변호인의 조력을 받을 권리의 주체가 될 수 없다 할 것이므로, 이 사건 녹취행위에 의하여 청구인의 변호인의 조력을 받을 권리가 침해되었다고 할 수는 없다. 수형자의 민사사건 등에 있어서의 변호사와의 접견교통권은 헌법상 재판을 받을 권리의 한 내용 또는 그로부터 파생되는 권리로서 보장될 필요가 있다 할 것이므로 이 사건 녹취행위는 결국 청구인의 재판을 받을 권리를 제한한다고 할 수 있다(헌재 2013.9.26. 2011헌마398).

④ [O] 신속하고 실효적인 구제절차를 형사소송절차 내에 마련하고자 열람·등사에 관한 규정을 신설한 입법취지와, 검사의 열람·등사 거부처분에 대한 정당성 여부가 법원에 의하여 심사된 마

당에 헌법재판소가 다시 열람·등사 제한의 정당성 여부를 심사하게 된다면 이는 법원의 결정에 대한 당부의 통제가 되는 측면이 있는 점 등을 고려하여 볼 때, 수사서류에 대한 법원의 열람·등사 허용결정이 있음에도 검사가 열람·등사를 거부하는 경우 수사서류 각각에 대하여 검사가 열람·등사를 거부할 정당한 사유가 있는지를 심사할 필요 없이 그 거부행위 자체로써 청구인들의 기본권을 침해하는 것이 되고, 이는 법원의 수사서류에 대한 열람·등사 허용결정이 있음에도 검사인 피청구인이 해당 서류에 대한 열람만을 허용하고 등사를 거부하는 경우에도 마찬가지이다(헌재 2017.12.28. 2015헌마632).

## 정답

p.80

| 01 | ② | 02 | ① | 03 | ③ | 04 | ③ | 05 | ② |
|----|---|----|---|----|---|----|---|----|---|
| 06 | ① | 07 | ③ | 08 | ④ | 09 | ③ | 10 | ③ |
| 11 | ② | 12 | ④ | 13 | ④ | 14 | ① | 15 | ① |
| 16 | ② | 17 | ④ | 18 | ③ | 19 | ④ | 20 | ① |

### 01

정답 ②

① [O] 혁명은 새로운 사회·정치체제를 목적으로 하므로 목적이 적극적이고, 저항권은 기존의 헌법질서 회복을 목적으로 하므로 목적이 소극적이다.

❷ [×] 저항권이 비록 존재한다고 인정하더라도 그 저항권이 실정법에 근거를 두지 못하고 자연법에만 근거하고 있는 한, 법관은 이를 재판규범으로 원용할 수 없다(대판 1980.5.20. 80도306).

③ [O] 프랑스의 1793년 헌법 제35조에서는 "정부가 국민의 권리를 침해할 때에 저항하는 것은 국민의 신성한 권리인 동시에 피할 수 없는 의무이다."라고 규정하였다.

④ [O] 소수의 특수집단을 중심으로 한 쿠데타는 국민적 정당성을 확보할 수 없다.

### 02

정답 ①

❶ [×] 위험책임과 무과실책임은 사회국가원리에 근거한 것이다.

② [O] 비약적으로 증가되는 의료인 수를 고려할 때, 이 사건 조항에 의한 의료광고의 금지는 새로운 의료인들에게 자신의 기능이나 기술 혹은 진단 및 치료방법에 관한 광고와 선전을 할 기회를 배제함으로써, 기존의 의료인과의 경쟁에서 불리한 결과를 초래할 수 있는데, 이는 자유롭고 공정한 경쟁을 추구하는 헌법상의 시장경제질서에 부합되지 않는다(헌재 2005.10.27. 2003헌가3).

③ [O] 헌법의 기본원리는 헌법의 이념적 기초인 동시에 헌법을 지배하는 지도원리로서 입법이나 정책결정의 방향을 제시하며 공무원을 비롯한 모든 국민·국가기관이 헌법을 존중하고 수호하도록 하는 지침이 되며, 구체적 기본권을 도출하는 근거로 될 수는 없으나 기본권의 해석 및 기본권 제한입법의 합헌성 심사에 있어 해석기준의 하나로서 작용한다(헌재 1996.4.25. 92헌바47).

④ [O] '도시 및 주거환경정비법'상의 정비사업(특히 주택재개발사업)은 정비구역 안에서 거주하여 온 기존 주민들의 생활기반을 개선·확충하여 그들의 주거생활수준을 향상시키고자 하는 것이므로, 기존 주민들이 정비구역 안에서 계속하여 주거생활을 영위할 수 있도록 보장할 필요성이 강하게 요청되고, 따라서 국공유지 위에 건축물을 소유하면서 그 토지를 점유하여 온 주민들의 계속적인 주거생활의 보장을 위하여는 그들도 정비사업에 참여할 기회를 부여할 필요성이 있는데, 그들이 점유 중인 국공유지를 우선하여 매수할 자격을 부여하는 것은 그 방법의 하나라고 할 것이다. 이에 대하여, 도시개발법상의 도시개발사업은 기존 주민들의 계속적인 주거생활의 보장을 위한 사업이 아니고 미개발지역에 새로운 도시나 단지를 설치하여 적정 규모의 새로운 인구를 유치하고자 하는 사업이므로, 시행자가 도시개발사업의 계획(개발계획) 전반을 염두에 두고 도시개발구역의 모든 토지를 용도별로 적절히 구획·사용할 필요성이 있고, 따라서 도시개발사업의 경우에는 개발계획에 따른 도시개발사업의 원활한 추진을 위하여 도시개발구역에 있는 국공유지를 일괄하여 시행자에게 처분할 필요성이 강하게 요청된다고 할 것이다. 그렇다면 '도시 및 주거환경정비법' 제66조 제4항이 정비구역 안에 있는 국공유지의 점유자에게 수의계약에 의한 우선매수 또는 임차자격을 부여함에 대하여 이 사건 법률조항이 도시개발구역에 있는 국공유지의 점유자에게 우선매수자격을 부여하지 않고 있다고 하더라도, 그러한 차별취급에는 합리적인 이유가 있으므로, 이를 두고 자의적인 차별로서 평등권을 침해하였다고 하기 어렵고, 또한 이 사건 법률조항은 시장경제질서를 규정한 헌법 제119조 제1항에도 위반되지 아니한다(헌재 2009.11.26. 2008헌마711).

### 03

정답 ③

① [×] 국회나 법원에 대해서도 정책과 관행의 개선시정을 권고할 수 있다. 03. 사법고시

> **국가인권위원회법 제25조 【정책과 관행의 개선 또는 시정권고】** ① 위원회는 인권의 보호와 향상을 위하여 필요하다고 인정하면 관계 기관 등에 정책과 관행의 개선 또는 시정을 권고하거나 의견을 표명할 수 있다.

② [×] '법원 또는 헌법재판소의 요청이 있는 경우에 한하여'라는 표현이 틀렸다. 요청이 있거나 필요하다고 인정하는 경우 2가지

경우에 해당하면 국가인권위원회는 의견을 제출할 수 있다.

✏️ 위원회는 재판이 계속 중인 경우 **법원 또는 헌법재판소의 요청이 있거나 필요하다고 인정하는 경우** 의견을 제출할 수 있음(국가인권위원회법 제28조 제1항 참고). 17. 법원행시, 06. 행정고시

❸ [O]

> 국가인권위원회법 제30조【위원회의 조사대상】① 다음 각 호의 어느 하나에 해당하는 경우에 인권 침해나 차별행위를 당한 사람(이하 '피해자'라 한다) 또는 그 사실을 알고 있는 사람이나 단체는 위원회에 그 내용을 진정할 수 있다. 07. 사법고시
> 〈각 호 생략〉

④ [X] 인권 침해나 차별행위를 당한 사람뿐만 아니라 그 사실을 알고 있는 사람이나 단체는 위원회에 그 내용을 진정할 수 있다(국가인권위원회법 제30조 제1항). 사실을 알고 있는 사람이나 단체는 위원회에 그 내용을 진정할 수 있으므로 기본권을 침해당한 자가 헌법소원을 청구해야 한다는 자기관련성이 인권위원회에 진정하는 경우에는 인정되지 않는다. 03. 사법고시

❸ [O] 공무원이 지위를 이용하여 범한 공직선거법 위반죄의 경우 선거의 공정성을 중대하게 저해하고 공권력에 의하여 조직적으로 은폐되어 단기간에 밝혀지기 어려울 수도 있어 단기 공소시효에 의할 경우 처벌규정의 실효성을 확보하지 못할 수 있다. 이러한 취지에서 공무원이 지위를 이용하여 범한 공직선거법 위반죄의 경우 해당 선거일 후 10년으로 공소시효를 정한 입법자의 판단은 합리적인 이유가 인정되므로 **평등원칙에 위반되지 않는다**(헌재 2022.8.31. 2018헌바440).

④ [X] 안장대상자의 사망 후 재혼하지 않은 배우자나 배우자 사망 후 안장대상자가 재혼한 경우의 종전 배우자는 자신이 사망할 때까지 안장대상자의 배우자로서의 실체를 유지하였다는 점에서 합장을 허용하는 것이 국가와 사회를 위하여 헌신하고 희생한 안장대상자의 충의와 위훈의 정신을 기리고자 하는 국립묘지 안장의 취지에 부합하고, 안장대상자의 사망 후 그 배우자가 재혼을 통하여 새로운 가족관계를 형성한 경우에 그를 안장대상자와의 합장대상에서 제외하는 것은 합리적인 이유가 있다. 따라서 심판대상조항은 **평등원칙에 위배되지 않는다**(헌재 2022.11.24. 2020헌바463).

---

## 04　　　　　　　　　　　　　　　　　정답 ③

① [X] 공유재산의 효용 및 공유재산을 점유하기 위한 절차규정에 비추어 보면, 공유재산을 무단점유하는 자로부터 그 사용료 또는 대부료 상당의 부당이득을 환수하고 이에 덧붙여 추가로 일정한 금액을 징벌적으로 징수하는 것은, 그것이 과도한 금액의 책정이 아닌 한 점유의 목적이나 용도와 관계없이 공유재산을 점유하려는 자를 사전에 적법한 절차에 따라 공유재산에 대한 권원을 취득하도록 유도하여 지방자치단체가 정상적으로 사용료 또는 대부료를 징수하며 공유재산을 적절히 보호·관리하는 데 필요한 적합한 수단이다. 또한 헌법 제31조 제3항의 의무교육 무상의 원칙이 의무교육을 위탁받은 사립학교를 설치·운영하는 학교법인 등과의 관계에서 관련 법령에 의하여 이미 학교법인이 부담하도록 규정되어 있는 경비까지 종국적으로 국가나 지방자치단체의 부담으로 한다는 취지로 볼 수는 없다. 따라서 사립학교를 설치·경영하는 학교법인이 공유재산을 점유하는 목적이 의무교육 실시라는 공공 부문과 연결되어 있다는 점만으로 그 점유자를 변상금 부과대상에서 제외하여야 한다고 할 수 없고 심판대상조항이 공익목적 내지 공적 용도로 무단점유한 경우와 사익추구의 목적으로 무단점유한 경우를 달리 취급하지 않았다 하더라도 **평등원칙에 위반되지 아니한다**(헌재 2017.7.27. 2016헌바374).

② [X] 심판대상조항은 사용자로 하여금 근로계약을 체결할 때 소정근로시간을 명시하도록 하는 근로기준법 조항이 영화근로자와 계약을 체결하는 영화업자에게도 적용됨을 분명히 한 것으로서, 사용자에 비해 상대적으로 취약한 지위에 있는 근로자를 보호하기 위해서 핵심적인 근로조건에 해당하는 근로시간을 근로계약 체결 당시에 미리 알리도록 할 필요가 있는 것은 영화근로자의 경우에도 마찬가지이다. 영화근로자의 업무가 재량근로대상 업무에 해당할 수 있다는 사실만으로 달리 볼 수도 없다. 따라서 심판대상조항은 **영화업자의 평등권을 침해하지 않는다**(헌재 2022.11.24. 2018헌바514).

---

## 05　　　　　　　　　　　　　　　　　정답 ②

① [O] 헌법에서 현행범인 체포의 경우 사전영장원칙의 예외를 인정하고 있을 뿐 사후영장의 청구방식에 대해 특별한 규정을 두지 않고 있는 이상, 체포한 피의자를 구속하고자 할 때에는 48시간 이내에 구속영장을 청구하되 그렇지 않은 경우 체포에 대한 사후통제절차 없이 피의자를 즉시 석방하도록 규정하였다고 하여 헌법상 영장주의에 위반된다고 볼 수는 없다(헌재 2012.5.31. 2010헌마672).

❷ [X] 사법경찰관 등이 체포영장을 소지하고 피의자를 체포하기 위하여는 체포 당시에 피의자에 대한 범죄사실의 요지, 구속의 이유와 변호인을 선임할 수 있음을 말하고 변명할 기회를 주어야 하는데, 이와 같은 고지는 체포를 위한 실력행사에 들어가기 이전에 미리 하여야 하는 것이 원칙이나, 달아나는 피의자를 쫓아가 붙들거나 폭력으로 대항하는 피의자를 실력으로 제압하는 경우에는 붙들거나 제압하는 과정에서 하거나, 그것이 여의치 않은 경우에라도 일단 붙들거나 제압한 후에 지체 없이 행하여야 한다(대판 2004.8.30. 2004도3212).

③ [O] 이 사건 현행범인 체포조항에서는 현행범인을 '영장 없이' 체포할 수 있도록 규정하고 있는데, 현행범인 체포에 대하여는 헌법에서 직접 사전영장원칙의 예외를 인정하고 있으므로, 위 현행범인 체포조항은 헌법상 영장주의에 반하지 않는다(헌재 2012.5.31. 2010헌마672).

④ [O] 이 사건 채취동의조항은 미리 채취대상자에게 채취를 거부할 수 있음을 고지하고 서면으로 동의를 받도록 규정하고 있고, 동의가 없으면 반드시 법관이 발부한 영장에 의하여 채취하여야 한다. 따라서 **동의에 의한** 디엔에이감식시료 채취를 규정한 이 사건 채취동의조항 자체가 영장주의와 적법절차원칙에 위배되어 신체의 자유를 침해하는 것은 아니다(헌재 2014.8.28. 2011헌마28).

❶ [○] 소집통지서를 전달하지 아니하여 행정절차적 협력의무를 위반한다고 하여도 과태료 등의 행정적 제재를 부과하는 것만으로도 그 목적의 달성이 충분히 가능하다고 할 것임에도 불구하고, 심판대상조항은 훨씬 더 중한 형사처벌을 하고 있어 그 자체만으로도 형벌의 보충성에 반하고, 책임에 비하여 처벌이 지나치게 과도하여 비례원칙에도 위반된다고 할 것이다(헌재 2022.5.26. 2019헌가12).

② [×] 대통령은 법률에서 구체적으로 범위를 정하여 위임받은 사항과 법률을 집행하기 위하여 필요한 사항에 관하여만 대통령령을 발할 수 있으므로, 법률의 시행령은 모법인 법률에 의하여 위임받은 사항이나 법률이 규정한 범위 내에서 법률을 현실적으로 집행하는 데 필요한 세부적인 사항만을 규정할 수 있을 뿐, 법률에 의한 위임이 없는 한 법률이 규정한 개인의 권리·의무에 관한 내용을 변경·보충하거나 법률에 규정되지 아니한 새로운 내용을 규정할 수는 없다(대판 2020.9.3. 2016두32992).

③ [×] 이 사건 부칙조항은 이 사건 법률조항의 공익적 목적을 달성하기 위하여 그 시행일을 2018.1.1.로 정하고 변호사의 세무사 자격에 관한 경과조치를 규정한 것이다. 청구인들의 신뢰는 입법자에 의하여 꾸준히 축소되어 온 세무사 자격 자동부여제도에 관한 것으로서 그 보호의 필요성이 크다고 보기 어렵다. 나아가 설령 그것이 보호가치가 있는 신뢰라고 하더라도 변호사인 청구인들은 변호사법 제3조에 따라 변호사의 직무로서 세무대리를 할 수 있으므로 신뢰이익을 침해 받는 정도가 이 사건 부칙조항이 달성하고자 하는 공익에 비하여 크다고 보기 어렵다. 따라서 이 사건 부칙조항은 신뢰보호원칙을 위배하여 청구인들의 직업선택의 자유를 침해하지 않는다(헌재 2021.7.15. 2018헌마27).

④ [×] 일본인들이 불법적인 한일병합조약을 통하여 조선 내에서 축적한 재산을 1945.8.9. 상태 그대로 일괄 동결시키고 그 산일과 훼손을 방지하여 향후 수립될 대한민국에 이양한다는 공익은, 한반도 내의 사유재산을 자유롭게 처분하고 일본 본토로 철수하고자 하였던 일본인이나, 일본의 패망 직후 일본인으로부터 재산을 매수한 한국인들에 대한 신뢰보호의 요청보다 훨씬 더 중대하다. 심판대상조항은 소급입법금지원칙에 대한 예외로서 헌법 제13조 제2항에 위반되지 아니한다(헌재 2021.1.28. 2018헌바88).

① [○] 심판대상조항의 보호법익은 일부일처제에 기초한 혼인제도이다. 그러나 일단 간통행위가 발생한 이후에는 심판대상조항이 혼인생활 유지에 전혀 도움을 주지 못한다. 간통죄는 친고죄이고, 고소권의 행사는 혼인이 해소되거나 이혼소송을 제기한 후에라야 가능하므로, 고소권의 발동으로 기존의 가정은 파탄을 맞게 된다. 설사 나중에 고소가 취소된다고 하더라도 부부감정이 원상태로 회복되기를 기대하기 어려우므로, 간통죄는 혼인제도 내지 가정질서의 보호에 기여할 수 없다. 더구나 간통죄로 처벌받은 사람이 고소를 한 배우자와 재결합할 가능성은 거의 없으며, 간통에 대한 형사처벌과정에서 부부갈등이 심화

되어 원만한 가정질서를 보호할 수도 없다. 결국, 간통행위를 처벌함으로써 혼인제도를 보호한다는 의미는, 일방 배우자로 하여금, 만일 간통을 하면 형사적으로 처벌된다는 두려움 때문에 간통행위에 이르지 못하게 하여 혼인관계가 유지되게 하는 효과가 있다는 것이다. 그러나 이러한 심리적 사전억제수단에 실효성이 있는지는 의문이다(헌재 2015.2.26. 2009헌바17).

② [○] 제대군인에 대하여 여러 가지 사회정책적 지원을 강구하는 것이 필요하다 할지라도, 그것이 사회공동체의 다른 집단에게 동등하게 보장되어야 할 균등한 기회 자체를 박탈하는 것이어서는 아니 되는데, 가산점제도는 아무런 재정적 뒷받침 없이 제대군인을 지원하려 한 나머지 결과적으로 여성과 장애인 등 이른바 사회적 약자들의 희생을 초래하고 있으며, 각종 국제협약, 실질적 평등 및 사회적 법치국가를 표방하고 있는 우리 헌법과 이를 구체화하고 있는 전체 법체계 등에 비추어 우리 법체계내에 확고히 정립된 기본질서라고 할 '여성과 장애인에 대한 차별금지와 보호'에도 저촉되므로 정책수단으로서의 적합성과 합리성을 상실한 것이다(헌재 1999.12.23. 98헌마363).

❸ [×] 변호사시험 성적의 비공개는 기존 대학의 서열화를 고착시키는 등의 부작용을 낳고 있으므로 수단의 적절성이 인정되지 않는다. 또한 법학교육의 정상화나 교육 등을 통한 우수 인재 배출, 대학원 간의 과다경쟁 및 서열화방지라는 입법목적은 법학전문대학원 내의 충실하고 다양한 교과과정 및 엄정한 학사관리 등과 같이 알 권리를 제한하지 않는 수단을 통해서 달성될 수 있고, 변호사시험 응시자들은 자신의 변호사시험 성적을 알 수 없게 되므로, 심판대상조항은 침해의 최소성 및 법익의 균형성요건도 갖추지 못하였다(헌재 2015.6.25. 2011헌마769).

④ [○] 사람은 자신의 의사에 반하여 얼굴을 비롯하여 일반적으로 특정인임을 식별할 수 있는 신체적 특징에 관하여 함부로 촬영당하지 아니할 권리를 가지고 있으므로, 촬영허용행위는 헌법 제10조로부터 도출되는 초상권을 포함한 일반적 인격권을 제한한다고 할 것이다. 원칙적으로 '범죄사실' 자체가 아닌 그 범죄를 저지른 자에 관한 부분은 일반 국민에게 널리 알려야 할 공공성을 지닌다고 할 수 없고, 이에 대한 예외는 공개수배의 필요성이 있는 경우 등에 극히 제한적으로 인정될 수 있을 뿐이다. 피청구인은 기자들에게 청구인이 경찰서 내에서 수갑을 차고 얼굴을 드러낸 상태에서 조사받는 모습을 촬영할 수 있도록 허용하였는데, 청구인에 대한 이러한 수사 장면을 공개 및 촬영하게 할 어떠한 공익목적도 인정하기 어려우므로 촬영허용행위는 목적의 정당성이 인정되지 아니한다. 따라서 촬영허용행위는 과잉금지원칙에 위반되어 청구인의 인격권을 침해하였다(헌재 2014.3.27. 2012헌마652).

① [×] 이는 자신의 교육에 관하여 스스로 결정할 권리, 즉 교육을 통한 자유로운 인격발현권을 제한받는 것으로 볼 수 있다. 한편, 청구인들은 심판대상계획으로 인해 교육을 받을 권리가 침해된다고 주장하지만, 심판대상계획이 헌법 제31조 제1항의 능력에 따라 균등하게 교육을 받을 권리를 직접 제한한다고 보기는 어렵다(헌재 2018.2.22. 2017헌마691).

② [×] 심판대상조항들이 혼인 중인 여자와 남편 아닌 남자 사이에서 출생한 자녀의 경우에 혼인 외 출생자의 신고의무를 모에게만 부과하고, 남편 아닌 남자인 생부에게 자신의 혼인 외 자녀에 대해서 출생신고를 할 수 있도록 규정하지 아니한 것은 모든 출산으로 인하여 그 출생자와 혈연관계가 형성되는 반면에, 생부는 그 출생자와의 혈연관계에 대한 확인이 필요할 수도 있고, 그 출생자의 출생사실을 모를 수도 있다는 점에 있으며, 이에 따라 '가족관계의 등록 등에 관한 법률'은 모를 중심으로 출생신고를 규정하고, 모가 혼인 중일 경우에 그 출생자는 모의 남편의 자녀로 추정하도록 한 민법의 체계에 따르도록 규정하고 있는 점에 비추어 **합리적인 이유가 있다. 그렇다면 심판대상조항들은 생부인 청구인들의 평등권을 침해하지 않는다**(헌재 2023.3.23. 2021헌마975).

③ [×] 금융거래의 비밀보장을 통한 경제정의 실현과 국민경제의 건전한 발전이라는 공익의 중요성은 충분히 인정된다. 그러나 금융거래는 금융기관을 매개로 하여서만 이루어지므로 금융기관과 그 종사자에 대해서만 금지의무를 부과하거나 거래제공요구에 불법적인 수단을 사용하거나 정보의 내용이 금융거래의 비밀과 관련이 있는 경우 등에 한정하여 금지하는 것만으로도 입법목적 달성에 충분함에도 불구하고 이를 전혀 고려하지 아니하고 일률적으로 일반 국민들이 거래정보 등의 제공을 요구하는 것을 금지하고 그 위반시 형사처벌하는 것은 심판대상조항이 달성하려는 공익에 비하여 지나치게 일반 국민의 일반적 행동자유권을 제한하는 것으로 법익의 균형성을 갖추지 못하였다고 할 것이다. 따라서 심판대상조항은 과잉금지원칙에 반하여 일반적 행동자유권을 침해하므로 헌법에 위반된다(헌재 2022.2.24. 2020헌가5).

❹ [O] 헌법 제10조의 행복추구권은 일반적인 행동의 자유와 인격의 자유로운 발현권을 포함하는바, 학습자로서의 청소년은 교육을 받음에 있어서 자신의 인격, 특히 성향이나 능력을 자유롭게 발현할 수 있는 권리가 있다. 청소년은 인격의 발전을 위하여 어느 정도 부모와 학교의 교사 등 타인에 의한 결정을 필요로 하는 아직 성숙하지 못한 인격체이지만, 부모와 국가에 의한 교육의 단순한 대상이 아닌 독자적인 인격체이며, 그의 인격권은 성인과 마찬가지로 인간의 존엄성 및 행복추구권을 보장하는 헌법 제10조에 의하여 보호되어야 한다. 따라서 청소년은 국가의 교육권한과 부모의 교육권의 범주 내에서 자신의 교육에 관하여 <u>스스로 결정할 권리, 즉 자유롭게 교육을 받을 권리를 가진다</u>(헌재 2019.4.11. 2017헌바140 등).

**09** 　　　　　　　　　　　　　　　　　정답 ③

① [×] 형벌불소급의 원칙은 '행위의 가벌성'에 관한 것이기 때문에 소추가능성에만 연관될 뿐이고 가벌성에는 영향을 미치지 않는 공소시효에 관한 규정은 원칙적으로 그 효력범위에 포함되지 않는다. 따라서 공소시효의 정지규정을 과거에 이미 행한 범죄에 대하여 적용하도록 하는 법률이라 하더라도 그 사유만으로 헌법 제2조 제1항 및 제13조 제1항에 규정한 죄형법정주의의 파생원칙인 형벌불소급의 원칙에 언제나 위배되는 것으로 단정할 수는 없다(헌재 2021.6.24. 2018헌바457).

② [×] 주거 공간에 대한 긴급한 압수·수색의 필요성, 주거의 자유와 관련하여 영장주의를 선언하고 있는 헌법 제16조의 취지 등을

종합하면, 헌법 제16조의 영장주의에 대해서도 그 예외를 인정하되, 이는 ⓐ 그 장소에 범죄혐의 등을 입증할 자료나 피의자가 존재할 개연성이 소명되고, ⓑ 사전에 영장을 발부받기 어려운 긴급한 사정이 있는 경우에만 제한적으로 허용될 수 있다고 보는 것이 타당하다(헌재 2018.4.26. 2015헌바370).

❸ [O] 이 사건 법률조항에 의한 통신자료 제공요청이 있는 경우 통신자료의 정보주체인 이용자에게는 통신자료 제공요청이 있었다는 점이 사전에 고지되지 아니하며, 전기통신사업자가 수사기관 등에게 통신자료를 제공한 경우에도 이러한 사실이 이용자에게 별도로 통지되지 않는다. 그런데 당사자에 대한 통지는 당사자가 기본권 제한사실을 확인하고 그 정당성 여부를 다툴 수 있는 전제조건이 된다는 점에서 매우 중요하다. 효율적인 수사와 정보수집의 신속성, 밀행성 등의 필요성을 고려하여 사전에 정보주체인 이용자에게 그 내역을 통지하도록 하는 것이 적절하지 않다면 수사기관 등이 통신자료를 취득한 이후에 수사 등 정보수집의 목적에 방해가 되지 않는 범위 내에서 통신자료의 취득사실을 이용자에게 통지하는 것이 얼마든지 가능하다. 그럼에도 이 사건 법률조항은 통신자료 취득에 대한 사후통지절차를 두지 않아 적법절차원칙에 위배된다(헌재 2022.7.21. 2016헌마388).

④ [×] 행정절차상 강제처분에 의해 신체의 자유가 제한되는 경우 강제처분의 집행기관으로부터 독립된 중립적인 기관이 이를 통제하도록 하는 것은 적법절차원칙의 중요한 내용에 해당한다. 심판대상조항에 의한 보호는 신체의 자유를 제한하는 정도가 박탈에 이르러 형사절차상 '체포 또는 구속'에 준하는 것으로 볼 수 있는 점을 고려하면, 보호의 개시 또는 연장단계에서 그 집행기관인 출입국관리공무원으로부터 독립되고 중립적인 지위에 있는 기관이 보호의 타당성을 심사하여 이를 통제할 수 있어야 한다. 그러나 <u>현재 출입국관리법상 보호의 개시 또는 연장단계에서 집행기관으로부터 독립된 중립적 기관에 의한 통제절차가 마련되어 있지 아니하다.</u> 또한 당사자에게 의견 및 자료 제출의 기회를 부여하는 것은 적법절차원칙에서 도출되는 중요한 절차적 요청이므로, 심판대상조항에 따라 보호를 하는 경우에도 피보호자에게 위와 같은 기회가 보장되어야 하나, 심판대상조항에 따른 보호명령을 발령하기 전에 당사자에게 의견을 제출할 수 있는 절차적 기회가 마련되어 있지 아니하다. 따라서 심판대상조항은 적법절차원칙에 위배되어 피보호자의 신체의 자유를 침해한다(헌재 2023.3.23. 2020헌가1).

**10** 　　　　　　　　　　　　　　　　　정답 ③

① [×] 인터넷언론사의 공개된 게시판·대화방에서 스스로의 의사에 의하여 정당·후보자에 대한 지지·반대의 글을 게시하는 행위는 단순한 의견 등의 표현행위에 불과하여 양심의 자유나 사생활 비밀의 자유에 의하여 보호되는 영역이라고 할 수 없다(헌재 2010.2.25. 2008헌마324).

② [×] 자신의 인격권이나 명예권을 보호하기 위하여 <u>대외적으로 해명을 하는 행위는 표현의 자유에 속하는 영역일 뿐 이미 사생활의 자유에 의하여 보호되는 범주를 벗어난 행위이다</u>(헌재 2001.8.30. 99헌바92).

❸ [O] 신고할 사항의 내용, 신고사항 작성의 난이도 등에 비추어 피보안관찰자에게 과도한 의무를 부과한다고 볼 수 없으며, 신고

의무 위반행위에 대한 형벌이 상대적으로 과중하지 아니한 점을 고려하면 이 사건 처벌조항은 사생활의 비밀과 자유를 침해하지 아니한다(헌재 2015.11.26. 2014헌바475).

④ [×] 채무불이행자명부에 등재되는 채무자의 개인정보를 보호할 사익보다는 위 법률조항이 추구하는 채무이행의 간접강제 및 거래의 안전도모라는 공익이 더 크다고 할 것이어서 위 법률조항은 법익균형성의 원칙에도 반하지 아니한다(헌재 2010.5.27. 2008헌마663).

## 11 정답 ②

① [○]

> **통신비밀보호법 제9조의2 【통신제한조치의 집행에 관한 통지】**
> ① 검사는 제6조 제1항 및 제8조 제1항의 규정에 의한 통신제한조치를 집행한 사건에 관하여 공소를 제기하거나, 공소의 제기 또는 입건을 하지 아니하는 처분(기소중지결정, 참고인중지결정을 제외한다)을 한 때에는 그 처분을 한 날부터 30일 이내에 우편물 검열의 경우에는 그 대상자에게, 감청의 경우에는 그 대상이 된 전기통신의 가입자에게 통신제한조치를 집행한 사실과 집행기관 및 그 기간 등을 서면으로 통지하여야 한다. 〈단서 생략〉
> ② 사법경찰관은 제6조 제1항 및 제8조 제1항의 규정에 의한 통신제한조치를 집행한 사건에 관하여 검사로부터 공소를 제기하거나 제기하지 아니하는 처분(기소중지 또는 참고인중지결정을 제외한다)의 통보를 받거나 검찰송치를 하지 아니하는 처분(수사중지결정은 제외한다) 또는 내사사건에 관하여 입건하지 아니하는 처분을 한 때에는 그 날부터 30일 이내에 우편물 검열의 경우에는 그 대상자에게, 감청의 경우에는 그 대상이 된 전기통신의 가입자에게 통신제한조치를 집행한 사실과 집행기관 및 그 기간 등을 서면으로 통지하여야 한다.

❷ [×]

> **통신비밀보호법 제10조 【감청설비에 대한 인가기관과 인가절차】**
> ① 감청설비를 제조·수입·판매·배포·소지·사용하거나 이를 위한 광고를 하고자 하는 자는 과학기술정보통신부장관의 인가를 받아야 한다. 다만, 국가기관의 경우에는 그러하지 아니다.

③ [○]

> **통신비밀보호법 제13조 【범죄수사를 위한 통신사실 확인자료제공의 절차】**
> ① 검사 또는 사법경찰관은 수사 또는 형의 집행을 위하여 필요한 경우 전기통신사업법에 의한 전기통신사업자(이하 '전기통신사업자'라 한다)에게 통신사실 확인자료의 열람이나 제출(이하 '통신사실 확인자료제공'이라 한다)을 요청할 수 있다.
> ③ 제1항 및 제2항에 따라 통신사실 확인자료제공을 요청하는 경우에는 요청사유, 해당 가입자와의 연관성 및 필요한 자료의 범위를 기록한 서면으로 관할 지방법원(군사법원을 포함한다. 이하 같다) 또는 지원의 허가를 받아야 한다. 다만, 관할 지방법원 또는 지원의 허가를 받을 수 없는 긴급한 사유가 있는 때에는 통신사실 확인자료제공을 요청한 후 지체 없이 그 허가를 받아 전기통신사업자에게 송부하여야 한다.

④ [○]

> **통신비밀보호법 제13조 【범죄수사를 위한 통신사실 확인자료제공의 절차】**
> ④ 제3항 단서에 따라 긴급한 사유로 통신사실확인자료를 제공받았으나 지방법원 또는 지원의 허가를 받지 못한 경우에는 지체 없이 제공받은 통신사실확인자료를 폐기하여야 한다.

## 12 정답 ④

① [○] 헌법 제23조의 재산권은 민법상의 소유권뿐만 아니라, 재산적 가치있는 사법상의 물권, 채권 등 모든 권리를 포함하며, 또한 국가로부터의 일방적인 급부가 아닌 자기 노력의 대가나 자본의 투자 등 특별한 희생을 통하여 얻은 공법상의 권리도 포함한다(헌재 2000.6.29. 99헌마289).

② [○] 고엽제후유증환자 및 그 유족의 보상수급권은 '고엽제 후유증환자지원 등에 관한 법률'에 의하여 비로소 인정되는 권리로서 재산권적 성질을 갖는 것이긴 하지만 그 발생에 필요한 요건이 법정되어 있는 이상 이러한 요건을 갖추기 전에는 헌법이 보장하는 재산권이라고 할 수 없다(헌재 1995.7.21. 93헌가14).

③ [○] 국가보훈 내지 국가보상적 수급권도 법률에 규정됨으로써 비로소 구체적인 법적 권리로 형성된다. … 보상금수급권 발생에 필요한 절차 등 수급권 발생요건이 법정되어 있는 경우에는 이 법정요건을 갖추기 전에는 헌법이 보장하는 재산권이라고 할 수 없다(헌재 1995.7.21. 93헌가14).

❹ [×] 이러한 심의·의결에 의하여 특수임무수행자로 인정되기 전에는 '특수임무수행자 보상에 관한 법률'에 의한 보상금수급권은 헌법이 보장하는 재산권이라고 할 수 없고, 심의·의결이 있기 전의 신청인의 지위는 보상금수급권 취득에 대한 기대이익을 가지고 있는 것에 불과하다(대판 2014.7.24. 2012두23501).

## 13 정답 ④

① [×]

> **공직선거법 제47조 【정당의 후보자추천】** ① 정당은 선거에 있어 선거구별로 선거할 정수범위 안에서 그 소속 당원을 후보자로 추천할 수 있다. 다만, 비례대표자치구·시·군의원의 경우에는 그 정수범위를 초과하여 추천할 수 있다.

② [×]

> **공직선거법 제57조의4 【당내경선사무의 위탁】** ② 관할 선거구선거관리위원회가 제1항에 따라 당내경선의 투표 및 개표에 관한 사무를 수탁관리하는 경우에는 그 비용은 국가가 부담한다. 다만, 투표 및 개표참관인의 수당은 당해 정당이 부담한다.

③ [×]

> **공직선거법 제84조 【무소속후보자의 정당표방제한】** 무소속후보자는 특정 정당으로부터의 지지 또는 추천받음을 표방할 수 없다. 다만, 다음 각 호의 어느 하나에 해당하는 행위는 그러하지 아니하다.
> 1. 정당의 당원경력을 표시하는 행위
> 2. 해당 선거구에 후보자를 추천하지 아니한 정당이 무소속후보자를 지지하거나 지원하는 경우 그 사실을 표방하는 행위

**④** [○]

> **공직선거법 제58조 【정의 등】** ① 이 법에서 '선거운동'이라 함은 당선되거나 되게 하거나 되지 못하게 하기 위한 행위를 말한다. 다만, 다음 각 호의 어느 하나에 해당하는 행위는 선거운동으로 보지 아니한다.
> 1. 선거에 관한 단순한 의견개진 및 의사표시
> 2. 입후보와 선거운동을 위한 준비행위
> 3. 정당의 후보자 추천에 관한 단순한 지지·반대의 의견개진 및 의사표시
> 4. 통상적인 정당활동
> 5. 삭제
> 6. 설날·추석 등 명절 및 석가탄신일·기독탄신일 등에 하는 의례적인 인사말을 문자메시지(그림·말·음성·화상·동영상 등을 포함한다. 이하 같다)로 전송하는 행위

## 14 정답 ①

**❶** [×] 청소년보호위원회 등에 의한 청소년유해매체물의 결정은 그것이 이 사건 법률조항에 따라 그 위임의 범위 내에서 행하여지는 이상 법률상 구성요건의 내용을 보충하는 것에 불과하므로 이를 토대로 재판이 행하여진다 하더라도 그로 인하여 사실확정과 법률의 해석·적용에 관한 법관의 고유권한이 박탈된 것이라 할 수 없으며, 더욱이 법관은 청소년보호위원회 등의 결정이 적법하게 이루어진 것인지에 관하여 독자적으로 판단하여 이를 기초로 재판할 수도 있으므로 청소년유해매체물의 결정권한을 청소년보호위원회 등에 부여하고 있다고 하여 법관에 의한 재판을 받을 권리를 침해하는 것이라고는 볼 수 없다(헌재 2000.6.29. 99헌가16).

**②** [○] 헌법과 법률이 정한 법관에 의한 재판을 받을 권리는 직업법관에 의한 재판을 주된 내용으로 하는 것이므로 국민참여재판을 받을 권리가 헌법 제27조 제1항에서 규정한 재판을 받을 권리의 보호범위에 속한다고 볼 수 없다(헌재 2009.11.26. 2008헌바12).

**③** [○] 법률에 의한 재판을 받을 권리라 함은 법관에 의한 재판을 받되 법에 정한 대로의 재판, 즉 절차법이 정한 절차에 따라 실체법이 정한 내용대로 재판을 받을 권리를 보장하는 취지로서 자의와 전단에 의한 재판을 배제한다는 것이므로 여기에서 곧바로 상고심재판을 받을 권리가 생겨난다고 보기 어렵다(헌재 1995.10.26. 94헌바28).

**④** [○] 친일반민족행위결정으로 인하여 조사대상자 및 그 후손의 인격권이 제한받게 되더라도 이는 부수적 결과에 불과할 뿐, 이것을 두고 일종의 형벌로서 '수치형'이나 '명예형'에 해당한다고 보기는 어렵다. 따라서 친일반민족행위결정을 형벌의 일종인 명예형으로 볼 수 없는 이상, 이와는 달리 친일반민족행위결정이 형벌의 일종인 명예형에 해당한다는 전제에서 위 법률조항들이 적법절차의 원칙 등 헌법원리에 위배하여 청구인의 재판청구권 등을 침해한다는 이유로 제기된 이 부분 심판청구는 재판청구권 침해의 가능성을 인정할 수 없다(헌재 2009.9.24. 2006헌마1298).

## 15 정답 ①

**❶** [○] 학교교육은 가장 기초적인 국가융성의 자양분이며 사회발전의 원동력이라 할 수 있고 국가사회적으로 지대한 관심과 영향을 미치는 것이어서 국가의 개입과 감독의 필요성이 그 어느 분야보다도 크다고 아니 할 수 없다. 다가오는 21세기의 사회가 지식정보와 기술을 기반으로 발전될 전망을 보태어 보면 교육을 통한 인력의 개발이 곧 국가의 운명을 좌우한다고 해도 과언이 아닐 것이다. 따라서 튼튼한 재정적 기초 위에서 체계적인 교육을 구현하기 위한 국가적 지도통제는 오히려 필요하고 교육을 완전히 개인의 책임으로 맡겨 놓을 수는 없다. 사립학교의 경우에도 국·공립학교와 설립주체가 다를 뿐 교직원, 교과과정, 교과용도서의 사용 등에 있어서 동일하므로 이와 같은 교육의 개인적, 국가적 중요성과 그 영향력의 면에서 국·공립학교와 본질적인 차이가 있을 수 없다(헌재 2001.1.18. 99헌바63).

**②** [×] 헌법 제31조의 '능력에 따라 균등한 교육을 받을 권리'는 국가에 의한 교육제도의 정비·개선 외에도 의무교육의 도입 및 확대, 교육비의 보조나 학자금의 융자 등 교육영역에서의 사회적 급부의 확대와 같은 국가의 적극적인 활동을 통하여 사인 간의 출발기회에서의 불평등을 완화해야 할 국가의 의무를 규정한 것이다. 그러나 위 조항은 교육의 모든 영역, 특히 학교교육 밖에서의 사적인 교육영역에까지 균등한 교육이 이루어지도록 개인이 별도로 교육을 시키거나 받는 행위를 국가가 금지하거나 제한할 수 있는 근거를 부여하는 수권규범이 아니다. 오히려 국가는 헌법이 지향하는 문화국가이념에 비추어, 학교교육과 같은 제도교육 외에 사적인 교육의 영역에서도 사인의 교육을 지원하고 장려해야 할 의무가 있는 것이다. 경제력의 차이 등으로 말미암아 교육의 기회에 있어서 사인 간에 불평등이 존재한다면, 국가는 원칙적으로 의무교육의 확대 등 적극적인 급부활동을 통하여 사인 간의 교육기회의 불평등을 해소할 수 있을 뿐, 과외교습의 금지나 제한의 형태로 개인의 기본권 행사인 사교육을 억제함으로써 교육에서의 평등을 실현할 수는 없는 것이다(헌재 2000.4.27. 98헌가16).

**③** [×] 의무교육에 있어서 본질적이고 필수불가결한 비용 이외의 비용을 무상의 범위에 포함시킬 것인지는 국가의 재정상황과 국민의 소득수준, 학부모들의 경제적 수준 및 사회적 합의 등을 고려하여 입법자가 입법정책적으로 해결해야 할 문제이다(헌재 2012.4.24. 2010헌바164).

**④** [×] 고시 공고일을 기준으로 고등학교에서 퇴학된 날로부터 6월이 지나지 아니한 자를 고등학교 졸업학력 검정고시를 받을 수 있는 자의 범위에서 제외하고 있는 '고등학교 졸업학력 검정고시 규칙' 제10조 제1항(이하 '이 사건 규칙조항')의 입법목적은 고등학교 퇴학자의 응시 증가를 줄이고 정규 학교교육과정의 이수를 유도하기 위함이므로 그 입법목적이 정당하다 할 것이고, 고등학교를 퇴학한 후 일정한 기간 동안 응시를 제한한다면 내신관리를 위해 고등학교를 퇴학할 것인지를 고민하는 자에 대하여는 고등학교 자퇴 여부를 숙고하게 할 것이므로 방법의 적절성이 인정되며, 고등학교 퇴학자에 대하여 검정고시의 응시기회를 영구히 박탈하는 것이 아니고, 고등학교 졸업학력 검정고시는 연 2회 이상 시행되며, 장애인복지법에 따라 등록한 장애인으로서 신체적·정신적 장애로 학업을 계속하는 것이 불가능하여 고등학교에서 퇴학된 자는 이 사건 규칙조항의 제한을 받지 않는 것, 이 사건 규칙조항에 의하여 제한받는

사익은 자신이 원하는 시기에 검정고시에 응시하여 학력인정을 취득하려는 것에 불과한 점, 그에 반하여 이 사건 규칙조항으로 달성하려는 공익은 고등학교 퇴학자의 응시 증가를 줄이고 정규 학교교육과정의 이수 유도라는 점 등을 감안하면, 피해의 최소성 및 법익균형성원칙에도 위배되지 않는다(헌재 2008. 4.24. 2007헌마1456).

**재판관 조대현, 김종대, 목영준, 송두환의 반대의견:** 이 사건 규칙조항은 비록 그 입법목적은 정당하다고 하더라도 내신관리를 위하여 자퇴하려는 자가 이 사건 규칙조항상의 제한으로 인해 그 자퇴의사를 철회하거나 억제할 가능성이 없고, 실제로 이 사건 규칙조항으로 인하여 고등학교 자퇴자의 숫자가 줄어들었다는 실증적인 자료도 없으며, 오히려 이 사건 규칙조항 때문에 자퇴 여부를 일찍 결정하거나 자퇴시기를 6개월 이상 앞당기게 될 우려가 높기 때문에 그 입법목적을 달성하는데 적절한 방법이라고 할 수 없다. 또한 내신성적관리를 위한 자퇴를 예방·억제하기 위하여는 대학입시에서 고등학교 내신성적 반영방식의 재검토, 특수목적 고등학교의 설립목적과 입시현실과의 괴리를 없애는 일 등과 같은 보다 근본적이고 효율적인 방안이 강구되어야 함에도 고등학교 자퇴생의 검정고시 응시자격만을 제한함으로써 위와 같은 입법목적을 달성하려 하는 것은 피해최소성의 원칙에 어긋나며, 고등학교 자퇴생은 자퇴 이후 6월 이내에는 검정고시에 응시할 수 없는 중대한 불이익을 받는 반면, 이 사건 응시제한을 통해 달성할 수 있는 효과는 불분명하거나 오히려 부작용이 크다고 예상되므로, 이 사건 규칙조항은 청구인의 교육을 받을 권리를 침해하여 헌법에 위반된다.

## 16        정답 ②

① [×] 정당가입권유금지조항은 선거에서 특정 정당·특정인을 지지하기 위하여 정당가입을 권유하는 적극적·능동적 의사에 따른 행위만을 금지함으로써 공무원의 정치적 표현의 자유를 최소화하고 있고, 이러한 행위는 단순한 의견개진의 수준을 넘어 선거운동에 해당하므로 입법자는 헌법 제7조 제2항이 정한 공무원의 정치적 중립성 보장을 위해 이를 제한할 수 있다. 그러므로 정당가입권유금지조항은 과잉금지원칙에 반하여 <u>정치적 표현의 자유를 침해하지 아니한다</u>(헌재 2021.8.31. 2018헌바149).

❷ [○] 방송의 자유는 민주주의의 원활한 작동을 위한 기초인바, 국가권력은 물론 정당, 노동조합, 광고주 등 사회의 여러 세력이 법률에 정해진 절차에 의하지 아니하고 방송편성에 개입한다면 국민 의사가 왜곡되고 민주주의에 중대한 위해가 발생하게 된다. 심판대상조항은 방송편성의 자유와 독립을 보장하기 위하여 방송에 개입하여 부당하게 영향력을 행사하는 '간섭'에 이르는 행위만을 금지하고 처벌할 뿐이고, 방송법과 다른 법률들은 방송 보도에 대한 의견 개진 내지 비판의 통로를 충분히 마련하고 있다. 따라서 심판대상조항이 과잉금지원칙에 반하여 <u>표현의 자유를 침해한다고 볼 수 없다</u>(헌재 2021.8.31. 2019헌바439).

③ [×] 중소기업중앙회가 <u>사적 결사체여서 결사의 자유, 단체 내부 구성의 자유의 보호대상이 된다고 하더라도, 공법인적 성격 역시 강하게 가지고 있다</u>(헌재 2021.7.15. 2020헌가9).

④ [×] 이 사건 공권력 행사는 경호대상자의 안전보호 및 국가간 친선관계의 고양, 질서유지 등을 위한 것이다. 돌발적이고 경미한 변수의 발생도 대비하여야 하는 경호의 특수성을 고려할 때, 경호활동에는 다양한 취약 요소들에 사전적·예방적으로 대비할 수 있는 안전조치가 충분히 이루어질 필요가 있고, 이 사건 공권력 행사는 집회장소의 장소적 특성과 미합중국 대통령의 이동경로, 집회 참가자와의 거리, 질서유지에 필요한 시간 등을 고려하여 경호목적 달성을 위한 최소한의 범위에서 행해진 것으로 침해의 최소성을 갖추었다. 또한 이 사건 공권력 행사로 인해 제한된 사익은 집회 또는 시위의 자유 일부에 대한 제한으로서 국가간 신뢰를 공고히 하고 발전적인 외교관계를 맺으려는 공익이 위 제한되는 사익보다 덜 중요하다고 할 수 없다. 따라서 이 사건 공권력 행사는 과잉금지원칙을 위반하여 청구인들의 집회의 자유 등을 침해하였다고 할 수 없다(헌재 2021.10.28. 2019헌마1091).

## 17        정답 ④

① [○] 수사기관과 행정기관의 처분이나 법원 판결 등의 결과 예측을 표방하는 광고를 금지하는 위 규정들은 법률사무 처리의 공공성과 신뢰성을 유지하고 소비자의 피해를 방지라는 입법목적을 달성하기 위한 적합한 수단이다. 특정한 내용의 광고만을 금지하는 위 규정으로 인하여 제한되는 청구인들의 사익은 위 규정들로 달성하려는 법률사무 처리의 공공성과 신뢰성 유지, 소비자 피해방지라는 공익보다 크다고 할 수 없으므로, 위 규정들은 법익의 균형성도 갖추었다. 따라서 위 규정들은 과잉금지원칙에 위배되지 아니한다(헌재 2022.5.26. 2021헌마619).

② [○] 경제적 대가가 결부된 사건 등의 알선 행위에 터 잡은 광고행위를 규제하는 위 규정들은 변호사의 공공성 및 공정한 수임질서의 유지, 소비자의 피해방지라는 입법목적을 달성하기 위한 적합한 수단이다. 위 규정들로 달성하고자 하는 변호사의 공공성이나 공정한 수임질서의 유지, 소비자 피해방지는 매우 중대한 데 반해, 법률상담 또는 사건 등의 연결이나 알선과 관련하여 경제적 대가를 지급하는 형태의 광고를 할 수 없게 됨으로써 침해되는 청구인들의 이익은 크다고 보기 어려우므로, 위 규정은 법익의 균형성도 갖추었다. 따라서 위 규정들은 과잉금지원칙에 위배되지 아니한다(헌재 2022.5.26. 2021헌마619).

③ [○] 위 규정은 '변호사 등이 아님에도 변호사 등의 직무와 관련한 서비스의 취급·제공 등을 표시하거나 소비자들이 변호사 등으로 오인하게 만들 수 있는 자에게 광고를 의뢰하거나 참여·협조하는 행위를 금지'하고 있다. 이는 비변호사의 법률사무 취급행위를 미연에 방지함으로써 법률 전문가로서 변호사 자격제도를 유지하고 소비자의 피해를 방지하기 위한 적합한 수단이다. 위 규정이 달성하고자하는 공익에 비하여, 제한되는 청구인들의 이익은 상정하기 어려우므로 법익의 균형성도 갖추었다. 따라서 위 규정은 과잉금지원칙에 위배되지 아니한다(헌재 2022.5.26. 2021헌마619).

❹ [×] 이 사건 대가수수 광고금지규정으로 인하여 청구인 변호사들은 <u>광고업자에게 유상으로 광고를 의뢰하는 것이 사실상 금지되어 표현의 자유, 직업의 자유에 중대한 제한을 받게 되고, 청구인 회사로서도 변호사들로부터 광고를 수주하지 못하게 되어 영업에 중대한 제한을 받게 된다. 따라서 위 규정은 법익</u>

의 균형성도 갖추지 못하였다. 그러므로 이 사건 대가수수 광고금지규정은 과잉금지원칙을 위반하여 청구인들의 표현의 자유와 직업의 자유를 침해한다(헌재 2022.5.26. 2021헌마619).

## 18 정답 ③

① [×]

> **청원법 제13조 【공개청원의 공개 여부 결정 통지 등】** ① 공개청원을 접수한 청원기관의 장은 접수일부터 15일 이내에 청원심의회의 심의를 거쳐 공개 여부를 결정하고 결과를 청원인(공동청원의 경우 대표자를 말한다)에게 알려야 한다.
> ② 청원기관의 장은 공개청원의 공개결정일부터 <u>30일간</u> 청원사항에 관하여 국민의 의견을 들어야 한다.

② [×]

> **청원법 제13조 【공개청원의 공개 여부 결정 통지 등】** ① 공개청원을 접수한 청원기관의 장은 접수일부터 15일 이내에 청원심의회의 심의를 거쳐 공개 여부를 결정하고 결과를 청원인(공동청원의 경우 대표자를 말한다)에게 알려야 한다.
> ② 청원기관의 장은 공개청원의 공개결정일부터 30일간 청원사항에 관하여 국민의 의견을 들어야 한다.

❸ [O]

> **청원법 제21조 【청원의 처리 등】** ② 청원기관의 장은 청원을 접수한 때에는 특별한 사유가 없으면 90일 이내(제13조 제1항에 따른 공개청원의 공개 여부 결정기간 및 같은 조 제2항에 따른 국민의 의견을 듣는 기간을 제외한다)에 처리 결과를 청원인(공동청원의 경우 대표자를 말한다)에게 알려야 한다. 이 경우 공개청원의 처리 결과는 온라인청원시스템에 공개하여야 한다.

④ [×]

> **지방자치법 제87조 【청원의 심사 · 처리】** ① 지방의회의 의장은 청원서를 접수하면 소관 위원회나 본회의에 회부하여 심사를 하게 한다.
> ② 청원을 소개한 지방의회의원은 소관 위원회나 본회의가 요구하면 청원의 취지를 설명하여야 한다.
> ③ 위원회가 청원을 심사하여 본회의에 부칠 필요가 없다고 결정하면 그 처리 결과를 지방의회의 의장에게 보고하고, 의장은 청원한 자에게 알려야 한다.

## 19 정답 ④

① [×]

> **국가배상법 제2조 【배상책임】** ① 국가나 지방자치단체는 공무원 또는 공무를 위탁받은 사인(이하 '공무원'이라 한다)이 직무를 집행하면서 고의 또는 과실로 법령을 위반하여 타인에게 손해를 입히거나, 자동차손해배상 보장법에 따라 손해배상의 책임이 있을 때에는 이 법에 따라 그 손해를 배상하여야 한다. 다만, 군인 · 군무원 · 경찰공무원 또는 예비군대원이 전투 · 훈련 등 직무집행과 관련하여 전사 · 순직하거나 공상을 입은 경우에 본인이나 그 유족이 다른 법령에 따라 재해보상금 · 유족연금 · 상이연금 등의 보상을 지급받을 수 있을 때에는 이 법 및 민법에 따른 손해배상을 청구할 수 없다.

② [×] 공공시설 등의 하자로 인한 국가의 배상책임은 공무원의 고의 또는 과실을 요하지 않은 무과실책임이다.

> **국가배상법 제5조 【공공시설 등의 하자로 인한 책임】** ① 도로 · 하천, 그 밖의 공공의 영조물의 설치나 관리에 하자가 있기 때문에 타인에게 손해를 발생하게 하였을 때에는 국가나 지방자치단체는 그 손해를 배상하여야 한다. 이 경우 제2조 제1항 단서, 제3조 및 제3조의2를 준용한다.

③ [×] 기준액설이 통설과 판례이다.

> **국가배상법 제3조 【배상기준】** ① 제2조 제1항을 적용할 때 타인을 사망하게 한 경우(타인의 신체에 해를 입혀 그로 인하여 사망하게 한 경우를 포함한다) 피해자의 상속인(이하 '유족'이라 한다)에게 다음 각 호의 기준에 따라 배상한다. 〈각 호 생략〉

❹ [O]

> **국가배상법 제3조의2 【공제액】** ① 제2조 제1항을 적용할 때 피해자가 손해를 입은 동시에 이익을 얻은 경우에는 손해배상액에서 그 이익에 상당하는 금액을 빼야 한다.

## 20 정답 ①

❶ [×] 교육공무원인 대학 교원에 대하여 보더라도, 교육공무원의 직무수행의 특성과 헌법 제33조 제1항 및 제2항의 정신을 종합해 볼 때, 교육공무원에게 근로3권을 일체 허용하지 않고 전면적으로 부정하는 것은 합리성을 상실한 과도한 것으로서 입법형성권의 범위를 벗어나 헌법에 위반된다(헌재 2018.8.30. 2015헌가38).

② [O] 어떤 행위를 범죄로 규정하고 이에 대하여 어떠한 형벌을 과할 것인가 하는 문제는 원칙적으로 입법정책에 관한 사항으로서 입법자에게 광범위한 입법재량 내지 형성의 자유가 인정되어야 할 문제이므로, 사용자의 부당노동행위에 대한 구제수단으로서 민사상의 구제절차를 마련하는 데 그치고 형사처벌까지 규정하지 아니하였다고 하여 청구인들의 단체교섭권을 침해하여 헌법에 위반된다고 할 수는 없다(헌재 2008.12.26. 2005헌마97).

③ [O] 정책결정에 관한 사항이나 기관의 관리 · 운영사항이 근무조건과 직접 관련되지 않을 때 이를 교섭대상에서 제외하도록 한 이유는, 이 사항들은 모두 국가 또는 지방자치단체가 행정책임주의 및 법치주의원칙에 따라 자신의 권한과 책임하에 전권을 행사하여야 할 사항으로서 이를 교섭대상으로 한다면 행정책임주의 및 법치주의원칙에 반하게 되고, 설령 교섭대상으로 삼아 단체협약을 체결한다 하더라도 무효가 되어 교섭대상으로서의 의미를 가지지 못하기 때문이다. 이러한 상황이 발생하는 것을 방지하기 위해서는 위 사항들을 **교섭대상에서 제외하는 것이 부득이하므로 이 사건 규정이 과잉금지원칙에 위반된다고 볼 수 없다**(헌재 2013.6.27. 2012헌바169).

④ [O] 공무원도 각종 노무의 대가로 얻는 수입에 의존하여 생활하는 사람이라는 점에서는 통상적인 의미의 근로자적인 성격을 지니고 있다(헌재 1992.4.28. 90헌바27).

MEMO

**2024 최신개정판**

# 해커스경찰
# 황남기
# 경찰헌법

**Season 3** 전범위 모의고사 **Vol.1** 1차 대비

**개정 2판 1쇄 발행 2024년 2월 7일**

| | |
|---|---|
| 지은이 | 황남기 편저 |
| 펴낸곳 | 해커스패스 |
| 펴낸이 | 해커스경찰 출판팀 |

| | |
|---|---|
| 주소 | 서울특별시 강남구 강남대로 428 해커스경찰 |
| 고객센터 | 1588-4055 |
| 교재 관련 문의 | gosi@hackerspass.com |
| | 해커스경찰 사이트(police.Hackers.com) 교재 Q&A 게시판 |
| | 카카오톡 플러스 친구 [해커스경찰] |
| 학원 강의 및 동영상강의 | police.Hackers.com |

| | |
|---|---|
| ISBN | 979-11-6999-845-1 (13360) |
| Serial Number | 02-01-01 |

**경찰공무원 1위,**
**해커스경찰 police.Hackers.com**

**해커스경찰**

· 정확한 성적 분석으로 약점 극복이 가능한 **합격예측 모의고사**(교재 내 응시권 및 해설강의 수강권 수록)
· 해커스 스타강사의 **경찰헌법 무료 특강**
· 해커스경찰 학원 및 인강(교재 내 인강 할인쿠폰 수록)

한경비즈니스 선정 2019 한국 소비자 만족지수 교육(경찰공무원) 부문 1위